宁波文化研究工程·历史名人研究 MR20.201501

心学与政治：
袁燮研究

张实龙　著

ZHEJIANG UNIVERSITY PRESS
浙江大学出版社

自　序

　　一般说来，地方高校教师的科研都要与地方文化结合。我来到宁波工作，又是学古典文献专业，研究宁波先贤似乎是必然选择。宁波历史上耀眼的人物很多，像南宋的杨慈湖、袁絜斋，明清的王阳明、黄梨洲等，都值得我们研究。以前研究杨慈湖、黄梨洲，也发表过文章，出版过专著。但老实说，我心里没有底。"本心"是心学的一个核心概念，可我竟然不知道"何谓本心"。说话写文章只能绕来绕去，总觉得隔了一层。这次研究袁燮，我对"本心"终于有了自己的体验。

　　这种切身体验源于一个机缘。去年，我到驾校报名学开车。一个年届半百的人来学开汽车，一般是不受教练欢迎的，因为上年纪的人，各方面的反应都要慢。于是整个学习过程中，我都是诚惶诚恐的，对于教练说过的每一句话、所教的每一个动作，甚至包括车况与场地，没有不用心的。后来居然在一个月内让我顺利拿到了驾照。开车上路，我还是小心翼翼，生怕违反交规或与人擦碰。偶有犯错，一旦觉知便立即改正。一年下来，我开起车来已然是得心应手了。即便是这样，我开车仍然小心谨慎。

　　当随心所欲地操纵汽车的时候，我感到一种享受。整个的学车过程是值得回味的。我心中有的只是敬畏。絜斋先生说敬畏之心是人的"本心"，我觉得敬畏之心使我得到了某方面素质（汽车驾驶技术），于是自然得出这样一个结论："本心"即素质，是人在先天基础上发展起来的倾向和能力，古人所谓的"求其本心"其实就是涵养素质。这是我的"自得"。由此去看陆王心学的著作和孔孟的言论，似乎于古人处也能得到印证，不觉手之舞之，足之蹈之。

　　有时我想，如果能以学开车之心来做其他的事，那我的人生应该是另一种景象吧。往者不可谏，来者犹可追，就以此书作为开始。是为序。

作　者

于 2014 年冬

目　　录

绪　　论

　　袁燮(1144—1224),字和叔,号絜斋①,南宋庆元府鄞县(今浙江省宁波市鄞州区)人,时人称絜斋先生。絜斋先生"师事陆九渊,得其指授,具有原本"②,为"甬上四先生"③之一。"甬上四先生"虽然同尊陆学,气类相从,但是由于各人秉性不同,家庭背景参差,人生阅历有异,他们所呈现出的生命样态也是各有千秋。譬如说,杨慈湖侧重对陆象山心学作理论上的延展与发挥,而袁絜斋则更多关注心学在政治伦理中的运用。陆象山曾说:"人各有所长,就其所长而成就之,亦是一事。此非拘儒曲士之所能知,惟明道君子无所陷者,能达此耳。"④王阳明也说:"人要随才成就,才是其所能为。"⑤这是鼓励人应该尽可能地发挥自己的长处。慈湖与絜斋便是各成就其所长而已。对于杨慈湖,本人已有一书给予了粗略的描述⑥,袁絜斋将是本书所要致力探讨的对象。

---

　　①　絜斋,洁净斋戒。《文选・宋玉・登徒子好色赋》云:"寤春风兮发鲜荣,絜斋俟兮惠音声。"(〔梁〕萧统、〔唐〕李善:《文选注》卷19,《文渊阁四库全书》,第1329册,第331页)

　　②　〔宋〕袁燮:《絜斋集》,《文渊阁四库全书》,第1157册,第3页。

　　③　"甬上四先生"又称"淳熙四先生"、"四明四先生",分别是杨简、舒璘、沈焕和袁燮。他们同为陆氏弟子,生长、活动于四明山麓、甬江流域。

　　④　〔宋〕陆九渊:《语录下》,《陆九渊集》卷35,中华书局1980年版,第475页。

　　⑤　〔明〕王守仁:《传习录上》,《王文成全集》卷1,《文渊阁四库全书》,第1265册,第22页。

　　⑥　参看拙著《杨简研究》(浙江大学出版社2012年版)。

研究之现状

　　既然发愿要来研究絜斋先生，那么首先关注一下相关的研究现状应该是非常适宜的。就笔者所收集的资料而言，似乎可以得出这样的一个结论：即袁絜斋研究目前只是刚刚起步而已。已有的研究成果主要包含在学者们所撰写的学术史和一些陆续发表的专题学术论文之中，下面分而叙之。

　　含有袁絜斋研究的学术史主要有下列几种：

　　一是崔大华先生的《南宋陆学》。侯外庐先生主编的《宋明理学》①所论及的心学文字，也是由崔先生执笔撰写，两处内容大致相同，故我们在此只讨论《南宋陆学》。《南宋陆学》第三章题为"陆九渊及门弟子的思想面貌"，第三章第二节题为"甬上四学者——陆九渊思想的扩展"，第三章第二节的第二部分，是专题讨论袁燮思想。崔先生认为：(1)袁燮一生的学术思想，除了师承陆九渊心学外，还受到南宋文献派和功利派的影响。(2)袁燮是将陆派心学向政治伦理方向作了发展。袁燮所理解的"心"是善的伦理道德本原，它体现为一切社会行为。袁燮并由此而推出两个政治哲学命题，即"天人一理"和"君臣一体"。(3)袁燮有吸收、折中程朱派思想观点的倾向。这具体表现在袁燮接受程朱派的道统观，吸收了程朱派的一些思想观点，采用了接近程朱派的修养和学习方法。在对"理"、"气"、"心"等理学基本范畴的理解上，袁燮不自觉地站在朱熹观点一边而背离了陆九渊的观点。② 以上是崔先生有关袁絜斋的一些主要观点。该书出版于改革开放初期，是较早对袁絜斋所进行的系统研究，不少观点对后来研究者发生了影响。但是需要提请注意的是，当时学术研究领域的思想解放刚刚开始，本书对陆派心学积极意义的阐发稍显不足。

　　二是陈忻先生的《南宋心学学派的文学研究》。该书的研究对象是陆象山、"甬上四先生"和"槐堂弟子"。书的第三章是专论"甬上四先生"的文学思想及其作品。其中论及袁絜斋的文学思想及其作品时，作者采取了以下三个步骤：先是讨论袁絜斋的哲学思想，接着揭示袁絜斋的文学主张，最后还分析了絜斋作品的文学性。在讨论袁絜斋的哲学思想时，作者认为："袁

---

① 侯外庐：《宋明理学》，人民出版社1997年版。

② 崔大华：《南宋陆学》，中国社会科学出版社1984年版，第165—174页。

燮的思想在于以心为本,强调自得之学,且将'心'直接落实到现实政治生活中。"①在讨论袁絜斋的文学主张时,作者总结出三点:其一,袁燮推崇天籁自鸣、浑然天成的境界,主张应以人的本心为内核;其二,在强调"心之精神"的同时,袁燮也不反对对艺术技巧的琢磨锤炼,但不能一味追求"惊奇";其三,袁燮主张以进退自如的人生态度来从事写作。在分析袁絜斋的作品以后,作者得出结论:"袁氏的作品具有突出的现实性和务实性,而这种现实性和务实性又源于袁燮本人对国家的赤诚之心和他对于崇高人格的期许。袁燮的作品不以华美的外表取胜,其质朴的语言后深藏着道德节义之心,他的'吐自胸中'的文章真正是'天籁自鸣'、'浑然天成'之作。"②该书从文学理论和文学作品分析的角度来研究,这对于袁絜斋研究是一种拓展。书中对于絜斋心学与其文学主张、文学表现之间的关系,议论略显薄弱。

三是陈战峰先生的《宋代〈诗经〉学与理学》。该书"袁燮的《诗经》学研究",分三部分来讨论袁燮《诗经》学:其一,"格君心",指出袁燮利用《诗大序》对"风"功能的界定和"人同此心,心同此理"的感通说,来劝勉国君追求"本心",涵养道德。其二,"论性情",认为袁燮的性与情相统一,承认情的合理性。其三,"说义理",指出《絜斋毛诗经筵讲义》中讲"义理"的地方特别多。总之,作者认为袁燮"是以心学观点来图解《诗经》,其《诗经》研究明显依附于其心学理论,或渗透着浓烈的心学思想"③。能从理学上来讨论《絜斋毛诗经筵讲义》是这部书的特色,而且议论是以宋代《诗经》学史和儒学史作为背景,体现了作者的学术功底。该书谈论袁燮心学而取材仅限于《絜斋毛诗经筵讲义》,有些地方议论便不可能充分。

四是陈晓兰先生的《南宋四明地区教育和学术研究》。该书的第一部分是讨论南宋四明地区的教育,尤其是对私学教育进行了细致的描述。书的第二部分是以"甬上四先生"为中心,探讨南宋时期四明地区学术传播、交流、发展的过程。全书资料翔实,说理充分,得出了一些新观点。如作者认为,四先生之学作为家学内容在四明家族中世代相传,正是南宋末年四明陆学独盛的一个非常重要的原因。④ 在谈到"甬上四先生"时,自然涉及袁燮。书中探讨了袁燮的家族学术渊源、袁燮的求学进程、袁燮与其他学派学者的

① 陈忻:《南宋心学学派的文学研究》,中国社会科学出版社2006年版,第162页。
② 陈忻:《南宋心学学派的文学研究》,中国社会科学出版社2006年版,第188页。
③ 陈战峰:《宋代〈诗经〉学与理学》,陕西人民出版社2006年版,第348页。
④ 陈晓兰:《南宋四明地区教育和学术研究》,凤凰出版社2008年版,第178页。

交往等，对于我们研究袁燮具有一定的史料参考价值。如书中指出："袁氏家族精通《尚书》，专以教授后学，子弟多以《尚书》取科，并有相关著作。"①该书站在史学角度，注意对袁絜斋史料的搜集和探求，有利于袁絜斋研究的进一步深入。

五是张如安先生的《鄞县望族》。该书梳理了鄞县几大望族的发展变迁，论及城南袁氏家族，取题曰"清德传家，心学闻名"，将袁氏家族从北宋袁毂、袁灼到袁燮的儿子袁甫一辈，作了较为细致而清晰的描述，还概括出城南袁氏家族的个性。书中重点讨论了袁燮、袁甫父子，指出袁燮在学术上的最大贡献是把陆氏心学运用于社会，在政治和伦理方面把陆九渊之学向"笃实"的方向发展，其发扬儒家的民本思想方面尤其令人瞩目。②该书对于袁燮心学内容谈论得较少。

六是潘起造先生的《甬上宋明心学史》。该书的中心议题是阐述宋明时期心学在四明范围的传播发展历程。书中首先是概述心学、中国心学简史和浙东学术，然后分述两宋、元、明及明清之际等四个时段心学在四明地区的传播、发展。对于两宋时期心学在四明地区的传播，本书强调了北宋的知礼（960—1028）和南宋的史浩（1106—1194）的历史作用。当然，本书的重点还是讨论"甬上四先生"的心学思想。书中认为，"（甬上四先生）他们由于各自的人生经历及对学术的不同理解，使他们既继承了陆九渊心学的主要方面，又与陆九渊的思想存在不少差异，而从不同的方面加以拓展"③。在论及袁絜斋的心学思想时，作者概括出了三个方面内容：其一，"万善咸具"的本心论，在政治思想上倡导"发愤力行"的奋斗精神；其二，"以道立人"的人生论，在学养工夫上强调"学以存心"的践履精神；其三，"反躬切己"的修养论，在道德修行上主张"乐在吾心"的至善精神。④作者认为袁燮心学最大的特点就在于他对道德实践的强调。

七是陈莉萍、陈小亮二人合著的《宋元时期四明袁氏宗族研究》。在充分吸收前人研究成果的基础上，该书多角度多层次对城南袁氏家族进行了更加全面、更为细致的描述。其中第八章专论"名士袁燮"，描叙袁燮的生平，阐述其学术思想。在讨论袁燮的学术思想时，论及袁燮的心学思想、教

---

① 陈晓兰：《南宋四明地区教育和学术研究》，凤凰出版社 2008 年版，第 59 页。
② 张如安：《鄞县望族》，浙江古籍出版社 2009 年版，第 101 页。
③ 潘起造：《甬上宋明心学史》，宁波出版社 2010 年版，第 110 页。
④ 潘起造：《甬上宋明心学史》，宁波出版社 2010 年版，第 142—148 页。

育思想和政治军事思想。① 该书认为袁燮把"心"理解为伦理道德本能,这种"心",在臣子就是为民、为君、为国的忠臣之心,在国君则为心之精神。

八是王健先生的《中国通宝币制史稿》,其中谈到《袁燮的钱楮实虚说与称提论》。该书认为,袁燮坚持以铜钱为实,以纸币为虚,骨子里是尊崇铜钱的,尽管他对铜钱日少的原因分析大都正确,符合当时流通领域的实际情况,但多为前人言及。他的一些救弊主张大都不具有现实可能性,甚至有些说法是谬误。② 作者利用袁燮的两篇材料,从专业角度来具体分析袁燮货币主张的利弊。相似的研究还有潘文熙先生的《中国物价史》③、朱活先生的《古钱新典》④、叶世昌先生的《中国货币理论史》⑤等。

另外,有一些辞典类的著作中也有研究袁絜斋的内容,如潘富恩先生主编的《中国理学》⑥、黄开国先生主编的《经学辞典》⑦等。总之,学术史专著中有关研究袁絜斋的成果大体如上。

已发表的有关袁絜斋研究的专题论文约有 10 余篇,大致分布在以下四个方面:

一是讨论絜斋心学及政治。谢艳飞先生的《南宋学者袁燮的哲学与政治伦理思想》一文分为两个部分:讨论袁燮的哲学思想;讨论袁燮的政治伦理思想。作者认为袁燮的哲学思想是由"心即理"的宇宙本体论、"性情皆善"的人性论、"本心即道,循而行之"的认识论组成;袁燮的政治伦理思想包括"顺民心,得民心"的民本观、"以德仁治天下"的君道观、"磨砺进取求统一"的军政观。⑧ 在如此短小的文章之中,既探讨袁燮哲学思想,又论及袁燮政治伦理,故其深度方面自然有所欠缺。

陈小亮先生的《论甬上四先生之一——袁燮的学术思想》一文着重梳理了袁燮文本中"心"的含义。作者认为,袁燮将"心"理解为伦理道德本能,发

①　陈莉萍、陈小亮:《宋元时期四明袁氏宗族研究》,浙江大学出版社 2011 年版,第 161—184 页。

②　王健:《中国通宝币制史稿》,人民出版社 1999 年版,第 415 页。

③　潘文熙:《中国物价史》,湖北人民出版社 1994 年版。

④　朱活:《古钱新典》,三秦出版社 1991 年版。

⑤　叶世昌:《中国货币理论史》,厦门大学出版社 2011 年版。

⑥　潘富恩:《中国理学》,东方出版中心 2002 年版。

⑦　黄开国:《经学辞典》,四川人民出版社 1995 年版。

⑧　谢艳飞:《南宋学者袁燮的哲学与政治伦理思想》,《郑州轻工业学院学报》2010 年第 3 期。

而为公正、廉洁、勤奋、谨慎、忠贞、诚信、和气、舒缓等八种品德。这种"本心"，在臣，是为民、为君、为国的忠臣之心；在君，则体现为刚健、公道、仁爱、广谋合众的心之精神。在陆九渊"心即理"的基础上，袁燮提出了"天人一理"、"君民一体"的观点。① 总之，这篇论文体现了作者自己的一些看法。

二是讨论《絜斋家塾书钞》。张建民先生的《袁燮〈絜斋家塾书钞〉初探》一文分为两个部分，其标题分别是："一、畅发心学"；"二、帝王治迹"。第一部分主要讨论袁燮关于心与理、关于气、关于人性论等方面问题。第二部分主要讨论袁燮的"天人一致"、"君民一体相须"、养民与教化、知人与用人等方面问题。该文认为，袁燮的思想具有浓厚的心学特色，但在本体论与人性论问题，他具有介于朱、陆之间的特点；袁燮的政治对于神学信仰有一种冲击，对封建专制有一些反思。② 该文是由作者的博士论文《宋代〈尚书〉学研究》（2009）而来，通过发掘《絜斋家塾书钞》中的资料，来证明絜斋的心学与政治学。可能是受篇幅所限，该文在学理上论证不够充分。

陈良中先生的《袁燮〈絜斋家塾书钞〉学术价值探析》一文先是探讨《絜斋家塾书钞》的特点及体式。作者认为，袁燮解《书》是"据关键字词推衍义理"，他以《书序》为孔子作，尊信古经，对当时疑经之说多有批评。该文接着探讨袁燮《书》学思想，认为袁燮既有对心学思想的发扬，又有对程朱理学的吸纳。通过举例分析，比较袁燮、陆九渊、程伊川、朱熹言辞之间的异同。该文最后说："袁燮《书钞》是一部有益于治道的经学著作，又是象山心学一派的《书》学要著，研究此书可见心学之思想流变，以及心学、理学之相互交流借鉴，对于了解时代思潮以及经学之本质皆有帮助。"③该文是作者的国家社科基金项目"宋代尚书学研究"的部分成果，站在学术史立场上对《絜斋家塾书钞》作出学理分析，有一定的学术价值。该文不曾涉及《絜斋家塾书钞》在政治学上的内容，从某方面来说是一个遗憾。

三是讨论《絜斋毛诗经筵讲义》。郝桂敏先生的《袁燮〈絜斋毛诗经筵讲义〉的特点及成因》一文并不长，只有 3000 字左右，主要是讨论袁燮《絜斋毛诗经筵讲义》的特点。作者认为，袁燮是借解诗以讽谏君主，因此《讲义》注

---

① 陈小亮：《论甬上四先生之一——袁燮的学术思想》，《宁波工程学院学报》2011 年第 1 期。

② 张建民：《袁燮〈絜斋家塾书钞〉初探》，《华夏文化》2010 年 9 月 25 日。

③ 陈良中：《袁燮〈絜斋家塾书钞〉学术价值探析》，《重庆工商大学学报》（社会科学版）2013 年第 4 期。

重发挥义理，而不主于词语训诂。在发挥义理时，主要是依据《诗序》，但又不是就《诗序》本身作解，而是借对《诗序》的阐释，来劝诫君主，来为现实政治服务，体现出较强的经世致用的特点。袁燮如此解《诗》特点，明显与杨简解《诗》不同，这是因为：首先，袁燮除了师承陆九渊心学之外，还受南宋文献派和事功派学术的影响；其次，袁燮和杨简对陆九渊心学发展的方向不同，他不是沿着哲学的方向进一步发挥陆九渊主观唯心主义，而是沿着政治和伦理的方向，把陆九渊心学运用于社会。① 该文是最早讨论袁絜斋解读《诗经》的论文，对于袁絜斋解读《诗经》的特点概括得较为准确。

娄璐琦先生的《论袁燮〈絜斋毛诗经筵讲义〉的阐释特点》一文总结出《絜斋毛诗经筵讲义》阐释三个特点：一，"关乎君德，托其义以讽"；二，"阐发义理，发挥诗人之蕴奥"；三，"立足性情，以止乎礼义为归"。该文结合袁燮之文本，具体分析了《絜斋毛诗经筵讲义》在这三个方面的内容。②

陈小亮先生的《袁燮〈毛诗经筵讲义〉心学思想浅析》一文分为四部分：第一部分讨论《絜斋毛诗经筵讲义》中的两篇诗序，认为它们是对"诗无邪"和"四始"的阐发。第二部分指出袁燮解读《诗经》所采用的方法，即心学里的"简易工夫"。也就是对每一首《诗经》作品，先是发一段议论，中间展开讲解，最后又联系现实以启沃君心。袁燮还喜欢抓住关键词来解析。第三部分认为袁燮在解读《诗经》时发挥了心学思想。第四部分指出袁燮解读《诗经》时，还结合时事加以引申，有经世致用的精神贯穿首尾。③ 总之，该文对于《絜斋毛诗经筵讲义》的分析有自己的结构特色。

四是讨论絜斋其他方面。张如安先生的《浅论南宋学者袁燮的社会和谐思想》一文着重讨论袁燮的社会和谐思想。作者认为，袁燮的社会和谐思想主要表现在三个方面，即人与自然的和谐、人与社会的和谐、人我关系的和谐。袁燮论人与自然的和谐，是从"天人一理"、"天人一致"的理论出发，他强调天地人融合为一，是为了突出人心的主导作用。袁燮论人与社会的和谐，提出了"君民一体"的政治主张。在此基础上，他还提出"天下之大，当

① 郝桂敏：《袁燮〈絜斋毛诗经筵讲义〉的特点及成因》，《辽宁教育行政学院学报》2007年第7期。
② 娄璐琦：《论袁燮〈絜斋毛诗经筵讲义〉的阐释特点》，《中共宁波市委党校学报》2012年第4期。
③ 陈小亮：《袁燮〈毛诗经筵讲义〉心学思想浅析》，《西安电子科技大学学报》2013年第6期。

与天下共图之"的民主决策思想，要"广求贤俊"，要"藏富于民"。袁燮论人我关系的和谐，强调从自我道德修养着手，涵养个人的荣辱观。① 总之，这篇论文是从一个特殊的角度来对袁燮文本作出解读。

陈小亮先生的《浅论袁燮诗的心学特色》一文以收录于《絜斋集》中的177 首诗作为解读对象，深入而细致地分析了其所折射的心学特色。指出在絜斋的这些诗中，"心"字即出现 69 次，"清"字出现 49 次，体现了絜斋诗的心学特色。作者还指出，絜斋的咏雪诗多则体现出务用的精神，他的闲适诗、山水诗体现出恬淡的风格。② 总之，该文是首次以絜斋诗歌作为分析的文本，来讨论其中的心学特色。

邢舒绪先生的《浅论袁燮的心学成就及贡献》一文先梳理了陆象山心学理论，然后指出袁燮对象山心学的发展，并将袁燮心学与杨简心学作一对比，得出这样一个结论："袁燮的心学更加温厚平实，不仅在理论上纠杨简之偏，为心学的传播脚踏实地之风，同时对心学的阐发也比杨简更接近陆九渊心学的实质。"该篇论文还注意到"袁燮重视劳动人民的实践活动，认为劳动者的劳动技艺、生产活动也是'心'即道德的展现"。③

另外，於剑山先生的硕士学位论文《南宋"甬上四先生"研究》主要解决三个问题：一，探讨"甬上四先生"中除杨简以外三位的生平与思想；二，分析"四先生"之间的互动；三，讨论"四先生"对朱学、吕学的继承。论文中涉及袁燮的内容，主要是讨论袁燮的生平及其思想轨迹，指出袁燮论"心"与"理"时常常与政治联系起来，认为袁燮的修身方法极其强调"自得"和重视读书，判定袁燮对佛、老最有好感。④ 该文对于袁燮的交游有较详细的考证。将"甬上四先生"作为一个整体来研究，这是该文的一个特色。与此同时，这也是该文不足之处，即对于个案的研究不能深入。

综观以上，读者们大概也可以发现这样的一个现象：对于袁絜斋的研究越来越受到人们重视，有些学者还作了全面而专门的研究。但是就整体来看，袁絜斋研究并不充分，还没有研究袁絜斋的专著出现。也许是因为与陆

---

① 张如安：《浅论南宋学者袁燮的社会和谐思想》，《中共宁波市委党校学报》2009 年第5 期。

② 陈小亮：《浅论袁燮诗的心学特色》，《宁波工程学院学报》2013 年第 4 期。

③ 宁波市社会科学界第四届学术年会分论坛：《多维视野下的浙东文化学术研讨会论文集》，2013 年 12 月。

④ 於剑山：《南宋"甬上四先生"研究》，2007 年中国优秀硕士学位论文全文数据库。

象山、杨慈湖相比，袁絜斋在心学理论上并没有提出什么响亮的"口号"，以至于研究起来没有什么"话头"。但是，袁絜斋所呈现的是另一种生命样态，正可以作为陆象山、杨慈湖的补充，他将心学修养发挥于政治伦理，对于我们今日的政治文化建设，尤其具有借鉴意义。

研究之意义

　　本书对袁絜斋的研究，将要聚焦于心学与政治的关联。选择这样的一个研究视角，是源于一种常识性的怀疑。在一般人的常识之中，心学是一种有关"本心"的自我呈现的学问。"本心"之呈现，无思无为，随感而应，至真至善，无所不通。而政治却需要寻找各方面利益的博弈与平衡，其中充满着无数的算计。那么，无思无为之"本心"又是如何发挥于充满算计之政治行为中呢？我们研究袁絜斋，就是要试图回答这样的一个问题。

　　选择袁絜斋来作这样的研究，自是有一定的学术史上的考量。孟子可以算得上是心学的源头。孟子曾谈到"本心"与政治之关联。在他看来，人人皆有恻隐之心，恻隐之心就是不忍人之心，以不忍人之心行不忍人之政，治理天下便像是"运于掌"上。至于如何将人的恻隐之心，发之于人的政治行为当中，孟子则语焉不详。孟子虽然出行的时候，后面跟着几十辆车，随着几百号人，到诸侯那儿去吃流水席①，看起来异常风光，但是他并没有多少真正的从政机会。让他来谈论这样的一个问题，实在有些勉为其难。他只会说："如果大王能够对老百姓实行仁政，不采取暴力威压，减少百姓的赋税，让他们能够专心农业生产；那么那些百姓在闲暇之余就会去学习孝悌忠信，他们在家孝顺父母尊敬兄长，在外一心侍奉长官。这样的百姓，可以让他们拿着棍棒去与秦楚的坚甲利兵作战。"②亚圣也只能说到这个分上。如此这般的言论，就是在当时的人看来，也是"见以为迂远而阔于事情"③。

　　孟子以后，心学不传已经很久。用陆象山的话来说："此学之不明，千有

---

　　①　《孟子·滕文公下》记载彭更质问孟子："后车数十乘，从者数百人，以传食于诸侯，不以泰乎？"

　　②　《孟子·梁惠王上》："王如施仁政于民，省刑罚，薄税敛，深耕易耨；壮者以暇日修其孝悌忠信，入以事其父兄，出以事其长上，可使制梃以挞秦楚之坚甲利兵矣。"

　　③　〔汉〕司马迁：《孟子荀卿列传》，《史记》卷74，中华书局1959年版，第2343页。

五百余年矣。"①到了陆象山,他自称是直承孟子而来。象山是否接脉于孟子,中间是否有人牵线搭桥,一直是学术史上的公案。但象山是心学的真正确立者,这是不容置疑的。对于象山心学,学者的议论已有很多,笔者不想置喙于其间。陆象山的一些言论,也涉及心学与政治的关联。如他说:"古之人自其身达之家国天下而无愧焉者,不失其本心而已。"②但如何做到使"本心""自其身达之国家天下",陆象山却是言之不详。陆象山54岁而卒,他的一生主要是花在求学、创学与讲学上,真正做官的时间却是不长。陆象山大部分精力都是宣扬自己的心学,对将"本心"如何运用于实际政治则关注得不够充分。《陆九渊集》中有关政治方面的文字,也显得十分单薄。后来学者研究陆象山,也多是集中于象山心学。虽有学者讨论陆象山的"本心与善政"③,将焦点聚集在陆九渊的政治思想上,但对陆象山的"本心"如何开出"善政",也只是轻描淡写。

陆象山的弟子中,最有名者莫过于杨慈湖。杨慈湖侧重于对心学作理论上的发挥。慈湖最大的发挥就是提出了"不起意"。如果确认象山心学尚有"沿习之累"④(也就是说,陆象山在心学方面还不够彻底,他所说的"心"常常受"理"的支配),那么慈湖心学则纯是讲"心",更加突出了"心"的地位。慈湖发明"本心",多侧重于闺阁之中。《慈湖遗书》第十七卷的《纪先训》,对于家庭生活细枝末节言之甚详。《慈湖遗书》直接谈论政治的文字不多,慈湖最有代表性的政治观点如:"方今治务其最急者五:一曰谨择左右大臣近臣小臣,二曰择贤久任中外之官,三曰罢科举而乡举里选贤能者,四曰罢设法导淫,五曰教习诸葛武侯之正兵以备不虞。"⑤仅此五点,即被清人认为,是"皆迂阔不达时势"⑥。慈湖先生曾做过富阳县主簿,也做过知县知州,还做过国子监的教员。他的从政经历比较简单,为政的重点在于宣传教化。在乐平、温州等地,慈湖先生也确实做出一些政绩。《四库全书总目》说他:"然简历官治迹,乃多有可纪,又非胶固鲜通者,盖简本明练政体。"⑦这是说杨慈湖本来也是懂得政治运作的,但杨慈湖毕竟对于"本心"如何发挥于政治运

---

① 〔宋〕陆九渊:《与李省干》,《陆九渊集》卷1,中华书局1980年版,第14页。
② 〔宋〕陆九渊:《敬斋记》,《陆九渊集》卷19,中华书局1980年版,第227页。
③ 孙华:《本心与善政:陆九渊政治思想研究》,2010年吉林大学博士学位论文。
④ 〔明〕王守仁:《王阳明全集》,上海古籍出版社1992年版,上册,第180页。
⑤ 〔宋〕杨简:《慈湖遗书》卷16,《文渊阁四库全书》,第1165册,第860页。
⑥ 《四库全书总目》卷166,中华书局1997年版,下册,第2137页。
⑦ 《四库全书总目》卷166,中华书局1997年版,下册,第2137页。

作之中,还是谈得比较简略。

王阳明可谓是心学史上的重量级人物。他开创的阳明心学,对身后的中国人产生着深远的影响。王阳明虽然只活到 58 岁,但是他比较圆满地实现了"立德"、"立功"、"立言"的人生目标。阳明文集中有不少议论心学与政治的文字,本可以作为我们论题发挥的最好文本。但须知明代与宋代相比,"士风"已有明显的差别。"同是理学家,朱熹和陆九渊都一心一意向往着王安石的'得君行道',在皇帝面前也是侃侃而谈,俨然以政治主体自居,充分体现了'以天下为己任'的气概。而王守仁的奏疏多关具体事务,极少涉及朝政。"①余英时先生举例说:"朱熹在他许多长篇大论的《封事》和《奏札》中,反复要求皇帝除旧布新,重建一个合理的秩序。对照之下,王守仁除了正德元年(1506)《乞宥言官去权奸》一疏,因而放逐龙场之外,其余奏疏多关具体事务,极少涉及朝政。"②由此可见,明代社会环境已与宋代大为不同,即便英雄了得如王阳明,也受当时社会的压迫,其政治主体性受到某些方面的限制。那么,以王阳明作为考察对象,来讨论我们的议题——即无思无为的"本心"如何发挥于充满算计的政治运作之中——似乎就有某些方面的缺憾。

袁絜斋虽在心学理论方面没有陆象山、杨慈湖、王阳明那么大的建树,但他的心学造诣也是臻于圣贤之域,杨慈湖"每称先生之觉为不可及"③。也就是说,连杨慈湖都说自己赶不上袁絜斋那样的心学修养。袁絜斋活到 81 岁,他既有地方上的为官经历,又曾在中央部门任职,有着丰富的政治生活经验。《絜斋集》多次申说要将"本心"发挥于政治生活之中,正可以作为我们议题的讨论之资。因此可以说,我们选择袁燮作为研究对象,来讨论无思无为的"本心"如何发挥于充满算计的政治之域,是颇经过一番斟酌的。

既然决定以袁絜斋为例来讨论心学与政治的关联,我们就不得不做以下四个方面的工作——也就是解答以下四个问题:

第一,为何袁絜斋会倾向于在政治生活中去发挥自我"本心"? 众所周知,人人皆有倾向,天地之间根本就不存在无倾向之人。一个人的倾向受制于他的先天秉性,更受他所在的环境因素的影响。人的先天秉性极为重要,

① 余英时:《士与中国文化·新版序》,上海人民出版社 2003 年版。
② 余英时:《士与中国文化·新版序》,上海人民出版社 2003 年版。
③〔清〕黄宗羲:《宋元学案·絜斋学案》,《黄宗羲全集》,浙江古籍出版社 2005 年版,第5 册,第 1016 页。

有时甚至预示着一个人一生的成败。而环境因素影响人于无形,滋润物于无声,这种影响对于人所造成的后果,有时就仿佛是人天生具有的秉性一样。影响袁燮的环境因素主要有四点,即他的家庭、他的社会、他的人生遭际和儒家的从政传统。袁絜斋出生于南宋时期四明望族,世家出身一定程度上支配着他的人生道路选择。袁絜斋所处社会既给读书人以前所未有之发挥舞台,同时又以积弱积困来刺激起当时知识分子的雄心壮志。袁絜斋的求学经历、与朋友之间的交往和儒家的从政传统,也影响着他的倾向。总之,从这四方面,我们可以看出袁燮选择心学并倾向于将自我"本心"发挥于政治领域的原因。

第二,如何理解絜斋心学?既然要探讨絜斋心学与政治之关联,自然就要弄清絜斋心学的内涵。宋明理学有"本体",有"工夫"。絜斋之"本体",即絜斋之"本心"。对于象山学派常常提及的"本心",一般学者将其描述为:万物之本原、道德之源泉、知性之所在、情感之渊薮。以如此描述去对照絜斋之文本,似乎也能言之成理,持之有故。但是我们要知道,古人所说的"本心",并非只是一个思辨的概念,而是指向真切的人的生命。如此哲学化的描述,则人之完整生命便"浑沌死"①。我们认为"本心"是指人的素质,是指人生命整体所具有的倾向和能力。絜斋论及"本心",更具有这一层意味。人之"本心"最初可能都是相近的,故宋人说千古圣贤同此一"心"。但经过后天不同的开发,人之"本心"又各有不同。絜斋之"本心"有絜斋之内涵。絜斋之"工夫"是开显(开发、显现)其"本体"的方法、途径,对于今人提升道德修养最有裨益。弄清絜斋的"本体"与"工夫"之后,我们方可以判定絜斋心学的特点,由此也可以消除现代学者对袁絜斋的一些误解。

第三,絜斋政治有哪些内容?要以袁絜斋为例弄清"本心"如何在政治生活中发用,自然就要知道絜斋政治。絜斋政治包括两方面的内容,即絜斋的政治理论与政治实践。袁絜斋有自己的政治理想,那就是实现"三代"之治。这也是大多数宋代士大夫的理想,只是袁絜斋将此理想落实在具体的可操作的层面上。这些具体的可操作的政治措施,就是袁絜斋的君臣观、军事观、经济观和人才观等。袁絜斋的政治实践也是值得观察的。他的政治实践是他政治理论的印证,也是他提出政治理论的现实基础。在弄清絜斋政治的基础上,我们可以总结出他政治思想的一些特点。

第四,絜斋心学与絜斋政治有何关联?在充分讨论以上絜斋心学与絜

---

① 《庄子·应帝王》:"日凿一窍,七日而浑沌死。"

斋政治的基础上,尚需进一步探讨袁絜斋是如何将无思无为的"本心"发用于充满算计的政治行为之中。"本心"即是一种素质,即是一种倾向与能力;政治行为是一种行为,在政治活动中的深思熟虑也是一种行为。行为总是要体现出素质,而素质也总是要以行为来体现。此两者本为一体,密不可分。因此,只要"工夫"到家,无思无为的"本心"发用于充满算计的政治行为之中,便是水到渠成之事。

依次解答以上四个问题,便是我们研究袁燮的思路。如果我们的研究能够顺利揭开絜斋心学与政治之关联,那么展开一下联想也应是在情理之中。这种联想就是:我们的袁燮研究对于今日的政治文化建设有着怎样的积极意义?我们的社会一直在强调"为政要心系人民",我们的官员也在口头表示"要做人民的公仆"。但在我们社会的政治现实当中,仍然存在一些腐败现象,而且有些领域的腐败已到了非常严重的程度。如何将思想认识落实到现实生活之中,我们从袁絜斋这里一定可以得到一些借鉴。

第1章   絜斋倾向之成因

如前所言,我们是要以袁絜斋为例,来研究心学与政治的关联。这一举动实际上是预先肯定了絜斋具有这样的一个倾向——即他倾向于心学,并且倾向于将心学发挥于政治领域之中。那么,这里就有一个问题:为什么袁絜斋会具有如此之倾向? 人人皆具有倾向,不倾向于此,便倾向于彼。一个人倾向的形成,往往受多种因素的影响。据我们观察,影响絜斋先生倾向的因素包括以下四个方面:他的世家出身、社会现实、求学交往和儒家的从政传统。下面就依此四点,来开始我们的探索之旅。

1.1   絜斋的世家出身

家庭环境无意的熏染和刻意的教育,对于一个人的成长起着至关重要的作用。这一点在袁絜斋表现得尤为明显。絜斋出生于南宋四明鄞县一个世家,他具有浓厚的“世家”观念。絜斋的“世家”观念,对于今天人们的培育“家风”仍具有一定的启示意义。

1.1.1   絜斋家世

袁絜斋出生于一个世家。袁氏家族原籍河南开封,辗转来到四明鄞县。到南宋,袁氏逐渐成为鄞县的一个名门望族。真西山说:“至我朝,而四明袁氏浸显。"①在袁氏的家族史上,絜斋的高祖袁毂是一个关键人物。袁絜斋曾说:"自高大父光禄公以儒学起家,袁氏始大。"②真西山也说:"袁氏世学源流于此。"③袁毂(1037—1110),字容直,一字公济,《宝庆四明志》说他是"王鄞江先生门人"④,又曾拜楼郁为师⑤。袁毂"博贯群书,擅名词藻"。他一试于开封⑥,二试于乡,均获得第一名。嘉祐六年(1061),中了进士。先是做建安尉,后为青州录事参军。因袁毂办案"无不尽其情",被荐而知邵武军。在此任期间,他为官清介,曾有诗云:"沧浪不须濯,缨上本无尘。"他上奏条陈盐法利病,主张减课税,深得时人爱戴。当年袁毂开封考试第一名,而苏轼是第二名。后来袁毂做杭州通判,而苏轼为杭州太守。二人相得益欢,有许多

---

①　〔宋〕真德秀:《显谟阁学士致仕赠龙图阁学士开府袁公行状》,《西山文集》卷47,《文渊阁四库全书》,第1174册,第748页。

②　〔宋〕袁燮:《亡弟木叔墓志铭》,《絜斋集》卷20,《文渊阁四库全书》,第1157册,第283页。

③　〔宋〕真德秀:《显谟阁学士致仕赠龙图阁学士开府袁公行状》,《西山文集》卷47,《文渊阁四库全书》,第1174册,第748页。

④　王致(985—1055),字应求,鄞县西乡人,人称"鄞江先生","庆历五先生"之一。宋仁宗时,召为秘书省校书,不就,而以道义教化乡里达四十五年,门下弟子二百余人,著名者有王说、王该、丰谬、袁毂。宋庆历七年(1047),王安石为鄞县县令,称王致"无事于职而爱民之心乃至于此,可以为仁矣"。(见曹屯裕:《浙东文化概论》,宁波出版社1997年版,第166页)

⑤　楼郁(?—1078),字子文,"庆历五先生"之一。自奉化徙鄞县,卜居城南。"志操高厉,学以穷理为先,为乡人所尊"(〔宋〕袁桷:《城南楼先生》,《延祐四明志》卷4,《宋元方志丛刊》,中华书局1989年影印,第6册,第6185页)。在县学掌教数年,又教授郡学,前后凡三十余年。登皇祐五年(1053)进士,调舒州庐江主簿。丁母忧,以禄不及亲绝仕进意,以大理评事终于家。王安石致信称他"学行笃美,信于士友"(〔宋〕王安石:《与楼郁教授》,《临川文集》卷78,《文渊阁四库全书》,第1105册,第653页)。门人众多,以丰稷、袁毂、俞充、舒亶、罗适最为知名。

⑥　南宋时期,四明教育水平较高,而乡试的解额有限,科举竞争异常激烈。因此,有不少四明学子从其他地方报考。楼钥的《跋袁光禄毂与东坡同官事迹》记载,庆历兴学后,其高祖楼郁教授四明前后三十余年,"是时赴乡举者才百余人,解额六人,试于谯楼。秋赋之年,先生谓舒公亶、袁公毂、罗公适曰:'二子学业既成,不应有妨其人荐名。'于是舒试于乡,袁试于开封,罗试于丹丘,三人皆在魁选,实为一时之盛"。(〔宋〕楼钥:《跋袁光禄毂与东坡同官事迹》,《攻媿集》卷77,《文渊阁四库全书》,第1153册,第224页)

相互酬唱的诗篇。① 随后，袁毅任处州知州，最终为朝奉大夫，赠光禄大夫。有《文集》七十卷、《纂通题》一百卷。②

袁絜斋的曾祖袁灼（1070—？），字子烈，元祐年间进士及第。袁灼先是在朝廷做官，为光禄寺丞军器少监（或说尚书仓部郎中），后来出知婺州。婺州武臣曹宗，是当时权相蔡京的姻亲朋党，"横于一州"，"数犯法"。袁灼不畏权奸，将其拘系至监，并严惩致死，因此惹怒蔡京，被降了官阶。③ 后来，他又被起用而知随州。宣和末年，被召为仓部郎，在面见皇帝的时候，他力劝最高当权者要"清心省事，安不忘危"，言辞甚为切直，结果被贬为泗州知州，最后以朝议大夫而终。④ 袁絜斋总结其曾祖一生是："夫典州而不阿大臣，立朝而敢进忠言，人臣之大节也。"⑤

袁絜斋的祖父袁坰（1097—1155），字卿远，号敦孚。袁坰是早产儿，体质本来并不是太好，但是向善之志始终不衰。虽为官宦子弟，却谦逊有礼，乐于施舍，在家孝顺父兄，与朋友交往温厚恭敬，从来不与人争较长短，乡里人都称呼他为忠厚长者。⑥ 袁坰自己无意于科举，不热衷于做官，独于教育子女尽心尽力。他高薪聘请硕学鸿儒来作为自己孩子的家庭老师，侍候老师恭敬有加，小心谨慎，乡里简直无人能比。他的两个儿子袁文、袁章也非常争气，得到宗族乡党的交口称赞。袁坰年老时清心寡欲，"惟以赋诗鼓琴自娱"。絜斋曾为其祖作《先祖墓表》⑦。

---

① 袁燮的父亲袁文《瓮牖闲评》曾记载袁毅与苏轼之间一段闲情雅事："苏东城昔守临安，余曾祖作倅。一日，同往一山寺祈雨。东坡云：'吾二人赋诗，以雨速来者为胜。不然，罚一饭会。'于是，东坡云：'一炉香对紫宫起，万点雨随青盖归。'余曾祖则曰：'白日清天沛然下，皂盖青旗犹未归。'东坡视之云：'我不如尔速。'于是罚一饭会。"（〔宋〕袁文：《瓮牖闲评》卷5，《文渊阁四库全书》，第852册，第449—450页）

② 《宝庆四明志》卷8，《叙人上·先贤事迹上》；《浙江通志》卷168，《人物三·循吏二》；《明一统志》卷78，《邵武府》。

③ 袁燮称其曾祖："尝守东阳，以法诛蔡氏党亲曹宗，触京怒，得罪。时论韪之，而志墓者有所讳忌，轶其事。"（〔宋〕袁燮：《先公行状》，《絜斋集》卷16，《文渊阁四库全书》，第1157册，第220页）

④ 〔宋〕罗濬：《叙人上》，《宝庆四明志》卷8，《宋元方志丛刊》，中华书局1989年影印，第5册，第5082页。

⑤ 〔宋〕袁燮：《曾祖遗事》，《絜斋集》卷17，《文渊阁四库全书》，第1157册，第229页。

⑥ 〔宋〕袁燮：《先公行状》，《絜斋集》卷16，《文渊阁四库全书》，第1157册，第220页。

⑦ 〔宋〕袁燮：《先祖墓表》，《絜斋集》卷17，《文渊阁四库全书》，第1157册，第229—231页。

絜斋的父亲袁文（1119—1190），字质甫，号逸叟。自幼聪警，读书数遍即能成诵。酷爱读书，手抄口诵，日夜不辍。善于思考，对《尚书》钻研尤深。能领会古圣贤之意，勇于为善。不汲汲于科名，耽于简朴生活，追求清新雅致。家里有园林不足三亩，在上面种植了花竹草木，每日与儿孙游玩于其间，相互考德问业。还喜欢收集古书画、古器玩，平时拿出来把玩。博览经史，考订古籍，有《瓮牖闲评》八卷。

絜斋的叔父袁章（1120—1199），字叔平。天资隽敏，10 岁遍诵五经，12 岁能作赋，有奇童之誉。能刻苦学习，严格要求自己，通晓诸经之大义。入太学，多次测试第一。宋代科举考试有所谓"王学"（王安石之学）与"程学"（二程之学）之争。当时主政者秦桧"讳言程氏"，而袁章科举考试竟然发挥程学，故而出师不利。① 他退而居乡间讲学，跟随他学习的人越来越多，里中推为硕师。后由于汪应辰的推荐，于乾道五年（1169）进士及第，先为绍兴府诸暨县主簿，后为泰州州学教授，又教授和州，后为南康军判官厅公事、通判常德府。袁章一生爱读书，知识渊博，为人谦逊，为官清廉。袁絜斋 15 岁时，曾受教于叔父，自言"挹其貌，耳其言，孝弟恭逊之心油然而生"。絜斋在外做官，叔父还写信与他谈及自己的修德情况，"自谓胸中融融有无涯之乐"。② 絜斋曾饱含深情地为其叔父写了一篇祭文，其中说道："先君既殁，每见叔父如亲犹在。教我诲我，六经百氏，靡不讨论。"③

袁絜斋还有一位好母亲。他的母亲戴氏（1121—1192），是四明鄞县免解进士戴冕的小女儿。戴家是当时鄞县桃原乡的大户，家里颇有资产。到了戴冕，才开始注重读书。戴冕有两儿一女。戴冕看此女"聪明静专，柔嘉孝谨"，于是就像教育儿子一样，也授之以诸经。戴冕的夫人蔡氏则教女儿德、言、容、功。戴氏 18 岁嫁于袁燮的父亲袁文。戴氏"雅亦好书"，"至于尺牍之工，属辞措意，为人传玩"，对于袁文来说，"如益友然"。戴氏又善理家

---

① 绍兴二十六年（1156），宋高宗与叶谦亨有一段对话，足以看出学术取向对科举考试之影响。叶谦亨说："然臣犹有虑者，学术粹驳系于主司去取之间。向者朝论专尚程颐之学，有立说稍异者，皆不在选。前日大臣则阴佑王安石，而取其说稍涉程学者，一切摈弃。"〔宋〕李心传：《建炎以来系年要录》卷 173，中华书局大合集，第 2847 页）秦桧在相位将近二十年，故王学势力远超程学。

② 〔宋〕袁燮：《叔父承议郎通判常德府行状》，《絜斋集》卷 16，《文渊阁四库全书》，第 1157 册，第 222—225 页。

③ 〔宋〕袁燮：《祭叔父通判文》，《絜斋集》卷 22，《文渊阁四库全书》，第 1157 册，第 301—302 页。

务，接人待物成为当时闺门的表率。她相夫教子。在孩子们小的时候，她教他们写字，手写口授，对每一个字读音都严格要求；孩子长大以后，早晚都教导他们，鼓励他们，希望他们有远大理想，亲自抄录古人言行、前辈的典型事迹来教育孩子，并且还对孩子们讲一些当时社会的时事、人物职位高低和品行好坏，以及民间的冷暖苦甜。①

袁氏家族到袁絜斋一辈，影响日大。絜斋之兄袁觉，两为乡贡进士，著有《袁氏家塾读书记》二十三卷。袁絜斋之弟袁樇，"才器不群，而强于为善"，以累举特恩，授迪功郎、蕲州黄梅县尉，"奉己俭，居官廉"②。至袁絜斋自己，更是知名于当世，我们后文还将有详细的描述。

袁絜斋之子均有声名。长子袁乔（？—1190），为宣义郎、知绍兴府新昌县，曾经"录其家庭所闻"，编为《絜斋家塾书钞》十卷。仲子袁肃，号晋斋，庆元五年（1199）进士，官至少卿，尝知江州。③ 他曾师事舒元质，后来也成为知名人士。三子袁甫，字广微，号蒙斋，嘉定七年（1214）中进士第一，累官权兵部尚书。死的时候，被赠封为通奉大夫，谥号正肃。袁甫自小便接受父亲的心学熏陶，后又问学于杨慈湖，是南宋四明心学后期重要的代表人物。著有《蒙斋中庸讲义》四卷、《蒙斋集》二十卷。④ 絜斋幼子袁商，为承奉郎、新监临安府新城县税。

关于城南袁氏家族的详情，读者可以翻看张如安先生的《鄞县望族》⑤和陈莉萍、陈小亮合著的《宋元时期明州袁氏宗族研究》⑥二书。以上对袁絜斋家世的描述，主要依据絜斋的文本。可见在絜斋眼中，他的家族可以称得上是一个望族。袁氏家族也确实称得上是甬上望族。清人的《甬上望族表》对于南宋四明袁氏家族有详细的描述，其中说道："城南袁氏，光禄大夫毂，正议楼公之高弟也，一望。正献之父文，著书曰《瓮牖闲评》者也，二望。正献，

---

① 〔宋〕袁燮：《太夫人戴氏圹志》，《絜斋集》卷 21，《文渊阁四库全书》，第 1157 册，第 290—291 页。

② 〔宋〕袁燮：《亡弟木叔墓志铭》，《絜斋集》卷 20，《文渊阁四库全书》，第 1157 册，第 283 页。

③ 〔清〕黄宗羲：《宋元学案·絜斋学案》，《黄宗羲全集》，浙江古籍出版社 2005 年版，第 5 册，第 1020 页。

④ 〔清〕黄宗羲：《宋元学案·絜斋学案》，《黄宗羲全集》，浙江古籍出版社 2005 年版，第 5 册，第 1020 页。

⑤ 张如安：《鄞县望族》，浙江古籍出版社 2009 年版。

⑥ 陈莉萍、陈小亮：《宋元时期明州袁氏家族研究》，浙江大学出版社 2009 年版。

第三。正献之仲子江州肃,第四。正肃,第五。少子阁学商,第六。正肃之孙鹿昭山人衷,第七。共七望。"①袁絜斋生活于这样的世家之中,自然就有了他自己对世家的独特看法。

1.1.2　絜斋的世家观念

在中国文化中,"世家"一词一般是指世禄之家,即指那些世代贵显的家族或者大家庭。如《汉书·食货志下》云:"世家子弟富人或斗鸡走狗马,弋猎博戏,乱齐民。"颜师古注引如淳的话说:"世家,谓世世有禄秩家也。"②这里的"世家"就是指世世代代都是有钱有势的人家。在司马迁的《史记》中,"世家"又用来作为记载侯王家世的一种传记。"世家"还可以指以某种专业世代相承的家族,如我们通常所说的"梨园世家"、"中医世家"、"武术世家"等。有时候袁絜斋也是在这层意思上使用"世家"一词,如他说:"余观之于诗者,代不乏人,而能世其家者几希。惟杜审言之孙甫,最为煊赫。"③这是说,在诗歌创作方面能够世代相传的并不多见,只有杜审言和杜甫算是最显赫的。但是更多时候,袁絜斋对世家有自己特别的解读。从他的一些论述中,我们可以探察袁絜斋世家观念的几层含义。

其一,絜斋的世家观念源于孟子的"世臣"。他给《相山正论》作跋时说:"王氏一门,正人继作,遂为世家。孟子曰:'所谓故国者,非有乔木之谓,而世臣之谓。'若伊尹之有陟,周公之有伯禽,召康公之有虎,始可谓能世其家者。"④孟子所说的"世臣",赵岐《注》将其解释为"累世修德之臣,常能辅其君以道"⑤。也就是说,只有那些一家几代人都是"正人",然后才能称为"世家"。袁絜斋所举的例子,如"伊尹之有陟,周公之有伯禽,召康公之有虎",正是突出了这一点。这种"世家"与人们所深恶痛绝的"世袭制"毫不相干。絜斋推崇孟子的"世臣"观念,有他自己的立足点。他说:"盖世臣自与新进不同,国家之本末源流,无不周知,而又能尽忠以事其上,故欲其世世相续。祖父既贤,子孙又继之,则国家常有恃矣。"⑥袁絜斋认为,那些世家出身的

---

① 〔清〕徐兆昺:《四明谈助》,宁波出版社 2000 年版,下册,第 1011 页。
② 〔汉〕班固:《食货志下》,《汉书》卷 24 下,中华书局 1962 年版,第 4 册,第 1171 页。
③ 〔宋〕袁燮:《题宋教授诗册后》,《絜斋集》卷 8,《文渊阁四库全书》,第 1157 册,第 97 页。
④ 〔宋〕袁燮:《跋相山正论》,《絜斋集》卷 8,《文渊阁四库全书》,第 1157 册,第 95 页。
⑤ 〔清〕焦循:《孟子正义》卷 2,《诸子集成》本,第 84 页。
⑥ 〔宋〕袁燮:《絜斋家塾书钞》卷 6,《文渊阁四库全书》,第 57 册,第 771 页。

人,既精通政治运作,又对国家忠心,正是国家的依靠。另外,絜斋所信奉的象山心学,接脉于孟子。① 他继承孟子的"世臣"观念,多少与此也有关联。

其二,"世家"即"世其家"。袁絜斋在谈到靖康时期的何尚书,曾说:"尚书忠义如此,后嗣子孙诚能续而不绝,斯足以世其家矣。"②"世其家"是说一个家族能够世世代代薪火相传。这种相传并非像动物那样,只是传递着生物基因。众所周知,我们每一个人肯定都是血缘纽带上的一个点,都有自上而下的传承,但并不是每个家族都可以称为"世家"。"世家"是指在肉体生命的延续之外,还承载着一种精神性的东西。絜斋说:"余闻古人重世家,取其源流相续也。"③"源流相续"意味着家族世代坚守着某种东西,而且这个东西又可以保证家族世代延续。袁燮对此还举例子加以说明:"穆王命君牙:'惟乃祖乃父,世笃忠贞。'又曰:'缵乃旧服,无忝祖考。'宣王命召穆公,亦以康公期之。曰'召公维翰',谓康公也。曰'召公是似',欲穆公似乃祖也。治世盛时,所贵乎世家者盖如此。"④这里引用《尚书》中的材料,周穆王对君牙,周宣王对穆公,都是希望他们意识到自己前辈对国家的忠心耿耿。因此,袁絜斋所说的"世家","非若寻常之流,徼幸于一时,易盈而易涸也"⑤。以笔者的理解,絜斋所说的"世家",并不能像我们现在的一些"土豪",靠一时撞大运获得财富或者高位,来得快去得也快。

其三,世其家者,既不是权势,也不是钱财,而是"气脉"与"名德"。絜斋说:"古人贵世家。所谓故家者,非乔木之谓,而世臣之谓。……然所贵乎世家者,非必七叶珥貂如汉之金张,八叶宰相如唐之萧氏也。名位虽崇,而不皆贤,亦何世之有?如东京之袁、杨二氏,气脉联属,名德俱隆,斯可谓世家矣。"⑥权势与钱财固然可以一定程度地满足人的精神需求,但它们毕竟是外在的东西,外界可以给予,也可以夺去。获取权势与钱财,要受许多客观因素的制约,人不能完全由自己来掌控。一个家族也许可以享受一时的权势

---

① 陆九渊说:"窃不自揆,区区之学,自谓孟子之后,至是而始一明也。"(〔宋〕陆九渊:《与路彦彬》,《陆九渊集》卷 10,中华书局 1980 年版,第 134 页)

② 〔宋〕袁燮:《跋丁未御书》,《絜斋集》卷 8,《文渊阁四库全书》,第 1157 册,第 92 页。

③ 〔宋〕袁燮:《跋寺丞杨公帖》,《絜斋集》卷 8,《文渊阁四库全书》,第 1157 册,第 103 页。

④ 〔宋〕袁燮:《跋二王帖》,《絜斋集》卷 8,《文渊阁四库全书》,第 1157 册,第 99 页。

⑤ 〔宋〕袁燮:《太儒人范氏墓志铭》,《絜斋集》卷 21,《文渊阁四库全书》,第 1157 册,第 292 页。

⑥ 〔宋〕袁燮:《先祖墓表》,《絜斋集》卷 17,《文渊阁四库全书》,第 1157 册,第 230 页。

与钱财,但要永远享受权势与钱财就需要一定的道德建设。因此,重视道德建设,强调精神气脉,便成为人们一种正确的选择。絜斋先生给楼叔韶诗云:"古人重世家,非为世其禄。世禄非不朽,风流要相续。君家富才杰,海内仰名族。岂徒衣冠盛,要使操履笃。"①可见,絜斋先生所谓的"世家",侧重强调世代相传的应是"气脉"、"名德"、"风流"、"操履"。

絜斋的家世告诉我们,他所说的"世家"确实与钱财和官位无关。絜斋祖父、父亲均没有做官,这是显而易见的。袁家的经济也算不上富裕。絜斋父亲袁文嗜好读书,愿意周济他人,"惟不肯治产业为后日计",有人劝他稍微为后人积累一些资产,他油然而笑,说:"人自不达耳!德不胜,多藏何为?吾以清德传家,其为基址不既多乎?"②絜斋父亲这是在说别人没有想明白。子孙后代如果品德不行,祖上留下多少财产也能败个精光。清贫但能坚守道德,以此来教育后代,这是给后人打下根基,后人总有可能会出人头地。我们从另一方面看这段话,也许正因为如此,说明袁家当时的经济状况并不是很好。

袁絜斋夫人边氏嫁到袁家时,边氏母亲叮嘱女儿说:"而夫之贫,而父所知也。为汝择对,惟以嗜学故,毋敢不恪。"③这段话一方面说明当时袁家确实不富裕,另一方面也说明边氏家族对学问的向往。在当时的四明,有这样的一个社会风气:有家学渊源的家庭与有经济实力的家庭相互联姻。袁絜斋的父亲与母亲、袁絜斋自己与边氏,都是例证。经济富裕的家庭渴望文化层次的提升,故愿意与有学问的家庭结合;有学问但较贫寒之家,也希望通过联姻得到经济上的援助。这样做的客观结果是四明地区文化整体水平的提升。总之,边氏嫁到袁家来时,袁家是比较贫寒的。

袁絜斋也曾自我描述道:"某家故清贫,自宦游至今,田不过四百亩,念族人之贫,思有以赒之,力不能及,每以为恨。"④他还有一首诗说道:"我卜山冈亩百金,家贫自叹力难任。杉松尽是亲栽植,寄与樵人念此心。"⑤絜斋为其父找到一块坟地,价格比较贵,由于家贫,勉强买下这块坟地,他只能自己

---

① 〔宋〕袁燮:《送楼叔韶尉东阳三首》,《絜斋集》卷 23,《文渊阁四库全书》,第 1157 册,第 308 页。

② 〔宋〕袁燮:《先公行状》,《絜斋集》卷 16,《文渊阁四库全书》,第 1157 册,第 220 页。

③ 〔宋〕袁燮:《夫人边氏圹志》,《絜斋集》卷 21,《文渊阁四库全书》,第 1157 册,第 293 页。

④ 〔宋〕袁燮:《秀野园记》,《絜斋集》卷 10,《文渊阁四库全书》,第 1157 册,第 133 页。

⑤ 〔宋〕袁燮:《书先茔二首》,《絜斋集》卷 24,《文渊阁四库全书》,第 1157 册,第 324 页。

到山上种植杉树、松树,他希望砍柴人能够体谅他的这片孝心。由此可知,袁家经济并不富裕。袁家能称得上世家,就是家族中世代相传着一种"气脉"、"名德"。

其四,所要传的"气脉"与"名德",就是传"心"。袁絜斋说:"心者一身之宗主,家传之要道也。人孰不爱其子孙?与之爵秩,心不正则不能继;丰其财用,心不正则不能保。惟此心之传,精纯不杂,气脉不间,其将弥久而弥昌乎?"①絜斋所谓的"心",也就是象山心学所提倡的"本心"。絜斋"本心"的内涵极为丰富,详细的讨论留待下一章。简单说来,袁絜斋强调传"心",实是重视人的精神生命,培养人的内在素质。袁絜斋家里虽然物质上贫乏,但他的父亲仍在自己屋舍旁整理三亩之园,用来种植花草和竹子,每日与子孙周旋于其间,相互"考德问业,忘其为贫"。絜斋说:"此吾家不可阙者。与其增膏腴数十亩而传之后裔,孰若复三亩之园而不坠其素风乎?"②袁絜斋所要传的"心",还包括保持家族的清廉传统。他曾经以"隐求"为名,来命名自己一处房宅。他说:"今吾'隐求'之名,益所以养其廉靖之节,而室其贪进之心也。吾以是教诸子,诸子复以是教吾孙,源源相续,无有穷已,此所谓世家也。"③

其五,所传之"心"不是悬空的,而是表现于谨严的家法之上和人的言行之中。在给从兄袁涛写墓志铭时,絜斋说袁涛:"虽清贫至骨,终不肯低首下气有求于人。沈酣简策,自得其趣,无慕于外。旧庐既毁,屏居萧寺,门虽设而常关,外言不入,内言不出,如女子深藏莫识其面,亦足以知家法之严谨矣。"④袁絜斋在称赞云巢王公二子时,说他们"皆修谨守家法"⑤。一个家族世代信守一种信念,只是依靠道德训诫是不够的,必须辅之以严谨的家法。这种家法也可称为"故家遗俗",是对家庭成员言行举止的看得见的约束。絜斋说:"自古忠贤之后,虽更历数世,耳目不接而气脉流传未尝间断,则必

---

① 〔宋〕袁燮:《跋高公所书孝经》,《絜斋集》卷8,《文渊阁四库全书》,第1157册,第93页。
② 〔宋〕袁燮:《秀野园记》,《絜斋集》卷10,《文渊阁四库全书》,第1157册,第133页。
③ 〔宋〕袁燮:《隐求堂记》,《全宋文》,上海辞书出版社2006年版,第281册,第250页。
④ 〔宋〕袁燮:《从兄学录墓志铭》,《絜斋集》卷20,《文渊阁四库全书》,第1157册,第282页。
⑤ 〔宋〕袁燮:《跋云巢王公续雅》,《絜斋集》卷8,《文渊阁四库全书》,第1157册,第93页。

有笃厚之士著称于时,此孟子所谓故家遗俗者。"①袁燮说到自己的父亲袁文时,说:"为人亮直,中无留藏,入与家人言,出与邻里乡党言,是是非非,率由中出。凡世间面誉背毁,机巧钩距之态,秋毫不存。遇人无贵贱、能否、长幼,必以诚敬,恂恂卑谦,若无尺寸可称者。醇浓之气,蔼然见于面目。即其貌,听其言,知其为故家遗俗也。"②从世家里熏陶出来的人,其举手投足自是与众不同。袁絜斋在给他的叔父袁章写行状时,特别提到一个细节,说袁章"一日燕语,偶字姊婿",于是其父就教导说:"姊婿,尊行也,奈何字之?"古人相互之间的称呼,有称名的,有称字的,有称官职的,有称地望的,有称号的,……总之,都是有规矩的。对于自己的姐夫称字,这是犯了一个小错误。从此以后,袁章就"未尝语及其字"③。袁燮在此是要表彰其叔父知错即改,而我们也由此可知世家规范之谨严。

其六,袁絜斋所说的这种世家观念,在袁氏家族成员中一直受到提醒。絜斋的父亲袁文见儿孙犯了错误,就一定会告诫儿孙们说:"汝曹不自努力,其若门户何?"④这意思是说,如果你们不从严要求自己,就会让祖上蒙羞,就会使家名玷污。袁絜斋还说自己的从兄袁涛,"屡为某言高大父光禄公有大名于当世,仓部继之,无忝前人。吾家固尝兴盛矣"。这些同辈兄弟之间的对话,对于絜斋大有感发,他就曾经发誓说:"先世如是,吾当复之。"他没有哪一天忘记自己的这个誓言。⑤ 袁燮在写给他人的诗中,曾经如是说:"痴儿侥幸居前列,朴学流传本故家。第一不宜贪显宦,更烦师友护兰芽。"⑥所谓"朴学"即是质朴之学,也就是传"心"之学。所谓"兰芽",即是修德进业的基础,也就是"本心"。絜斋一方面肯定"朴学"是自己家族的传统,另一方面希望他人能够帮助自己的儿子袁甫,使他在自我修养上有所收获。世家观念正是如此反复地被提起,从而在家族成员的内心形成一种集体意识,将自己

　　①　〔宋〕袁燮:《滁州司理李君墓志铭》,《絜斋集》卷19,《文渊阁四库全书》,第1157册,第256页。

　　②　〔宋〕袁燮:《先公行状》,《絜斋集》卷16,《文渊阁四库全书》,第1157册,第219页。

　　③　〔宋〕袁燮:《叔父承议郎通判常德府行状》,《絜斋集》卷16,《文渊阁四库全书》,第1157册,第222页。

　　④　〔宋〕袁燮:《先父行状》,《絜斋集》卷16,《文渊阁四库全书》,第1157册,第220页。

　　⑤　〔宋〕袁燮:《从兄学录墓志铭》,《絜斋集》卷20,《文渊阁四库全书》,第1157册,第282页。

　　⑥　〔宋〕袁燮:《和孙吉父登第二首》,《絜斋集》卷24,《文渊阁四库全书》,第1157册,第319页。

的行为举止与家族的兴衰荣辱联系起来。

袁絜斋有如此的世家观念,影响着他与人交往。楼叔韶是絜斋的好朋友,要到东阳做县尉。袁絜斋赠给他三首诗,其中一首诗曰:"古人重世家,非为世其禄。世禄非不朽,风流要相续。君家富才杰,海内仰名族。岂徒衣冠盛,要使操履笃。迩来益光华,君其继高躅。"①楼氏也是鄞县的一个书香门第,曾出过楼郁、楼钥等著名人物。袁燮诗中特地提到这一点,无非是要勉励好朋友到了东阳,要好好做出成绩,这不仅是为了地方百姓的福祉,也是为了楼氏家族的声誉。

《絜斋集》中有不少人物行状、墓记。袁絜斋在评价人物时,非常看重评论对象的世家出身。如他给李十鉴作墓志铭时,特别提到李的世家风范。②他读《相山正论》,从而发出感叹,说:"家教所渐,宜其有子如此哉!"③《相山正论》作者王之道(1093—1169),字彦猷,庐州人,宣和六年(1124)与兄王之义、弟王之深同登进士第。后调历阳丞。南渡后,累官湖南转运判官,以朝奉大夫致仕。后因为其子王蔺官枢密使,追赠太师。④ 王之道"人所不敢及者,公能言之,深有补于当世急务"。其子王蔺面对"奸相盗权,妄开边隙,无敢少拂其意者,而公独力与之争,曾不暇为一身计。非相山教以义方之明验与?"⑤父子的作为如此相似,真不愧为世家。

1.1.3 絜斋世家观念的现实意义

细想起来,几乎人人都想世传其家。人类追求世传其家,是源于生命的本能。现代生物学研究成果已经揭示,凡动植物均祈望自己的基因能够传得广泛,续得久远。树总是向高处生长,以求种子能落向更远的地方;猴群中发生的战争,多是起因于争夺交配权。动物和植物的种种现象,都是为了留传自己的基因。人经动物进化而来,动物的一些基本特性,也沉积在人的生命之中。中国人所念念不忘的子孙满堂、瓜瓞绵绵,只不过是这种基因留传本能的折射。

---

① 〔宋〕袁燮:《送楼叔韶尉东阳三首》,《絜斋集》卷 23,《文渊阁四库全书》,第 1157 册,第 308 页。

② 〔宋〕袁燮:《滁州司理李君墓志铭》,《絜斋集》卷 19,《文渊阁四库全书》,第 1157 册,第 256—257 页。

③ 〔宋〕袁燮:《跋相山正论》,《絜斋集》卷 8,《文渊阁四库全书》,第 1157 册,第 95 页。

④ 《四库全书总目》卷 156,《文渊阁四库全书》,第 4 册,第 195 页。

⑤ 〔宋〕袁燮:《跋相山正论》,《絜斋集》卷 8,《文渊阁四库全书》,第 1157 册,第 95 页。

当然，人毕竟超越了植物和动物。在渴求基因留传的同时，人还赋予自己这一行为以文化意义。权力与财产是文化中最显而易见的东西。伴随着生命的延续，应该还有权力与财产的延续，因为权力与财产有利于生命基因的留传。过去中国的皇帝可以有三宫六院，中国的有钱人可以有三房四妾，说到底都要落实在基因留传上。但是，人们从社会实践中逐渐发现，要想保持权力与财产的延续，还需要仰仗人的德行和精神。正如贺麟所说："经济的大权终归会落在道德努力者手里的铁则，决不会变的。"①没有德行，秦朝的嬴氏政权二传而亡；没有精神，无数的"雕梁画栋沾满了蛛网"。因此，袁絜斋由传"心"而传"气脉"与"名德"，这种世家观念属于更高层次的文化，具有更深刻的文化内涵。

一个家族有了精神气脉，就可以沾溉家族中的每一个成员，在"润物细无声"中涵养着家族成员的德行。一个有德行的人，也就是蕴含着精神气脉的人。这样的人，容易赢得社会的尊重，也容易取得权力与财产。更重要的是，注重精神气脉，这正是人生命的本质。人是天地进化的最高成果，是天地精神气脉的集中体现。陆象山说："天地之性人为贵，人为万物之灵。人所以贵与灵，只是这心。"②袁絜斋继承了陆象山这一说法，他说："人生天地间，所以超然独贵于物者，以是心尔。心者，人之大本也。此心存，则虽贱而可贵；不存，则虽贵而可贱。"因此，袁絜斋所要传之"心"，就是天地之精神气脉。天地之精神气脉，人得之于身即为人之德行。

中国文化素来推崇世家。唐以前论及世家，多与官阶和财产相连。到了宋代，社会上的世家观念有了改变，由重门第转而崇德行。与袁絜斋同时代的楼大防，也持有与袁絜斋几乎相同的世家观念。楼钥（1137—1213），字大防，又字启伯，南宋大臣、文学家，号攻媿主人，明州鄞县人。袁絜斋给楼大防所作行状时，说到楼大防"惧儒学之不续，勉励诸子，俾世其家，频举谢太傅自教儿之语。……然公所谓世其家者，讵止于此？榜书斋以'攻媿'，曰：'人患不知其过，知之而不能改，是无勇也。'自号为攻媿主人，小有过差，不敢自恕，期于无愧之可攻"③。楼钥以"攻媿"名斋，可见他勉励诸子的世家观念，就在于重视人的品德修养。

①　贺麟：《文化与人生》，商务印书馆 1988 年版，第 36 页。
②　〔宋〕黎靖德：《朱子语类》卷 124，中华书局 1986 年版，第 8 册，第 2970 页。
③　〔宋〕袁燮：《资政殿大学士赠少师楼公行状》，《絜斋集》卷 11，《文渊阁四库全书》，第 1157 册，第 150 页。

袁絜斋强调家族精神气脉传承的世家观念,在今天理应得到人们更多的重视。人们在网络上经常讨论"富二代"、"官二代"。不可否认,人们在提及这两个词语时,多是含有贬义的。从理论上来推测,"富二代"有前辈所提供的基础,应该更能在事业上大展拳脚;"官二代"在上辈面前耳濡目染,应该更能活出个人样。但是,社会现实中,"富二代"更多表现为轻狂,"官二代"更多表现为跋扈。人们在网络上对有些"富二代"表示辛辣嘲讽,对有些"官二代"表示极度鄙视,是因为他们身上很少能发现袁絜斋所提倡的那种精神气脉。当我们处心积虑为自己后代谋划未来的时候,实际上就是在考虑世传其家的问题,我们应该参考一下袁絜斋的世家观念。

我们每个人都渴望世传其家,在此需要破除两种错误想法:一是认为世代富有,或者世代为官,或者世传其业,这便算得上是世家。这只是看到了事物的表面。判断世家的标准,应看传承中有没有精神气脉。当一个家族具有精神气脉,这才称得上世家。二是认为上一代人艰苦奋斗,这个家族就一定会形成好的文化传统。事实告诉我们,明清时期有不少晋商家族经过艰苦奋斗,曾经显赫一时,但到后来他们的子孙竟然吸食鸦片,沦为乞丐。①因此对于家族中传承的精神气脉,需要有一个自觉的认知,并在日常生活中得到不断的提示,还要用心地去建设,然后才有可能成为真正的世家。

1.2 絜斋的社会现实

袁絜斋活动的时代主要是在南宋的孝宗、光宗、宁宗三朝。通过阅读相关的史料,我们可以了解这段历史社会。但是,既然名之曰"絜斋的社会现实",自是要以袁絜斋眼中的社会为准。因为只有这样的社会,才会对絜斋发生作用,人都是生活在自己所构建的意义世界里。也就是说,我们是要关注絜斋文本中所反映出来的那个社会。絜斋眼中的社会无非有这样几个方面:一是南北对峙;二是国君平庸;三是吏治腐败;四是民众苦难;五是风气之坏。下面一一陈述之。

1.2.1 南北对峙

生于南宋,只要是稍有头脑的人,均会意识到南北对峙之现状。袁絜斋

---

① 可参看拙著:《甬商、徽商、晋商文化比较研究》(浙江大学出版社 2009 年版)相关章节。

作为时代之精英,这种意识则表现得更为强烈。他一再申说边防的重要性:
"臣窃观当今之务,惟边防最切。"①"臣窃惟当今之务,备边为急要,当精讲而
熟计之。"②他所上奏之札子,也是多涉及边防问题。袁絜斋之所以如此强调
边防,是因为当时国家形势非常危急。"处今之世,何可一时一刻不以边事
为念乎? 当宵衣旰食、卧薪尝胆之时,而优游泮涣,若四方无虞之日,从容拯
溺,揖逊救灾,祸至无日矣,可不畏哉!"③这意思是说,现在的形势十分危急,
我们应该勤勉地为政,认真地准备,如果还是悠闲自在,好像什么事都没有
发生,仍然是慢条斯理的样子,那将要大祸临头。

南北对峙,首先是宋人与金人的矛盾。袁絜斋说:"往岁金人至边淮、襄
之间,日寻干戈。"④以前金人总寻衅滋事,后来金国势力有所削弱,但仍然不
断侵犯南宋边疆。袁絜斋指出:"近者窃闻垂亡之寇,敢率其余众,侵我疆
场,掠我人民,焚我庐舍,偃然有轻视中国之心。"⑤金国快要灭亡,竟敢侵犯
大宋边疆,杀人放火,这明摆着就是不把南宋政权放在眼里。金国势力衰弱
之时,而北方其他势力又强大起来。"北敌西边,自昔雄盛;新兴诸豪,兵力
亦强,皆知中国之弱,日夜垂涎,伺隙而作。"⑥"金人衰微,行且灭矣。金亡之
后,群雄纷然,皆与我为敌国。"⑦这些强大的北方民族都知道中国软弱,总想
到中国来分一杯羹,在周边虎视眈眈,想寻找机会发作。北方势力中,最值
得担忧的就是蒙古势力。"今日金运既衰,蒙古方盛,闻已提兵渡大河,围陈
蔡,攻潼关,金人之势益蹙,其亡指日可待。则是朝廷所当虑者,非金人乃蒙
古也。"⑧总之,在南北对峙之中,宋人总是处于守势。

在如此形势之下,南宋的对策竟然有些问题。最大的错误,就是向金人
输送大量的"岁币"。袁絜斋说:"昔绍兴中,北方强盛,而徽皇梓宫未归,太

---

①　〔宋〕袁燮:《论蜀札子》,《絜斋集》卷 4,《文渊阁四库全书》,第 1157 册,第 37 页。

②　〔宋〕袁燮:《论备边札子二》,《絜斋集》卷 4,《文渊阁四库全书》,第 1157 册,第 41 页。

③　〔宋〕袁燮:《论国家宜明政刑札子》,《絜斋集》卷 3,《文渊阁四库全书》,第 1157 册,
第 32 页。

④　〔宋〕袁燮:《论蜀札子》,《絜斋集》卷 4,《文渊阁四库全书》,第 1157 册,第 37 页。

⑤　〔宋〕袁燮:《论备边札子一》,《絜斋集》卷 4,《文渊阁四库全书》,第 1157 册,第 40 页。

⑥　〔宋〕袁燮:《轮对陈人君法天札子》,《絜斋集》卷 1,《文渊阁四库全书》,第 1157 册,
第 6 页。

⑦　〔宋〕袁燮:《轮对乾德三年内库金帛用度札子》,《絜斋集》卷 2,《文渊阁四库全书》,
第 1157 册,第 17 页。

⑧　〔宋〕袁燮:《轮对绍兴十一年高宗料敌札子》,《絜斋集》卷 2,《文渊阁四库全书》,第
1157 册,第 20 页。

母隔在沙漠，高宗不得不与之和，所给岁币减于全盛者半，而当时忠臣义士犹以死争之。及金亮叛盟，亲提重兵大入淮甸，而完颜雍已入于北方，亮寻陨于非命，而雍尽反其所为，其国再安，欲寻旧好，故孝宗减币而与之和。今之残寇与其强盛之时，固万万不侔也，而我之与币增于隆兴，一如绍兴之数，毋乃太不称乎？毋乃太卑辱乎？"南宋早期，敌强我弱，又有人质在对方手中，不得不向金人输送"岁币"，从而委曲求全。就是这样，"当时忠臣义士，犹以死争之"①。但是后来金人势力衰弱，仍向金人输送"岁币"，这就不能不令人感到莫大的耻辱。

向金人输送"岁币"，于南宋不利。一是增加了国家的财政困难。"夫今之所患者，财用未充也，然岁币之数不为不厚。"南宋的财政本来就不充裕，而每年输送大量"岁币"，这是一笔沉重的财金负担。为了筹措"岁币"，便不得不厚敛于民，激化了南宋内部的矛盾。二是帮助了自己的敌人。金人政府已经越来越衰弱，这对于南宋是极大的好事。但是南宋却"以重币资之衰弱之余"，这明显是"借寇兵资盗粮"②，做了有损于自己的事。

"岁币"之输，于宋不仅无利，甚至有害。金人此时仍然不断来骚扰南宋，其目的就是为了"岁币"。"直欲邀我岁币，故为此小挠尔。"可以说，是"岁币"引来金人骚扰。更为严峻的是，当时最强大的蒙古人及北方其他豪强，"见吾怯弱如此，将有吞噬之心"③。这是让人尤其担忧的地方。

南北对峙，北方有不少民众逃向南方，归向于南宋。这对于南宋是一个两难抉择。袁絜斋说："北方大扰，群雄并兴，中原遗黎皆欲相率以归我，纳之则未有供亿之资，拒之则失其归向之意。"④南宋政府当时采取的对策是，"群盗之归附者，拒而不纳；流民之逃死者，却而不受"。有些时候，南宋的边将甚至采用残忍的手段，来阻止那些逃向南宋的北方民众。"自北方扰攘，流民欲归附者甚众。而我虑开边隙，皆拒绝之，有至于杀戮者"⑤。这样做的

---

① 〔宋〕袁燮：《论备边札子一》，《絜斋集》卷4，《文渊阁四库全书》，第1157册，第41页。

② 〔宋〕袁燮：《论备边札子一》，《絜斋集》卷4，《文渊阁四库全书》，第1157册，第41页。

③ 〔宋〕袁燮：《论备边札子一》，《絜斋集》卷4，《文渊阁四库全书》，第1157册，第40页。

④ 〔宋〕袁燮：《轮对建隆三年诏陈时政阙失札子》，《絜斋集》卷2，《文渊阁四库全书》，第1157册，第16页。

⑤ 〔宋〕袁燮：《轮对札子二》，《全宋文》卷6368，上海辞书出版社2006年版，第281册，第92页。

结果,是南宋政府给自己树立了敌人,"故此曹皆惟我是怨"①。更有甚者,"至于选锋统制诳北人之来归,伪受其降,掠其货实而絷以遗敌,投诸死地,绝中原向化之心"②。袁絜斋认为,"阻中原向化之心,不可之大者"③。

南北对峙之中,南宋处在如此尴尬境地,在袁絜斋看来,主要是由于南宋自身的问题。南宋自身问题,具体说来,又分为多方面:

一是内政腐败。袁絜斋说:"夫既不能无变,而吾之将帅则庸懦,师徒则畏怯,财用则匮乏,藩篱则疏漏,其果可以应敌乎?将拥兵于外而专事交结,多方掊克以充苞苴。军人愁苦无聊,而主将恬不加恤,名曰'教阅',未始颁赏,无以激励,谁复振作?以不教之卒而使之战斗,则有望风遁逃而已。此今日之大弊也。"④

二是一味求和。袁絜斋说:"且金人之衰弱,无智愚皆知之。陛下爱惜生灵,遵养时晦,似未害也。而揣摩迎合之流,遂欲苟安于无事,有言'不可'者,则诋之曰:'是欲用兵尔。'加以是名,时所至讳,则不敢复言,盖所以结其舌也。"⑤当时朝廷,主和派占了上风,谁有不同意见,即遭到打击报复,以至于"用兵"成为一个忌讳词语。当时朝廷求和还有一个很体面的托词:"我朝兼爱南北,间不免于用兵,而终归于和好。今亦和而已矣,岂必他求。"⑥这种一味求和的方略,就是方向性错误。一心求和,反而收不到和平之效,只会让对手看出自己的软弱可欺,只会招来更多的羞辱。

三是将帅任非其人。本来"将帅者,三军之司命",但是南宋却"凡今所用,新进为多,孰为智,孰为勇,朝廷不得而知也。孰为杰出,孰为中材,朝廷不得而知也。四顾乏使,聊且用之"。之所以出现这种情况,主要是因为"往时稍有劳绩之人,率以罪罢"⑦。南宋统治者频换将帅的原因,袁燮没有明

---

① 〔宋〕袁燮:《论弭咎征宜开言路札子》,《絜斋集》卷 2,《文渊阁四库全书》,第 1157 册,第 35 页。

② 〔宋〕袁燮:《论国家宜明政刑札子》,《絜斋集》卷 3,《文渊阁四库全书》,第 1157 册,第 32 页。

③ 〔宋〕袁燮:《袁正献公遗文钞·附录》卷 1,《四明丛书》,广陵书社 2006 年版,第 12 册,第 7041 页。

④ 〔宋〕袁燮:《轮对熙宁三年太白昼见札子》,《絜斋集》卷 2,《文渊阁四库全书》,第 1157 册,第 19 页。

⑤ 〔宋〕袁燮:《轮对陈人君法天札子》,《絜斋集》卷 1,《文渊阁四库全书》,第 1157 册,第 6 页。

⑥ 〔宋〕袁燮:《论修战守札子》,《絜斋集》卷 3,《文渊阁四库全书》,第 1157 册,第 33 页。

⑦ 〔宋〕袁燮:《论备边札子》,《絜斋集》卷 4,《文渊阁四库全书》,第 1157 册,第 40 页。

说,实际上是统治者存有私心,他们害怕将帅功高震主,对自己的统治不利。

以上几方面的问题,总括起来,又可以归结为"君子道消"所致。袁絜斋说:"金国垂亡而辄敢侵犯王略,无所忌惮,皆由君子道消,所以召侮如此。"①事物往往如此,都是由于自身的腐败,然后才会招致外敌的侵扰。皇帝是一个国家的总负责人,一个国家出现"君子道消",首先就要从国君身上找原因。

1.2.2　国君平庸

袁絜斋受到重用,主要在宋宁宗一朝。对于宋宁宗,絜斋有一些颂辞。如他说:"今陛下躬行俭约,诚心爱民,同符于艺祖,匹休于仁宗矣。"②他还说:"陛下天资粹美,圣心渊静,足以与古帝王匹休。"③"匹休"就是有着同样的美好。大臣给皇帝的奏章,说一些称颂的话,这是一种礼貌性的用语。就像我们平时给朋友写信,照例也会说一些客气话一样。因此,我们不能由此就判定袁絜斋是一个阿谀奉承之人。撇开这些颂辞,我们从字里行间还是可以体味到袁絜斋对宋宁宗的一些不满。

其一,宋宁宗就不是一个刚强有为的人。袁絜斋说:"陛下尊居宸极,临制万方,为所欲为,其谁能御?今也虽有仁心仁闻,而大有为之效犹未至于昭明彰著,岁月蹉跎,所就止此,岂不深可惜与?臣愿陛下毋以宽裕温柔自安,而必以发强刚毅相济朝夕警策,不敢荒宁,以磨砺其精神。"④说宋宁宗有"仁心仁闻",这是客套语,其重点在于指出皇帝的"大有为之效犹未至于昭明彰著"。表面上说皇帝"宽裕温柔",实是说他贪图安逸,不能振作有为。当时朝廷似乎有一种风气,"当边烽未熄,戎事方殷之际,而优游恬愉,若四方无虞之日"⑤,这不能不令袁絜斋心急如焚。因此,他渴望皇帝能够发挥

---

①　〔宋〕袁燮:《轮对陈人君宜纳谏札子》,《絜斋集》卷1,《文渊阁四库全书》,第1157册,第9页。

②　〔宋〕袁燮:《轮对陈人君宜达民隐札子》,《絜斋集》卷1,《文渊阁四库全书》,第1157册,第14页。

③　〔宋〕袁燮:《轮对陈人君宜崇大节札子》,《絜斋集》卷1,《文渊阁四库全书》,第1157册,第12页。

④　〔宋〕袁燮:《都官郎上殿札子》,《絜斋集》卷1,《文渊阁四库全书》,第1157册,第5页。

⑤　〔宋〕袁燮:《论弭咎征宜戒逸豫札子》,《絜斋集》卷3,《文渊阁四库全书》,第1157册,第34页。

"心之精神"①,劝勉君王应法天"无时而不强"②。说皇帝有至高无上的权力,可以"为所欲为",这是在突出皇帝的责任,意指皇帝应大有作为。我们可以从另一方面来推知,宋宁宗如此无所作为,实是一种失职行为。这当然是袁絜斋的话外话。

其二,宋宁宗明于小而暗于大。禁中银器有所丢失,掌管者因此会受到责罚。于是,宋宁宗"不忍以器物累人",命令"易之以锡"。这一方面表示自己愿意过素朴生活,另一方面表示自己具有恻隐之心。但是对于财计未裕、兵力未强、人才忠实可仗者寡、民生愁苦者众等这些关乎国计民生的大事,宋宁宗却视而不见。③ 宋宁宗将禁中的银器"易之以锡",这是很容易做到的,也就是他一时兴起所致。至于裕财计、强兵力、福百姓等那些国家大事,做起来就不容易了,宋宁宗就没有心去做这些事。

其三,宋宁宗不能听取各方面的意见。虽然宋宁宗自己也知道"问则明"的道理,但却始终都是一种"端拱渊默"的态度,就是不愿意"开广聪明,其大有为于天下"④。由此可以看出,宋宁宗所说的"问则明",也只是为了敷衍大臣的劝谏,其实他不是真的理解"问则明"的道理。正如王阳明所说:"真知即所以为行,不行不足谓之知。"⑤宋宁宗不能听取他人意见,根本原因是亲小人而远君子。袁絜斋也知道,国君亲小人而远君子,是由于人性的弱点所致。"夫正直之士,其言鲠切,故人主易以疏;诡谀之臣,其言软美,故人主易以亲。"⑥因此,他劝皇帝要从理性出发,"鲠切者譬诸良药,虽苦口难受,而足以治病;软美者譬诸醇酒,虽适口可悦,而足以乱德"。

其四,宋宁宗不能善始善终。絜斋说:"往时陛下奋发乾刚,诛锄元恶,收还威柄,登崇俊良,天下喁喁,翘首以观日新之政。一二年来,正论渐微,

---

① 〔宋〕袁燮:《都官郎上殿札子》,《絜斋集》卷 1,《文渊阁四库全书》,第 1157 册,第 4 页。

② 〔宋〕袁燮:《轮对陈人君法天札子》,《絜斋集》卷 1,《文渊阁四库全书》,第 1157 册,第 6 页。

③ 〔宋〕袁燮:《轮对陈人君宜崇大节札子》,《絜斋集》卷 1,《文渊阁四库全书》,第 1157 册,第 12 页。

④ 〔宋〕袁燮:《轮对陈人君宜勤于好问札子》,《絜斋集》卷 1,《文渊阁四库全书》,第 1157 册,第 10 页。

⑤ 〔明〕王守仁:《答顾东桥》,《王文成全集》卷 2,《文渊阁四库全书》,第 1265 册,第 40 页。

⑥ 〔宋〕袁燮:《轮对劝人君用人札子》,《絜斋集》卷 1,《文渊阁四库全书》,第 1157 册,第 9 页。

正途渐梗,贤者相率洁身而去。忠言嘉谟以宗社生灵为念者,寝不如更化之初;而谄谀缄默以顺为正自营其私者,尚多有之。"①韩侂胄草率北伐,给南宋政权带来极大危害。嘉定元年,宋宁宗诛杀韩侂胄,起用了一批像袁絜斋这样的鸿儒,大家对国家前途都是充满期待。但过了一二年,史定远掌权,朝廷风气为之一变。因此,絜斋认定宋宁宗不能善始善终。

尽管袁絜斋对宋宁宗有些不满,但在当时的文化背景下,袁絜斋不可能也不敢有孟子的"易位"思想②,他所能做的,就是反反复复地向国君进谏,希望皇帝能够修养自己的品德,提高自己的境界,从而能够有所作为。能够如此耿直地向最高当权者提意见,这在当时是难能可贵的。

1.2.3　吏治腐败

宋宁宗是如此平庸,当时的吏治自然就存有许多问题。

问题之一:当官者一心为公的少,谋取私利的多。"今公清者少,贪浊者众,肆为蟊贼,无所忌惮。"③所谓"肆为蟊贼,无所忌惮",是指当时的官员为了一己之私利,不顾做人的底线,不讲为官之道,为所欲为,寡廉鲜耻。絜斋还说:"今夫士大夫义不胜利,公不胜私,惟知剥民脂膏以自封靡。一旦闻金革之事,则心摇胆战,口出寒液,虽驱之不前。盗贼之敢于陆梁,其端由之。"④这里是作了一个对比,将当时士大夫对人民和对敌人不同的态度作了对比,指出他们一心只为自己私利,置国家民族利益于不顾。

问题之二:生活糜烂,没有道德原则。絜斋说:"今也不然,惟靡曼是娱,惟珍奇是好,淫侈相高,燕乐无节,同堂合席,不闻箴规,相与恬嬉而已。"⑤在国家危急存亡之秋,有些官员追求享乐,整日醉生梦死,这不能不让正直之士忧心如焚。絜斋说:"今为县令者,丰财而已尔,巧诐而已尔,徒为一身之计而未尝为吾民计。有谈古人之盛美者,则鄙笑以为迂,而岂能有所取法乎?"⑥这是说当时为官者只想着个人私利,而忘记自己为官的职责,反过来

---

① 〔宋〕袁燮:《轮对陈人君用人札子》,《絜斋集》卷1,《文渊阁四库全书》,第1157册,第8页。

② 《孟子·万章下》:"君有大过则谏;反覆之而不听,则易位。"

③ 〔宋〕袁燮:《便民疏一》,《全宋文》卷6369,上海辞书出版社2006年版,第281册,第108页。

④ 〔宋〕袁燮:《书赠吴定夫》,《絜斋集》卷7,《文渊阁四库全书》,第1157册,第87页。

⑤ 〔宋〕袁燮:《论立国宜正本札子》,《絜斋集》卷3,《文渊阁四库全书》,第1157册,第29页。

⑥ 〔宋〕袁燮:《书赠蒋宰》,《絜斋集》卷7,《文渊阁四库全书》,第1157册,第88页。

嘲笑那些讲求正道的人。

问题之三：相互勾结，结党营私。"忠良不得以展布，贤智未免于湮郁。……或依势作威，敢于专杀，而姑务含容；或党附权奸，罪不容诛，而阴求拔拭；或贪墨著闻，士论不齿，而复官与祠；或总戎缔交，贿赂公行，而匿瑕含垢。"①这里举出当时官场几种丑态。当时官员为了自己的利益，相互包庇，勾搭成奸，形成利益集团。有这样的人在朝廷掌权，忠良贤智也就无法在朝廷立足了。

问题之四：对国事不闻不问。"京辇之下，剽掠公行，非小故也，而不以为怪；旱潦之后，征科如故，残民之大者也，而不以为非。"②京城里发生"剽掠公行"，这说明社会治安坏到极点，但是当时官吏却习以为常。遇到自然灾害，本应体恤百姓苦难，减轻百姓赋役，但是当时官吏却对此置若罔闻。"通进一司所以达庶僚之言也，虚名仅存，而不闻有所规箴。"③向当权者通报舆情，是言官本有之职责，但实际上则是"虚名仅存"。

问题之五：对百姓痛苦麻木不仁。"旱蝗相仍，民大饥困。上轸渊衷，多方赈恤，可谓仁矣。然长民之吏，虑蠲放太多，未必能以实告。故饥民不可胜计，而济粜不能遍及。或转于沟壑，或轻去乡井，或群聚借粮，或肆行剽掠，无所得食，势固宜然。"④这里说皇帝"可谓仁矣"，是为了说话方便，其实皇帝是应负总的责任的。"百姓之不见保"，皇帝是有责任的；吏治之苛刻，皇帝也是有责任的。袁燮在此只是指责那些"长民之吏"，说他们为了自己升官发财，对上报喜不报忧，致使百姓身处水深火热之中。

问题之六：对百姓苛刻无情。"以刻核之心，行苛暴之政，刑罚不中，民无所措，邦本所在，日朘月削，深为国家忧之。"⑤"奉行之吏往往多以苛刻为能。……既输中都，而州县督租如故，是再输也。……或严刑科罚，而因以

---

① 〔宋〕袁燮：《轮对陈人君法天札子》，《絜斋集》卷1，《文渊阁四库全书》，第1157册，第7页。

② 〔宋〕袁燮：《论立国宜正本札子》，《絜斋集》卷3，《文渊阁四库全书》，第1157册，第29页。

③ 〔宋〕袁燮：《轮对陈人君法天札子》，《絜斋集》卷1，《文渊阁四库全书》，第1157册，第7页。

④ 〔宋〕袁燮：《轮对陈人君法天札子》，《絜斋集》卷1，《文渊阁四库全书》，第1157册，第7页。

⑤ 〔宋〕袁燮：《便民札子一》，《全宋文》卷6368，上海辞书出版社2006年版，第281册，第97页。

为利。……秋苗之斛面日增，关市之征税日重。……民所不欲而日夜施之，财匮于下无以相养。……陛下勿谓京邑之内，民物熙熙，可以为庆。当知自此而往，骎骎不如。"①这些官吏表面是为国家催缴财税，实际上是为了自己的利益。他们利用国家的政策，尽可能地盘剥百姓。"或拘民间米盐，并从官卖，或科有余之家，强以买会，或令民间输纳，非买楮于官者不与接收。"②

总之，以袁絜斋看来，当时的吏治问题多多。许多官吏贪腐行为，直接给人民造成苦难。袁絜斋既在地方上做过官，也在京城做过官，对于当时官场的一些弊病，自然是了然于胸。同时代的人对于官场种种问题，也许已是麻木不仁。絜斋先生以心学为本，讲求个人道德修养，对于官场这些现象十分的敏感。因此，他才能发现这些问题。

1.2.4　民众痛苦

袁絜斋十分同情当时民众的痛苦。从他的描述当中，我们可以见出当时百姓的生活惨不忍睹。他说："近而京辇，米斗千钱，民无可籴之资，何所得食？固有饿而死者，有一家而数人毙者。远而两淮荆襄，米斗数千，强者急而为盗，弱者无以自活。官给之粥幸有存者，而无衣无褐，不堪隆冬，或以冻死。遗民气息仅属，虽逢春和，岂能遽有生意乎？淮西漕臣目其饥羸困毙之状，摹写为图，观者无不愍恻。"③从京城到边远地区，普遍出现饿死人现象，不能简单地归之于年景不好。年景有好有坏。在年景好的时候，百姓应该有一些积蓄，这样到年景不好的时候，才可以渡过难关。此时百姓没有吃的，没有穿的，根本无法自活，有人甚至被逼得铤而走险。

袁燮一则曰："吾民困于征敛非一日矣，而近年尤甚。"④再则曰："今日吾

---

① 〔宋〕袁燮：《轮对陈人君宜结人心札子》，《絜斋集》卷1，《文渊阁四库全书》，第1157册，第13页。

② 〔宋〕袁燮：《便民疏一》，《全宋文》卷6369，上海辞书出版社2006年版，第281册，第108页。

③ 〔宋〕袁燮：《轮对陈人君宜达民隐札子》，《絜斋集》卷1，《文渊阁四库全书》，第1157册，第14页。

④ 〔宋〕袁燮：《轮对建隆三年诏陈时政阙失札子》，《絜斋集》卷2，《文渊阁四库全书》，第1157册，第16页。

民之困甚矣！"①三则曰："臣窃惟民力之困，至于今极矣。"②民众如此困窘，
一是遭到重重盘剥，二是受到严刑拷打。袁燮说："已放而复催，已输而复
纳，刻肌及骨，无所赴诉。"③"征敛太繁，而已输者责其再纳；逋负日积，而已
蠲者不免复催。有迫胥之扰，有鞭箠之严，惟命是从，民财安得而不匮？"④朝
廷巧立名目，重复征敛，不顾百姓死活。百姓一次又一次地遭到搜括，直到
被榨干血汗。百姓缴纳赋税稍有延迟，官吏就鞭箠相逼。

　　朝廷还通过发放纸币，来无形地掠夺民众的财产。"盖自楮币更新，而
蓄财之多者顿耗；自盐荚屡变，而藏钞之久者遽贫。比年水旱，民无余赀，特
货积滞，商旅不行，故大家困竭而小民焦嗷，市井萧条而官府匮乏，势之所必
至也。"⑤在宋代，由于商品经济的兴起，民间出现纸币，当时叫"交子"或者
"会子"。后来，朝廷主导了纸币发放。古人用楮树皮造纸，楮币也叫楮券，
就是朝廷发放的纸币。人们发明纸币本是为了避免铜钱、铁钱等金属货币
流通不便的问题，但是纸币发行过多，就会造成严重贬值。纸币贬值，造成
有积蓄的人家财产流失。南宋政府不断更换楮币与金属货币的兑换比例，
这就是所谓"楮币更新"。这实际上是在掠夺民间财产。

　　在当时，还出现了所谓的"官买"。"今州县间皆有行户，官司之所欲买，
行户不敢不供，贱于市价，谓之官买。"⑥官府利用自己手中的强权，对百姓实
行强买强卖，以明显低于市场价格的钱，向那些生产专业户索买商品。这种
"官买"，与绿林强盗又有什么分别？但在当时社会，竟然公行于市。

　　袁絜斋指出，是官吏造成了百姓的痛苦。他说："吏贵乎廉而贪浊者众，
吏贵乎良而惨酷者繁。或催累年积欠，鞭箠不止；或借朝廷威令，罗织无辜。

---

① 〔宋〕袁燮：《论国家宜明政刑札子》，《絜斋集》卷 3，《文渊阁四库全书》，第 1157 册，
第 30 页。

② 〔宋〕袁燮：《便民札子二》，《全宋文》卷 6368，上海辞书出版社 2006 年版，第 281 册，
第 97 页。

③ 〔宋〕袁燮：《轮对建隆三年诏陈时政阙失札子》，《絜斋集》卷 2，《文渊阁四库全书》，
第 1157 册，第 16 页。

④ 〔宋〕袁燮：《论国家宜明政刑札子》，《絜斋集》卷 3，《文渊阁四库全书》，第 1157 册，
第 30 页。

⑤ 〔宋〕袁燮：《论国家宜明政刑札子》，《絜斋集》卷 3，《文渊阁四库全书》，第 1157 册，
第 31 页。

⑥ 〔宋〕袁燮：《便民札子二》，《全宋文》卷 6368，上海辞书出版社 2006 年版，第 281 册，
第 97 页。

此百姓所以不堪其苦也。"①官吏如此盘剥百姓,是为了供给当权者奢侈淫靡的生活,是为了向敌国提供"岁币"以赢得苟且偷生。当时南宋,所辖土地比较狭窄,但政府的财政支出却异常庞大,当时的百姓便成了待宰的羔羊。

1.2.5　风气败坏

袁絜斋是很看重社会风气的。他说:"风俗,国之元气也。元气柅然,则身随之。风俗既坏,则国从之。虽秦之强,隋之富,而元气不存,则危亡可立而待,是果可缓耶?"②因此,他特别提出要"正俗"。既要"正俗",就说明当时社会风气有需要端正者。这在袁絜斋看来,主要表现在以下几个方面:

其一,唯利是求。"世道方荆榛,营利不绝口。"③当时社会以"利"字当头,这与理学家们心目中的"三代"社会,相去不异天地悬隔,故而袁絜斋才有此感叹。"惟私是徇,则不知有公;惟利是趋,则不知有义。"④当时人为了追逐利益,无所不用其极,尤其是在官场,表现得更为充分。袁絜斋说:"贪吏肆虐,政以贿成,监司牧守更相馈遗,戎帅所驻,交贿尤腆,而诸司最多之处,抑又甚焉。见得忘义,习以成风。"⑤官场上种种贪腐行径,已是让人触目惊心,而"见得忘义,习以成风",更是让人感慨万千。

其二,侈靡成风。袁絜斋说:"承平既久,而侈靡成风也。末习之好而去本浸远也,富者竞为骄夸,贫者倾赀效之,歆艳以成俗,旦旦伐之,而本真微矣。"⑥袁絜斋还对富人骄夸作了具体描述:"今夫侯王富戚之家,宫室藻绘之饰,器用雕镂之巧,被服文绣之丽,极侈穷奢,荡心骇目;公卿大夫之家,妇人首饰动至数万,燕豆之设备极珍羞。其侈汰如此。……故近岁以来,都邑之

---

① 〔宋〕袁燮:《轮对陈人君宜勤于好问札子》,《絜斋集》卷 1,《文渊阁四库全书》,第 1157 册,第 11 页。

② 〔宋〕袁燮:《代武冈林守进治要札之》,《絜斋集》卷 2,《文渊阁四库全书》,第 1157 册,第 24 页。

③ 〔宋〕袁燮:《赠蒋德言昆仲三首》,《絜斋集》卷 23,《文渊阁四库全书》,第 1157 册,第 309 页。

④ 〔宋〕袁燮:《轮对陈人君法天札子》,《絜斋集》卷 1,《文渊阁四库全书》,第 1157 册,第 7 页。

⑤ 〔宋〕袁燮:《论国家宜明政刑札子》,《絜斋集》卷 3,《文渊阁四库全书》,第 1157 册,第 30 页。

⑥ 〔宋〕袁燮:《代武冈林守进治要札子》,《絜斋集》卷 2,《文渊阁四库全书》,第 1157 册,第 25 页。

侈,遍于列郡,而达于穷乡。此岂小故而可不正哉!"①在袁絜斋看来,侈靡成风会危害国家命脉:一是富贵人家的极侈穷奢,都是以盘剥百姓为前提,在社会上造成了极度的贫富差距,是社会动荡的诱因。二是人如此的追逐官能享受,就没有更高的精神追求,离人的"本真"就会越来越远。

其三,苟且成风。"盖自中兴之初,用事之臣力主和议,严用刑罚,以钳不附己之口,偷合苟容,习以成俗。"②南宋这种"偷合苟容"习以成俗,根本原因在于最高当权者及其一帮臣僚,为了一己之私利,不想有所作为。而像袁絜斋这些仁人义士,多受中国传统文化熏染,他们对于受夷族凌辱,有一种发自内心的羞耻感。"行己有耻"是人类道德发动的起始点。袁絜斋多次强调:"堂堂大朝,而见胁于衰残之小敌,惟其所欲,略不敢较,兹其为耻辱也大矣!"③

综上所述,袁絜斋所处之社会,外有群狼环伺,随时都有被入侵被吞没的可能;内则君弱、吏败、民苦、俗坏。面对如此情景,絜斋先生愿意以毕生之力,去行补苍天之功。当然,袁絜斋欲将自己"本心"发之于时政,又与他的学术背景有关。

1.3　絜斋的求学交往

一个人的终生追求,常与他个人天性有莫大关系。天性是人最初具有的倾向性。观察现实生活中的人,我们会发现,人一生的所作所为,只不过是他最初那么一点的倾向性的不断发扬光大而已。因此,我们需要首先谈论絜斋的天性。当然,我们也不可抹杀袁絜斋的后天努力。絜斋信奉象山心学,并有意将自我本心发挥于政治领域,这与他后天求学历程有直接关联。因此,其次我们要考察絜斋的求学交往。

1.3.1　絜斋的天性

袁絜斋天性中的最突出之处是凝静。杨慈湖说:"和叔生有异质,凝粹

---

①　〔宋〕袁燮:《代武冈林守进治要札子》,《絜斋集》卷 2,《文渊阁四库全书》,第 1157册,第 25 页。

②　〔宋〕袁燮:《代武冈林守进治要札子》,《絜斋集》卷 2,《文渊阁四库全书》,第 1157册,第 24 页。

③　〔宋〕袁燮:《论备边札子一》,《絜斋集》卷 4,《文渊阁四库全书》,第 1157 册,第40 页。

端悫。"①真西山说:"公端粹专静,得之于天生。""凝粹端悫"也好,"端粹专静"也好,都是端正、纯粹、专一、凝静的意思,也可以概括为凝静。说袁絜斋天性凝静,有一个典型的例证。杨慈湖说他"髫龀不好戏弄,惟喜观水"②。在他几个月大的时候,奶娘将一盆水放在他面前,他能够"玩视终日"。

宋代许多贤者都有类似的凝静秉性。全谢山曾描述欧阳修说:"兖公之冲和安静,盖天资近道。"③陆象山年谱中说陆象山:"幼不喜弄,静重如成人。"④钱时说杨慈湖:"先生有异禀,清夷古淡,渊乎有受道之器。"⑤这里的"冲和安静"、"清夷古淡",其实均可以概括为凝静。从这些陈述中,至少我们可以得出一个结论:即在古人眼里,凝静的性格是追求圣贤之道的一个有利条件。

凝静秉性有利于人的道德修养。有凝静秉性的人有三种倾向:一是倾向于将注意力凝集于某一个对象上,有较强的意志力,不易于被其他事物干扰。二是倾向于笃实,不虚浮,喜欢对某一事物追根求源。三是倾向于寡言,对此絜斋还有过一番议论。他说:"大抵寡言者其工夫必深,多言者其工夫必浅。寡言者其工夫日积,多言者其工夫驰散。……古之进道者,其言语极少,诚以多言最减力。"⑥

袁絜斋天性中的第二点是记忆力超强。真西山说絜斋"五六岁读书数过,辄成诵"。絜斋之子袁甫曾进一步解释其父记忆力强的原因:"先君子自言儿时读书,一再过即成诵。精神纯固,无寒暑昼夜之隔。"⑦正是由于能够"精神纯固",所以才会"一再过即成诵"。所谓"精神纯固",即是注意力能够长时间专注于某一事。像袁絜斋这样"精神纯固",竟然达到"无寒暑昼夜之

---

① 〔宋〕杨简:《故龙图阁学士袁公墓志铭》,《全宋文》,上海辞书出版社 2006 年版,第 276 册,第 53 页。

② 〔宋〕杨简:《故龙图阁学士袁公墓志铭》,《全宋文》,上海辞书出版社 2006 年版,第 276 册,第 53 页。

③ 〔清〕黄宗羲:《宋元学案·庐陵学案》,《黄宗羲全集》,浙江古籍出版社 2005 年版,第 3 册,第 235 页。

④ 〔宋〕陆九渊:《陆九渊集》卷 36,中华书局 1980 年版,第 481 页。

⑤ 〔宋〕钱时:《宝谟阁学士正奉大夫慈湖先生行状》,《慈湖遗书》附录,《文渊阁四库全书》,第 1156 册,第 927 页。

⑥ 〔宋〕袁燮:《絜斋家塾书钞》卷 7,《文渊阁四库全书》,第 57 册,第 786 页。

⑦ 〔宋〕袁燮:《絜斋集·后序》,《文渊阁四库全书》,第 1157 册,第 329 页。

隔"的程度。杨慈湖说袁絜斋:"夜卧常醒然达旦,至老犹如此。"①"醒然达旦"是指一夜都能够保持头脑清醒。很强的记忆力,有助于一个人求学有成。

袁絜斋秉性中的第三点是多思。真西山说袁絜斋"夜卧常醒然达旦"。所谓"醒然达旦",实际上是在思考问题。袁甫曾说他父亲:"及壮,寝多不寐,凡所著述,率成枕上,至暮年亦然。"②袁甫在此强调乃父"凡所著述,率成枕上",这是耐人寻味的。枕上所得的东西,应是融入了人之生命,又被人所反复思考的东西。袁絜斋多思,一方面是与他的凝静秉性相关。秉性凝静的人不是无所作为,而是倾向于独立思考。另一方面,正是由于好学深思,袁絜斋后来才会有"觉"。据《宋元学案》记载:"初,先生遇象山于都城,象山即指本心洞彻通贯,先生遂师事,而研精覃思,有所未合,不敢自信。居一日,豁然大悟,因笔于书曰:'以心求道,万别千差;通体吾道,道不在他。'慈湖与先生同师,造道亦同,而每称先生之觉为不可及。"③在讨论杨慈湖的时候,笔者曾说过,"觉"是超越并包容着"思"。④ 袁燮正是由于"研精覃思",所以才会"豁然大悟"。对于袁燮之"觉",连杨慈湖也是自叹不如。笔者以为,这并非只是慈湖之谦辞,也许是道出了一些实情。看二人之文集,慈湖先生对于"觉"总是叨叨不休,无非是要人相信自我"本心"。而絜斋先生常常径直说:"此道此心,相与为一,如水之寒,如火之热,天性则然,非由外假,造次颠沛,未尝不静,此则吾之本心,与天无间者乎!"⑤下语如此坚定,似有泰山不移之势。这份定力,自是来源于袁絜斋的实有所得。

袁絜斋天性中的第四点是执着。絜斋写诗自我表白道:"平生寡所谐,疏拙以自守。天钟凿枘性,人弃我独取。"⑥"疏拙"、"凿枘"表面上是说自己笨拙,实际是表明自己矢志不移的坚持。这是中国文人惯常采用的一种修

---

① 〔宋〕杨简:《故龙图阁学士袁公墓志铭》,《全宋文》,上海辞书出版社 2006 年版,第276 册,第 53 页。

② 〔宋〕袁燮:《絜斋集·后序》,《文渊阁四库全书》,第 1157 册,第 329 页。

③ 〔清〕黄宗羲:《宋元学案·絜斋学案》,《黄宗羲全集》,浙江古籍出版社 2005 年版,第5 册,第 1016 页。

④ 张实龙:《杨简研究》,浙江大学出版社 2012 年版,第 30 页。

⑤ 〔宋〕袁燮:《静斋记》,《絜斋集》卷 10,《文渊阁四库全书》,第 1157 册,第 126 页。

⑥ 〔宋〕袁燮:《赠蒋德言昆仲三首》,《絜斋集》卷 23,《文渊阁四库全书》,第 1157 册,第309 页。

辞技巧。陶渊明说自己是"守拙归园田"①,杜工部说自己是"杜陵有布衣,老大意转拙"②,都在自谦中委婉折射出一种百折不回的执着。袁燮性格中的这份执着很重要,它是毅力和韧性的一种体现,是一个人追求成圣成贤所不可缺少的必要因素。

絜斋之天性已见于上。《中庸》曰:"故天之生物,必因其材而笃焉。故栽者培之,倾者覆之。"③人生的规律便是如此,当一个人有某方面"材"(即潜质)时,他以后的成就多是这点潜质的涵养扩充(即是"笃")。一个人成才也罢,不成才也罢,与他最初的那点"材"总是遥相呼应的。因此,袁絜斋的这些秉性或多或少,或明或暗地影响着他的人生道路的选择。袁絜斋能够走向心学之路,并将自我"本心"发挥于政治领域,与他的天性有关,但更与他的后天求学之路密不可分。

1.3.2　絜斋的志向

考察袁絜斋求学之路,还需要弄清他的志向。絜斋说:"臣闻志者心之所期也。所期者如此,故所就亦如此。"④人生每每如此,你有什么样的志向,你在颠沛造次之间都会向这方面用力,同时也就决定了你会成为什么样的人。因此,絜斋特别重视立志,他说:"士大夫有立于当世,要以尚志为本。其志不大,而朝思夕虑不出蕞尔形体之微,其何以任重致远乎?"⑤"尚志"当然是指崇尚远大的志向。人生在世,应该立志做一个境界远大的人。如果开始的规划就很狭小,人生发展自然会受到局限。由此可见,人贵在立志,即确立远大的志向。

然而人立志也不是一件容易的事。陆象山曾说:"今千百年无一人有志

---

①　〔晋〕陶潜:《归田园居其一》,《陶渊明集》卷2,商务印书馆1948年版,《万有文库》本,第2册,第4页。

②　〔唐〕杜甫:《自京赴奉先县咏怀五百字》,《杜甫诗详注》卷4,商务印书馆1948年版,《万有文库》本,第3册,第7页。

③　《礼记·中庸》。

④　〔宋〕袁燮:《卷耳篇》,《絜斋毛诗经筵讲义》卷1,《文渊阁四库全书》,第74册,第6页。

⑤　〔宋〕袁燮:《跋子渊兄弟行实》,《絜斋集》卷8,《文渊阁四库全书》,第1157册,第96页。

也。"①千百年来岂无一立志之人？在陆象山看来，"须是有知识，然后有志愿"②。象山此言至少有两层意思：其一，只有对于自己的志向有切实的了解，然后才谈得上真正的立志。那些或受他人成功的勉励，或被他人言语的刺激而立志的人，不是真正的立志。其二，一个人的志向会随着自己见识的增加，而不断地得到充实，不断地实现超越，只有实到那种境界，然后才敢说立那样的志向。絜斋之立志，也经历过一个发展过程。他早年以名节自期，后来才以圣贤为标的。

真西山说袁絜斋："少长，读东汉《党锢传》，拊编太息，以名节自期。"絜斋自己也曾说："慨念初心，本自期于超卓。"③这里的"自期于超卓"也就是"以名节自期"。《后汉书·党锢列传》其中载有陈蕃、李膺、贾彪等人事迹。东汉桓、灵时期，宦官擅权，政治腐败，汉政权岌岌可危，人民处在水深火热之中。一些比较正直的官僚、儒生如陈蕃、李膺、贾彪之辈，相互声援，前赴后继，要将宦官驱离权力中心。这些士大夫们反对宦官的行为，是为了缓和阶级矛盾，是为了挽救社会危机。这符合当时广大人民的愿望，也得到了广大人民的支持和拥护。宦官集团不甘心退出政治舞台，称这些士大夫为党人，从而兴起两次党锢之祸，士大夫一党几乎被残害殆尽。东汉王朝也因此走向覆灭。司马光在《资治通鉴》中曾感叹道："天下有道，君子扬于王庭，以正小人之罪，而莫敢不服；天下无道，君子囊括不言，以避小人之祸，而犹或不免。党人生昏乱之世，不在其位，四海横流，而欲以口舌救之，臧否人物，激浊扬清，撩虺蛇之头，践虎狼之属，以至身被淫刑，祸及朋友，士类歼灭而国随以亡，不亦悲乎！！"④

在东汉末年宦官的暴政下，道德沦丧、士风败坏的现象特别严重。党人陈番、李膺、贾彪等能怀忧国忧民之心，敢于冒死直谏，怒斥奸邪，剪除阉党，其精神确实可嘉。他们那种"杀身以求仁"的气节为后来人所推崇，明末东林党人反对宦官的斗争就是受东汉党人斗争精神的鼓舞和激发。年少的袁

---

①　〔清〕黄宗羲：《宋元学案·象山学案》，《黄宗羲全集》，浙江古籍出版社 2005 年版，第 5 册，第 282 页。

②　〔清〕黄宗羲：《宋元学案·象山学案》，《黄宗羲全集》，浙江古籍出版社 2005 年版，第 5 册，第 282 页。

③　〔宋〕袁燮：《乞归田里第一状》，《絜斋集》卷 5，《文渊阁四库全书》，第 1157 册，第 45 页。

④　〔宋〕司马光：《资治通鉴》卷 56，中华书局 1989 年版，《四部备要》本，第 37 册，第 668 页。

絜斋读《后汉书·党锢列传》,便"以名节自期"。《党锢列传》能够对袁絜斋产生作用,多少与絜斋出生于世家有关,絜斋的高祖袁毂、曾祖袁灼身上都有东汉党人那种气息。

袁絜斋"以名节自期"至少包含以下内容:其一,胸怀天下,关心政治。东汉末年的士大夫正是怀有澄清天下之志,而后才会义无反顾地反抗宦官专制。他们采用清议的方式,影响着当时的政治形势。袁絜斋要向东汉党人学习,就是要学习他们关心政治,就是要通过自己的言论来影响社会。其二,严辨忠奸,坚持原则。一般人谈到政治,都会强调平衡与妥协。而东汉党人反对宦官,就没有妥协余地。袁絜斋以东汉党人为榜样,也说明他讲究原则。其三,追求名节,不怕牺牲。东汉党人成就了名节,但却付出了惨重代价。袁燮"以名节自期",将对道义的追求,看得比自己的生命还要贵重。

袁絜斋非常崇尚节义之士,将他们提到"关系世道"的高度。他说:"自古人才有卓然关系世道者,其惟节义之士乎?盖水必有防,防决则水不可制;屋必有栋,栋折则屋无以立。为人亦然,必有节义之士确乎不可夺者,为之标准,则人心兴起,而公道著明。不然者反是。其所关系岂不甚大哉?"①节义之士可谓是社会之良知,是世人的标杆。有节义之士的存在,社会风气就不至于太坏,人心也不至失坠。

随着知识的积累,袁絜斋后来将成圣成贤定为自己的人生目标。他曾感叹道:"人生一世间,当为一世杰。琐琐混常流,有愧古明哲。努力求至道,毫发无差别。伟哉平常心,光明配日月。"②在这首诗中。袁燮回答了一系列的问题。人生一世,不过几十年光阴,人来到这个世上走一遭,到底是为了什么?袁燮的回答是"当为一世杰",也就是成为当世的杰出人物。什么是"一世杰"呢?那就是成为圣贤。"人之所志,须当自期于圣人。"③古代圣贤已给我们指明了人生方向,已为我们立下了人生标杆。如果一个人只是浑浑噩噩,这就对不起古代的圣贤。圣贤并非高不可攀,"为圣为贤,皆分内事"④。成圣成贤无非就是"求至道",也就是时时处处走在正确的大道上。如何来"求至道"?依靠自己的"平常心"。"平常心"即是人之"本心",它浑

---

① 〔宋〕袁燮:《颜、苏二公祠记》,《絜斋集》卷9,《文渊阁四库全书》,第1157册,第108页。

② 〔宋〕袁燮:《题庸斋》,《絜斋集》卷23,《文渊阁四库全书》,第1157册,第312页。

③ 〔宋〕袁燮:《絜斋家塾书钞》卷7,《文渊阁四库全书》,第57册,第800页。

④ 〔宋〕袁燮:《絜斋家塾书钞》卷7,《文渊阁四库全书》,第57册,第800页。

同天地,知是知非,犹如日月一般具有伟大的光明。

从袁絜斋早期"以名节自期"到后来的"求至道",我们可以看出其中的发展脉络。一方面,一个人要"以名节自期",它的前提是明辨是非,而判别是非必须衡之以"道"。因此,只有进一步修身以成圣贤,然后才能"凝道",然后才可以真正做到"以名节自期"。正如孔子所言:"唯仁者能好人,能恶人。"①另一方面,袁絜斋"以名节自期"是从读《后汉书·党锢列传》而来,是艳羡古人事迹而来。这是从外面而来的,而不是本身固有的。程伊川曾说:"是以东汉尚名节,有虽杀身不悔者,只为不知道也。"②袁絜斋后来立志学古代圣贤,要去追求至道,是依靠自己本有的光明"平常心"。这是从内而生发的,是从他的生命中发出的。此两者之间的区别正如雨水与泉水之间的区别。孟子说:"源泉混混,不舍昼夜,盈科而后进,放乎四海。有本者如是,是之取尔。苟为无本,七八月之间雨集,沟浍皆盈;其涸也,可立而待也。故声闻过情,君子耻之。"③

陆象山说:"人之所喻由其所习,所习由其所志。"④袁絜斋立志要成为圣贤,他平时自然以圣贤为榜样,而他对圣贤的理解也由于他之所习所决定的。成圣成贤不可能是悬空的,必然要有具体呈现。条条大路通罗马,圣贤之路也是多种多样。历来的圣贤,或者建功立业造福百姓,或者著书立说弘扬正道,或者授徒教书化民成俗。对于袁絜斋来说,他少年时"以名节自期",影响着他将自己的成圣成贤之路引向政治领域。也就是说,袁絜斋的人生目标是在政治领域内实现成圣成贤。

1.3.3　絜斋的师友

已知絜斋的人生目标,接下来就看他为达此目标的求学历程。絜斋之学术首先是受到家学影响。袁氏家学源自絜斋高祖父袁毂。如前所言,袁毂是楼郁的学生,又曾师事王致。楼郁、王致与杨适、杜醇、王说合称"杨杜五子",他们积极参与家乡的教育事业,对明州文化的兴盛具有开创之功。袁絜斋曾说:"鄞在东浙为一都会,自宝元、庆历间,士风淳美。大隐杨先生适、杜先生醇、王先生致、楼先生郁相继教授于里中,桃源王先生说居桃源之

---

①　《论语·里仁》。

②　〔宋〕程颢、程颐:《河南程氏遗书》卷 18,《二程集》,中华书局 1981 年版,上册,第 194 页。

③　《孟子·离娄下》。

④　〔宋〕陆九渊:《陆九渊集》卷,中华书局 1980 年版,第 275 页。

西偏,亦以文学著闻,由是学者日以兴起。"①袁毂博览群书,又有才气,曾编纂《韵类题选》100卷。《文献通考》卷228"韵类题选一百卷"条下引陈氏曰:"朝奉大夫知处州鄞袁毂容直撰,以韵类事纂集,颇精要,世所行书《林韵会》盖依仿而附益之者也。毂嘉祐六年进士,东坡守杭时为倅,《风月平分》之词为毂作也。其后累世登科,絜斋燮其四世孙也。"②楼钥指出此书颇受后学的重视,他说:"自少学赋,最重《韵类》之书,窃以为古今类书第一。盖类书必须分门,虽多出名公,而事多重叠,又必有杂门。惟此书以韵别之,读者随字径取,一索而获。每一目之下,必有赋题,故以《题选》为名。况公编纂精确,诸经注疏,搜括无遗。"③可惜此著今已不存,但从文献资料来看,袁毂"最初所赢得的声望主要还是在辞藻而非在儒学上"④。

絜斋的父亲袁文无意于仕进,专心于经学,尤其用力于《尚书》学。絜斋说他"考质非一师,久久通贯,得古圣贤意"⑤。说明袁文治学以考据为主,博采众说,然后以己意出之。袁文的著作《瓮牖闲评》是一部以考订为主的学术性笔记,今存八卷。《四库提要》称:"其书专以考订为主,于经史皆有辨论,条析同异,多所发明。而音韵之学,尤多精神。凡偏旁点画,反切训诂,悉能剖别于毫厘疑似之间。其所载典故事实,亦首尾完具,往往出他书所未备。虽征引既繁,不无小误,……而大致该洽,实考据家之善本。惜其在宋世已罕流传,讫明遂佚,藏书家至不能举其名。"⑥清人全祖望说:"絜斋之父通议公,予曾见《瓮牖闲评》一书,特说部耳,至其折节忘年,问道于定川,因使絜斋严事之,则知其从事于躬行之实,非徒洽闻者流也。通议名文,其所著又有《名贤碎事手钞》三十巨帙,无一字不楷。见絜斋所作墓表。"⑦张如安先生认为袁文治学有如下特点:博学多闻,客观求实;独立思考,全面公允。⑧

---

① 〔宋〕袁燮:《袁正献公遗文钞》卷上,《全宋文》,上海辞书出版社2006年版,第282册,第40页。

② 〔元〕马端临:《文献通考》卷228,《文渊阁四库全书》,第614册,第705页。

③ 〔宋〕楼钥:《跋袁光禄毂与东坡同官事迹》,《攻媿集》卷77,《文渊阁四库全书》,第1153册,第224页。

④ 张如安:《鄞县望族》,浙江古籍出版社2009年版,第92页。

⑤ 〔宋〕袁燮:《先公行状(代叔父作)》,《絜斋集》卷16,《文渊阁四库全书》,第1157册,第219页。

⑥ 《四库全书总目》卷118,《文渊阁四库全书》,第3册,第570页。

⑦ 〔清〕黄宗羲:《宋元学案·絜斋学案》,《黄宗羲全集》,浙江古籍出版社2005年版,第5册,第1019—1020页。

⑧ 张如安:《鄞县望族》,浙江古籍出版社2009年版,第97页。

袁氏家学有一特点值得注意,他们擅长解释《尚书》。宋代科举经学考试是选考,参加考试的举子一般都是主攻经书的一种。因此,当时一些家族就形成自己的家学特点。如奉化舒氏家族是主讲毛、郑《诗》学,而鄞县袁氏家族是主讲《尚书》学。当时四明地区研读《尚书》的特别多,而《尚书》学推荐名额是有限定的,因而相互竞争特别大。袁絜斋说:"吾乡之士习经术者,惟《书》最众,三年大比,无虑数百人,以名贡者,才一而止。"①在如此激烈的竞争中,城南袁氏以《尚书》学而闻名。袁絜斋父亲袁文,尤用力于《尚书》学。袁絜斋的叔父袁章,"闻见日广,诸经皆通大义,尤邃于《书》"②。袁絜斋以《尚书》学中第,后来讲学也是主讲《尚书》,其子袁乔还整理出一部《絜斋家塾书钞》。袁絜斋的弟弟袁樋"味虞、夏、商、周《书》,有所感发,曰:'吾道固如是。'"③众所周知,《尚书》是唐虞"三代"历史文献,主要是讲政治。《庄子·天下》云:"《诗》以道志,《书》以道事,《礼》以道行,《乐》以道和,《易》以道阴阳,《春秋》以道名分。"《荀子·劝学》曰:"故《书》者,政事之纪也;《诗》者,中声之所止也;《礼》者,法之大分,类之纲纪也。"袁氏家族的《尚书》学世代相传,袁絜斋擅长《尚书》学,这对于他将自我"本心"发挥于政治领域,应有莫大关联。

另外,还有一个人对袁氏家学也有影响,那就是丰清敏。丰稷(1033—1107),字相之,鄞县人,弱冠登嘉祐四年(1059)进士第,为官不畏权贵,敢于直谏,曾做工部尚书,后出知越州、明州等,死后谥为"清敏"。丰清敏既与袁毂同师楼郁,又曾知明州,对明州的家族(包括袁氏家族)均有影响。袁絜斋给其弟木叔作墓志铭,说:"年十四五时,已知景慕前修。清敏公尝有诗云'日来月往无成期,好把心源早夜思',木叔大书之壁,以自规警。"④这里透露两个信息:一是丰清敏看重人之"心源",这与象山心学重视人之"本心"有本质相似之处;二是丰清敏对于袁氏家族是有影响的,以至于絜斋之弟将其诗句书写在墙上作为规警。袁絜斋曾写《丰清敏公祠记》,称赞他是"真所谓豪

① 〔宋〕袁燮:《台州仙居县主簿戴君墓志铭》,《絜斋集》卷19,《文渊阁四库全书》,第1157册,第258页。
② 〔宋〕袁燮:《叔父承议郎通判常德府行状》,《絜斋集》卷16,《文渊阁四库全书》,第1157册,第222页。
③ 〔宋〕袁燮:《亡弟木叔墓志铭》,《絜斋集》卷20,《文渊阁四库全书》,第1157册,第234页。
④ 〔宋〕袁燮:《亡弟木叔墓志铭》,《絜斋集》卷20,《文渊阁四库全书》,第1157册,第283页。

杰之士也",说他"公道赖以维持,善人赖以植立,至今海内咸推尊之"。袁絜斋特别指出丰清敏之所作所为,均源乎一心。他说:"盖尝诵公之诗有曰'日来月往无成期,好把心源早夜思',而后知公之所以特立者,源乎是心而已。大哉心乎? 天地同本,精思以得之,兢业以守之,则亦可以与天地相似。"①丰清敏所说的"心"是否就是絜斋所说的"心",这是有待考究的。但丰清敏对于袁絜斋走上心学之路,确实是颇有助益。

清人全谢山曾说:"顾四先生皆导源于家学,其积力已非一日。及一见陆子,即达其高明广大之境,相与神契而无间。"②就絜斋先生而言,袁氏家学确实是他的童子功。他有此学术基础,当遇到陆象山的时候,很快接受陆学便是再自然不过的事了。

宋孝宗乾道二年(1166),袁燮 23 岁,入太学。直到淳熙八年(1181)考中进士,袁絜斋在太学度过了 15 年光阴。在太学,袁絜斋先是遇到陆九龄(时为学录),"公望其德容睟盎,肃然起敬,亟亲炙之"③。"后见九龄之弟九渊发明本心之指,乃师事焉"④。袁絜斋自述初遇象山时的情形,他说:

> (象山先生)揭诸当时曰:"学问之要,得其本心而已。心之本真,未尝不善,有不善者,非其初然也。"……燮识先生于行都,亲博约者屡矣,或竟日以至夜分,未尝见其有昏怠之色,表里清明,神采照映,得诸观感,鄙吝已消,矧复警策之言字字切己欤!⑤

袁絜斋首先被象山所吸引的是"得诸观感"。也就是说,他被象山旺盛精力和飞扬神采所吸引。这些都是陆象山的外在表现。我们认识一个人,总是先接受其外在的印象。当然,絜斋还看重象山之言,因为"字字切己"。若将朱晦庵与陆象山讲学风格加以比较,可以见出陆象山的讲学特点。朱子教人读书明理,注重的是以理服人;象山讲学充满激情,触动的是人的灵

---

①　〔宋〕袁燮:《丰清敏公祠记》,《絜斋集》卷 9,《文渊阁四库全书》,第 1157 册,第 111 页。

②　〔清〕全祖望:《四先生祠堂碑阴文》,《鲒埼亭集外编》卷 14,《全祖望集汇校集注》,上海古籍出版社 2000 年版,中册,第 1005 页。

③　〔宋〕真西山:《显谟阁学士致仕赠龙图阁学士开府袁公行状》,《西山文集》卷 47,《文渊阁四库全书》,第 1174 册,第 748 页。

④　〔元〕脱脱:《宋史》卷 400,中华书局 1977 年版,第 12147 页。

⑤　〔宋〕袁燮:《象山先生文集序》,《絜斋集》卷 8,《文渊阁四库全书》,第 1157 册,第 90 页。

魂深处。陆象山自己说："吾之与人言,多就血脉上感动他。故人之听之者易。"①因此,相比较而言,陆象山讲学更具有感染力。关于此点,连朱子本人也是老实承认的,他说："陆氏会说,其精神亦能感发人,一时被耸动底,亦便清明。"②

袁絜斋虽觉陆象山之言"字字切己",但并非盲目听信。真西山为絜斋写行状,其中写道："公始遇之(陆象山)都城,一见即指本心,洞彻通贯,警策之言,字字切己。公神悟心服,遂师事焉。研精覃思,有所未合,不敢自信。居一日,豁然大明,因笔于书曰:以心求道,万别千差;通体吾道,道不在他。此公自得之实也。"③经过一番"研精覃思",袁絜斋"豁然大明",有了自得之实,然后象山心学才算真正融入他的生命之中。真求学者,还是应该在自家生命中生根。

絜斋师事象山,在学术上"百尺竿头,更进一步"。一条资料最能说明他的进步。《困学纪闻》记载："絜斋见象山读《康诰》,有感悟,反己切责,若无所容。"④象山如何讲读《康诰》,对絜斋有怎样的启发,王深宁言之不详。袁氏家族向以《尚书》学闻名乡里,絜斋自小便受家学熏陶,对于《尚书》中的文字自有己解,未必能够轻信他人。这次听象山读《康诰》而有感悟,想必是陆氏之解出乎他的意料,深为其折服,因此才会"反己切责,若无所容"。袁絜斋在《书赠蒋宰》中,特别发挥《尚书·康诰》"若德裕乃身,不废在王命"一句,强调"君子之道,无所不取"⑤。"无所不取"即是转益多师,泛览群书,博采众长。大约絜斋以前只是以为识认"本心"即无余事,而于读书一项则有所轻忽。因此,这次才会"反己切责,若无所容"。

絜斋着力于象山心学,他对象山有着极大的崇拜。他说："天有北辰,而众星拱焉;地有泰岳,而众山宗焉;人有师表,而后学归焉。象山先生,其学者之北辰、泰岳欤!"⑥称陆象山为"北辰"、"泰岳",便是肯认陆象山在当时儒学中的崇高地位。对象山的启迪之功,絜斋也是赞赏有加,他说:"先生教

① 〔宋〕陆九渊:《陆九渊集》卷36,中华书局1980年版,第503页。
② 〔宋〕黎靖德:《朱子语类》卷124,中华书局1986年版,第8册,第2975页。
③ 〔宋〕真德秀:《显谟阁学士致仕赠龙图阁学士开府袁公行状》,《西山文集》卷47,《文渊阁四库全书》,第1174册,第759页。
④ 〔宋〕王应麟:《困学纪闻》卷7,上海古籍出版社2008年版,中册,第956页。
⑤ 〔宋〕袁燮:《书赠蒋宰》,《絜斋集》卷7,《文渊阁四库全书》,第1157册,第87页。
⑥ 〔宋〕袁燮:《象山先生文集序》,《絜斋集》卷8,《文渊阁四库全书》,第1157册,第90页。

之,如橐鼓风。弟子化之,如金在熔。有蔽斯决,有窒斯通。"①象山可谓擅于启发诱导自己的学生。

袁絜斋除受教于陆象山之外,还受许多学友的影响。《絜斋学案》说袁絜斋在太学读书的时候,"同里沈叔晦、杨敬仲、舒元质皆聚于学,朝夕相切磨"②。其中最突出的应该是沈叔晦。沈焕(1139—1191),字叔晦,号定川,谥端宪,定海人。24岁中举入太学,师事陆象山之兄陆梭山,探究心学大要。南宋乾道五年(1169)中进士,历任上虞尉、扬州教授、太学录事,充殿试考官,调高邮军教授、婺源县令、舒州通判。袁絜斋的父亲袁文与沈叔晦早有交往。全谢山曾撰《四先生祠堂碑文》,其中说到一段资料:

> 絜斋之父通议公,予曾见《瓮牖闲评》一书,特说部耳。至其折节忘年,问道于定川,因使絜斋严事之,则知其从事于躬行之实,非徒洽闻者流也。③

袁文年龄应比沈叔晦大得多,竟然"折节忘年"向沈叔晦问道,一方面说明絜斋之父袁文的一片向道之心;另一方面也说明沈叔晦必有过人之处。袁文让儿子去"严事之",大概是在袁絜斋进太学的时候,毕竟沈叔晦先絜斋三年进入太学,各方面都可以指导袁絜斋。在太学里,袁絜斋确实得到了沈叔晦的无私帮助。他说:

> 燮与君同在乡校,见君容貌巍然,笔端无俗气,心忻慕焉,然未尝相亲也。后君游太学,与四方贤俊居,既三年矣。予幸肆业焉,始与君还往甚熟。时予方务记览,耻一不知,穷日夜劳苦。君为予言:"吾儒之学,在植根本,识肩背,无以精神彫丧于陋巷偏僻之习。"予恍然异之,听君议论宏大平直,坦乎如九轨通衢,而反视予所习者,萦纡缭绕,直荒蹊曲径而已,乃尽弃其旧业,精思一意,求所谓根本肩背者。君又为予言所与往来学校,可为师为友者甚悉。予复因君得尽识之,周旋之间,闻见日新矣。君先登第去,予留滞庠序又十余年,益求四方师友,以讲切

---

① 〔宋〕袁燮:《祭象山陆先生文》,《全宋文》,上海辞书出版社2006年版,第282册,第51页。

② 〔清〕黄宗羲:《宋元学案·絜斋学案》,《黄宗羲全集》,浙江古籍出版社2005年版,第5册,第1015页。

③ 〔清〕黄宗羲:《宋元学案·絜斋学案》,《黄宗羲全集》,浙江古籍出版社2005年版,第5册,第1019—1020页。

其所未明,恢广其所未至者。微君发其端,安知师友之益如是。……予之不失其身,诸君子之力,而君其首也。①

沈叔晦毕竟比袁絜斋大 5 岁,两人属于不同年龄段的人。在乡校时,袁絜斋虽然仰慕沈叔晦,但是两人并不是很亲近,毕竟年龄差距在那儿。后来到了太学,因为是同乡,袁絜斋又受到父亲让他拜沈叔晦为师的吩咐,所以两人往来频繁。沈叔晦年长一些,自然也就成熟许多。他对于袁絜斋的帮助主要在两方面:一是教袁絜斋为学要"植根本,识肩背"。沈叔晦的"植根本,识肩背",也就是陆象山的"先立乎其大者"②,也就是先为人生确立一个正确的方向。可以说,沈叔晦先期教袁絜斋"植根本,识肩背",为袁絜斋后来接受象山心学打了一个铺垫。二是使袁絜斋获师友之益。沈叔晦是很注意师友之间的磨砺的,被时人称为"开师友讲习之端,得古人相劝为善之义"③。在这一点上,就连杨慈湖也是很感激沈叔晦。他在《祭沈叔晦文》中说:"某未离膝下时,知有先训而已。出门逐逐,不闻正言,窃意世间不复有朋友之义。及入太学,首见吾叔晦,始闻正论,且辱告曰:'此天子学校,英俊所萃,正当择贤而亲,不可固闭。'某遂得从其贤游,相与切磨,讲肆相救,以言相观。而善皆吾叔晦之赐。……其所以得门外之助,不负先训,勉勉于今,未至于自弃,吾叔晦之力也。"④从文中,我们可以看出,杨慈湖也是很感念沈叔晦的。

袁絜斋称舒元质是自己的"良友"。舒璘(1136—1199),字元质,一字元宾,奉化广平(今大桥镇舒家村)人,学者称广平先生。南宋乾道八年(1172)中进士,授四明郡学教授,未赴。后任江西转运使干办公事,继为徽州府(今安徽歙县)教授,继任平阳县令,官终宜州通判,卒谥文靖。舒元质比袁絜斋年长 8 岁,当时也在太学。絜斋称赞他"操行有常,屋漏无愧……护养良心,毋敢失坠。……考其终身,蹈履纯备"。对于舒元质之死,袁絜斋惊呼失声,

---

① 〔宋〕袁燮:《沈叔晦言行编》,《全宋文》,上海辞书出版社 2006 年版,第 281 册,第 369 页。

② 陆象山曾说:"近有议吾者云:'除了"先立乎其大者"一句,全无伎俩。'吾闻之曰:'诚然。'"(〔宋〕陆九渊:《陆象山全集》卷 34,中国书店 1992 年版,第 255 页)

③ 〔清〕黄宗羲:《宋元学案·广平定川学案》,《黄宗羲全集》,浙江古籍出版社 2005 年版,第 6 册,第 14 页。

④ 〔宋〕杨简:《祭沈叔晦文》,《慈湖遗书》卷 4,《文渊阁四库全书》,第 1156 册,第 644 页。

痛心陨涕,感到"所可深痛者,朋友乏切磨之益,而后学失归依之地也"①。

袁絜斋与杨慈湖之间,也有相互影响。关于此点,读者自可参看拙著《杨简研究》中的相关文字②,在此便不再饶舌。

"甬上四先生"不仅在太学里朝夕切磨,后来的交往也极为密切。一是相互之间结成姻亲。《宋元学案》说:"钘为沈端宪婿,铣为杨文元婿。"③钘是舒元质之长子,铣是舒元质之三子,可见杨、袁、舒三家皆有姻亲关系。二是子弟之间有学缘联系。舒元质是杨慈湖父亲老杨子的学生,袁絜斋之次子袁肃是舒元质的学生,袁絜斋之三子袁蒙斋是杨慈湖的学生。三是他们都曾在家乡讲学。全谢山描绘当时之盛况:"史忠定王馆端宪于竹洲,又延文元于碧沚,袁正献公时亦来预。湖上四桥,游人如云,而木铎之声相闻。"④史忠定王即史浩,他在明州的月湖边办有两所家学,邀请沈叔晦、杨慈湖、袁絜斋等当时明州的才俊来授课,无形中也为"甬上四先生"学术交流提供了便利。四是他们互相欣赏。关于这一点,我们看他们相互来往的书信和一些祭文、行状、墓志铭便知。⑤ 总之,"甬上四先生"之间学术相互影响,这是毫无疑问。

袁絜斋还与其他的同门相互切磋。舒元质文集中有四封写给徐子谊的书信,《答徐子宜书》(之一)写于绍熙三年(1192),其中提及絜斋"已毕大事"。这"大事"是指絜斋母亲去世下葬之事。这说明袁絜斋与徐子宜私交甚厚。徐谊(1144—1226),字子宜,一字宏父,温州平阳人。乾道八年(1172)进士,历知徽州、提举浙西常平、吏部员外郎等。宁宗时,迁检正中书门下公事兼权刑部侍郎,进工部侍郎、知临安府。庆元元年(1195)三月因忤韩侂胄罢官贬谪。嘉泰二年(1202)起知江州,开禧三年(1207)知建康府兼江淮制置使,嘉定元年(1208)改知隆兴府。宝庆二年(1226)卒。叶适在《墓

---

① 〔宋〕袁燮:《祭通判舒公元质文》,《絜斋集》卷22,《文渊阁四库全书》,第1157册,第300页。

② 张实龙:《杨简研究》,浙江大学出版社2012年版,第242—243页。

③ 〔清〕黄宗羲:《宋元学案·广平定川学案》,《黄宗羲全集》,上海古籍出版社2005年版,第6册,第8页。

④ 〔清〕全祖望:《碧沚杨文元公书院记》,《鲒埼亭集外编》卷16,《全祖望集汇校集注》,上海古籍出版社2000年版,中册,第1046页。

⑤ 如袁絜斋的《通判沈公行状》、《沈叔晦言行编》、《祭通判舒公元质文》;杨慈湖的《故龙图阁学士袁公墓志铭》、《宜州通判舒元质墓志铭》、《祭沈叔晦文》、《奠舒元质辞》;舒元质的《答杨国博敬仲》、《与袁学正和叔》等。

志铭》中指出他的学术特点："及公以悟为宗,悬解昭彻,近取日用之内,为学者开示。"①全祖望将他列为象山同调②。袁絜斋与徐子宜交往,自是相互砥砺。其他人如詹子南,也是陆象山门人,与袁絜斋交谊深厚,相互之间"以友辅仁"。袁絜斋为詹子南所写的祭文中说:"昔我与公,同僚会稽。道义磨切,古人相期。"③

絜斋与其他学派的学者也有交往。真西山所撰的《行状》中说:"东莱吕成公接中原文献之正传,公从之游,所得益富。"④这说明絜斋也受到吕东莱的影响。吕祖谦(1137—1181),字伯恭,学者称东莱先生,婺州金华人,孝宗隆兴元年(1163)进士,复中博学宏词科。乾道六年(1170)召为太学博士,累官至著作郎。淳熙八年(1181)卒。有《古周易》、《书说》、《吕氏家塾读诗记》、《东莱集》等著作。吕东莱与朱晦庵、张南轩并称为"东南三贤",其学与朱学、陆学是南宋最有影响的三个理学流派。全祖望说:"宋乾淳以后,学派分而为三:朱学也,吕学也,陆学也。三家同时,皆不甚合。朱学以格物致知,陆学以明心,吕学则兼取其长,而又以中原文献之统润色之。门庭径路虽别,要其归宿于圣人则一也。"⑤

与吕东莱的交往,使袁絜斋的学术道路发生了一些变化。宋淳熙八年(1181),吕东莱去世,絜斋先生写了一篇祭文,名为《祭东莱吕先生文》,其中说道:

> 矧我晚学,屡升其堂。我昔求友,自谓有得。一瞻德容,茫然自失。有怀诲言,敢不铭刻。⑥

这段话值得深入分析。袁絜斋比吕东莱小 7 岁,却自称"晚学",因为吕

①　〔宋〕叶适:《宝谟阁待制知隆兴府徐公墓志铭》,《水心集》卷 21,《文渊阁四库全书》,第 1164 册,第 381 页。

②　〔清〕黄宗羲:《宋元学案·徐陈诸儒学案》,《黄宗羲全集》,浙江古籍出版社 2005 年版,第 5 册,第 372 页。

③　〔宋〕袁燮:《祭郎中詹子南文》,《絜斋集》卷 22,《文渊阁四库全书》,第 1157 册,第 229 页。

④　〔宋〕真德秀:《显谟阁学士致仕赠龙图阁学士开府袁公行状》《西山文集》卷 47,《文渊阁四库全书》,第 1174 册,第 760 页。

⑤　〔清〕全祖望:《同谷三先生书院记》,《鲒埼亭集外编》卷 16,《全祖望集汇校集注》,上海古籍出版社 2000 年版,中册,第 1046 页。

⑥　〔宋〕袁燮:《袁县尉和叔》,《东莱集》附录卷 2,《文渊阁四库全书》,第 1150 册,第 464 页。

东莱毕竟是当时学人景仰的学术大家。絜斋"屡升其堂",应是多次登门向吕东莱请教。当时絜斋已拜在象山门下,对于象山心学也是有会于心。因此,絜斋向吕东莱请教,大概也只是请教一些具体的学问问题。象山心学是主张"植根本,识肩背",将读书一事是置于次要的地位的。因此,陆象山、杨慈湖都不十分强调读书。而东莱之学承"中原文献之统",广观博览是其为学第一要务。若站在象山心学的立场上,吕氏的这种文献之学,与自家性命有"隔"。但是,絜斋"一瞻德容,茫然自失"。吕东莱有何"德容"呢?絜斋描述说:"其学维何,源流会通,磅礴万古,叩之不穷。浩然溟溿,靡物不容,喜愠不形,潜养之功。"①袁燮还有诗称赞东莱先生:"后学寡师承,私知妄穿凿。缅怀东莱公,天才负超卓。英词粲星斗,伟量包海岳。宽平复谨严,精密更恢廓。哀哉梁木摧,谁欤继前作。"②这就是说,吕东莱的广观博览,也是可以涵养心性。这就打破了絜斋先生已有的陈见,所以他才会"茫然自失"。从此以后,袁絜斋修正了自己的为学路线,也开始重视读书了。如他在《答舒和仲书》中就反复强调读书。他说:"纯仲近日不倦读书否?此事不可缓,究心于此。"还说:"更宜日课一经一史尤佳。学者但慕高远,不览古今,最为害事。"他还说:"为学当通知古今,多识前言往行,古人所谓畜其德也。"还说:"慈湖中年以后,却肯读书,所以益大其器业也。"③在这百余字的短文中,絜斋先生讲到了读书的目的、方法及其意义,真是反复致意。

絜斋还与东莱门人多有来往。吕祖谦之弟吕祖俭(?—1196),字子约,号大愚,"受业祖谦如诸生",历监明州仓、衢州法曹、籍田令、司农簿。光宗绍熙四年(1193)六月通判台州。宁宗继位,除太府寺丞,庆元元年(1195)四月因忤韩侂胄罢官贬谪。二年(1196),卒。吕子约自淳熙九年(1182)监明州仓,至十四年(1187)去任,在这6年时间里,与四明学子展开了广泛的交流。《宋元学案》描绘当时四明讲学盛况:"时明州诸先生多里居,慈湖开讲于碧沚,沈端宪讲于竹洲,絜斋则讲于城南之楼氏精舍,惟舒文靖以宦游出。先生以明中山中父兄中原文献之传,其于诸讲院,无日不会也。甬上学者遂

---

① 〔宋〕袁燮:《祭东莱吕先生文》,《全宋文》卷6390,上海辞书出版社2006年版,第282册,第51页。

② 〔宋〕袁燮:《送路德章三首》,《絜斋集》卷23,《文渊阁四库全书》,第1157册,第308页。

③ 〔宋〕袁燮:《答舒和仲书》,《全宋文》卷6370,上海辞书出版社2006年版,第281册,第122页。

以先生代文靖,亦称为四先生。"①有学者认为:"吕祖俭与杨简、沈焕、袁燮三人齐聚讲学的时间只能在淳熙十年、十一年之间。"②但是不管怎么说,我们断定袁絜斋与吕子约从此开始了学术交流,大概是不会错的。

后来袁絜斋与吕子约又同朝为官,两人关系极为密切。絜斋称:"东莱吕君子约,某之畏友也。"③所谓"畏友",就是以道义相切磨、以修德相勉励的朋友。袁絜斋曾作《枕上有感呈吕子约》,此诗颇值得吟诵:

> 俗学浅无源,涧谷才咫尺。志士务广深,沧溟渺难测。俗子一作吏,书几尘土积。志士虽莅官,群书玩无斁。废书固俗子,既俗又奚责。嗜书苟不已,无乃旷厥职。臧穀均亡羊,孰为失与得。古人有大端,后学宜取则。有余不可尽,不足在所益。努力求至当,毋蹈一偏失。④

这首诗是讨论读书与做官的关系。俗学是指那些口耳之学,即学问只从耳朵进而嘴巴出,不经过身心。俗学之人只是借读经书来博取功名利禄,或于人前卖弄。俗人有了官职以后,便不读书,读书只是敲门砖而已。这种人的缺陷是显而易见的,所以絜斋先生便说"既俗又奚责"。志士总是努力地拓宽自己生命的容量,增加自己生命的深度。志士做官以后,应该长到老,学到老,这样才符合自强不息的本性。但志士也需要注意,不能过分沉迷于读书,忘了做官的本分。读书毕竟只是手段,读书的目的是要经世致用。做官的本分是为民办事,这是做官者的道德实践之地。只是耽迷于读书而忘记道德实践,这也是一种"亡羊"。絜斋写此诗的具体背景,我们今天已不得而知。絜斋既然是从枕上得来,并呈于吕子约看,自是有感而发。有可能是针对当时官场上的一些现状,也有可能就是针对吕子约的。联系到沈叔晦曾有诗言:"为学未能识肩背,读书万卷终亡羊。"⑤而东莱吕学是强调读书的。袁絜斋写此诗给吕子约,大概是一个善意的提醒吧。

---

① 〔清〕黄宗羲:《宋元学案·东莱学案》卷51,《黄宗羲全集》,浙江古籍出版社2005年版,第5册,第38—39页。

② 陈晓兰:《南宋四明地区教育和学术研究》,凤凰出版社2008年版,第131页。

③ 〔宋〕袁燮:《居士阮君墓志铭》,《絜斋集》卷20,《文渊阁四库全书》,第1157册,第273页。

④ 〔宋〕袁燮:《枕上有感呈吕子约》,《絜斋集》卷23,《文渊阁四库全书》,第1157册,第310页。

⑤ 〔宋〕袁燮:《沈叔晦言行编》,《全宋文》,上海辞书出版社2006年版,第281册,第368页。

　　另外,袁絜斋还有《和吕子约霜月有感二首》。其一曰:"寒松饱霜雪,冉冉翠光湿。万物困波流,砥柱独中立。比德有君子,逸气难拘絷。平生忧世心,如彼救焚急。劫来席未温,冥鸿去何适。劝君且淹留,斯民待安辑。小试活国手,膝理犹可及。"其二曰:"顽夫禅作窟,狂士醉为乡。谁知名教中,悠悠滋味长。嗟余学无穷,勺水浅可扬。讲习得益友,丽泽期交相。风月古犹今,时序燠与凉。一笑聊复尔,片心到羲皇。乾坤入吾怀,始信居中央。"①写这两首诗的背景,是在吕子约遭受重大打击之后。当时韩侂胄用事,要罢免右丞相赵汝愚。朝中许多大臣为赵汝愚说话,均先后遭到打击。此时,吕子约上书皇帝,说:"臣恐自是天下有当言之事,必将相视以为戒,钳口结舌之风一成而未易反,是岂国家之利邪?"结果被定为"朋比罔上,安置韶州"②。絜斋先生在第一首诗中,称赞吕子约是中流砥柱,具有忧世心,希望他能留下来。第二首诗是鼓励吕子约,越是在磨难之中,越要发挥儒学的力量,这正是平时为学的得力之处。如能做到"乾坤入吾怀",就能"始信居中央"。那么就是被贬谪到韶州,也能够安之若素,这正应了孔子所言:"君子居之,何陋之有?"③

　　袁絜斋对于吕子约还是十分了解的。他在《题吕子约帖》中记有吕子约的一件事:"方彭忠肃公之攻韩也,子约以为已甚。既而自攻之。友人石应之问其故。子约曰:'彼从臣,可以从容献纳。我小官,幸而获对,敢不亟尽忠乎?'其大节如此。"④在这件事上,我们可以看出吕子约之大节,这就是:人生在世为人处世,最重要的是求一个至当。

　　在淳熙年间,袁絜斋在太学里结识东莱弟子石范。石范(1148—1213),字宗卿,"天资俊茂,志气超卓,师事东莱吕公","能道其师贤德学问甚悉"。袁絜斋"竦然异之,遂与定交",成"同堂合席金兰之契"。袁絜斋为石宗卿写《墓志铭》⑤。另外,袁絜斋与吕东莱的学生路德章也有交往,曾有《送路德章

---

　　① 〔宋〕袁燮:《和吕子约霜月有感二首》,《絜斋集》卷23,《文渊阁四库全书》,第1157册,第310—311页。

　　② 〔元〕脱脱:《宋史》卷455,中华书局1989年版,《四部备要》本,第32册,第3595页。

　　③ 《论语·子罕》。

　　④ 〔宋〕袁燮:《题吕子约帖》,《絜斋集》卷8,《文渊阁四库全书》,第1157册,第103页。

　　⑤ 〔宋〕袁燮:《通判泉州石君墓志铭》,《絜斋集》卷18,《文渊阁四库全书》,第1157册,第254—255页。

三首》①。

陈傅良对于袁絜斋也有很大影响。陈傅良（1137—1203），安君举，号止斋，温州瑞安人。师学于郑伯熊、薛季宣。乾道八年（1172）进士，淳熙三年（1176）授太学录，历福州通判、知桂阳军。绍熙元年（1190）任湖南转运判官，改提点浙西刑狱。二年（1191）任吏部员外郎，三年（1192）升起居舍人，四年（1193）兼权中书舍人，后辞官归里。五年（1194）七月宁宗即位，召为中书舍人，十二月因忤韩侂胄而罢官。嘉泰三年（1203）卒。有《止斋文集》、《春秋后传》等②。陈傅良是南宋永嘉学派的主要代表人物之一，他为学主张经世致用，反对空谈性理。

真西山在为袁絜斋所写的《行状》中称道："永嘉陈公傅良，明旧章，达时变，公与从容考订，细大靡遗。"③宋宁宗即位之初，一时朝中人才会聚，陈傅良任中书舍人，而袁絜斋以太学正召，当年十二月陈傅良即罢归。袁絜斋与陈傅良之间的学术交流，应在这个时段内。陈傅良的"明旧章，达时变"，就是强调做学问要经世致用。袁絜斋与陈傅良"从容考订"，使自己议论切合时政，不落空言。《四书全库提要》评论《絜斋集》说："其剖析义理，敷陈政事，亦极剀切详明，足称词达理举。"④

当时絜斋先生还写了《上中书陈舍人三首》，其一曰："鸣玉青琐闼，挥毫紫微垣。仰参鸾鹄翔，俯视燕雀喧。异时忧世士，才学穷根源。亦有济时策，无因通帝阍。公居清切班，日对龙颜温。嘉会千一遇，论思毋惮烦。"其二曰："士方负材业，高价敌璠玙。一朝声称减，碌碌盆盎如。贵名岂不欲，名盛复难居。所以古君子，谨终如厥初。自公到京国，闻望倾万夫。愿言益进德，名与天壤俱。"其三曰："重明丽宸极，万国熙王春。翘首望德政，从今斯一新。当年羽翼客，休戚一体均。致主欲尧舜，规模戒因循。古来王佐才，宇宙归经纶。期公继前作，百世称伟人。"⑤三首诗总括起来，袁絜斋是说

①　〔宋〕袁燮：《送路德章三首》，《絜斋集》卷 23，《文渊阁四库全书》，第 1157 册，第 308 页。

②　〔宋〕楼钥：《宝谟阁待制赠通议大夫陈公神道碑》，《攻媿集》卷 95，《文渊阁四库全书》，第 1153 册，第 471—477 页。

③　〔宋〕真德秀：《显谟阁学士致仕赠龙图阁学士开府袁公行状》，《西山文集》卷 47，《文渊阁四库全书》，第 1174 册，第 760 页。

④　〔宋〕袁燮：《絜斋集》按语，《文渊阁四库全书》，第 1157 册，第 4 页。

⑤　〔宋〕袁燮：《上中书陈舍人三首》，《絜斋集》卷 23，《文渊阁四库全书》，第 1157 册，第 305 页。

陈傅良颇有才学，可惜一直遭受埋没。这次进京得到重用，希望他积极有为，有补于世。而事实上，陈傅良这次在朝只有六个月，很快就被贬出京城。

黄度（1138—1213），字文叔，新昌（今浙江省新昌县）人，与陈傅良为学侣。袁絜斋为其作行状，其中多次提及黄度与陈傅良交往情况，最后称："然受知于公既三纪矣，某亦知公最详。公之笃学精思，胸中富有，取之不穷。发于事业，炜然可纪。立朝大节，始终无玷，固某之所心服也。"①

虽然与朱晦庵不曾谋面，但絜斋对朱子心存感念。他在《题晦翁帖》中称："淳熙己丑之岁，四明大饥，某待次里中，晦翁贻书郡守谢侯，谓救荒之策，合与某共讲之。某虽心敬晦翁，未之识也。久而吕子约为仓官，晦翁屡遗之书，未尝不拳拳于愚不肖。自念何以得此？或者过听，以为可教耶？"②从絜斋的语气来看，他对朱子是十分尊重的。朱子当时的声名震动朝野，居然还能知晓絜斋，所以他很感怀。袁絜斋给朱门一位弟子的文字中称："朱公胸次清绝尘，吴公当日心相亲。风流蕴藉接前辈，寥寥斯世能几人？"③

朱子也确实了解絜斋。朱子的弟子滕璘淳熙八年（1181）中进士，授鄞县县尉。朱子在淳熙九年（1182）写信对他说："大抵守官，一以廉勤爱民为先。……幸四明多贤士，可以从游，不惟可以咨决所疑，至于为学修身，亦皆可以取益。熹所识者杨敬仲、吕子约，所闻者沈国正、袁和叔，到彼皆可从游也。"④袁絜斋属朱子之所闻者，但朱子已教其弟子与絜斋等人多多交往，由此可见，朱子对于絜斋的修身是真的信得过的。

真德秀（1178—1235），字景元，后改为景希，福建浦城人，本姓慎，因避孝宗讳改姓真。真德秀是继朱晦庵之后理学的正宗传人，也是当时朝廷难得的比较清醒的士大夫，因其晚年在家乡莫西山授徒著书，故后人称之为西山先生。袁絜斋与真西山曾经同朝共事，两人之间惺惺相惜。袁絜斋曾给真西山写过《送右史将漕江左序》，称真西山"以精博之学，端方之操，立螭

① 〔宋〕袁燮：《龙图阁学士通奉大夫尚书黄公行状》，《絜斋集》卷13，《文渊阁四库全书》，第1157册，第189页。

② 〔宋〕袁燮：《题晦翁帖》，《絜斋集》卷8，《文渊阁四库全书》，第1157册，第104页。原文为"己丑"，可能传抄有误，应为"辛丑"，见附录《絜斋年谱》。

③ 〔宋〕袁燮：《题吴参议达观斋》，《絜斋集》卷23，《文渊阁四库全书》，第1157册，第316页。

④ 〔宋〕朱熹：《答滕德粹》，《晦庵集二》卷49，《文渊阁四库全书》，第1144册，第458页。

坳,进谠言,謇謇谔谔,作时砥柱"①。这是说真西山学问好,品德好,在朝廷敢于讲真话,是国家的中流砥柱。真西山对袁絜斋也是非常敬佩的,曾为他写了长达数万言的《行状》。

袁絜斋除了与理学家们交往以外,还受惠于一些长者的提携和同辈的勉励。史浩(1106—1194),字直翁,明州鄞县人,南宋著名政治家,词人。绍兴十五年(1145)中进士,由温州教授除太学正,长为国子博士。宋孝宗继位,任参政知事,以中书舍人迁翰林学士知制诰,拜右相。光宗时,进官太师。史浩对于袁絜斋来说,是家乡在朝为官的老前辈。可以想象,袁絜斋有事当然要向史浩请教,史浩也自然要对袁絜斋有所指点。

元代戴表元《剡源文集》就记载了这样一件事:"盖往者诠格,以科第高者为郡博士,吾乡之先生长者史文惠、袁正献、沈端宪之徒,于格当得者,皆辞逊不受,而宁求他官。他官之难,不优于郡博士,而为之者,以为皆不能而不为,则势所不可,故随其势、就其力,且为而且学之耳。"②这是说袁絜斋科第高等,本来是可以去做郡博士。但是袁絜斋听从史浩的劝告,辞教官而补县尉。县尉的差事难,而且待遇明显不如郡博士。史浩之所以劝袁絜斋作出这样选择,实际上是希望他不要浮在上面,而要下到基层,熟悉民事,自身也可以得到锻炼,为将来的提升发展打下更好的基础。史浩毕竟为官多年,向袁絜斋提出这样的建议,袁絜斋还是乐意接受的。

楼钥(1137—1213),字大防,又字启伯,号攻媿主人,明州鄞县人,南宋大臣,文学家。历官温州教授、乐清知县、翰林学士、吏部尚书兼翰林侍讲、资政殿学士、知太平州,卒谥宣献。袁氏与楼氏本有渊源。袁絜斋高祖袁毂即楼大防高祖楼郁之高足,两家"源流相续,以至于今"③。楼大防比袁絜斋大 7 岁,同为鄞县人,曾先后受师于乡贤王默、李鸿渐、李若讷、郑锷等人,算得上是同门所出,情谊自是非同一般。楼大防去世时,絜斋先生写过《祭参政大资楼公文》,后来又有万余言之《资政殿大学士赠少师楼公行状》。楼大防待袁絜斋不同于旁人,袁絜斋对楼大防也是心存感激。他说:"某实蠢愚,

———————————

①　〔宋〕袁燮:《送右史将漕江左序》,《絜斋集》卷 8,《文渊阁四库全书》,第 1157 册,第 91 页。

②　〔元〕戴表元:《送袁伯长赴丽泽序》,《剡源文集》卷 12,《文渊阁四库全书》,第 1194 册,第 162 页。

③　〔宋〕袁燮:《资政以工代殿大学士赠少师楼公行状》,《絜斋集》卷 11,《文渊阁四库全书》,第 1157 册,第 151 页。

荷公诱掖。"①袁絜斋中进士为江阴尉，楼大防赋诗送别，其词曰："要在弹压潢池兵，簿书期会勤经营。人物酬应审重轻，一言行之可终身。谨毋失己毋失人，赠人以言岂吾能。颇尝于此三折肱，举以送君君试听。"②诗中劝袁絜斋到了江阴要掌控军队，要勤于处理公务，官场上来往要谨慎，关键是要记住"毋失己毋失人"。

后来，袁絜斋成为楼大防的属官，自然得到了楼大防的耳提面命。絜斋先生说："嘉泰开禧间，从公于寂寞之滨，数以'安于命义、保全名节'之语勉我，斯意厚矣。"③"安于命义"是"安于义"与"安于命"之合称。"安于义"是循理而行，言行符合道义，并以此为安；"安于命"是不计较得失，安于现有待遇。"安于命义"是从正面说的，是要求袁絜斋要积极有为；"保全名节"是从反面说的，是要求袁絜斋不要犯错误。楼大防送袁絜斋的这八字箴言，是他多年官场历练的结晶。他俩一起共事，还有过一些学术上的互动。袁絜斋说：

> 一日语及"吾道一以贯之"，某叩其旨，见告以"会归于一"之说。某曰："此乃吾以一道贯之，非吾道一以贯之也。夫道未尝不贯。"公闻之矍然，已而称善。④

这一段材料颇值得玩味。《论语·里仁》："子曰：'参乎！吾道一以贯之。'曾子曰：'唯。'子出，门人问曰：'何谓也？'曾子曰：'夫子之道，忠恕而已矣！'"楼大防解孔子的"吾道一以贯之"，为"会归于一"。这就是说，孔子是在强调一种由博返约的方法论，即通过观察大千世界，总结出一个普遍性的规律，然后用这普适的规律，将万事万物都贯穿起来。因此，袁絜斋说这是"吾以一道贯之"。楼钥学宗朱子，性喜藏书，家中藏书逾万卷，他有这样的看法，自是理所应当。但依袁絜斋的理解，"吾道一以贯之"与"吾以一道贯之"意思大不相同。"吾以一道贯之"，是用"吾"总结出来的"一道"来贯通事

① 〔宋〕袁燮：《祭参政大资楼公文》，《絜斋集》卷22，《文渊阁四库全书》，第1157册，第297页。

② 〔宋〕楼钥：《送袁和叔尉江阴》，《攻媿集》卷1，《文渊阁四库全书》，第1152册，第267页。

③ 〔宋〕袁燮：《资政殿大学士赠少师楼公行状》，《絜斋集》卷11，《文渊阁四库全书》，第1157册，第152页。

④ 〔宋〕袁燮：《资政殿大学士赠少师楼公行状》，《絜斋集》卷11，《文渊阁四库全书》，第1157册，第152页。

事物物，"吾"与"一道"仍为两物，"吾"只是"以一道"来解释世界。而"吾道一以贯之"的"道"，为天地万物之道。"道未尝不贯"，如不能贯穿事事物物，便不是"道"。此"道"为"吾"所有，即为"吾道"。"吾"只要弘扬"吾道"，即可贯通事事物物。这里不仅是要解释世界，更重要的是要践"道"。曾子说："夫子之道，忠恕而已。"说的就是这个道理，"忠恕"即"道"，人只要做到"忠恕"，贯注于事事物物当中，就是走在阳光大道之上。大约由于袁絜斋话中有这些意思，出乎楼大防理解之外，所以他先是"矍然"。用心体会一下，不久便"称善"。楼大防是政治家、文学家，他以公正廉明、富于文辞而著称，对于哲理思辨，可能措意较少，不能如袁絜斋这般析理精微，这也是可以理解的。

袁絜斋还与其他人有交往。丰宅之是丰清敏的后代。他"见义勇于必为，见恶果于驱除"，能"达民情之惨舒"，"究邦用之盈虚"。袁絜斋感叹说："嗟我与公，肝胆交乎。屡贻我以尺书，豁此心之郁纡。"《絜斋集》中有《祭丰宅之文》①。华阁赵公曾是袁燮的上级，有书信教导袁燮要"专以论思献纳为职"，"凡当世利害，知无不言。"袁絜斋说："某自闻斯语，服膺不失，二三年间，罄拳拳之忠，有犯无隐者，公实教之也。"②戴樟，字伯皋，明州鄞县人，"少喜辞赋，后读《周书》，不复为雕虫篆刻之习，精思熟讲，反复参订，有得于先生经世之意"。登乾道五年(1169)进士第，初调处州青田簿，再调越州诸暨丞。他与袁絜斋有两层亲戚关系，既是袁絜斋伯姊的丈夫，又是袁絜斋母亲娘家的侄儿。他从青田还乡时，来拜访絜斋，曾从容论治道始末，曰："吾儒平日讲学，措诸事业，宜务君子之道。若炫能矜功，而无恻隐之意，是浅衷薄夫，吾弗为也。"③

袁絜斋还与其他人有所交往。如他同一位倪尚书交往，他说："某始以诸生，事公成均，及官于闽，模范益亲。我性好直，惟公能容，有所切磨，靡不乐从。我或抱疾，问劳不绝，亦既见止，改容欢悦。平生知己，如公实希。"④还有一位赵善待，袁燮为其写墓志铭，其中说道："早登公门，屡获亲炙，心服

①　〔宋〕袁燮：《祭丰宅之文》，《絜斋集》卷22，《文渊阁四库全书》，第1157册，第300页。

②　〔宋〕袁燮：《题赵华阁帖》，《絜斋集》卷8，《文渊阁四库全书》，第1157册，第101页。

③　〔宋〕袁燮：《戴伯皋墓志铭》，《全宋文》，上海辞书出版社2006年版，第282册，第41页。

④　〔宋〕袁燮：《祭倪尚书文》，《絜斋集》卷22，《文渊阁四库全书》，第1157册，第298页。

其贤，兹得附托以垂不朽，固所愿也。"①还有一位赵充夫，袁燮为其写墓志铭，其中说道："某不才，辱公荐举，遂为知己。又获从公之长子游，契分不薄矣。"②

1.3.4 絜斋的学术网络

以上我们梳理了袁絜斋与师友的交往，可以看出他是转益多师的。我们甚至也可以得出这样的结论：他以象山心学为根基，同时吸取东莱的文献学、止斋的经世致用学，朱子理学对他也有间接影响，他还受到许多长者的扶持与同辈的夹磨，从而形成自己独有的絜斋心学。但是我们还应该注意到另外一点：袁絜斋是处在一个学术网络之中。

这个学术网络是由多条线纵横交错而织成。横向排列的线是共时存在的四家学术流派，它们分别是陆象山所代表的心学、朱晦庵所代表的理学、吕东莱所代表的文献之学和陈傅良所代表的事功之学。按照美国学者兰德尔·柯林斯的"小数目定律"的说法，即一个时代的学术流派的数量最少不能少于二，最多不能多于六，这样的格局最有利于实现学术的创新。③ 袁絜斋所处的时代，小的派别不好计算，大的流派不出此四家，四这个数字正介于二与六之间，完全符合柯林斯所提出的互动创新时代的要求。

纵向地看这个学术网格，它的每一条纵线上都有一个峰点，那就是每个学术流派的领袖人物，如陆象山、朱晦庵、吕东莱和陈傅良，他们都是顶尖的思想家。在他们周围，都或多或少地拱卫着二流三流的学者。沿着每一个峰点，向上溯源，可以找到他们的学术来脉；向下延伸，也可以看到他们三代四代甚至更远的传人。处在每个纵线上的每个点上的人，言语行动都要照顾到自己这根线上前辈们的言行举止，也还要考虑对自己后来者的影响，前后都是相互关联的。兰德尔·柯林斯说："某一具体思想家的理论思想的'重要性'，只有等后来的几代知识分子在其工作的基础上有所成果时，才会确立起来。"④因此，我们考察袁絜斋学说，恰当的做法是要联系到他的前辈与后学。

---

① 〔宋〕袁燮：《朝请大夫赠宣奉大夫赵公墓志铭》，《絜斋集》卷17，《文渊阁四库全书》，第1157册，第235页。

② 〔宋〕袁燮：《运判龙图赵公墓志铭》，《絜斋集》卷18，《文渊阁四库全书》，第1157册，第254页。

③ ［美］兰德尔·柯林斯：《互动仪式链》，商务印书馆2012年版，第272页。

④ ［美］兰德尔·柯林斯：《互动仪式链》，商务印书馆2012年版，第268页。

　　在这个纵横织就的网络上的学者,都是处在同样的社会情境当中。更重要的是,他们有着同一个关注焦点,那就是寄希望从传统中挖掘资源来解决现实问题。但是,四派思想家们之间也存在着差异。若不存在差异,也就没有必要分门分派。关于他们的差异,不是一两句话所能说得清、道得明,而且许多思想史或者学术史已有相当的阐述,笔者就不再纠缠于此。他们之间有差异,进而有激烈的交锋,如朱晦庵与陆象山的鹅湖之会,朱晦庵与陈同甫的书信论战等。学术流派之间的差异和交锋,是那个时代的幸运,也是生活于那个时代的学者们的幸运,更是中国学术的幸运。当时的学术因此而得到不断的创新,从而中国历史上又出现了一个学术高峰。

　　处在这个时代的学者,如果被这个学术网络抛弃在外,那么他就不可能有什么学术作为。袁絜斋重视这种学术联络。他不仅与陆门心学一派学者保持着密切往来,而且与其他三派学者也是声气相通。对于当时的一流学者,除了朱晦庵没有直接接触以外,像陆象山、吕东莱、陈傅良等,袁絜斋都得到了聆听妙音的机会。当然,袁絜斋毕竟只是一个二流学者,他与这些一流学者交往时,只能始终保持着自己的那份谦恭。袁絜斋曾正式拜陆象山为师,他对象山及其学说总是极力地称赞与维护。朱晦庵虽然在学术上与陆象山有过交锋,但袁絜斋对朱晦庵仍然尊敬有加,在他的文字中,我们看不到他对朱晦庵指名道姓的批评,哪怕是微词。与吕东莱、陈傅良虽有学术路向不同,但袁絜斋记住的只是他们对自己的教诲。袁絜斋与其他那些二、三流学者或者后辈学者交往时,态度则要从容得多,或书信往来,或诗歌酬答,其中有学术探讨,也有殷勤教导。

　　袁絜斋在这个学术网络中的表现可以分为前后两个时期。在他人生的前半期,陆象山、朱晦庵等一流思想家光芒四射,袁絜斋只能发微弱之光,起背景烘托作用。后来陆象山、朱晦庵等人相继去世,而袁絜斋又相对的长寿,他的作用开始显现出来。真西山曾说:"自诸老沦谢,天下之士视公出处以为轻重。"①袁絜斋身处一个互动网络之中,他在网络中所居有的位置和所扮演的角色,让他环视这个网络与当时社会情境,激励着他站出来发光发热。可以说,也就是在这个时期,袁絜斋才开始真正确立自己的学术地位。

1.3.5　絜斋的努力

　　描述絜斋在学术道路上如何努力奋进,可资分析的史料有三类:一是他

_____

　　①　〔宋〕真德秀:《显谟阁学士致仕赠龙图阁学士开府袁公行状》,《西山文集》卷47,《文渊阁四库全书》,第 1174 册,第 758 页。

自己抒情言志的诗歌;二是他儿子袁甫的追述;三是同时代人真西山对他的观察。那么,我们先来看看絜斋的三首诗。

> 平生无所嗜,耽玩惟古今。以我浅陋质,期于江海深。万事不挂胸,须臾惜光阴。五夜常自起,简牍勤披寻。①

> 平生寡所谐,疏拙以自守。天钟崄巇性,人弃我独取。世道方荆榛,营利不绝口。我欲挽衰俗,每每掣其肘。……吾心不可昧,岂问人知否?②

> 年年苦目眚,过午眊不明。治之昏转甚,不治无由平。何如闭目坐,湛然万虑清。非治非不治,无思亦无营。不劳薰与沐,神全明自生。勿忘勿助长,此理真至精。③

这三首诗全都是赋诗言志。第一首诗说自己珍惜时光,努力读书,期望达到成圣成贤的人生目标。第二首诗是说自己依着"本心"做事,虽与世俗相乖违,但仍矢志不改,特立独行。第三首诗是说自己得了眼疾,越治越糟糕,后来干脆不治,只是闭目静坐,内心归于宁静,人精神好了,眼疾反而不治而愈。总之,从这三首诗我们可以管窥全豹,可以看出絜斋学问的着力处,修身工夫就应该在自我生命上用力;还可以看出絜斋学问的得力处,自我修养达到一定境界就可以从容面对人生困境,甚至可以让眼疾自动痊愈。程明道曾经说过:"才学便须知有著力处,既学便须知有得力处。"④袁絜斋算是做到了这两点。

絜斋之子蒙斋曾为《絜斋集》写《后序》,其中说道:"先君子自言儿时读书,一再过即成诵。精神纯固,无寒暑昼夜之隔。及壮,寝多不寐,凡所著述,率成枕上,至暮年亦然。记览甚博,淳蓄日富,然未尝袭人畦径。尤不喜用难字,每诵先圣之言曰'辞达而已矣'。立朝抗疏,恳恻忠爱,不为矫激,至其指事力陈,略无回挠。入侍经幄,讲读从容,每援古谊以证时务,启沃之功

---

① 〔宋〕袁燮:《赠蒋德言昆仲三首》,《絜斋集》卷23,《文渊阁四库全书》,第1157册,第309页。

② 〔宋〕袁燮:《赠蒋德言昆仲三首》,《絜斋集》卷23,《文渊阁四库全书》,第1157册,第309页。

③ 〔宋〕袁燮:《病目》,《絜斋集》卷23,《文渊阁四库全书》,第1157册,第315页。

④ 〔明〕王守仁:《答徐成之》,《王文成全集》卷4,《文渊阁四库全书》,第1265册,第124页。

良多。训诱后进,开明本心,一言一字,的切昭白,闻者感动。"①

这段话概括了袁絜斋人生的两个方面:一是说他的学问。他儿时很聪明,能够过目不忘。学习专心致志,无论酷暑与寒冬。常常夜不能寐,所有著作都是在枕上思考得来。记忆广博,又能消化吸收,从不人云亦云。写文章不用生僻字,追求明白晓畅。二是说他的为官。向朝廷提意见,忠心耿耿而不矫情,认准的理从不回头。给皇帝上课,利用古代典故来启发国君。总是耐心诱导学生,宣扬"本心",让学生感动。从袁蒙斋的这段话里,我们看到了一位真正的贤达风范。

真西山在为袁絜斋所写的《行状》中是这样描述的:"公自少有志经济之学,每谓为学当以圣贤自期,仕宦当以将相自任,故其所讲明者,由体而用,莫不兼综。谓学不足以开物成务,则于儒者之职分为有阙。自六艺百家与史氏所记,莫不反复绅绎,而又求师取友,以切磋讲究之。"②

真西山此语真可谓是说到袁絜斋的关键之处。所谓"经济之学",即是经邦济世之学。所谓"开物成务",就是为人民为国家作出贡献。"以圣贤自期"的着重点在于修养自己品德,提高自我素质;"以将相自任"的着重点在于发挥自己的政治才能,造福于天下百姓。做将相的人必须以做圣贤作为底子,而做圣贤的人最好以做将相来发挥作用。因此,真西山说袁絜斋是"由体而用,莫不兼综"。絜斋想做圣贤与做将相,最终目的是"开物成务"。为达此目的,袁絜斋便勤奋学习。既博览群书,又深入思考。同时还注意求师访友,以收到相互帮助相互督促之功。

1.4 儒家的从政传统

袁絜斋选择将心学发诸政治领域,与儒家的从政传统也有莫大干系。关于此点,我们需要考察两方面内容:一是孔、孟给儒家学者所定下的从政基调;二是儒者与政治关系的变迁。下面文字将围绕这两方面来展开。

1.4.1 孔、孟的从政基调

儒家对从政的态度是积极的。孔子的学生子贡问孔子:"有美玉于斯,

---

① 〔宋〕袁燮:《絜斋集·后序》,《文渊阁四库全书》,第 1157 册,第 329 页。

② 〔宋〕真德秀:《显谟阁学士致仕赠龙图阁学士开府袁公行状》,《西山文集》卷 47,《文渊阁四库全书》,第 1174 册,第 760 页。

韫椟而藏诸,求善贾而沽诸?"子贡在此是打一个比方,孔子也明白子贡之所指,他回答说:"沽之哉! 沽之哉! 我待贾者也。"①重言"沽之哉",可见孔子内心是很愿意做官的,只是要等待一个恰当的时机而已。有一位叫周霄的人问孟子:"古之君子仕乎?"孟子回答说:"仕。传曰:'孔子三月无君,则皇皇如也,出疆必载质。'公明仪曰:'古之人三月无君,则吊。'"②这是说孔子出门都带着礼物,随时要去晋见那些当官的人,目的是求得实现自己理想的机会。公明仪是说古代读书人如果三个月没有找到服务对象,就要相互问候。孟子一引孔子之行,再引公明仪之言,无非是在强调:做官对于当时的士来说,是刻不容缓的事。

孔子有时候看起来似乎不是很在意做官。有人见孔子没有做官,就问孔子说:"子奚不为政?"孔子回答说:"《书》云:'孝乎? 惟孝友于兄弟,施于有政。'是亦为政。奚其为政?"③孔子引《书》中的话,意谓在家孝顺父母,友爱兄弟,这样可以影响周围之人,这也是一种政治。从事政治不必一定要当官。朱子在注释这段话时说:"盖孔子之不仕,有难以语或人者,故托此以告之,要之至理亦不外是。"④这是说,孔子这番话自有他的道理,但孔子不做官的原因是"难以语或人者",孔子只得"托此以告之"。因此,我们可以说,孔子的内心还是想做官的。

如此急迫要去从政,按照孟子的解释:"士之失位也,犹诸侯之失国家也。……士之仕也,犹农夫之耕也。"⑤这就是说,读书人去做官,就像诸侯管理国家,就像农民去种田,这是自己的职责所在。做官当然也是为了收入。《论语》说:"子张学干禄。子曰:'多闻阙疑,慎言其余,则寡尤;多见阙殆,慎行其余,则寡悔。言寡尤,行寡悔,禄在其中矣。'"⑥这是孔子教子张做官应该谨言慎行,这样收入就有了保障。

但是,孔子认为做官不能只属意于收入,而应有志于"道"。他说:"君子谋道不谋食。耕也,馁在其中矣;学也,禄在其中矣。君子忧道不忧贫。"⑦只

---

① 《论语·子罕》。
② 《孟子·滕文公下》。
③ 《论语·为政》。
④ 〔宋〕朱熹:《四书集注·论语集注》卷1,中华书局1983年版,《新编诸子集成》本,第59页。
⑤ 《孟子·滕文公下》。
⑥ 《论语·为政》。
⑦ 《论语·卫灵公》。

要你依"道"而行,那么收入自然就有了。换言之,君子应该只考虑如何行"道",而收入问题是不用考虑的。孟子与彭更的一番对话,也突出了这个问题。给梓匠轮舆饭吃,是因为他们有贡献;那些实行仁义之道的人,将大有功于世,自应得到更好的待遇。① 因此,君子只要一心"忧道"即可,是用不着"忧贫"的。

首先,谋官应依"道"。孔子对此进行了对比说明:"富与贵,是人之所欲也;不以其道得之,不处也。贫与贱,是人之所恶也;不以其道得之,不去也。"②孟子则用一个比方来加以说明:"丈夫生而愿为之有室,女子生而愿为之有家;父母之心,人皆有之。不待父母之命、媒妁之言,钻穴隙相窥,逾墙相从,则父母国人皆贱之。古之人未尝不欲仕也,又恶不由其道。不由其道而往者,与钻穴隙之类也。"③孔、孟都是在强调要以"道"来谋官。如果求官不以其道,那在气势上就先软了。孟子说:"其为气也,配义与道;无是,馁也。是集义所生者,非义袭而取之也。行有不慊于心,则馁矣。"④"馁"是气软的意思。以"馁"之生命状态,又如何去行"道"呢?"枉己者,未有能直人者也。"⑤

其次,为官应"志于道"。孔、孟之"道",也就是"仁"。孔子说:"君子去仁,恶乎成名?君子无终食之间违仁,造次必于是,颠沛必于是。"他还说:"苟志于仁矣,无恶也。"⑥孔子之"仁",是针对所有人而言的。对于孔子之"仁",人们可以从不同侧面加以解读。有人说"仁"是一种实在的恩惠,有人说"仁"是一种美好的情感,有人说"仁"是一种相处的原则,有人说"仁"是一种人生的境界……。以笔者看来,这些说法都只是说出孔子之"仁"的一些

① 《孟子·滕文公下》:"彭更问曰:'后车数十乘,从者数百人,以传食于诸侯,不以泰乎?'孟子曰:'非其道,则一箪食不可受于人;如其道,则舜受尧之天下,不以为泰,子以为泰乎?'曰:'否,士无事而食,不可也。'曰:'子不通功易事,以羡补不足,则农有余粟,女有余布;子如通之,则梓匠轮舆皆得食于子。于此有人焉,入则孝,出则悌,守先王之道,以待后之学者,而不得食于子;子何尊梓匠轮舆而轻为仁义者哉?'曰:'梓匠轮舆,其志将以求食也;君子之为道也,其志亦将以求食与?'曰:'子何以其志为哉?其有功于子,可食而食之矣。且子食志乎?食功乎?'曰:'食志。'曰:'有人于此,毁瓦画墁,其志将以求食也,则子食之乎?'曰:'否。'曰:'然则子非食志也,食功也。'"

② 《论语·里仁》。

③ 《孟子·滕文公下》。

④ 《孟子·公孙丑上》。

⑤ 《孟子·滕文公下》。

⑥ 《论语·里仁》。

面相。孔子之"仁"根本要义在于发挥人的生命能量。

　　我们来到这个世上，每个人的生命只有一次，我们的目的只有一个，那就是尽可能地发挥我们的生命能量。这里的能量当然是指正能量，也就是能够整体增进人类利益的能量。从分析"生命"一词的构成，我们也可以得出这样的意思。《周易》说："天地之大德曰生"①，"生生之谓易"②。"生"就是不断地创生，不断地提升，不断地前行，它表征的是生命中的那股冲劲。"命"是命名、表明的意思，是将生命中的那股冲劲不断地物化，从而凝结为生命的成果。因此，我们一旦拥有自己的生命，也就需要承担起一份责任，那就是尽可能地发挥自己的生命能量。

　　儒家的"仁"正是寓有这样深意，儒家典籍中的资料可以明白地给予证明。《中庸》引孔子之言，曰："仁者，人也。"③这是一个判断句，说"仁"就是"人"，"仁"是指向人的生命，就是人生命本身。孟子进一步说："仁也者，人也。合而言之，道也。"④孟子这里所说的"合而言之"，是指由"人"来表现出"仁"，这就是"道"。曾子说："士不可不弘毅，任重而道远。仁以为己任，不亦重乎？死而后已，不亦远乎？"⑤曾子将"仁"说成是人的责任，明白揭示了"仁"就是发挥人的生命能量。因为尽可能发挥自己的生命能量，是一个无止境的过程，所以曾子才会说"不亦重乎"。因为人除非生命终结则已，不然始终都要贡献自己的生命能量，所以曾子才会说"不亦远乎"。孔子说："吾道一以贯之。"曾子说："夫子之道，忠恕而已矣。"⑥孔子之道即是"仁"，"仁"即是"忠恕"。尽己之谓"忠"，如己之谓"恕"。"忠"是要人尽可能发挥出来，"恕"是要人尽可能包容他物。"忠恕"也就是要人尽可能发挥自我生命能量，以惠及众生。

　　发挥人的生命能量，前提条件是必须维持人生命存在。因此，人必须具备一定的生活物资。孔子是主张先"富之"而后"教之"⑦，孟子也是强调要先

---

① 《周易·系辞下》。
② 《周易·系辞上》。
③ 《礼记·中庸》。
④ 《孟子·尽心下》。
⑤ 《论语·泰伯》。
⑥ 《论语·里仁》。
⑦ 《论语·子路》："子适卫，冉有仆。子曰：'庶矣哉！'冉有曰：'既庶矣，又何加焉？'曰：'富之。'曰：'既富矣，又何加焉？'曰：'教之。'"

"制民之产"而后"申之以孝弟之义"①。让人发挥自己的生命能量,不能成为老板剥削员工、地主压榨农民的冠冕堂皇的理由。为了更好地发挥人的生命能量,人还需要一定的生产资料,如先进的工具、适当的场地、一定的资金等。为了更好地发挥人的正能量,人需要接受相应的教育,或者接受专门的培训。从理论上讲,一个人不管是从事什么样的职业,都可以发出自己的正能量。从这个意义上来说,世人只有分工的不同,并没有贵贱之别。不同的职业,只是人呈现自我生命的一种手段而已。但是,在各行各业当中,做官作为其中的一种职业,却是处在一个特殊的地位上。为官者可以通过自己的有效管理,使更多的人能够最大限度地发挥自己的正能量。他在做到这一点的同时,也是在最大限度地发挥着自己的正能量。而且官做得越大,他所能发挥的正能量也就越大。我们看待真正的儒家学者从政,应作如是观。

儒家从政以行"道"是有所待的,他们主要是依靠"事君"来实现的。孔子说:"事君,能致其身。"②他还说:"君使臣以礼,臣事君以忠。"③这里的"君"不是指君主个人。"臣事君以忠",不是对君主个人的愚忠。管仲不为公子纠而死,孔子许其为"仁"④。由此可见,孔子是反对愚忠的。所谓"君",是"善群"者⑤,他是代表着群体利益的人。因此,孔子才会说"事君"应该尽其所能,甚至敢于献身。儒家正是通过"事君",来实现自己的"道",来发挥自己的生命能量,他们是"以道事君"⑥。

既然是有所待,儒者能否从政以行"道",就要取决于外部环境。儒家的观点是:如果行"道"受到阻挠,那么决不能"枉尺而直寻"⑦。于是,儒家便有了一种灵活的应对策略。孔子说:"所谓大臣者,以道事君,不可则止。"⑧孟子说:"古之人,得志,泽加于民;不得志,修身见于世。穷则独善其身,达则

---

① 《孟子·梁惠王上》。

② 《论语·学而》。

③ 《论语·八佾》。

④ 《论语·宪问》:"子路曰:'桓公杀公子纠,召忽死之,管仲不死。'曰:'未仁乎?'子曰:'桓公九合诸侯,不以兵车,管仲之力也。如其仁!如其仁!'"

⑤ 《荀子·王制》:"君者,善群也。群道当,则万物皆得其宜,六畜皆得其长,群生皆得其命。"

⑥ 《论语·先进》。

⑦ 《孟子·滕文公下》。

⑧ 《论语·先进》。

兼善天下。"①这是一种"无可无不可"②的人生态度,让人在任何时候任何地方都可以作出最佳选择。

由于儒者自认为手握着大"道",故而对国君有一种无所畏惧的态度。孟子曰:"说大人,则藐之,勿视其巍巍然。堂高数仞,榱题数尺,我得志,弗为也。食前方丈,侍妾数百人,我得志,弗为也。般乐饮酒,驱骋田猎,后车千乘,我得志,弗为也。在彼者,皆我所不为也;在我者,皆古之制也。吾何畏彼哉?"③

以上通过阅读原始儒家经典,我们可以看到孔、孟为儒家学者从政定下的基调:这就是态度要积极,目标是行"仁道"。用萧公权的话来说:"儒家政治,以君子为主体。君子者以德位兼备之身,收修齐治平之效。此儒家所持之理想也。"④正是先贤的榜样力量和经典的浸润之效,后世儒者虽处不同时代,其从政理想却始终不渝。

1.4.2 儒者与政治关系之变迁

据萧公权的《中国政治思想史》之分期,孔、孟所面对的是封建天下之背景,他们所处的是政治思想创造时期;自秦汉至明清的儒者所面对的是专制天下之背景,他们所处的是政治思想因袭时期。⑤ 因此到了汉代,儒者与政治的关系有了两点变化。

变化之一是"尊君"思想加重。自汉代董仲舒开始,儒家确认了君权神授的观念。即便是昏庸无能的人,只要是登上了大位,那就成了英武神明的天子。董仲舒还提倡"大一统"和"三纲五常",强调皇帝有至高无上的权力,要求臣民绝对听命于皇帝。叔孙通、公孙弘等还将这种观念落实在礼仪改革与政治实践当中,大臣见皇帝要三呼万岁,大臣面圣都是要诚惶诚恐。刘邦原只是一个小小的亭长,此时才真切地感受到做皇帝的滋味。

早在荀子,也就强调对君权的尊重,只是荀子所要尊重的是德能兼备的

---

① 《孟子·尽心上》。

② 《论语·微子》:"逸民:伯夷、叔齐、虞仲、夷逸、朱张、柳下惠、少连。子曰:'不降其志,不辱其身,伯夷、叔齐与!'谓:'柳下惠、少连,降志辱身矣。言中伦,行中虑,其斯而已矣。'谓:'虞仲、夷逸,隐居放言,身中清,废中权。我则异于是,无可无不可。'"

③ 《孟子·尽心下》。

④ 萧公权:《中国政治思想史》,商务印书馆 1948 年版,《万有文库》本,第 1 册,第 16页。

⑤ 萧公权:《中国政治思想史》,商务印书馆 1948 年版,《万有文库》本,第 1 册,第 2—6 页。

君主。汉代的这种变化,从某种角度上说是一种妥协的产物。春秋战国是一乱世,是崇尚武力的时代。孔、孟的从政以行仁道的理想难以如愿以偿。孔子的学生说孔子"迂"①,孟子在当时也是"见以为迂远而阔于事情"②。到了汉代,时代需要长治久安,儒者便有了大显身手的机会。董仲舒等人在理论上做了设计:儒者对现存君权表示尊重,君权让儒者进入政治。汉武帝实行"罢黜百家,独尊儒术"的治国方略,通过立五经博士、举贤良方正等制度,为儒家从政以行仁道提供了一条通道。从此,中国文化便有了"尊君"的传统。

"尊君"的传统有其利,也有其弊。"尊君"之利在于能够提供一种秩序。哪怕是再不好的君主,只要被人尊奉,他就代表着一种秩序。大部分人还是希望生活在一个有序的社会之中。一个有君主的社会,说什么也比那个无政府的社会强。因此,在中国古人眼中,不可一日无主。若没有了皇帝,人们便惶惶不可终日。"尊君"之弊在于增强了君主之独裁。君主也是人,人是有欲望的,容易变成出笼的老虎,常常肆意妄为。若赋予一个人无限制的权力,他就极有可能堕入为所欲为之中。这不是一个人的灾难,而是整个国家的灾难。

变化之二是利用"天人感应"理论来达到限制君权目的。既赋予了君主无限之权力,又担心他利用权力为所欲为,于是预设一个高高在上的天,用来警戒国君。天不能说话,只能用灾异来发言。凡是发生了久旱不雨、大雨成灾、地震海啸、星云异常等自然现象,儒者都会站出来,指出这是地上人的行为有了缺陷,从而导致上天发怒。国君是总负责人,上天用灾异来发出警告,就是提醒国君要自我省察平时的所作所为,加强自我的道德修养。以中国如此广大的疆域,这样的灾异现象几乎随时都可能出现,而对灾异的解释又在儒者手中。儒者以此"天人感应"理论,其实是要在国君头上悬一把达摩克利斯之剑,让国君时刻保持战战兢兢的心态,始终做切己反省的工夫。

利用"天人感应"理论来规劝国君,这是政治上的神道设教。儒者可以借此表达自己对时局的看法,从而达到影响政权运作的目的。因此,自汉代以后,借用灾异来发表自己的政治见解,是儒家学者所乐于采用的策略。但是,这种策略的实际效果却是非常有限的。萧公权说:"考政治上之神道设

---

① 《论语·子路》:"子路曰:'卫君待子而为政,子将奚先?'子曰:'必也正名乎!'子路曰:'有是哉,子之迂也!奚其正?'"

② 〔汉〕司马迁:《孟子荀卿列传》,《史记》卷 74,中华书局 1959 年版,第 2343 页。

教,虽可收一时之效,而行之既久,其术终为帝王所窥破,遂尽失其原有之作用。"①

到了宋代,儒者与政治的关系有了新的发展。宋代儒者从政热情高涨。宋代实行重文轻武的国策,对于科举制度也进行了改革,激发了当时儒者的从政热情。他们除了津津乐道于以谈性理为主的"内圣"之学外,对于富民强国的"外王"之道也充满着期许。宋人的诗歌中反复唱出了这种热情。陆象山说:"义难阿世非忘世,志不谋身岂误身。"②朱晦庵云:"经济夙所尚,隐沦非素期。"③袁絜斋云:"肯随流俗慕纷华,闭户观书遍五车。器业要为当世用,直须渟蓄渺无涯。"④这些诗句都唱出了宋代知识分子想要为国出力的最强音。

宋代儒者政治主体意识强烈。范仲淹说士大夫当"以天下为己任"⑤,足可以代表宋代儒者之心声。他们的理想是要超越汉、唐,回归"三代",是要重新整理天下的政治秩序与社会秩序。他们要求与皇帝"共定国是"。王介甫说:士之"若夫道隆而德骏者又不止此,虽天子北面而问焉,而与之迭为宾主"⑥。这意思是说,就是天子也应虚心向有水平的臣子请教,皇帝与大臣在追求真理方面地位是平等的,受到教育是相互的。这最能说明当时儒者的心态。总之,宋代儒者所营造的政治文化,呈现出一种崭新的风貌。

以上我们考察了袁絜斋的世家出身、社会现实、求学交往和儒家的从政传统。这些因素或明或暗、或多或少地影响着袁絜斋的倾向性。也许正是这几方面的合力,共同塑造了袁絜斋的倾向性。

---

① 萧公权:《中国政治思想史》,商务印书馆1948年版,上册,第85页。

② 〔宋〕陆九渊:《和杨廷秀送行》,《陆九渊集》卷25,中华书局1980年版,第308页。

③ 〔宋〕朱熹:《感怀》,《晦庵集》卷4,《文渊阁四库全书》,第1143册,第72页。

④ 〔宋〕袁燮:《与韩抚幹大伦八首》,《絜斋集》卷24,《文渊阁四库全书》,第1157册,第321页。

⑤ 朱子说:"且如一个范文正公,自做秀才时便以天下为己任,无一事不理会过。一旦仁宗大用之,便做出许多事业。"(〔宋〕黎靖德:《朱子语类》卷129,中华书局1986年版,第8册,第3088页)

⑥ 〔宋〕王安石:《处州学记》,《临川文集》卷82,《文渊阁四库全书》,第1105册,第682页。

第 2 章　絜斋心学

　　上一章我们讨论了袁絜斋将心学发用于政治的背景,涉及絜斋的世家出身、社会现实、求学交往和儒家的从政传统,但是这些文字毕竟只是在外围打转。讨论需要深入到问题的内部,需要触及"袁絜斋如何将心学发用于政治"这一问题本身。这一问题本身包含有三方面内容:絜斋心学、絜斋政治及两者之间的关系。我们将分别用三章的篇幅,来讨论这样三个方面的内容。

　　这一章计划讨论絜斋心学。宋明理学虽有千言万语,但主要是回答两个问题——即本体与工夫的问题。我们讨论絜斋心学,自然也应该顺此而行,于是就有三个问题直逼到我们的面前,那就是:絜斋的本体是什么? 絜斋的工夫是什么? 絜斋心学有何特点? 下面的文字将是围绕着这样三个问题渐次展开。

2.1　絜斋之本体

　　谈论一个人的本体,即探讨这个人的本来面目,也就是揭示这个人言行所表现出来的本质。絜斋之本体无疑是他念念不忘的"本心"。他说:"士君子平居讲学,果为何事? 一言以蔽之,曰:不没其本心。"①陆象山也说:"学问

---

① 〔宋〕袁燮:《跋陈宜州诗》,《絜斋集》卷 8,《文渊阁四库全书》,第 1157 册,第 97—98 页。

之要,得其本心而已矣。"①杨慈湖、王阳明莫不是念兹在兹。可以说,"本心"是陆王心学一个最核心的概念,理解"本心"是打开陆王心学迷宫的一把钥匙。那么,陆王心学所说的"本心"到底意指什么呢? 笔者觉得在此还是直接亮出自己的观点为好:"本心"即素质。笔者作出这样的研判,就有义务来回答以下三个问题:什么是素质? 为什么说"本心"即素质? 袁絜斋具有什么样的"本心"(或者说素质)?

2.1.1　素质的内涵

"素质"一词经常出现于人们的日常交谈之中。譬如,张三说:"某人素质很高。"李四说:"某人没有什么素质。"王五说:"你这人有一点素质好不好?"在中国这么多年的教育改革中,我们一直都在高喊"素质教育",在提倡"素质培养",但究竟"什么是素质",却没有一个固定的答案。在日常生活中,我们对于素质的理解多是感性化的、碎片化的。我们更多是谈"学生的素质"、"教师的素质"、"领导的素质"、"公民的素质"等,而很少将"素质"本身作为一个整体来加以关照。如果我们用心地去体会,就会发现:素质其实是一个系统,是一个整体,是人之为人的基础,是人在先天基础上发展起来的倾向和能力。

素质对于一个人太重要了。我们考量一个人,多是从两方面着手:行为与素质。人的行为又可以分为两种:身体行为与心理行为。② 身体行为指人的言谈举止,是可以从外部观察得到的;心理行为指人的内在的思想、意志与情感,是不可以从外部直接观测的,但行为者本人是可以切身感受到的,并可以将其转化为语言文字或音响图像而报道出来,让他人可以明了自己的心理行为。人的身体行为与心理行为有着复杂的关联,对此关联的探讨已超出了本书讨论的范围,故就此略过。

与人的行为相伴而生的是人的素质。高明的棋手出人意料地下出一着妙招,即显现出他棋艺方面的素质;熟练的司机能在车水马龙的公路上自如地操纵着他的坐骑,即显现出他驾车方面的素质;高明的政治家面对纷乱的时局而能适时作出一个正确的决策,即显现出他政治方面的素质。有时候

---

① 〔宋〕袁燮:《象山先生文集序》,《絜斋集》卷8,《文渊阁四库全书》,第1157册,第90页。

② 陈来先生说:"行的范畴在阳明哲学则较宋儒的使用来得宽泛,一方面行可以用指人的一切行为,另一方面,如后面所要讨论的,还可以包括人的心理行为。"(陈来:《有无之境:王阳明哲学的精神》,北京大学出版社2012年版,第88页)

看到某个人一个动作,或者听到某个人说一句话,或者读到某人撰写的一篇文章,我们就能明了这个人的素质如何。《论语》中有一句话说得好:"君子一言以为知,一言以为不知,言不可不慎也!"[①]通过一句话,就能看出这人聪明不聪明,所以孔子劝人说话要谨慎。

对于"素质"一词,人们可以从不同的角度加以不同的解释。用心的读者去网上百度一下,也可以知道一个大概。我们在此采取的是日常语言法,即以日常语言作为考察对象,通过细心的体察和深入的分析,来重新构建我们对素质的认知。

第一,人人天生具有素质。人生来就具有成为人的素质,若没有这样的一个天赋基础,也就不可能成其为人。一只鹦鹉无论如何聪明,无论受到怎样的训练,它也不可能成为人,因为它没有成为人的先天基础。这真是:"大抵有基方筑室,未闻无址忽成岑。"[②]从另一个角度来说,也只有人,才谈得上素质。有些动物似乎也有一些能力,譬如蜘蛛能够织出那么美妙的蛛网,蜜蜂能够筑造那么规则的蜂巢,细腰蜂巧妙地将自己的卵预先产在螟蛉幼虫的体内[③],但我们不会称蜘蛛、蜜蜂、细腰蜂"有很高的素质",因为它们所做的一切,都是完全受着本能的驱使。我们谈论素质,实际上是与人相联系的,因为只有人具备受教育的本能倾向。

在人的天赋素质中,首先有一个自我定义为人的倾向。也就是说,当人有了自我意识的时候,人总是倾向于说人话,做人事。日常生活中,若被称为"畜生"或"禽兽",那是谁都不愿意接受的,因为这是在骂人。人倾向于做人,这一点太重要了。因为人倾向于做人,也就是倾向于为善。正如袁絜斋所说:"人莫不有所愿,愿为善者,人之所同然也。"[④]一个人的这种倾向只要不磨灭,他的一生就不会白过。其次,人的天赋素质中还有一些差异性的内容,有的人倾向于体育方面,有的人倾向于音乐方面,有的人倾向于组织能力方面,不一而足,因人而异。不倾向于此,便倾向于彼,几乎每个人都有某方面天赋等待着后天开发与培养。按理说,天下就没有不成长的人。而现实生活中,有些孩子没有音乐细胞,但父母偏要逼孩子学钢琴,结果多是不遂人愿,这是由于开发与培养不合理所致。如果经过后天合理的开发与培

---

① 《论语·子张》。

② 〔宋〕陆九渊:《语录上》,《陆九渊集》卷34,中华书局1980年版,第427页。

③ 《诗经·小雅·小苑》中说"螟蛉有子,蜾蠃负之",其实是一个天大的误会。

④ 〔宋〕袁燮:《絜斋家塾书钞》卷2,《文渊阁四库全书》,第57册,第676页。

养，人的先天素质就会得到一定程度的拓展、强化和提升；如果没有得到合理的开发与培养，人的先天素质也可能会慢慢地枯萎、凋谢和埋没，也就会"泯然众人矣"。但是，就是出现了后一种情况，也不能说一个人就没有天生的素质。因此，笔者说：人人天生具有素质。

人的这种天赋素质，也可以称为由遗传而来的"种质"，它对人的发展是非常重要的。美国学者霍顿·库利说："遗传不仅决定我们体征的确定的发展形式，还决定我们能力、性情及可教育的程度和其他一切我们与生俱有的可以称之为模糊的心理倾向的东西。"①

第二，素质在互动中成长。人挟先天具有的素质来到这个世界，便与周围的环境发生着互动，每次互动的体验都会融入人的素质之中。笔者喜欢下棋，请以下棋为例来说明这个问题。两个人下棋，下棋双方、棋盘、周围的观棋者以及其他因素共同组成了一个下棋的情境。在这个情境的激发下，下棋双方都会拿出自己的所有素质，投入这场博弈当中。双方都会观察对方的反应（甚至包括面部表情的细微变化）以及周围环境的变化，而拿出自己的应对之策。人身处情境中而作出应对之策，这是一个复杂的过程，需要加以专门的研究，这里只能简单交代一二。总之，就在一来一往的互动中，下棋双方会得到各自的体验。而每次这种体验都会融入人的生命当中，促进着个人棋力的增长。由此可以看出，人的素质就是这样潜滋暗长的结果。

人生的互动几乎无所不在。学生上课的时候，师生之间、学生之间、人与教具之间、人与社会环境之间、人与文化氛围之间，是在多层次上构建出了一个互动的情境。人在劳动的时候，人与人之间、人与机器之间、人与社会生产技术之间，也都构成了互动。人在读书的时候，是与他人（甚至是古人、外国人）在进行互动。就是人在反省、做梦的时候，实际上也是"主我"与"客我"②在进行着互动。可以说，只要全身心地投入，只要"自我"亲临了现场，人几乎无时无刻不是与周围环境在交流互动，他的素质也在不知不觉中生长。一个人孤独地生活在荒野，他也必须靠记忆和想象或者书籍继续进行社会交流。"只能通过这个办法，人才能保持人性的活力，你失去了交流

---

① ［美］查尔斯·霍顿·库利：《人类本性与社会秩序》，华夏出版社 1999 年版，第 7 页。

② 有关"主我"与"客我"，可参看［美］乔治·H·米德：《心灵、自我与社会》（上海译文出版社 1992 年版）。

的能力,你的头脑就衰退了。"①

第三,素质倾向于善。如果单从技术层面来讲,有些小偷的能力是非常强的,他能在几秒钟内就将设计师们精心设计的防盗锁打开。但是我们绝不会称这些小偷"素质很高"。同样道理,对于屡屡得手的贪官,尽管他是多么的精于算计,擅于伪装,我们也绝不会称贪官是"很有素质"。这是因为他们的能力虽然很强,但大方向已经弄错了。南辕北辙的故事告诉我们,方向错了的人,能力越强,其离目标反而越远,哪里还谈得上什么"素质"呢?

只有那些顺从人之本性与社会良知的倾向和能力,我们才会称之为"素质"。人之素质有先天基础,更主要是从与周围环境的互动中获得。人类生活的社会,不管是什么样的社会,都需要依靠一定的道德来维系。诚实守信、公平正义、互助友爱等价值观念,几乎是任何一个社会都必须提倡的,不然这个社会就不成其为社会。俗语说"盗亦有道",讲的就是这种情形。这些社会价值观念通过宗教仪式、神话传说、语言文字等多种方式得到不断的提醒,这就是社会良知。社会良知通过人的互动而被植入人的素质当中。因此,人们在日常生活中谈论素质的时候,实际上是有一个基本的预设前提的,那就是:素质是与正能量相关的。

第四,素质可以呈现也可以隐藏。会游泳的人大概都有过这样的体会,学会游泳之前与之后,我们的身体并没有什么显著的变化。游泳技能在我们身上看不见,听不到,也摸不着,只觉得"空空如也"。俗语说"艺不压身",技艺本来就不是一种什么物件,又如何能够压身呢?当我们小心翼翼地来到深水池边,也许心里还有些忐忑不安。但是,当我们进到水里的时候,受到恰当情境的激发,我们所学会的游泳技能就能显现出来,它推动着我们的身体向前游动而不会下沉。当我们上岸的时候,身上的游泳技能仍然存在,只是暂时无法呈现而已,这时我们与不会游泳的人似乎又没有了分别。

由此可知,人的素质可以呈现,也可以隐藏。当人的素质呈现为人的行为时,甚至可以将人的生命影响力施加到天地之间的任何角落(现代科技的发展,足以支撑人们有这样的遐想);当人的素质没有呈现为人的行为时,素质仍然存在于人的生命之中,只是此时它寂然不动而已。这种情形可借用

---

① [美]查尔斯·霍顿·库利:《人类本性与社会秩序》,华夏出版社 1999 年版,第35 页。

古人的一句话加以描述,那就是"放之则弥于六合,收之则退藏于密"①。

第五,素质本身含有条理。如果素质本身不具备条理,那么素质呈现为人的行为时,人的行为就是混乱不堪的。果真如此,那这个人的行为也就不称其为"有素质的行为",这个人也就是一个没有素质的人。事实上,有素质的人的行为总是符合条理的。譬如说,一个棋艺高超的棋手,尽管他在下某一步棋时,不一定能想起某一条下棋规则,也不一定能意识到他是在运用某一条战术,但他下出来的每一步棋自然体现了他是懂得这些规则和战略战术的。同样如此,一个有演讲素质的人,他的演说不仅符合语言的语法规则,而且也必然符合人情物理和理论推理逻辑。

人是一种理性的动物,人的理性最早就植根于人的天赋素质之中。随着人的成长,人生命中的理性之树会不断地开枝散叶。如前所言,人的素质大部分都是从与周围环境互动中得来。人在互动之中,首先互动仪式必须具有条理,否则互动就没办法进行下去。譬如两人下棋,总要讲一个棋规,"马"只能走"日"字,不能像"车"一样跑直线。其次,互动过程也必须按理而行,然后才会有好的互动结果。就像下棋的人,要想下出高质量的棋局,就必须懂得棋理。真正高水平的棋手,并不在意棋局的输赢,而在意棋局的质量。当然,对于棋理的理解是无止境的,这由棋手在下棋方面的素质而定。正因为互动中充满着条理,从互动中而发展来的素质自然也有条理。

第六,素质不可思议。素质不是一种什么物质的存在,也不是一种存在的处所,它浸透在人的生命之中。我们学会了游泳,身上便多了一项技能。但是,我们身上的这个技能是看不见、闻不到、摸不着的,借用老子话来形容,那就是:"视之不见,名曰夷;听之不闻,名曰希;博之不得,名曰微。此三者不可致诘,故混而为一。"②不仅素质不可思议,而且素质呈现为行为的过程也是不可思议的。象棋高手想出一着狠招,恐怕连棋手本人也无法说清他为什么会想到这一招。欧阳修描绘一位卖油的老头,"取一葫芦置于地,以钱覆其口,徐以杓酌油沥之,自钱孔入,而钱不湿"。这位老头本人也只是

---

① 子程子曰:"不偏之谓中,不易之谓庸;中者,天下之正道,庸者,天下之定理。此篇乃孔门传授心法,子思恐其久而差也,故笔之于书,以授孟子。其书始言一理,中散为万事,末复合为一理。放之则弥于六合,卷之则退藏于密。其味无穷,皆实学也。善读者玩索而有德焉,则终身受用之,有不能尽者矣。"(〔宋〕朱熹:《四书集注·中庸集注》,中华书局1983年版,《新编诸子集成》本,第17页)

② 《老子》第14章。

说"唯手熟耳",其余的他再也不能说些什么。至于画家、音乐家、作家、诗人等创作出伟大的作品时所表现出的"灵感",无不昭示着人的素质转化为人的行为的不可思与不可议。

如果我们在做某一件事的过程之中,强行地插入思议——也就是插入相关的回忆、反省和评论等,那么实际上是素质在交替地呈现两种行为,即一会儿是身体行为,一会是心理行为。此时,我们的素质实际上是在两种呈现之间不断地切换,这当然不利于我们能力的完美发挥。通常所说的"边干边想,边想边干",事实上是不可能的,有学者早就指出这一点:"智力的运用在实践中不能分析为两个前后排列同时进行的一组活动。"①

汉代李广射石的故事最能说明这一点。在月色朦胧的夜晚,李广打猎走在山间,突然一阵风过,路边草丛里露出一块石头,李广以为是一只猛虎,不假思索地张弓搭箭射过去,结果是"平明寻白羽,没在石棱中"。后来,他"因复更射之,终不能复入石矣"②。李广第一次能够神箭穿石,是因为特定的情境激发出他全部的素质,此时他脑中没有任何意念。后来,他无论怎样努力也不能穿石,因为他心中多了意念,影响了他潜能的发挥。

因此,对于一场体育比赛而言,反思与总结应该是放在比赛结束以后来进行的,比赛的时候还是应该忘乎所以,将平时训练的水平(实际上就是素质)尽可能地发挥出来。这样的发挥,可能是一种超常的发挥,可能是一种创造性的发挥。如果一个运动员在比赛的时候还有别的想法,哪怕这个想法是那么的正当(譬如"我要为国争光"),这都会影响到他的水平的发挥。

值得注意的是,素质的呈现不可思议,还可以引申出另外两种意味。对内部来说,是专注于当下的行为。既是不可思议,也就不会分心于其他,百分之百地将生命力集中于眼前行为(或身体行为,或心理行为),然后才有可能实现超水平发挥。对外部而言,是积极的奉献。既是不可思议,也就是没有任何私心杂念。素质呈现为行为,其实是在展示着自我的能量。无私心杂念地展示自我能量,这就是为自己、为他人、为社会、为国家作出自己的奉献。这两点结合起来,可一言以蔽之——主客融为一体。诚能如此,自然也是善的。这与第三点"素质趋向于善"是相呼应的。

第七,素质具有清明通达的能力。动物也有一些看似与人相同的行为,如一只鹦鹉经过一定的训练,也能模仿人来说话。但它是受着本能支配,对

---

① 〔英〕吉尔伯特・赖尔:《心的概念》,商务印书馆 1992 年版,第 37 页。

② 〔汉〕司马迁:《李将军列传》,《史记》卷 109,中华书局 1959 年版,第 2872 页。

自己的发声并不能理解。鹦鹉本身就没有心理意识,怎么可能谈得上理解呢?人的素质呈现为人的行为时,虽然过程不可思议,但人心里就像明镜一般,是非常清醒明白的。譬如说,熟练的司机在驾车过程中,随着路况的不断变化,他一会加速,一会减速,一会转弯,一会停车,他耳朵没有接受别人的指令,嘴巴也不会对自己下任何命令,甚至大脑也没有明显的这方面意识活动,但是我们知道,他清醒得很,应该怎样做,他就怎样去做,而且都做得恰到好处。这就是一种清明通达的能力。

在这清明通达的能力里面,首先有一种警觉,即完全地融入当下的情境,并对其自始至终保持着开放的接纳与敏锐的感知;其次有一种判断,能够迅急地对当前情状作出是非、善恶、美丑的判断;再次有一种行动,能够即时做出有技巧的应对行为。如此分别,是为了言说上的方便,其实此三者实是融为一体,而且是同时完成的。我们也可以将此能力称为"直觉"。有时候我们将"直觉"一词理解为感觉,将它与"理智"相对,其实"直觉"含有深意。"直"是简单直接,不可思议;"觉"是惺惺清明,洞彻通达。对于直觉,美国学者弗洛姆说得好:"这种直觉乃是我对某门艺术之掌握达到炉火纯青时的产物。"①而中国古人则将其描述为:"感而遂通天下之故。"②

人的这种清明通达也有先天的基础。我们知道,任何动物出行都会对周围环境保持警觉。人是从动物进化而来,天生便有这种警觉。人来到世界上,与周围环境发生了互动,人所本有的这种警觉得到不断的加强与深化。听他人的说话,总是警觉他话中之意;看他人的行为,总是警觉他举动的意图;就是劳作的时候,也是在琢磨工具的原理。就是在这不间断的互动中,人素质中便有了这种清明通达。

第八,素质有层次之分。因为素质具有清明通达的能力,而人在清明通达上有程度的深浅之别、时间的长短之差和范围的宽窄之异,所以这就决定了素质是有层次之分的。譬如说,一般围棋爱好者与国手,虽然同样具有下围棋的素质,但他们素质之间的差异是显而易见的。对于国手的一手棋的意味,围棋爱好者也许连看都看不明白,这是因为二人对围棋的理解有深浅之别。现实生活中人与人之间素质的差异,大多与理解力的深浅有关。素质高的人常常都是能看到深远的人。

与理解深浅相呼应的,是时间之长短和范围之宽窄。有些人能够长时

---

① [美]弗洛姆:《爱的艺术》,《弗洛姆文集》,改革出版社 1997 年版,第 339 页。

② 《周易·系辞上》:"《易》无思也,无为也,寂然不动,感而遂通天下之故。"

间专注于自己的工作,而另一些人则易于受外界的干扰,做事只能浅尝辄止。专注力也是考量人素质的一个重要的维度。那些专注力差的人,其素质也不可能在很高的层次上。还有另外一种情形,有些人在某一方面是天才,而在另一方面却如同白痴。这是一个能不能融通的问题。一个不能融通的人,他的素质必然也要受到局限。孔子说:"君子不器。"[1]孔子这也是叫人要学会融通。有人认为,今天学一门技术,明天学一门手艺,技艺学多了就会融会贯通。其实事实并非如此。技术再多,也只是数量的增加,也只是横向的积累,而融通是需要纵向的层次上的提升。

根据对日常语言的观察,笔者归纳出素质的以上八个特点。读者也可以触类而长之,归纳出其他的特点。由素质的这些特点,我们可以进一步探讨素质与其他事物的关联。探讨素质与其他事物的关联,也是为了增加我们对素质的理论把握。

其一,素质与行为。素质与行为是密不可分的。

素质需要行为来呈现。素质是看不见、摸不着、听不到的,甚至是不可思议的,素质只能借助行为来呈现自身,来标明自己。这就要求我们有了素质,也还要有所行动。那些只是哀叹怀才不遇的人,最终将一事无成。我们实在想象不出来:不通过行为,我们如何能够看出一个人的素质。有时候我们可以通过一个人的眼神或者面容看出这个人的内在素质,而人的眼神或者面容是人的肢体语言,也是属于人的行为。孟子所说的"见面盎背"[2],也是讲一个素质呈现为行为的问题。我们通常说一个人"气质很好",也是说他的素质呈现。

行为必然呈现出素质。观察一个人的言行,我们就能知道这个人的素质。一个人来到乒乓球桌边,我们看他的站位,看他挥舞球拍的姿势,就能知道他对乒乓球这项运动的理解程度。有时候我们说"某个人没有素质",并不是说这个人真的没有一点儿素质,而是指他的素质很低而已。

素质有转向行为的冲动。现实生活中,具有某些方面素质的人,遇到恰当的情境,就会摩拳擦掌,技痒难耐,《红楼梦》中王熙凤主动协理宁国府就是这方面最好的注脚。人喜欢自我表现,这是非常正常的。只要他的自我表现不是虚假的做作的,就应该得到鼓励,因为这种自我表现对于他个、对

---

①　《论语·为政》。

②　《孟子·尽心上》:"君子所性,仁、义、礼、智根于心,其生色也然,见于面,盎于背,施于四体,四体不言而喻。"

社会、对国家都是有益的。如果一个素质很高的人只是隐而不发，那我们就不知道他所具的素质又有什么价值。中国古人提倡"天下有道则见，无道则隐"①，"见"是积极期盼的，而"隐"则是无可奈何之举。

素质不是行为的附着物，它是行为本身，是行为的方式，是人行为时所表现出来的某种倾向和能力。反过来我们倒是可以说，行为依托于素质。我们的行为是否能够取得成功，行动之前的精心规划固然重要，但更重要的是我们的行为能力（也就是素质）。就连我们的事前精心规划，也要依赖于我们的行为能力而做出来。当然，这也只是一个比喻性的说法。事实上，素质与行为密不可分。

从另一个角度上来说，行为即是实践。不管是人的身体行为还是心理行为，均具有实践的意义。人在实践中，身心岂能截然分开？只是相比较而言，身体行为比心理行为要笃实一些，心理行为比身体行为要自由一点。实践就是互动，它反过来可以拓展、涵养、反哺素质。因此，我们的素质大部分都是依靠我们的行为来获取的。人们一直强调实践，其意义即在于此。

综合以上几点，我们可以说，素质与行为就像硬币的两个面，是合二为一的。《论语》说："文犹质也，质犹文也。"②陆象山说："道外无事，事外无道。"③我们也可以大胆地说：素质之外无行为，行为之外无素质。

其二，素质与知识。素质呈现为行为的过程，连思议都不可以掺入，知识就更应该排除在外。试想，如果一个人开车行驶在车流量很大的公路上，此时背诵驾校里的几句条例有什么用呢？这样开车反而会手忙脚乱，容易闹出事故。孔子说："吾有知乎哉？无知也。有鄙夫问于我，空空如也。我叩其两端而竭焉。"④此处的"竭"用得好，就是竭尽全能的意思。正如陆象山所形容的那样："狮子捉象捉兔，皆用全力。"⑤这是说不管大事小事，都要调动自己的全部能量，要让自己的素质全部呈现出来。孔子知识渊博是众所周知的事实，而他在此强调自己"无知"，这是在向我们揭示：素质转化为行为的时候，需要排斥知识。

当然，素质与知识的关系仍然是密切的。素质本身含有条理，素质转化

---

① 《论语·泰伯》。

② 《论语·颜渊》。

③ 〔宋〕陆九渊：《语录下》，《陆九渊集》，中华书局1980年版，卷35，第474页。

④ 《论语·子罕》。

⑤ 〔宋〕陆九渊：《语录下》，《陆九渊集》，中华书局1980年版，卷35，第470页。

为行为,条理自在其中。厨师所掌握的"火候",雕刻大师所具备的分寸感,这些都是素质中所呈现的条理。对此加以分析和整理(也就是思与议),最后总结出来就是知识。人类总是这样,先有某方面的实践,然后才有某方面的知识。知识高度符合于实际,那就是真理。能否高度符合,是与人的素质层次密切相关。人的素质是无止境的,故真理也总是相对的。因此,也可以这样说,素质之中即含有"理",素质之中即含有"道"。

更重要的是,知识需要通过实践,然后才能转化为人的素质。我们学习一门技艺或者掌握一项科学,一般都是先从老师处、书本上、电视网络中获得知识,然后通过不断实践、反复练习,将这些知识内化成自己的素质。"外科医生的技能也不在于嘴上的医学真理,而仅仅在于手的正确动作。"①纸上谈兵的赵括,他熟读兵法,可谓是掌握了大量的军事知识,但他不懂得灵活运用这些知识,没有将知识转化成自己的素质,结果被秦军打得溃不成军。一个人只有知识没有用,关键还要将知识转化成素质。培根说:"知识是人类进步的阶梯。"知识只有转化为人的素质,然后才能促进人类的进步。

《论语》说:"子路有闻,未之能行,唯恐有闻。"②前一个"有闻"是指获得一个知识,"能行"是实践并掌握所获得的知识,也就是通过实践、练习将知识转化为素质。后一个"有闻"是指又获得一个知识。对于子路的这种"恐"的心情,笔者最有体会。记得刚学开车时,教练教一个动作要领,笔者就抓紧在车上练习,争取在教练教下一个动作之前就掌握它。如果第一个动作没有掌握熟练,又学了第二个动作,上车时容易手忙脚乱。《论语》说孔子:"子与人歌而善,必使反之,而后和之。"③孔子也是及时将知识转化成素质的模范。

其三,素质与习惯。习惯也叫习气,是人生命中形成的一种近似本能的机械的反应模式。在一般常识看来,习惯可以分为两种:一种是坏习惯,如抽烟、酗酒、撒谎等;一种是好习惯,如按时锻炼身体、定时用餐等。大多数人认为,坏习惯是应该摒弃,好习惯是应该有意养成并加以保持的。我们的中小学教育特别注意要培养学生良好的行为习惯。人们有意养成某种习惯,其实是为了更好地节省心力。也就是说,当遇到类似情境时,人就用不着慌张,也不用动脑筋,一切交给习惯去应对就行了。

---

① ［英］吉利伯特·赖尔:《心的概念》,商务印书馆1992年版,第47页。

② 《论语·公冶长》。

③ 《论语·述而》。

　　素质与习惯有许多近似之处,都是属于被称为人的"第二天性"。素质是一种倾向与力量,习惯也是一种倾向与力量;素质是通过反复实践获得开发与培养,习惯也是通过反复操练而固定下来;素质呈现为行为是不可思议,而习惯起作用也是不进入人的意识之中。正因为素质与习惯有许多貌似之处,于是便有人将习惯当作素质,出现了"习以为性"的情况。

　　素质与习惯虽有许多貌似之处,但要注意它们有着本质的区别。对于这种区别,吉利伯特·赖尔是这样加以描述的:"纯粹的习惯性行事方式的本质是,一个行为是它的先前行为的复制品。显示出智力的行为方式的本质是,一个行为靠它的先前行为得到修正。行动者仍然在学习。"①用笔者的话来说,素质在呈现为行为的过程中,虽然是不可思议的,但人是明了通达的,人会根据现场情况的不断变化,恰如其分地修正自己的行为。习惯在起作用时,全凭着习惯行事,是一种机械式的反应,借用存在主义哲学流派的术语来说,人是不"在场"的。进而言之,素质与习惯最大的区别在于,素质突出了人的主体性,而习惯则泯灭了人的主体性。关于素质与习惯的作用不同,我们从打乒乓球中也能看出来。一个有素质的人打乒乓球,他总是根据对手的站位和来球的情形,然后决定自己攻球的方向;而一位依靠习惯打球的人,他总是机械地将球打向某一个角落。因此,素质与习惯是两个不同的概念。

　　其四,素质与理解。因为素质有层次之分,所以也就存在着一个相互理解的问题。只有具备相同或者相近素质的人,相互之间才能产生理解。正如袁絜斋所言:"工夫既同,此其所以能默会于言意之表与。"②素质低的人,很难理解素质高的人。一般的象棋爱好者,如何能理解国手下棋的精妙之处? 一个没有经过专门音乐训练的人,是无法听懂交响乐的。吉尔伯特·赖尔说得好:"为了理解一个特定的显示了智力的行为所需的知识,乃是在某种程度上能够做出那种行为。"③能够做出那种行为,就是具备相关的素质。《论语》中记载的一段资料值得我们分析。"子曰:'莫我知也夫!'子贡曰:'何为其莫如知子也?'子曰:'不怨天,不尤人,下学而上达。知我者其天乎!'"④孔子以圣人之素质,在当时不能被人理解,甚至连他的学生子贡也不

---

①　[英]吉尔伯特·赖尔:《心的概念》,商务印书馆 1992 年版,第 40 页。

②　〔宋〕袁燮:《絜斋家塾书钞》卷 3,《文渊阁四库全书》,第 57 册,第 694 页。

③　[英]吉尔伯特·赖尔:《心的概念》,商务印书馆 1992 年版,第 53 页。

④　《论语·宪问》。

能理解,故而孔子才有"知我者其天乎"之感叹。古人感叹"知音难觅"、"怀才不遇",从某个角度来说,都是与素质层次的高低有关。

反过来,素质高的人能够理解比自己素质低的人的。素质高的人能够看出素质低的人的行为缺陷,并且知道其缺陷产生的原因是由于素质的不足,还知道人提高自己的素质有一个成长的过程。因为这些都是他所经历过的,所以素质高的人对比自己素质低的人容易产生一种理解的包容和大度。如果没有这种包容和大度,那他也不能称其为素质高。因此,一个真正素质高的教师,面对犯了错误的学生,总是循循善诱,诲人不倦。一个真正素质高的家长,对于犯错的孩子们,总是能够给予宽恕、包容和鼓励。有一士大夫说陆象山:"陆丈人与他人不同,却许人改过。"[①]

以上是利用日常语言,来对"素质"作出的分析。如此分开说,是为了言说方便,其实人的素质是一个整体,是一个系统,是人在天赋基础上发展起来的倾向和能力。如果一个驾车技术娴熟的人,酒后驾车或者开车时接听手机,结果导致交通事故,那我们是否还认为他是一个有素质的人呢?一个人的素质包括他的倾向、能力、情感、心理等多方面,是各种因素的整合。乔治·H·米德认为:"人不同于其他动物之处,在于有意识地组织经验。"[②]人的生命本身就有这种自我整合能力。

现实生活中,人们对素质的理解有感性化、碎片化的倾向,素质培养常常被认为就是让孩子去画画、唱歌、跳舞、弹琴、打球等。画画、唱歌、跳舞、弹琴、打球确实可以增加人的某方面素质,但一个人的素质不是各种技术的堆砌。素质培养是一个系统工程,素质的呈现也是一个系统在起着作用。这需要教育部门和社会,去有意地提倡和规划。关于素质,有许多内容需要我们去研究。本书因为职责所在,对素质的探讨不可能完全展开,只得简述如上。

2.1.2 本心即素质

"本心"一词最早出自《孟子》。孟子说:"向为身死而不受,今为宫室之美为之;向为身死而不受,今为妻妾之奉为之;向为身死而不受,今为所识穷乏者得我而为之,是亦不可以已乎? 此之谓失其本心。"[③]有时候孟子还将"本心"说成"良心",他说:"虽存乎人者,岂无仁义之心哉? 其所以放其良心

---

① 〔宋〕陆九渊:《语录上》,《陆九渊集》卷 34,中华书局 1980 年版,第 407 页。
② 〔美〕乔治·H·米德:《心灵、自我与社会》,上海译文出版社 1992 年版,第 39 页。
③ 《孟子·告子上》。

者,亦犹斧斤之于木也,旦旦而伐之,可以为美乎?"①在孟子看来,"本心"就是人本来具有的"仁义之心",也是显现人性本善的"良心"。孟子谈论"本心"尚未有系统的本体的意味,给后人留下了充分发挥与拓展的空间。

到了汉代,董子《春秋繁露》提到"本心":"故聪明圣神,内视反听,言为明圣内视反听,故独明圣者知其本心皆在此耳。"②此处"本心"有一点本体意味,可惜在董子却仅此一例而已。《后汉书·王符传》也提到"本心":"虽有明察之资,仁义之志,一旦富贵,则背亲捐旧,丧其本心。"③此处"本心"意思浅白,就是指人原有的初衷。魏晋以后,佛学在中国兴起,佛学经常谈起"本心"。譬如《云笈七鉴》云:"本心清静,犹如水镜,照用无碍,万物俱现,名为现形。"很明显,佛学之"本心"有浓厚的本体论色彩,与孟子所论及的"本心"自是有所不同。

到了宋明,儒家学者也喜谈本体的"本心",其中陆王学派的学者更是将"本心"二字挂在嘴边。陆王学者虽然常提"本心",但很少给"本心"下一确切的定义。究其原因,大约来自两方面:一是"本心"不可定义。"本心"无思无为,随感而应,曲通万物而不遗。它不可思议,言思路断。二是"本心"不用定义。"本心"不是一个思辨的概念,而是一个实践的产物。人人具有"本心",只要你用心去体会,"本心"就能够随机呈现。孔子说:"仁远乎哉?我欲仁,斯仁至矣。"④这里的"仁"也就是"本心",它是应机呈现的。

杨慈湖对陆象山的"扇讼"之问,最能说明"本心"的不可定义和不用定义。据《象山年谱》记载:

> 四明杨敬仲时主富阳主簿,摄事临安府中,始承教于先生。及反富阳,三月二十一日,先生过之,问:"如何是本心?"先生曰:"恻隐,仁之端也;羞恶,义之端也;辞让,礼之端也;是非,智之端也。此即是本心。"对曰:"简儿时已晓得,毕竟如何是本心?"凡数问,先生终不易其说,敬仲亦未省。偶有鬻扇者讼至于庭,敬仲断其曲直讫,又问如初。先生曰:"闻适来断扇讼,是者知其为是,非者知其为非。此即敬仲本心。"敬仲忽大觉,始北面纳弟子礼。⑤

① 《孟子·告子上》。
② 〔汉〕董仲舒:《同类相动》,《春秋繁露》卷13,《四部丛刊》本。
③ (南北朝)范晔:《后汉书》卷79,《文渊阁四库全书》,第253册,第111页。
④ 《论语·述而》。
⑤ 〔宋〕陆九渊:《象山年谱》,《陆九渊集》卷36,中华书局1980年版,第487—488页。

　　杨慈湖向陆象山追问"本心"的确切定义,陆象山只能借孟子之语以答之。孟子所说的恻隐、羞恶、辞让、是非之心,是人的一些情感体验,属于人的心理行为,均是"本心"的诸端表现,而非"本心"之本身,故杨慈湖对此答案并不满意。以陆象山所具有的心学修为,都不能给"本心"下一确切定义,由此可见,"本心"是不可定义的。等到陆象山借"扇讼"来开示杨慈湖,也还是借"本心"的表现来加以指点,让他向着自身来寻求,杨慈湖终于真正明白了"如何是本心"。但是如果让杨慈湖自己来说"如何是本心",那他也还是说不清楚,因为这本不是言说的事。

　　古人不给"本心"下定义,在当时的语境下,"本心"是不言而自明的。现代人阅读陆王学派的著作,想要从古人处收获人生的助益,首先就需要明白"如何是本心"。现代学者对于陆王学派的"本心"作了深入研究,相关的论文与专著也有不少。学界普遍地认为,"本心"是生命本原、理性本原、情感本原和道德本原,它是先天的、绝对的、普遍的存在。但笔者认为,这样的解释过于哲学化,不利于现代人在道德实践中的操作,更不能让我们真切地明白"如何是本心"。

　　笔者先后承接了三个宁波市课题[①],分别研究黄梨洲、杨慈湖、袁絜斋。一直都想弄清楚"如何是本心",这个想法像梦魇一样,始终纠结于心中。在研究杨慈湖时,受美国后人本主义心理学家肯·威尔伯理论[②]的影响,笔者自以为找到了"本心",认为"本心"就是神性思维。神性思维超越并包容着感性思维和理性思维,它无思无为而无不思为。[③] 用神性思维来解释杨慈湖的神秘之"觉",似乎是非常适宜的。但是,将"本心"定为神性思维,并未脱离在心理学层面来解释"本心"的窠臼。"本心"虽与人的心理有莫大干系,它也可以呈现为人的心理行为,但它不属于人的心理范畴。再说神性思维具有神秘性,几乎将"本心"的一切不可知的内容都可以囊括于其中。这样的解释貌似可行,其实反而遮蔽了"本心"。

　　在研究袁絜斋时,笔者发现絜斋先生说过这样的话:"仆尝论技之精者,

---

　　① 2004 年宁波市规划课题《黄宗羲与儒家原典关系研究》、2010 年宁波市文化研究工程项目《杨简研究》、2012 年宁波市文化研究工程项目《心学与政治:袁燮研究》。

　　② 关于肯·威尔伯的理论,可参看他的两本重要著作:《万物简史》(中国人民大学出版社 2006 年版)和《性、生态和灵性》(中国人民大学出版社 2009 年版)。

　　③ 可参看拙著《杨简研究》(浙江大学出版社 2012 年版)的相关章节。

与人心无不契合。庖丁之解牛,轮扁之斫轮,痀瘘之承蜩,其实一也。"①"技之精"是用来描述人在某一方面的素质的词语,也就是说它描述的是人在某一方面的倾向和能力。絜斋说"技之精者,与人心无不契合",是表达了这样一个意思:"本心"即素质。由此笔者联想到英国分析哲学牛津学派创始人和主要代表人物吉尔伯特·赖尔关于"心"的一番话,他说:"它(指'心',引者注)表示的是我做某些种类的事情的能力和倾向,而不是个人的某种器官。"②因此,笔者大胆地得出这样的一个结论:陆王心学所说的"本心",就是指人的素质,就是指人在先天基础上发展起来的倾向与能力。

前文笔者花费大量笔墨来讨论素质。凡是读过陆王学派文本的人,大概也不难觑破其中的机关,即笔者对人素质的描述,实是受陆王心学理论的指导。下面笔者将以絜斋文本为例,进一步证明"本心"即素质。必要时可能会请陆象山、杨慈湖、王阳明等人出来帮腔,甚至还可能抬出孔子、孟子来助阵。这是因为"个体是一定社会群体的成员,他的行为只有根据整个群体的行为才能得到理解"③。

袁絜斋所议论的"本心"有如下的特点:

其一,"本心"在人的行为中呈现。袁絜斋说:"乍见孺子将入井皆有怵惕之心,嗟来之食宁死不受,是之谓本心。"④他还说:"富贵不能淫,贫贱不能移,人之本心也。"⑤他还说:"不越于日用之间,而本心在是矣。"⑥读者必须注意,絜斋许多论及"本心"的文字,均不是给"本心"下确切定义。"人心至神,无方无体"⑦,本不可定义。杨慈湖也说:"心不必言,亦不可言,不得已而有言。"⑧所谓"不得已而言",所言者也只能是"本心"的呈现。因此,袁絜斋有关"本心"的言论,也只是随事指示:"本心"就在人的行为(或身体行为,或

---

①　〔宋〕袁燮:《跋林郎中巨然画三轴》,《絜斋集》卷 8,《文渊阁四库全书》,第 1157 册,第 104 页。

②　[英]吉尔伯特·赖尔:《心的概念》,商务印书馆 2010 年版,第 206 页。

③　[美]乔治·H·米德:《心灵、自我与社会》,上海译文出版社 1992 年版,第 6 页。

④　〔宋〕袁燮:《跋八箴》,《絜斋集》卷 8,《文渊阁四库全书》,第 1157 册,第 98 页。

⑤　〔宋〕袁燮:《耐轩记》,《絜斋集》卷 10,《文渊阁四库全书》,第 1157 册,第 127 页。

⑥　〔宋〕袁燮:《象山先生文集序》,《絜斋集》卷 8,《文渊阁四库全书》,第 1157 册,第 90 页。

⑦　〔宋〕袁燮:《以镜赠赵制置》,《絜斋集》卷 23,《文渊阁四库全书》,第 1157 册,第 303 页。

⑧　〔宋〕杨简:《慈湖遗书》卷 2,《王子庸请书》,《文渊阁四库全书》,第 1156 册,第 615 页。

心理行为)中。

其二,"本心"是人之所以成为人的基础。袁絜斋说:"且夫人所以异于禽兽者,此心之良尔。"①他还说:"人之一心,至贵至灵,超然异于群物。"②他还说:"人生天地之间,所以超然独贵于群物者,以存是心焉尔。心者,人之大本也。是心苟存,虽至微之人足以取重于当世;是心不存,虽贵为王公,其又奚取焉?"③这些话表达了一个意思,即人是依靠"心"来超越他物的。

众所周知,生物进化论是 19 世纪的重大发现,它给人类带来的影响意义深远,以至于人们思考问题均以此为背景。我们也可以从进化论的角度来看待袁絜斋的这番话。天地始终处于进化之中。最早,地球上没有生物,是一个物质世界,到处是死一般的沉寂。后来出现了生物,有了植物和动物,生命世界超越并包容了物质世界。再后来出现了人,人依靠自己独有的精神世界,超越并包容了物质世界和生命世界。可以说,人是天地进化的最高成就。故孔子说:"夫人者,天地之心。"④人的精神世界来源于人心,没有人心而有人的精神世界是不可想象的。我们也可以说,人心是天地进化的最高成果。因此,袁絜斋直接说:"总言之则曰人,指其主宰言之则曰心。心即人也,人即心也。"⑤絜斋提出"心即人"的观点,是强调"心"对人之重要。

"心"对人如此重要,在于"心"能够知"道"。知"道"与否,是人区别于他物的重要标记。絜斋说:

> 人与群物并生于覆载间,而人所以独贵者,道在焉尔。道之切身,甚于饥渴,而室焉弗通,终身冥行,奚别于物?⑥

这段话需要细加分疏。人有人之道,物有物之道。絜斋这里所讲的"道"是指人之道。人能知人之道而行之,物行物之道而不自知,这就是人与

---

①　〔宋〕袁燮:《权大安军杨震仲谥节毅谥议》,《絜斋集》卷 7,《文渊阁四库全书》,第 1157 册,第 84 页。

②　〔宋〕袁燮:《建宁府重修学记》,《絜斋集》卷 10,《文渊阁四库全书》,第 1157 册,第 118 页。

③　〔宋〕袁燮:《汉广篇》,《絜斋毛诗经筵讲义》卷 1,《文渊阁四库全书》,第 74 册,第 11 页。

④　《礼记·礼运》。

⑤　〔宋〕袁燮:《絜斋家塾书钞》卷 12,《文渊阁四库全书》,第 57 册,第 909 页。

⑥　〔宋〕袁燮:《濂溪先生祠堂记》,《絜斋集》卷 9,《文渊阁四库全书》,第 1157 册,第 108 页。

物之区别。人生命如流水一般，流水自有其道，故人也有人之道。人之道就在人生命之中，人吃饭喝水均是人之道。但有些人对人之道却习而不察，故而有时就会走在物之道上。"道"有时候又叫"义理"，两词同其所指。因此，袁絜斋说："夫人生天地间，所以自别于禽兽者，惟此心之灵，知有义理而已。义理之在人也甚于饥渴，饥渴之害不过伤其生尔，义理之忘无以为人。"①

其三，"本心"有追求善的倾向。袁絜斋说："人之本心，万善咸具。"②"本心"之所以能够"万善咸具"，是因为它有一种追求善的倾向。要考察"本心"的这种追求善的倾向，就必然超出人心本身，就必须从天地万物的倾向说起。如前所言，人心是天地进化的最高成果。天地万物始终处在进化之中，天地的倾向可称为"健"，《周易》说："天行健，君子以自强不息。"③天地的倾向也可称为"生"，《周易》说："生生之谓易。"④又说："天地之大德曰生。"⑤天地的倾向还可称为"行"，《尚书·洪范》论"九畴"，首列"五行"。"健"、"生"、"行"用词虽不同，意思却相通，均表达了天地进化的总体倾向，那就是不断地超越，不断地提升，不断地前行，不断地创造。

用絜斋先生的话来说："一元之气，周流磅礴，化成万物，日新不已，天地之精神也。"⑥这里的"一元"是指生命之本原，是指大生命；这里的"气"是用来描摹生命的形态。这是一种比喻的说法，并非真的有什么"一元之气"存在，这"一元之气"即在万物生命中显。天地有如此之倾向，人心作为天地进化的最高成果，自然也有"日新不已"之倾向。絜斋谈及人心与天地之间的关联，他说："人之一心，至贵至灵，超然异于群物。天之高明，地之博厚，同此心尔。"⑦天地与人"同此心尔"，是指相互之间具有同一倾向，具有同一精神，具有同一种力量。因此，絜斋说："二帝三王终日乾乾，自强不息，故能全此精神，以照临天下，明并日月，不遗微小。"⑧这是二帝三王顺应自我"本

①　〔宋〕袁燮：《盱眙军新学记》，《絜斋集》卷 10，《文渊阁四库全书》，第 1157 册，第 120 页。

②　〔宋〕袁燮：《跋八箴》，《絜斋集》卷 8，《文渊阁四库全书》，第 1157 册，第 98 页。

③　《周易·乾·象》。

④　《周易·系辞上》。

⑤　《周易·系辞下》。

⑥　〔宋〕袁燮：《都官郎官上殿札子》，《絜斋集》卷 1，《文渊阁四库全书》，第 1157 册，第 5 页。

⑦　〔宋〕袁燮：《建宁府重修学记》，《絜斋集》卷 10，《文渊阁四库全书》，第 1157 册，第 118 页。

⑧　〔宋〕袁燮：《都官郎官上殿札子》，《絜斋集》卷 1，《文渊阁四库全书》，第 1157 册，第 4 页。

心"之倾向。絜斋还说："使学者群居于斯,讲切磨砺,求日新之功焉。"①这是一般学者顺应自我"本心"之倾向。

敬请读者注意,"本心"的日新不已之倾向,这就是"善",其呈现于人的行为,便成就了人的事业。絜斋说："由是而存养,由是而践履,形于运用,发于事业,何往而非此心耶?"②"本心"日新不已之倾向,必然地引导人去追求"大公"。絜斋说："众人之念虑不出于一身,君子之念虑必周于天下。夫生于覆载无私之中,而琐琐焉,朝思夕虑囿于一己之私,其亦狭矣。君子一视同仁,天下之大犹吾身也。"③絜斋还说："大哉心乎! 天地同本。精思以得之,兢业以守之,则亦可以与天地相似。"④正是"本心"有日新之倾向,人通过不断的努力,可以使自我"本心"包容天地,可以将万物纳入自我的生命之中。从这个角度,我们才能理解陆象山说过的那句名言："宇宙便是吾心,吾心即是宇宙。"⑤从这个角度,我们才能理解杨慈湖所说的："是心皆虚明无体,无体则无际畔,天地万物尽在吾虚明无体之中。"⑥"本心"的这种最初倾向,是如此的重要,故絜斋强调说："心术一差,万事颠沛。"⑦意思是说,如不顺着"本心"固有之倾向,大方向错了,发出来的就不是正能量。因此,在袁絜斋看来,"本心"有追求善的倾向。

其四,"本心"中含有真理。"心即理"是陆王心学的一个基本命题,陆王学者均强调之。陆象山说："人皆有是心,心皆具是理。心即理也。"⑧杨慈湖说："舜曰道心,明此心即道也。"⑨絜斋说："何谓道? 曰吾心是也。"⑩王阳明说："心即理也。此心无私欲之蔽,即是天理,不须外面添一分。"⑪杨慈湖、袁

---

① 〔宋〕袁燮:《韶州重修学记》,《絜斋集》卷 10,《文渊阁四库全书》,第 1157 册,第 119 页。

② 〔宋〕袁燮:《德斋记》,《絜斋集》卷 10,《文渊阁四库全书》,第 1157 册,第 129 页。

③ 〔宋〕袁燮:《年丰楼记》,《絜斋集》卷 10,《文渊阁四库全书》,第 1157 册,第 132 页。

④ 〔宋〕袁燮:《丰清敏公祠记》,《絜斋集》卷 9,《文渊阁四库全书》,第 1157 册,第 111 页。

⑤ 〔宋〕陆九渊:《杂著》,《陆九渊集》,中华书局 1980 年版,卷 22,第 273 页。

⑥ 〔宋〕杨简:《永堂记》,《慈湖遗书》卷 2,《文渊阁四库全书》,第 1156 册,第 631 页。

⑦ 〔宋〕袁燮:《商鞅论》,《絜斋集》卷 7,《文渊阁四库全书》,第 1157 册,第 72 页。

⑧ 〔宋〕陆九渊:《与李宰》,《陆九渊集》卷 11,中华书局 1980 年版,第 149 页。

⑨ 〔宋〕杨简:《申义堂记》,《慈湖遗书》卷 2,《文渊阁四库全书》,第 1156 册,第 611 页。

⑩ 〔宋〕袁燮:《东湖书院记》,《絜斋集》卷 10,《文渊阁四库全书》,第 1157 册,第122 页。

⑪ 〔明〕王守仁:《传习录》,《王阳明全集》卷 2,上海古籍出版社 1992 年版,上册,第 2 页。

絜斋所说的"道",就是陆象山、王阳明所说的"理"。关于"心即理"的观点,在他们文本中俯拾即是。"本心"不可见,不可闻,不可触摸,只是呈现于人的行为之中。就是在人的行为中,才有可能表现出条理。陆象山说:"道理只是眼前道理,虽见到圣人田地,亦只是眼前道理。"①这就是"心即理"的内涵。如絜斋说:"何谓道?曰:此是彼非,不过两端,舍其非从其是,道在是也。"②在这里,絜斋虽然没有说到"心",但"心"是"在场"的。"舍其非从其是"是选择行为,在这个选择行为中,"本心"得到了呈现,"道"也在"本心"呈现中得到呈现。絜斋还说:"徐行后长者谓之弟,疾行先长者谓之不弟。行之疾徐跬步之差尔,而弟与不弟是非异途,尧舜桀跖之所由分也。"③对长者需要"弟",这是一个"理",而这个"理"在"徐行后长"的行为中得以呈现。其实孔子也有"心即理"的意思。他说自己"七十从心所欲不逾矩"④,这里的"心"即是"本心","不逾矩"即是合于"理",这句话是说孔子七十岁达到圣人境界,"本心"能够完全呈现而都符合条理。王阳明也说:"理也者,心之条理。是理也,发之于亲则为孝,发之于君则为忠,发之于朋友则为信。千变万化,至不可穷竭,而莫非发于吾之一心。"⑤这就是说,心之条理只有发出来,然后才可以被人理解。

其五,"本心"的呈现无思无为。絜斋凡是谈到"本心"的地方,多是谈"本心"的呈现;谈"本心"的呈现,多言及"本心"的无思无为。关于这一点,人们常有疑惑。孟子说:"心之官则思,思则得之,不思则不得也。此天之所与我者。"⑥人心主要的官能便在于思考,而且这是上天给予人的一份钟爱。可以说,能否思考是人猿相揖别的界标。这是说:人是要思考的。而《易传》则曰:"无思也,无为也,寂然不动,感而遂通天下之故。"⑦这是说人无思无为,可以通达天下之理。这里好像是主张人不要思考的。两种说法似乎在打架。袁絜斋也注意到这个问题,他在解释《尚书·尧典》中的"钦明文思"中的"思"时,曾如是说:"不曰思而曰思,圣人难说思也,思有悠远深沉之意。

①　〔宋〕陆九渊:《语录上》,《陆九渊集》卷34,中华书局1980年版,第395页。
②　〔宋〕袁燮:《跋滕君勿斋记后》,《絜斋集》卷8,《文渊阁四库全书》,第1157册,第95页。
③　〔宋〕袁燮:《敏温暖乡饮序》,《絜斋集》卷8,《文渊阁四库全书》,第1157册,第89页。
④　《论语·为政》。
⑤　〔明〕王守仁:《王阳明全集》,上海古籍出版社1992年版,上册,第227页。
⑥　《孟子·告子上》。
⑦　《周易·系辞上》。

只有文而无思不得,有思而无文亦不得也。"①《文渊阁四库全书》本《絜斋家塾书钞》在这段话的第二个"思"字下注曰"去声",说明絜斋是破读这个"思"字的,也说明这个"思"不同于前一个"思"(也就是我们一般所理解的"思")。我们一般理解的"思"是指心理学上的思考,进入人的意识领域,属于人的心理行为。在这里,"思"与"文"相对,"文"明显是指人的行为,"思"就不应该再指向人的行为。絜斋说"圣人难说思","思有悠远深沉之意"。这种深意的"思",是不进入人的心理活动范围的"思",是人的"本心"之"思"。《易传》所谓的"无思也,无为也",是指没有心理学意义上的"思"。所谓的"感而遂通天下之故"也是一种"思",只是它不进入人的意识领域,故表现出来是"无思也,无为也"。

"本心"呈现无思无为,但并不是说人就不需要思考。絜斋有一段话,最能说明这个问题。他说:"精思密察,跬步不忘,道心豁然,全体著见,非智巧所能揣摩,口耳所能传授。"②"精思密察"显而易见是思考,是人心在做自己的分内事("心之官则思"),属于人的内部的心理行为。"跬步不忘"是指人的外部的身体行为。人就是经过心理与身体的行为,也就是经过不停的实践,"道心"(也就是"本心")得到呈现,而"道心"的呈现是"非智巧所能揣摩,口耳所能传播",是不可思不可议的。为了更好地理解这种"思"与"不思"的关系,王阳明曾有一段话可以给我们提供帮助,他说:"初学必须思省察克治,即是思诚,只思一个天理,到得天理纯全,便是何思何虑矣。"③

对于"本心"这种无思无为状态,古人甚至想到了鬼神的作用。在解释《尚书·洪范》中的"思曰睿"时,絜斋如是说:"睿,通也。心无邪思,而理无不通,是之谓睿。思而不睿,不可以为思矣。《管子》曰:'思之又思之,思之不得,鬼神犹将通之。非鬼神之通也,精诚之极也。'此语甚佳。"④"鬼神"在中国文化中,除了宗教意义以外,还可以从效用上来加以解释,是指人或事物神秘莫测的效能。这段话里,絜斋引用《管子》之言,指出"非鬼神之通",强调"本心"的呈现状态是无思无为。

---

①　〔宋〕袁燮:《絜斋家塾书钞》卷1,《文渊阁四库全书》,第57册,第630页。

②　〔宋〕袁燮:《通州州学直舍记》,《絜斋集》卷10,《文渊阁四库全书》,第1157册,第117页。

③　〔明〕王守仁:《传习录上》,《王文成全集》卷1,《文渊阁四库全书》,第1265册,第18页。

④　〔宋〕袁燮:《絜斋家塾书钞》卷9,《文渊阁四库全书》,第57册,第831页。

有时候,絜斋将"本心"呈现的无思无为,说成是"天机"。他说:"乍见孺子将入于井,而人皆有怵惕恻隐之心;箪食豆羹弗得则死,而不屑于蹴尔之与。非有所计虑于其间也,由中而发,不期而应,此天机之自然也。"①没有计虑于其间,不期而应,这就是"天机之自然"。"自然"是自己成为自己那个样子。"天机之自然"也就是无思无为。孔子说过:"天何言哉?四时行焉,百物生焉,天何言哉?"②"四时行"、"百物生",都是自然而然的事,不带一点儿勉强,也不是借助语言所能够说得清楚的。

有时候,絜斋将"本心"的无思无为称为"静"。他说:"念虑之未萌,喜怒哀乐之未发,表里精纯,一毫不杂,静之至也。其初则然,而保之养之,无时不然,虽酬酢万变,而安静自若,则本心不失矣。"③这种"静"不是如枯槁、如死灰,而是在不思不为之中,有一个主体在,能够刚健有为地恰如其分地应对事物的瞬息万变。这种"静"是一种渊静,如路边的汩汩泉水,行人可以取之以碗,也可以取之以杯,而泉水是从不会枯竭的,正所谓"溥博渊泉,而时出之"。

有时候,絜斋将"本心"的无思无为称为"精一"。他说:"昔者伯禹治水,八年于外,过门不入,子泣而弗顾。夫片时之顷,一至其家似未害也,而有所不暇。此圣人之心,所以精一也。"④这里举出大禹的例子,说大禹在外治水八年,经过自家的门都不进入,听到儿子的哭声也不回头。按人情来说,大禹这个时候花上片刻工夫,回一次家看儿子一眼,也没有什么大问题,但他就是没有这样做。这是因为他有一颗圣人之心,他的心已达到精一地步。宋儒特别喜欢谈论"惟精惟一"。"精"是臻于纯熟,"一"是专一不杂,由"精"而后能"一","惟精"是"惟一"的工夫,"惟一"是"惟精"的目标,"精"与"一"密不可分。"精一"就是不掺杂任何念头,也就是将全部的身心都投入到行为当中。古人之所以追求"精一"之功,是因为"人惟一心,不可以两用也"⑤。

有时候,絜斋将"本心"的无思无为称为"天性使然"。他说:"谐顽嚣友

---

① 〔宋〕袁燮:《郑德源字说》,《絜斋集》卷 7,《文渊阁四库全书》,第 1157 册,第 86 页。
② 《论语·阳货》。
③ 〔宋〕袁燮:《静斋记》,《絜斋集》卷 10,《文渊阁四库全书》,第 1157 册,第 125—126 页。
④ 〔宋〕袁燮:《送右史将漕江左序》,《絜斋集》卷 8,《文渊阁四库全书》,第 1157 册,第 91 页。
⑤ 〔宋〕袁燮:《猗嗟篇》,《絜斋毛诗经筵讲义》卷 4,《文渊阁四库全书》第 74 册,第 39 页。

傲象,难处之极,而忘其难;三过其门而弗顾其子,手足胼胝而不知其劳;厄于陈蔡之间,七日不火食,而弦歌不绝。此岂揣摩传授之所可得哉?水之寒,火之热,天性则然耳。"①舜的父亲与弟弟都是难缠的主儿,但舜与他们相处忘记了自己困难处境;大禹治水多次经过自家的门都不看儿子一眼,手脚发生变形也不知道劳累;孔子在陈国与蔡国边境遇到危险,七天都不能吃上熟食,但他照样弹着琴唱着歌。这三个人不是自己挖空心思想出来要这样装模作样,也不是别人教他们这样"作秀"。就像水性是寒的,火性是热的,他们这样做也是他们本性的自然流露。"揣摩"即思为,"传授"即言教,都不是人之"天性"。"天性使然"是不掺杂任何的思虑,接人待物类似于人之本能。

絜斋还利用《周易》卦辞来诠释"本心"的无思无为。他说:"'艮其背,不获其身;行其庭,不见其人。'浑然无间,内外两忘。"②这里是由《周易·艮》的卦辞引出"内外两忘"。"内外两忘"是指对内"无我",对外"无物"。陆象山对此有解释:"'艮其背,不获其身',无我;'行其庭,不见其人',无物。"③正是做到"无我无物",然后才是"内外两忘"。《中庸》中的一句话,也常被絜斋用来强调"本心"的无思无为。《中庸》曰:"天地之道,可一言而尽也,其为物不贰,则其生物不测。""为物不贰"就是"精一",就是无思无为。天地正是由于"为物不贰",然后才会"生物不测",创造万物。

在絜斋看来,"本心"呈现的无思无为,就是克己,就是无我无物,就是物我浑融,这正是孔子所提倡的"仁"的表现。他说:"臣闻天下之患,莫大于有己。有己之心胜,则待物之意薄,设藩篱,分畛域,截然判而为二,朝思夕虑,求足其欲,而自一身之外,莫之或恤矣。何其不仁哉?昔者孔子论为仁之道,本于克己,盖惟能克己去私,则物我浑融,他人之利害休戚犹己之利害休戚也,是谓之仁。仁者人心也,人之本心,岂有此疆尔界之别哉?己欲立而立人,己欲达而达人,至公至平,本无间隔。"④絜斋这段话讲两层意思,一是有己之害仁,二是克己可以成仁。

---

① 〔宋〕袁燮:《通州州学直舍记》,《絜斋集》卷 10,《文渊阁四库全书》,第 1157 册,第 117 页。

② 〔宋〕袁燮:《通州州学直舍记》,《絜斋集》卷 10,《文渊阁四库全书》,第 1157 册,第 117 页。

③ 〔宋〕陆九渊:《语录上》,《陆九渊集》卷 34,中华书局 1980 年版,第 419 页。

④ 〔宋〕袁燮:《樛木篇》,《絜斋毛诗经筵讲义》卷 1,《文渊阁四库全书》第 74 册,第 7 页。

　　顺便提及一下,正是基于"本心"的这种无思无为,杨慈湖提出"不起意"。他说:"若不起意,妙不可言。若不起意,则变化云为,如四时之错行,如日月之代明。"①这段话是说不起意的好处。他还说:"此心无体虚明,洞照如鉴,万象毕见其中而无所藏。惟动乎意则始昏,作好作恶,物我樊墙,是非短长。"②这段话是说起意的坏处。自从杨慈湖提出"不起意",引来许多的口舌。同时代的朱子说:"除去不好底意见则可,若好底意见须是存留。毕竟欲除意见,则所行之事皆不得已去做,才做便忘所以,目视霄汉,悠悠过日下梢,只成得个狂妄也。"③朱子的意思是,离开意识的监控,人便会"忘所以"。可见,他对慈湖之"不起意",并未真正地理解。慈湖之"不起意",即是突出"本心"在呈现过程中的不思为。其实陆象山也反对"起意"的,他说:"内无所累,外无所累,自然自在,才有一些子意便沉重了。彻骨彻髓,见得超然,于一身自然轻清,自然灵。"④陆象山这段话叫人不能有一点意念,不然就影响"本心"的呈现。他还说:"罔念作狂,克念作圣。"⑤这是说,人意念太多如网,就可能发狂;克制意念,就可以成为圣人。袁絜斋也是要摒绝"意"的。他说:"凡有意为之,与夫根于自然者等伦相绝。善利之所以分,王霸之所以异,皆由此也。意之为累大矣。"⑥这是说,人去做一件事,有意去做的与自然而然去做的,差别太大了。大公无私的人与自私自利的人,实行王道与实行霸术,相互之间的区别就在这里。袁絜斋强调"意"对人拖累实在大。

　　"本心"的无思无为,与人的大公无私品德是连在一起的。如袁絜斋在论及真西山时曾说道:"起居(指真西山)正色敢言,知有吾君而不知有吾身,知有宗社生灵而不知有吾家,视此身之进退,不啻如浮云之去来,未尝以他念杂之。玉壶寒冰,表里洞彻,此则起居之本心,非由他至者也。"⑦当一个人的"本心"呈现为行为的时候,他也就是在呈现自己的生命能量。此时他没

　　①　〔宋〕杨简:《家记四》,《慈湖遗书》卷10,《文渊阁四库全书》,第1156册,第793页。

　　②　〔宋〕杨简:《昭融记》,《慈湖遗书》卷2,《文渊阁四库全书》,第1156册,第614页。

　　③　〔清〕黄宗羲:《宋元学案·慈湖学案》,《黄宗羲全集》,浙江古籍出版社2005年版,第5册,第968页。

　　④　〔宋〕陆九渊:《语录下》,《陆九渊集》卷35,中华书局1980年版,第468页。

　　⑤　〔宋〕陆九渊:《语录上》,《陆九渊集》卷34,中华书局1980年版,第396页。

　　⑥　〔宋〕袁燮:《駉虞篇》,《絜斋毛诗经筵讲义》卷2,《文渊阁四库全书》第74册,第18页。

　　⑦　〔宋〕袁燮:《送右史将漕江左序》,《絜斋集》卷8,《文渊阁四库全书》,第1157册,第92页。

有任何念虑,也就不会有什么私心,与天地万物融为一体。他所呈现的生命能量实际上是在为他人、为社会、为国家、为人类、为天地作出贡献。因此,"本心"的无思无为,与前文所说的"本心"倾向于对善的追求是相呼应的。

其六,"本心"能够知是知非。絜斋说:"洞烛毫发,非由外至,实自中发。"①"洞烛"是形容看得清清楚楚。"毫发"不可谓不细小,能"洞烛毫发"的是人的"本心"。他还说:"夫人心至灵,是非善恶靡不知之。"②他还说:"此心常存,善则行之,如履康庄;不善则避之,如避坑谷。"③这意思是说,只要保有人的"本心",人就能走在康庄大道上。"本心"判定为好事,就会命令人直接去做;"本心"判定为不好的,就会命令人直接避开。

"本心"的这种知是知非的能力,在《大学》中就有所表述。《大学》说:"如恶恶臭,如好好色,此之谓自慊。"前一个"恶"字与前一个"好"字都是动词,是讨厌与喜欢的意思。"恶臭"是指不好的事物,"好色"是指美好的事物。人天生具有这样素质:对于丑恶事物就讨厌,对于美好事物就喜欢。丑恶的事物之所以令人讨厌,是因为它与人之生命倾向相违逆,通常会危害人的生命本身;美好的事物之所以令人喜欢,是因为它与人之生命倾向相合拍,通常会有益于人的生命本身。人在好恶之中,便对事物作出了自己的价值判断。人之"本心"具有知是知非的能力。

"本心"能够知是知非,絜斋有时称之为"聪明"。在解释《尚书·尧典》中的"聪明文思"时,絜斋说:"聪明不是寻常小小智慧。此心虚明洞达,无一毫人欲之私,这是聪明。"④而且絜斋还指出"聪明"就是孔门之"仁",他说:"尧舜二《典》之所谓聪明,即《论语》之所谓仁。仁与聪明若不相似,然其实一也。四肢偏痹谓之不仁。此心有毫厘窒碍,便是不仁,便是不聪明。孔门学者急于求仁,所以求聪明也。此是学问最亲切处。"⑤历来人们对于"仁"有多种解读,越说越玄,越说离"仁"之真意越远。此处,袁絜斋将孔子之"仁"解为聪明,这是他学问实在的地方。到了王阳明,他直接说:"天,聪明也。

① 〔宋〕袁燮:《以鉴赠赵制置》,《絜斋集》卷 23,《文渊阁四库全书》,第 1157 册,第 303 页。

② 〔宋〕袁燮:《跋陈宜川诗》,《絜斋集》卷 8,《文渊阁四库全书》,第 1157 册,第 97—98 页。

③ 〔宋〕袁燮:《建宁府重修学记》,《絜斋集》卷 10,《文渊阁四库全书》,第 1157 册,第 118 页。

④ 〔宋〕袁燮:《絜斋家塾书钞》卷 1,《文渊阁四库全书》,第 57 册,第 630 页。

⑤ 〔宋〕袁燮:《絜斋家塾书钞》卷 1,《文渊阁四库全书》,第 57 册,第 637—638 页。

圣人只有此,学者当存此。"①

"本心"既无思无为,又能知是知非。在絜斋看来,此两者是密不可分的。他常常将此两者连起来说:"非有为而然,本心著明,自不能已尔。"②有时候絜斋将此两者表述为"直"与"清"。他说:"率性而行,不劳巧智,可不谓直乎? 表里昭融,洞彻无间,可不谓清乎? 直则清,清则不累其初矣。"③"直"是指"本心"无思无为,直截了当;"清"是指"本心"知是知非,洞察彻解;"其初"是指人的"本心"。人心"直"了,才会"清","直"是"清"的必要条件;"清"了才不会累及"本心",也就是说才能让"本心"完全呈现。"本心"的这种"直"与"清",类似于"直觉"这个词所蕴含的内容。

古人喜欢引用原典来证明"本心"既无思无为又知是知非。《易传》云:"《易》无思也,无为也,寂然不动,感而遂通天下之故。非天下之至神,其孰能与于此?"④这里的"感而遂通"便是"本心"的知是知非,也是人素质的明觉精察。《诗经》曰:"不知不识,顺帝之则。"⑤这里的"帝"即前文所说的"一元",即宇宙大生命。宇宙大生命化生万物,同时也赋予万物以各自之"则"。也就是说,万物各有其"道",各有其"理",各有其规律。"顺帝之则"即是顺应万物本有之规律。要做到"顺帝之则",必须要洞察万物之规律。要洞察万物之规律,就必须"不知不识",即进入无思无为之状态。从这些原典中,均可以引申出"本心"的无思无为而又无不思为。

那么,为什么圣人能够无思无为而又无不思为呢? 这是最容易让人生疑的地方,只有实到那个境地者,方能真正理解。杨慈湖对此"积疑二十年"⑥,直到受陆象山启发,才识得自家"本心",二十年之疑方冰消雪融。袁絜斋也是如此。有资料记载:"袁和叔云:'非木非石,无思无为。'杨敬仲深爱其语,故铭其墓曰:'和叔之觉,人所未知,非木非石,无思无为。'盖以为造极之语也。"⑦杨慈湖以"非木非石,无思无为"八字,来铭袁絜斋之墓,可见在

① 〔明〕王守仁:《传习录上》,《王文成全集》卷1,《文渊阁四库全书》,第1265册,第23页。

② 〔宋〕袁燮:《跋陈宜川诗》,《絜斋集》卷8,《文渊阁四库全书》,第1157册,第97页。

③ 〔宋〕袁燮:《直清亭》,《絜斋集》卷10,《文渊阁四库全书》,第1157册,第130页。

④ 《周易·系辞上》。

⑤ 《诗经·大雅·皇矣》。

⑥ 〔宋〕杨简:《二陆先生祠记》,《慈湖遗书》卷2,《文渊阁四库全书》,第1156册,第621页。

⑦ 〔宋〕罗大经:《鹤林玉露》卷12,《文渊阁四库全书》,第865册,第362页。

杨慈湖眼中,此八字足以代表袁絜斋的人生境界和修养工夫。如何理解袁絜斋的这八个字? 苏赖滨《论语解》云:"火必有光,心必有思,圣人无思,非无思也,外无物,内无我,物我既尽,心全而不乱,物至而知可否,可者作,不可者止,因其自然,而吾未尝思,未尝为,此所谓无思无为也。如使顽然不动如木石为偶,而谓之无思无为,则亦何以通天下之故哉?"①苏赖滨的这段话,将有助于我们对絜斋的"非木非石,无思无为"的理解。

另外,在论及知识时,絜斋是反对那种只重知识的现象的。他说:"口传耳授,虽多奚为? 发愤力行,弗得弗措。"②口传耳授的只能是知识,知识虽多又有什么用处? 只有发愤力行,将学到的知识融化到自己的生命中,才算是真正有所得。孔子也是反对只重知识的。《论语·卫灵公》:"子曰:'赐也,女以予为多学而识之者与?'对曰:'然,非与?'曰:'非也,予一以贯之。'"子贡不理解孔子,误以为老师是"多学而识之",而孔子却强调"一"。对于孔子所说的"一",注家有不同的讲解。笔者认为,"一"就是指人之"本心",就是指人内在的素质。絜斋先生说:"舜之所谓'惟精惟一',伊尹之所谓'德惟一',即此心也。"③所学知识只有转化为人内在素质,然后才有可能熔铸天下万物的知识,真正做到"贯之"。

至于习惯,袁絜斋认为是对"本心"的遮蔽,他说:"其生禀也,昭然无疑;其积习也,昧然无辨。"④"生禀"即是"本心",它是"昭然无疑"的,是清晰明亮的;而人身上的积习,遮蔽了"本心",使人"无辨"。袁絜斋告诫人们一定要对习惯保持足够的警惕,他说:"习与性成。人之所习最不可不谨,盖习之既熟,却与性一般。"⑤习熟而成的习惯,与人的本性有些相似,最容易给人造成习而不察,从而使人丧失"本心"(也就是本性)而不自知。陆象山、杨慈湖等都是主张要消除习气的。陆象山说:"恶能害心,善亦能害心。"⑥这是说,坏的习惯危害"本心",好的习惯也危害"本心",都是应该摒弃的。杨慈湖说:

---

① 〔宋〕罗大经:《鹤林玉露》卷 12,《文渊阁四库全书》,第 865 册,第 362 页。
② 〔宋〕袁燮:《书赠张伯常》,《絜斋集》卷 7,《文渊阁四库全书》,第 1157 册,第 86 页。
③ 〔宋〕袁燮:《絜斋家塾书钞》卷 3,《文渊阁四库全书》,第 57 册,第 704 页。
④ 〔宋〕袁燮:《通州州学直舍记》,《絜斋集》卷 10,《文渊阁四库全书》,第 1157 册,第 117 页。
⑤ 〔宋〕袁燮:《絜斋家塾书钞》卷 5,《文渊阁四库全书》,第 57 册,第 747 页。
⑥ 〔宋〕陆九渊:《语录下》,《陆九渊集》卷 35,中华书局 1980 年,第 456 页。

"盖良知良能元不丧失,以昔日习心未除,却须存习此心,久则可夺旧习。"①这是说,"习心"对于人之"本心"有危害,但要消除"习心",还是需要依靠人之"本心"。

对比以上对素质的分析和对絜斋文本中"本心"的梳理,我们可以得出这样的一个结论:"本心"即素质。絜斋说:"其讲习者果何事? 亦惟曰成就其美质而已矣。"②"美质"是指人本有的美好素质。一个人长到老学到老,只为了要做一件事,那就是成全造就自己出生时的那一美好素质而已。他还转述陆象山之言曰:"学问之要,得其本心而已。"③对比这两句话,我们也可以看出:在絜斋眼中,"本心"即素质。

絜斋在解读《尚书》时有一段资料,也值得我们来分析。他说:"虽然世之武夫悍卒,既无学问,既非君子,然则射何以能中? 此无他,只缘此心之良,人所固有,方射也,此心至正,更无偏倚,当时之心即圣人之心也,但彼自迷不知,随即放肆,是以不保其长存耳。"④武夫悍卒由于长时间的操练,在射箭方面有很高的素质。武夫悍卒射箭的时候,必是循着射箭的道理来完成射箭动作(否则就不可能有好的结果),这个时候他们"此心至正,更无偏倚"。武夫悍卒自己也许也没有意识到,他们此时之心就是圣人之心。也就是说,此时他们的"本心"得到完全的呈现,他们的素质得到充分的发挥,一切都是按理而行。分析这段资料,我们可以知道,絜斋所说的"本心"就是指人的素质。同时我们还知道,陆王心学所说的"本心"(即人之素质)确实是人人具有。

絜斋有一段描绘真西山的文字也颇值得我们回味。他说:"虽然公之践履,非有意为之,真力积久,德盛仁熟,自顶至踵,全体精明,循而行之,亦不自知所以然也。盖有本者如是。无本于中,袭取于外,虽有小善的然可观,岂能日进无疆,老而弥笃哉?"⑤在这一段文字中,"真力"是真正的力量,也是

---

① 〔清〕黄宗羲:《宋元学案·明道学案上》,《黄宗羲全集》,浙江古籍出版社 2005 年版,第 3 册,第 657 页。

② 〔宋〕袁燮:《通州州学直舍记》,《絜斋集》卷 10,《文渊阁四库全书》,第 1157 册,第 117 页。

③ 〔宋〕袁燮:《象山先生文集序》,《絜斋集》卷 8,《文渊阁四库全书》,第 1157 册,第 90 页。

④ 〔宋〕袁燮:《絜斋家塾书钞》卷 3,《文渊阁四库全书》,第 57 册,第 700—701 页。

⑤ 〔宋〕袁燮:《丰清敏公祠记》,《絜斋集》卷 9,《文渊阁四库全书》,第 1157 册,第 112 页。

指人的素质。"自顶至踵"是指人整个生命,是指本体,是指"本心",也是指素质。"不自知所以然"是描述素质呈现之情状。由此看来,这些都是用来描述人素质的语词。

当然,我们要想使"本心"即素质这一结论让人心服口服,还需要通过一个关口,那就是:陆王学派所说的"本心"似乎是天生和现成的,而我们日常语言中的所谓的"素质"先天的成分少,更多依靠后天来形成。此两者之间的裂痕应该如何来抹平呢?

陆王心学对"本心"的描述,确实给人造成这样的印象:即"本心"天生且现成。如陆象山告诉他的学生说:"女耳自聪,目自明,事父自能孝,事兄自能弟,本无欠缺,不必他求,在自立而已。"①象山所说的"自立",就是让自我"本心"显现出来。杨慈湖说:"人心诚实无他,本体清明,本用神明,刚健中正,纯粹精一,乾元在斯,坤元在斯,有感有应,无不通矣。"②关于慈湖先生这段话,笔者在《杨简研究》中已有详细说明。袁絜斋也说:"天之赋人英灵纯粹,本无一毫之杂,良知良能,形于日用,亦无一毫之伪。见所尊者不期而自恭,见可悯者不约而兴念,合于义者人皆以为当,悖于理者人皆以为非。若此之类,何所从来? 美在其中,故自如是尔,其生禀也昭然无疑。"③絜斋是举例说明"本心"为人天生具有。王阳明也说:"知是心之本体,心自然会知:见父自然知孝,见兄自然知弟,见孺子入井自然知恻隐,此便是良知,不假外求。"④咀嚼这些话语,我们很容易产生"本心"天生且现成的感觉。在此,我们需要对古人所说的"本心"施加"同情的理解"。

其一,陆王心学所说的"本心",其大部分内容不是天生的,而是社会环境熏染所致。人是生来便在社会中互动的,"人的社会生命起源于与他人交流。"⑤任何一个人类社会,哪怕是一个政治腐败、世风日下的社会,其基本价值观肯定都是积极向善的。譬如说,诚实不欺、相互友爱、扶危救困、公平正义等在一定程度上都会潜伏于人们的心底。疏于对孩子的教育的父母或许

---

① 〔宋〕陆九渊:《语录上》,《陆九渊集》卷 34,中华书局 1980 年版,第 399 页。

② 〔宋〕杨简:《乐平县重修社坛记》,《慈湖遗书》卷 2,《文渊阁四库全书》,第 1156 册,第 631 页。

③ 〔宋〕袁燮:《通州州学直舍记》,《絜斋集》卷 10,《文渊阁四库全书》,第 1157 册,第 117 页。

④ 〔明〕王守仁:《传习录上》,《王阳明全集》卷 1,上海古籍出版社 1996 年版,上册,第 6 页。

⑤ 〔美〕查尔斯·霍顿·库利:《人类本性与社会秩序》,华夏出版社 1999 年版,第 6 页。

是有的，但自小教孩子学坏的父母则"未之有也"。也就是说，一个社会总是存在着所谓的"社会良知"。否则，这个社会也就不成其为社会。如果一个社会连基本的信任都没有了的话，那么人与人之间就不可能做成一桩买卖。社会的基本价值观主要依靠文化传统来传递、灌输、渗透，文化传统的载体主要有神话传说、风俗习惯、文化典籍、民族语言等。一个人生活在这样的一个社会之中，社会基本价值观就会"随风潜入夜，润物细无声"。人在不知不觉中受到了浸灌，并在行为中自然而然地表现出来，就仿佛他的天性便是如此一般。正如一位西方学者说："人性是某种完完全全社会性的东西，并且始终以真正社会的个体为前提。"①

就拿陆象山说的"事父自能孝"来说吧，其实际情形大概是这样的：因为整个社会都弥漫着儿女孝顺父母氛围，而且人自小受父母养育之恩，所以人见到父母自然就能生起孝心，就好像儿女孝顺父母是天经地义的一般。也有反面的例子，如狼孩自小在狼群中长大，他（她）只会像狼那样嚎叫，像狼那样撕咬，自然也不知道人类的"孝道"。霍顿·库利曾举一个例子，也能说明这个问题。他假设在中国出生的双胞胎，一个留在中国，一个自小被带到美国，其结果只会是："在美国长大的这个孩子与他在美国小同伴的相似性，较之与他的中国孪生兄弟要大得多。"②可见，人性中的不少内容都是周围环境在无形之中给予的。

因此，陆王学派都是非常重视端正风俗这项工作。陆象山在荆门为官，上元节为民祈福时，他一改陈规，以讲解《洪范》的《敛福锡民》一章，代替斋醮，以达到教化人心的目的。袁絜斋在给皇帝上书时也说："昔者先王知其为急也，是以省观风俗，苟有不善则切切焉以为忧，陶冶作成，必使粹然醇厚，人有士君子之行，以为吾代天牧民，勿使失性，其职当如是也。"③

其二，陆王心学所说的"本心"，大部分内容不是现成的，而是后天拓展的。弗洛姆说："爱是一种能力。"也就是说，只是有爱的情感与爱的理论还是不行的，还必须有爱的能力。一个人只有通过后天的不断学习，才有可能掌握爱的艺术，获得爱别人的能力。现实生活中，许多人均错以为爱别人是一件很容易的事，仿佛人人天生都会去做。而事实上，好心办坏事、说错话

---

① 〔美〕乔治·H·米德：《心灵、自我与社会》，上海译文出版社1992年版，第204页。

② 〔美〕查尔斯·霍顿·库利：《人类本性与社会秩序》，华夏出版社1999年版，第7页。

③ 〔宋〕袁燮：《代武冈林守进治要札子》，《絜斋集》卷2，《文渊阁四库全书》，第1157册，第24页。

的例子举不胜举。陆王心学说人天生就具有孝顺父母之心,有了孝心自然会去了解如何去尽孝心。可见,"本心"最初只是给人提供一种基础,一种倾向,它有着无限发展的潜力。只有经过后天不断实践,在此先天基础上不断开拓、发展、充实,然后才能使"本心"的巨大潜力呈现出来。

后天发展出来的与先天的现成基础融为一体,不分彼此,故而古人总称之为"本心"。这就像滚雪球一样,雪球最初可能只有拳头大小,但它会越滚越大,只要条件允许,甚至可以大到超出人们的想象。最初那个拳头大的叫雪球,而后来那个无穷大的也叫雪球。最初那个拳头大的雪球是现成的,而后来滚大的雪球则不是现成的,而是滚出来的。其实两者又如何分得开?霍顿·库利说:"当我们个体生命开始的时候,生命历史中产生的两个原素,即遗传和社会,以一种崭新的整体的姿态出现,它们不再分立的力量。"①关于此点,熊十力先生曾如是说:"《易》曰'圣人成能',这个意义非常重要。人只要自成其为人之能,不可说天性具足,只壹意拨除障蔽就够了。……我也承认天性是具足的,是无亏欠的,无奈人之生也,形器限之,他既限于形,就难把他具足的性显现出来。你看自然界,从无机物到生物,乃至从动物到人类,从人类到其间底圣智,一步一步渐渐改造他底形,解放他底形之限,完成他自己底能,才得显现他底性。……成能才是成性。这成的意思就是创,而所谓天性者恰是由人创出来的。"②

其三,陆王心学所说的"本心",是他们的真实所见。他们谈论"本心",都是在他们体认"本心"以后。陆象山在看到古书"宇宙"二字解释之前,"胸中之疑终在"③;杨慈湖在受"扇讼"启发之前,也是不明白"如何是本心"④;袁絜斋就是拜了陆象山为师以后,也还是"研精覃思,有所未合,不敢自信"⑤。王阳明也是在龙场悟道以后,才得到"知行合一"之旨。他们都是经过艰苦的探索,对"本心"有了丰富的实践经验和情感体验以后,才开始讲学并宣扬"本心"理论的。他们论及"本心",多谈论艰苦的付出。袁絜斋写诗劝其外甥说:"农夫力耕耘,岁功必倍收。吾儒用心苦,学业亦有秋。"⑥只有

---

① 〔美〕查尔斯·霍顿·库利:《人类本性与社会秩序》,华夏出版社 1999 年版,第 12 页。

② 熊十力:《十力语要》,中华书局 1996 年版,第 387—388 页。

③ 〔宋〕陆九渊:《年谱》,《陆九渊集》卷 36,中华书局 1980 年版,第 483 页。

④ 〔宋〕陆九渊:《年谱》,《陆九渊集》卷 36,中华书局 1980 年版,第 487 页。

⑤ 〔清〕黄宗羲:《宋元学案·絜斋学案》,《黄宗羲全集》,浙江古籍出版社 2005 年版,第 5 册,第 1016 页。

⑥ 〔宋〕袁燮:《絜斋集》卷 23,《文渊阁四库全书》,第 1157 册,第 310 页。

经过艰苦的奋斗,然后才会体认自我"本心"。

陆王学者体认到"本心",是在他们达到一定境界以后,他们是据自己所有的境界来说自己的"本心"的,此时"本心"在他们身上仿佛是天生且现成的。正如孔子所言:"仁远乎哉?我欲仁,斯仁至矣!"①在孔子学生中,像子路、子张、子贡等,都是修养杰出之辈,而孔子却不轻许他们以"仁"。而孔子说自己好像很轻松一样,那是孔子真实到了那个境地。陆象山也说:"是学已到田地,自然如此。"②人生修养就是这样,你到了什么境界,你就会看到相应的东西。

其四,陆王心学谈论"本心",说到后来就成为一种信仰。他们将"本心"说成天生与现成,是为了诱人一心向善,激人积极进取,要人树立强大的信心。一言以蔽之,就是传递一种信仰。陆象山说:"须是信得及乃可。"③杨慈湖也说:"学者有自信其本有而学礼焉,则经礼三百、曲礼三千,皆我所自有,而不可乱也。"④他还指出章句之儒的弊端就在于"不自明己之心,不自信己之心,故亦不信学者之心"⑤。这是在提倡一种信仰,是对自己、对他人、对社会充满着信心。

一说到信仰,人们很容易产生联想,认为信仰就是对神或宗教教义的信奉,是与理性和理性思维针锋相对的。但是按美国学者弗洛姆的说法,人的信仰分为理智的信仰与非理智的信仰。非理智的信仰是对某人或某种观念的信奉,是对非理智权威的屈从。"理智的信仰是一种植根于自身的思想经验和感觉经验的信念,它不是信奉某一事物,而是对某种必然性和确定性所怀有的坚定的信念。"⑥陆王学派的学者对待"本心"应该是理智的信仰,是"植根于自身的思想经验和感觉经验的信念"。这种信仰已融入他们人格的性格特征之中,而不是什么具体的信奉。

关于此点,熊十力先生说得好:"穷理至极,存乎信念。真知与正信常相伴,穷到最上之理,推论与索证均用不着,只自明,自信。"⑦而美国哲人詹姆

---

① 《论语·述而》。

② 〔宋〕陆九渊:《语录下》,《陆九渊集》,中华书局1980年版,卷35,第474页。

③ 〔宋〕陆九渊:《语录下》,《陆九渊集》,中华书局1980年版,卷35,第434页。

④ 〔宋〕杨简:《诗解序》,《慈湖遗书》卷1,《文渊阁四库全书》,第1156册,第608页。

⑤ 〔宋〕杨简:《慈湖遗书》卷2,《王子庸请书》,《文渊阁四库全书》,第1156册,第616页。

⑥ [美]弗洛姆:《爱的艺术》,《弗洛姆文集》,团结出版社1997年版,第423页。

⑦ 熊十力:《十力语要》,中华书局1996年版,第346页。

士则从另一个角度谈到信仰与真理问题,他说:"一个真理之所以成为真理,乃是信仰造成功的。有许多真理之能否真,全靠你对它有无信仰:相信它则真,不相信它则不真。"①陆王学派的这种理智的信仰太重要了,它实际上是对他人的潜力、对自己的潜力和对人类的潜力充满着信心。正如弗洛姆所说:"我们靠这信仰生活,我们的生活就会变得富有创造性。"②

综上四点,我们对于"本心"所谓的天生与现成,应该会发生"同情的理解"。攻克了这一个关口,也可以从侧面来迂回地支持我们的结论——"本心"即素质。在肯认"本心"即素质以后,我们顺便考察一下素质与其他概念的关联。

我们所理解的素质,基本上相当于古人所说的"德"。学者们都认识到古人说话有泛道德化的倾向,这是因为古人多以"得"来释"德",凡人生命之所得便叫"德"。这个"德"除了具有我们今天所说的道德内容以外,还含有人所获得的其他素养和能力。故笔者说素质相当于"德"。

"德"是指人生命之所得,而人生命所得到的是"道",故素质与"道"也联系起来。前文已经说过,素质本身即含有条理,本身就是一个恰好处,这就是"道"。孔子说:"人能弘道,非道弘人。"③人将自己的素质充分呈现出来,也就是在"弘道"。既然素质基本等同于"德",而孔子所说的"仁"是一种"德",故"仁"在一定程度上也是素质,是一种高层次的素质。

孔子说:"志于道,据于德,依于仁,游于艺。"④孔子一句话将这几个概念都关联起来。"志于道"是决心走在正道上,也就是处处求个合理,事事寻个恰当。要做到这一点,必须"据于德",即依靠"德",也就是依靠素质。"仁"既是爱,又是"一种敏锐的直觉"。"依于仁"是指有了素质,还要依照"仁"的方式呈现出来。"艺"是指各种技艺。"游于艺"是要人在学习技艺的同时,优游涵泳于"道",从而获得"德"。在一个追求功利的社会里,许多大学生为了好就业,拼命地学技术,拼命地考证。这样的人有了技艺,却不会做人,他们是"学于艺",而非"游于艺"。

我们费尽心机地以素质来解释"本心",其目的有三:一是为了方便今人在道德实践中的操作。说到"本心",今人可能觉得它玄而又玄,摸不着头

---

① 转引自贺麟:《文化与人生》,商务印书馆 1988 年版,第 95 页。
② [美]弗洛姆:《爱的艺术》,《弗洛姆文集》,团结出版社 1997 年版,第 426 页。
③ 《论语·卫灵公》。
④ 《论语·述而》。

脑。有些学者又将"本心"哲学化、思辨化，让人坠入云雾之中。我们以素质为桥梁，意欲连通古人的"本心"学说与今人的生活实践。说到素质，它更贴近今人的生活，我们每个人或多或少均具有某方面的素质。以素质来理解"本心"，"本心"就在我们身上，当下即可认取。

二是"素质"一词内涵既具体，又深广，完全可以承担起与古人"本心"对接的任务。在古汉语中，"素"字有本来之意，"质"字有本体、本性、本质之意，这两个字组合在一起，既可以表示人先天成分，也可以表示人后天发展的倾向与能力。另外，古人还有所谓"素其位而行"①之说。"素质"一词既通俗，又深邃，正可以用来解释"本心"。

三是从素质的角度，还可以更好地来理解与"本心"相关的一些理论。王阳明说："见得时横说竖说皆是。若于此处通彼处不通，只是未见得。"②我们以素质来解释陆王心学的一些理论，似乎没有说不通的。譬如说，以素质呈现为行为，我们可以对王阳明的"知行合一"理论作出全新的解读。有关这方面的具体文字，请看本书附录一。

2.1.3　絜斋之本心

陆王学派的言论似乎均在强调"本心"为人人同有。如陆象山说："心只是一个心，某之心，吾友之心，上而千百载圣贤之心，下而千百载复有一圣贤，其心亦只如此。"③杨慈湖也说："仁义礼智，愚夫愚妇咸有之，奚独圣人有之？人人皆与尧、舜、禹、汤、文、武、周公、孔子同，人人皆与天地同。"④袁絜斋也说："古今虽殊，人心不异，所谓人皆可以为尧舜也。"⑤他们一致强调一般人与圣贤的"本心"是相同的。这样的表述有两方面引申之义：一是给人鼓励：只要努力，人人都可以成为圣贤。二是给人警诫：人人都应该效法圣贤，不然就是自暴自弃。⑥

提请注意的是，陆王学派所强调的人人之所同，只是指"本心"中那些原

---

① 《礼记·中庸》："君子素其位而行，不愿乎其外。素富贵，行乎富贵；素贫贱，行乎贫贱；素夷狄，行乎夷狄；素患难行乎患难，君子无入而不自得焉。"

② 〔明〕王守仁：《传习录上》，《王文成全集》卷1，《文渊阁四库全书》，第1265册，第30页。

③ 〔宋〕陆九渊：《语录下》，《陆九渊集》卷35，中华书局1980年版，第444页。

④ 〔宋〕杨简：《二陆先生祠记》，《慈湖遗书》卷2，《文渊阁四库全书》，第1156册，第620页。

⑤ 〔宋〕袁燮：《凯风篇》，《絜斋毛诗经筵讲义》卷2，第74册，第23页。

⑥ 《孟子·离娄上》："言非礼义，谓之自暴也；吾身不能居仁由义，谓之自弃也。"

始的现成的部分,只是指人之作为人所应有的那些生理基础和心理基础。用霍顿·库利的话说:"作为遗传基础的本能的并且可教育的潜能是相对稳定的。"①人生命中这部分是相同的,几千年前的人、几千年后的人都与我们今天的人没有什么不同。有时候,袁絜斋将此称为"源",他说:"夫心者,源也。"②这意味着"本心"是做人之源头。他还说:"苟为无源,虽以善为之,其违道远矣。"③如果做人不从"本心"出发,就是天天做好事,也不会走在正确的人道上。絜斋用"源"字来称"本心",可能是受陆象山的影响。陆象山说:"夫苟本体不明,而徒致功于外索,是无源之水也。"④向上追索,孟子也谈到"源"的问题。孟子说:"源泉混混,不舍昼夜,盈科而后进,放乎四海。有本者如是,是之取尔。"⑤孟子真是善于形容者,他将人之道德修养比作泉水。泉水不停流淌,日夜不息,遇到洼地是先将它注满,然后再继续前进,直到最后浩浩荡荡奔向大海。人的道德修养也应该这样,既要有源头,还要锲而不舍。往后浏览,王阳明也有类似的言论,他说:"为学须有本原,须从本原上用力,渐渐盈科而进。"⑥用"源"字来描述"本心",真是充满着睿智!一条河总是有源有流。河的源头固然重要,而支流的汇入也必不可少,不然大江大河也就不会形成滔滔之势,甚至会有断流的危险。同样如此,人之"本心"也需要后天不断地培养、拓展、充实。

袁絜斋特别强调学之"自得"。他说:

> 学以自得为贵。学不自得,犹不学也。今观《论语》一书,多六经之所未尝言,而《孟子》一书,又多《论语》之所未尝言。大圣大贤,岂故求异于人哉?得于心,发于言,亦不自知其为异也,夫是之为自得之学。此理微矣,自象山既殁之后,而自得之学始大兴于慈湖,其初虽有得于象山,而日用其力,超然独见,开明人心,大有功于后学,可不谓自得乎?虽然慈湖之学,慈湖所自有也。学于慈湖者当如之何?早夜以思,求所

---

① 〔美〕查尔斯·霍顿·库利:《人类本性与社会秩序》,华夏出版社 1999 年版,第23 页。

② 〔宋〕袁燮:《跋傅给事帖》,《絜斋集》卷 8,《文渊阁四库全书》,第 1157 册,第 102 页。

③ 〔宋〕袁燮:《郑德源字说》,《絜斋集》卷 7,《文渊阁四库全书》,第 1157 册,第 86 页。

④ 〔清〕黄宗羲:《宋元学案·象山学案》,《黄宗羲全集》,浙江古籍出版社 2005 年版,第5 册,第 278 页。

⑤ 《孟子·离娄下》。

⑥ 〔明〕王守仁:《传习录》上,《王文成全集》卷 1,《文渊阁四库全书》,第 1265 册,第16 页。

以心通默识者，改过迁善，日进不止，必将大有所发挥，岂必一一蹑其迹哉？如是则可谓善学矣！①

孟子不同于孔子，慈湖不同于象山，他们各有"自得"。所谓"自得"，即自得"本心"。也就是说，这些古代的大圣大贤对于"本心"，都有自己独到的体验，都有自己不同的表述，慈湖有慈湖之"本心"，絜斋有絜斋之"本心"。虽然同是圣贤，但他们对"本心"的体验是不一样的。如前所言，一些高级素质的呈现从来都不是单轨的。也就是说，"本心"作为高级素质总是呈现出不同的样态，甚至是无法穷尽的。

絜斋还说："世之学徒知袭先儒绪言，通遗经训释，而不能自得于心，不足以为学，吾心即道，不假外求，忠信笃实，是为道本。"②这是从反面来说明：学而不能自得，便不是为学。这里的后面四句话，即是絜斋之自得，尤其是将"忠信笃实"称为"道本"，这是絜斋有别于他人处。

絜斋在解读《尚书》时，说过一段话："大抵人之言语，其发必有本于心，虽外欲为广大，亦不可得。"③这句话是说，人所说出来的话都是自身素质的呈现，有些人想要有意使自己的话看起来规模宏大，而事实上是做不到的。这也说明人的"本心"是不同的。我们此处将要讨论絜斋之"本心"。

如前所言，"本心"不可思议，但可以呈现于人的言行之中。对絜斋"本心"的讨论，自然不能对"本心"自身发力，而是要考察絜斋的言与行。絜斋存世之文本，实是他生命之外溢；絜斋之所作所为，诚为他"本心"之显现。因此，对絜斋"本心"的讨论，便可以置换成去针对絜斋之文本，并于絜斋之行为中取得印证。絜斋文本向我们揭示了只是絜斋的知识体系，它包括道德的、政治的和历史的三个方面。

在絜斋生命中，最重要的当然是道德践履。他曾有诗曰"吾儒根本在修身"④，这与《大学》中的修齐治平是遥相呼应的。在絜斋看来，修身就是恢复

---

① 〔宋〕袁燮：《书赠傅正夫》，《絜斋集》卷7，《文渊阁四库全书》，第1157册，第86页。

② 〔宋〕袁燮：《袁正献公遗文钞·附录》卷1，《四明丛书》，广陵书社2006年版，第12册，第7042页。

③ 〔宋〕袁燮：《絜斋家塾书钞》卷5，《文渊阁四库全书》，第57册，第760页。

④ 〔宋〕袁燮：《赠史坑冶二首》，《絜斋集》卷24，《文渊阁四库全书》，第1157册，第320页。

自有之"本心",发挥主体之"心"力。但是,"人心至神,无方无体"①,所能见者只是"心之精神"。絜斋认为"心之精神"表现在以下几个方面:

其一,自强不息。絜斋经常谈到"天",他有"尊天"、"法天"、"畏天"之种种说法。② 他所说之"天",不是指"苍苍者天",也不是指日月星辰所呈现出来的天③,而是指流行之大化,是指宇宙大生命。古人有一共识,即认为:"夫天者,万物之总名,自然之别称,岂苍苍之名也?"④至于絜斋,他也说道:"天下事皆有本,万物本乎天,人本乎祖。"⑤他还说过:"精神运用,形见于天下者,无往而非天。"⑥"天"是指宇宙大生命。不是别有一个生命母体叫作"天","天"在天地万物中呈现。当看到千奇百怪的生命形态,或者鬼斧神工的自然景观的时候,我们常常都会大叫一声"天啊",这正是感受到了宇宙大生命的存在而发出的惊呼。宇宙大生命尽可能地发挥着自己的生命能量,创生了让人目不暇接的生动世界。可以说,天地万物均是"天"之所与。包括人的生命,包括人的生命之"本"——"心",都是"天"之所与。

宇宙大生命有一特性,那就是"健"。《周易》说:"天行健,君子以自强不息。"⑦这一特性也叫"生"。《周易》说:"生生之谓易。"⑧又说:"天地之大德曰生。"⑨有些文献又将这一特性称为"行"。《尚书·洪范》论"九畴",首列"五行",絜斋解释说:"以其周流而不息,故谓之行。"⑩用絜斋的话来说,"天之所以为天,以其自古至今运行不已也。"⑪换句话说,"天"的精神就是"日新

---

① 〔宋〕袁燮:《以鉴赠赵制置》,《絜斋集》卷23,《文渊阁四库全书》,第1157册,第303页。

② 〔宋〕袁燮:《轮对陈人君法天札子》,《絜斋集》卷1,《文渊阁四库全书》,第1157册,第5—10页。

③ 《周易·贲·彖》:"观乎天文,以察时变。"此处"天文",即指日月星辰。

④ 〔清〕郭庆藩:《庄子集解》,《诸子集成》本,第3册,第24页。

⑤ 〔宋〕袁燮:《絜斋家塾书钞》卷1,《文渊阁四库全书》,第57册,第643页。

⑥ 〔宋〕袁燮:《轮对陈人君法天札子》,《絜斋集》卷1,《文渊阁四库全书》,第1157册,第6页。

⑦ 《周易·乾·彖》。

⑧ 《周易·系辞上》。

⑨ 《周易·系辞下》。

⑩ 〔宋〕袁燮:《絜斋家塾书钞》卷9,《文渊阁四库全书》,第57册,第829页。

⑪ 〔宋〕袁燮:《絜斋家塾书钞》卷1,《文渊阁四库全书》,第57册,第651页。

无已"。"一元之气,周流磅礴,化成万物,日新不已,天地之精神也。"①

用我们今天的话来解释,天地始终处于进化之中。最早,我们地球上没有生物,是一个物质世界,到处是死一般的沉寂。后来出现了生物,有了植物和动物,生命世界超越并包容了物质世界。再后来出现了人类,人类依靠自己所独具的精神世界,超越并包容了物质世界和生命世界。对人的这种超越之意,絜斋表达得尤为明确,他说:"人禀天地英灵之气,独超于万物,此盖冥冥之中阴有以升之也。"②此处的"升"即意味着超越。

"天"之精神"日新不已",人来源于"天",故人应自强不息。人要自强不息,就是要有所作为,君要行君道,臣要尽臣责,就是一介平民也不可妄自菲薄,也要争取做一个真正的人。絜斋说:"二帝三王,终日乾乾,自强不息,故能全此精神。"③做帝王的要自强不息,去尽自己的本分。絜斋还说:"协于义,无愧于心,潜养之久,辉光之著,得于亲炙者有所则象,得于传闻者亦莫不兴起,是我以一身为天下后世之标准也。"④无职责的隐者也要自强不息,去尽一个人的本分。

絜斋自己就是一个自强不息的人。他有一首诗这样写道:"雨声初断暮云横,天意欲晴犹未晴。好向长空施巨手,扫除氛翳见清明。"⑤这是一首写景诗,也可以看作是絜斋内心的独白。"欲晴犹未晴"是指当时的社会现实,他要"施巨手","除氛翳"而"见清明",这是要积极有益于当世。他另一首诗还写道:"朝来览镜一何哀,发秃容枯半白髭。老态侵寻光景促,著鞭从此勿迟迟。"⑥絜斋已近暮年,为何仍要"勿迟迟"? 当然不是为了升官发财。《絜斋集》第 5 卷收有絜斋先生 19 份辞状,可知升官发财非其所愿。以笔者之悬想,大约絜斋先生看到了自己满头白发,便知自己在世时间不多,想到自己还有许多事没有做,想到自己还有许多缺点没有改正,他便要"著鞭",汲汲于自我完善,不然就来不及了。絜斋先生不是贪生怕死,而恰恰是真正懂

---

① 〔宋〕袁燮:《都官郎官上殿札子》,《絜斋集》卷 1,《文渊阁四库全书》,第 1157 册,第 5 页。

② 〔宋〕袁燮:《絜斋家塾书钞》卷 9,《文渊阁四库全书》,第 57 册,第 827 页。

③ 〔宋〕袁燮:《都官郎官上殿札子》,《絜斋集》卷 1,《文渊阁四库全书》,第 1157 册,第 4 页。

④ 〔宋〕袁燮:《隐求堂记》,《全宋文》,上海辞书出版社 2006 年版,第 281 册,第 249 页。

⑤ 〔宋〕袁燮:《郊外即事七首》,《絜斋集》卷 24,《文渊阁四库全书》,第 1157 册,第 322 页。

⑥ 〔宋〕袁燮:《览镜二首》,《絜斋集》卷 24,《文渊阁四库全书》,第 1157 册,第 324 页。

得生死。只有"知生"之人，才能真正地"知死"①。

其二，大公无私。絜斋说：

> 心本不偏，制行而原于心，斯不偏矣。②

一方面，"心"之发用，"念虑之未萌，喜怒哀乐之未发，表里精纯，一毫不杂，静之至也"③。这里的"静"，不是如道家所提的心如槁木，也不是如佛家所倡的万念寂灭，而是"虽酬酢万变，而安静自若"④。"静"就是无思无虑。连"念虑之未萌"，自然也没有私心杂念，因此是无私无偏。另一方面，"夫人心至灵，是非善恶靡不知之"⑤。人若听从"心"之召唤，就可以处处求一个合理，事事寻一个恰当。按理而行，自然就是公平公正。絜斋先生又将此两方面，称为"直清"。他说："惟直清，天德也，人所以生也。本心之良未有不直，回曲缭绕不胜其多端者非本然也。率性而行，不劳巧智，可不谓直乎？表里昭融，洞彻无间，可不谓清乎？直则清，清则不累其初矣。"⑥絜斋先生这样说，并不是要否定人的感情。依他的意思，人的情感也应该由"心"来主宰，当喜则喜，当怒则怒，一切均可以做到无过与无不及，这便是"本心"呈现。

其三，泛爱民众。"心"与天地相似，天地万物本与人连成一体。他人之痛痒，与自己休戚相关。生命的意义就在于展示。展示生命就会给周围社会带来正能量。因此，关爱百姓疾苦，积极奉献力量，是"心"中应有之意。絜斋先生多次在诗歌中表达了自己的这个愿望，他说："恨无佳政布民间，赋敛犹繁狱未宽。来岁若非禾稼熟，穷檐何以免饥寒？"⑦当时社会赋敛多，法网密，对此絜斋也是无可奈何。他唯一的愿望就是希望年成好，这样许多贫穷人家就可以免于饥寒。袁絜斋告老还乡，在家乡建一楼取名曰"愿丰"，取杜子美的"忧国愿年丰"之意。⑧ 同时代的朱子也有言曰："爱君希道泰，忧国

---

① 《论语·先进》："未知生，焉知死？"

② 〔清〕黄宗羲：《宋元学案·絜斋学案》，《黄宗羲全集》，浙江古籍出版社 2005 年版，第 5 册，第 1017 页。

③ 〔宋〕袁燮：《静斋记》，《絜斋集》卷 10，《文渊阁四库全书》，第 1157 册，第 125 页。

④ 〔宋〕袁燮：《静斋记》，《絜斋集》卷 10，《文渊阁四库全书》，第 1157 册，第 126 页。

⑤ 〔宋〕袁燮：《跋陈宜州诗》，《絜斋集》卷 8，《文渊阁四库全书》，第 1157 册，第 97 页。

⑥ 〔宋〕袁燮：《直清亭记》，《絜斋集》卷 10，《文渊阁四库全书》，第 1157 册，第 130 页。

⑦ 〔宋〕袁燮：《和东林湛堂禅师喜雪韵五首》，《絜斋集》卷 24，《文渊阁四库全书》，第 1157 册，第 326 页。

⑧ 〔宋〕袁燮：《是亦园记》，《絜斋集》卷 10，《文渊阁四库全书》，第 1157 册，第 132 页。

愿年丰。"①由此可见,古之圣贤内心常是不约而同。絜斋曾经说过:"何谓福？国之安荣是也。"何为国之安荣？他说:"选拔贤俊,惠恤黎元,与治世同道,斯安荣矣。"②絜斋还写诗勉励他的朋友说:"抱负如君岂无用,会看膏泽润斯民。"③袁絜斋自己曾做过江阴尉,他之所言可以说是由衷而发。

其四,人间至乐。絜斋先生说:

> 吾闻有世俗之乐,有君子之乐。耳目所接,一时欣然,无复余味者,世俗之乐也。内省不疚,油然而生,日新无穷者,此君子之乐也。世俗以外物为乐,君子以吾心为乐。乐在吾心,清明四达,无适而非道,则亦无适而非乐,彼池台苑圃得之不得,我无加损,又何以歆羡为哉？④

世人多去追求世俗之乐。世俗之乐即"以外物为乐",依靠从外部的摄取而得到快乐。外物的得与失,不总是由着人的主观愿望,人常常追而不得,故追求世俗之乐者常常不快乐,俗语说的"人生不满意者十常八九"即是指此。世俗之乐追求的是耳目所接,所得的只是感官上的快乐。这是一种浅层次的快乐,来得快,去得也快,所以"无复余味"。人去追求这种快乐,得到了一种感官刺激,而感官刺激总是有麻木的时候,于是又渴望更大的刺激,人的精神总是向外奔跑,心力交瘁。而君子之乐追求的是人的内心世界的平和安宁。絜斋反复说道:"究竟孰为清与浊,此心安处即吾庐。"⑤"名利那须较有无,登临乐处即吾庐。"⑥絜斋强调的"心安"、"乐处",即是"内省不疚",此时人之生命处在应对环境的最佳状态。人心"中涵万象,物自不逃"⑦,自可以曲尽万物,自可以莫不的当。正如程伊川所言:"为人处世间,

---

① 〔宋〕黎靖德:《朱子语类》卷107,中华书局1986年版,第7册,第2675页。
② 〔宋〕袁燮:《旄丘篇》,《絜斋毛诗经筵讲义》卷3,《文渊阁四库全书》,第74册,第26页。
③ 〔宋〕袁燮:《赠毛希元二首》,《絜斋集》卷24,《文渊阁四库全书》,第1157册,第320页。
④ 〔宋〕袁燮:《是亦园记》,《絜斋集》卷10,《文渊阁四库全书》,第1157册,第132—133页。
⑤ 〔宋〕袁燮:《山居二首》,《絜斋集》卷24,《文渊阁四库全书》,第1157册,第324页。
⑥ 〔宋〕袁燮:《和治中雪后》,《絜斋集》卷24,《文渊阁四库全书》,第1157册,第319页。
⑦ 〔宋〕袁燮:《以鉴赠赵制置》,《絜斋集》卷23,《文渊阁四库全书》,第1157册,第303页。

得见事无可疑处,多少快活。"①此时伴随而来的快乐,是油然而生的,是由衷而发的,故而能够"日新无穷"。人生命中最自由的便是人的意志,追求内心世界的满足可以不受任何的外界影响。尽管人生也有不如意的时候,而人可以作出调适,可以作出当下最佳的选择。因此,絜斋先生说"无适而非道","无适而非乐"。大概只有实到其境的人才能说出这样的话。庄子也曾说过类似的话:"古之得道者,穷亦乐,通亦乐,所乐非穷通也。"②这种快乐,大概就是宋儒反复探讨的"孔颜乐处",读者自可以去翻看相关文献。英国吉尔伯特·赖尔有一段话,也许有助于我们对这种快乐的理解,他说:"说一个人欣赏挖掘,从这种活动享受着乐趣。他的挖掘活动是一种天然倾向的实现。挖掘活动就是他的快乐,而不是他的快乐的载体。"③

　　以上四点,大约是可以概括絜斋先生对"心"的认知的,这是他的自得。絜斋说:"根源见端的,履践严度程。"④只有对"心"的认知是不够的,还要有严格的践履,孔子也有"知及仁守"之说⑤。有关践履方面的知识,絜斋有自己一些看法,这与絜斋的工夫论有关,我们将在下一节专门加以讨论。

　　絜斋先生除了有道德践履知识以外,还有政治知识和历史知识。絜斋的政治知识异常丰富,包括政治运作、军事建设和经济发展。一落到政治运作,人们容易产生两种误解。一是认为过去参加科举考试选拔出来的官员,都有一些书呆子气,做事说话都是很迂腐的,就像吴敬梓小说里中了举的范进一样。此言大谬。过去科举考试科目中就有策论一项,是考察举子对时事的看法和分析问题、解决问题的能力。过去参加科举而想有一番作为的人,大都注意培养自己的行政能力。如杨慈湖曾说:"虽曰不可以政学,向也不学,及政而始学,则未闻。向也学为政而不废学,可也。"⑥这意思是说,如果读书只是为了去当官,那是不可以的。但是,如果平时不注意学习如何为政,等到从政以后才去学习,这也是闻所未闻的。平时学习如何为政,并不妨碍人的性命道德之学,反而有助于人的道德修养。

　　那么,应如何去有意识培养自己的政治才能呢?絜斋在谈论诸葛亮时,

---

　　①　〔宋〕程颢、程颐:《河南程氏遗书》卷 18,《二程集》,中华书局 1980 年版,上册,第 193 页。

　　②　《庄子·让王》。

　　③　〔英〕吉尔伯特·赖尔:《心的概念》,商务印书馆 1992 年版,第 115 页。

　　④　〔宋〕袁燮:《题习斋》,《絜斋集》卷 23,《文渊阁四库全书》,第 1157 册,第 312 页。

　　⑤　《论语·卫灵公》:"子曰:'知及之,仁不能守之,虽得之,必失之。'"

　　⑥　〔宋〕杨简:《先师》,《慈湖遗书》卷 18,《文渊阁四库全书》,第 1156 册,第 900 页。

曾说过："彼(指诸葛亮)非仕而后学者,意其在畎亩中,庞德公、徐元直之流,相与讲之者熟矣。"①这是说诸葛亮在出来做官以前,就了解当时政坛情势,熟知为官之道,他主要是与志同道合的朋友相与讲求。在谈到唐代陆贽时,絜斋极力称赞陆贽全才："内而正君,外而谋国,绳愆纠谬之益,开物成务之策,绰然有余,曾未闻有扞格而不通者。"而且他还指出陆贽获得全才的原因是"学问涵养,所以潜其心者"②。至于絜斋平时如何学习政治知识,他并没有明说,只是在《秀野园记》中他提到他父亲："先君无恙时空乏甚矣,而舍旁犹有三亩之园,植花及竹,日与其子若孙周旋其间,考德问业,忘其为贫。"③这里的"考德问业"一定也包括一些如何从政方面的知识。陆象山在荆门的政绩、杨慈湖在乐平的治理、袁絜斋在江州的贡献,这些都表明：如果他们没有一定的政治素质,这些政绩都是不可能出现的。

还有人认为政治就是权谋,就是机心,需要权衡利弊,计较得失,然后有所定夺。这应该是法家学者的胜场所在,而儒家学者尤其是心学家们,所讲的都是无思无为的"本心",常常难以落在操作层面。此言也有毛病。政治确实与权力有关,好的政治是合理地运用权力,去让每一个人的生命潜力都得到充分的发挥,不好的政治才是玩弄权力本身。前者是政治智慧,后者是机心,关键在于出发点的不同,是为公还是为私。法家学者善于权衡利弊,但他们的出发点是维护帝王统治。维护帝王统治,终究是为了成全法家学者自己的私心。④ 根本一错,余不足论。儒家学者尤其心学家们更多是讲发明"本心",但并非悬空地谈"本心"。心学家眼中的"心"无方无体,必须通过践履来识认"本心",从政、经商均不妨其恢复自我"本心"。絜斋说："天下无二道,人皆有之,何为其不可学也? 朝夕思之,造次不舍,一旦豁然,清明在躬,出处语默无有间隔,昭昭乎其不可诬也。是之谓自得。德者,得也,由是而存养,由是而践履,形于运用,发于事业,何往而非此心耶?"⑤而"本心"之发用不可思议,更没有私心私欲,自然都是一切为公。

消除以上两种误解,我们再看絜斋如何对待政治运作。袁絜斋写过不少札子和奏疏,他给最高当权者提出一些原则性建议,如希望皇帝能够"发

① 〔宋〕袁燮:《诸葛亮论》,《絜斋集》卷7,《文渊阁四库全书》,第1157册,第73页。

② 〔宋〕袁燮:《陆宣公论》,《絜斋集》卷7,《文渊阁四库全书》,第1157册,第75页。

③ 〔宋〕袁燮:《秀野园记》,《絜斋集》卷10,《文渊阁四库全书》,第1157册,第133页。

④ 关于此点,可参看徐复观先生的《两汉思想史》卷一。

⑤ 〔宋〕袁燮:《德斋记》,《絜斋集》卷10,《文渊阁四库全书》,第1157册,第129页。

强刚毅"，要"法天而行"，用人要亲贤臣远小人，要善听意见，广谋于众，做事要从大处着眼，了解民众疾苦，等等。这些足以见出他的一番苦口婆心。他对一些具体政策也提出自己的看法，如选拔人才、管理人才等。在实际的政治运作中，絜斋先生还有一些自己的创新。真西山在《行状》中写道，当时浙西大饥，提举常平罗点选絜斋为僚吏，让他分任江阴的赈恤事宜。"公谓经理田野之政，自一保始。每保画一图，凡田畴、山水、道路、桥梁、寺观之属，靡不登载，而以民居分布其间，某治某业，丁口老幼，凡几悉附见之。合诸保为一都之图，合诸都为一乡之图，又合诸乡为一县之图，可以正疆界，可以稽户口，可以起徒役，可以备奸偷。凡按征发、争讼、追胥之事，披图一见可决。在田野为保社，在军旅为伍法，韩信多多益办，用是故也。公首以此为荒政之要，由是民被实惠，而欺伪者无所容。"①由此可见，絜斋对于这次赈灾确实下了一番苦功，也可以看出他的施政能力。

在军事建设方面，絜斋也有自己的一些看法。孔、孟很少谈及军事。孔子曰："军旅之事，未尝学也。"而孟子亦云："善战者服上刑。"但是到了南宋，面对当时的特殊形势，儒家学者不能不关注军事。杨慈湖"有志于武备踰四十年"②，袁絜斋也说："兵机将略，乃君子所当讲也。"③对于南宋与金国的关系，袁絜斋是坚决反对一味求和的，他也反对冒失开战，他主张必先定其规模而后等待时机。不向敌人求和，就必须以实力说话，所以絜斋强调要加强军事建设。他建议从实战中选拔将领，对于军功的赏赐要及时，尽可能地发挥从北方归向南宋人的民心。还要加强训练，严明纪律，完善防御工事。絜斋先生不只是嘴上说说而已，他还将自己的想法付诸实践。他曾经挑选一些士兵，加以严格训练，使他们后来都成为武艺高强的卫国勇士。

絜斋先生还注意国家经济的发展。他知道钱财对于南宋政权的重要性。南宋每年需要向北方输送大量的"岁币"，需要维持庞大的军费开支，还需要维系政府的正常运转，另外皇亲国戚还要维系颜面。而南宋本来地方偏小，又加上水旱之灾，财政常常是捉襟见肘。絜斋认为应开源节流。开源

①　〔宋〕真德秀：《显谟阁学士致仕赠龙图阁学士开府袁公行状》，《西山文集》卷47，《文渊阁四库全书》，第1174册，第749页。
②　〔宋〕杨简：《陈规守城录序》，《慈湖遗书》卷1，《文渊阁四库全书》，第1156册，第610页。
③　〔宋〕袁燮：《边防质言论十事》，《絜斋集》卷7，《文渊阁四库全书》，第1157册，第75页。

就是政府少一些赋税，让民间多一些经济活力，这样就可以活跃生产，发展经济。减少一些关税，吸引商人从事商业活动，这样可以搞活经济。节流就是取消向北方输送"岁币"，抑制皇亲国戚的奢侈性消费。絜斋还关注经济领域的一些具体的技术性问题。如有关楮币的发放与回收①、有关"内币"的使用等。值得一提的是絜斋对待商人与商业的态度。絜斋夫人边氏的叔父是一名商人②，絜斋给他写墓志铭，称"其乐易可亲，其谨肃可敬，望而知为吉人良士也"③。在过去中国社会，对于商业是压制的，对于商人也是鄙视的。袁絜斋给一个商人写墓志铭，而且写下这样赞许的话，可见他的识见不俗。明代王阳明为商人方麟写有《节庵方公墓表》④，余英时先生称之为"新儒家社会思想史上一篇划时代的文献"⑤。笔者以为，絜斋早在阳明之前就委婉发出尊重商人之意。絜斋还曾撰文强调通货也是国之本⑥，这是他看到商业在国民经济中的重要作用。

　　以上是袁絜斋在政治运作、军事建设、经济发展等方面观点概述，详细情形将在第三章中进行讨论。总之我们可以得出这样一个结论：絜斋先生对于政治知识也是相当娴熟的。下面我们来看看絜斋的历史知识。在前文谈到絜斋师友的时候，我们注意到吕东莱的文献之学对于袁絜斋有着较大影响。絜斋先生非常重视对历史文献的学习。

　　絜斋学习历史知识，当然是为了更好地修身。他有诗云："前古哲人端可法，遗编遐躅尚堪寻。公余莫厌频翻阅，要使胸中广且深。"⑦读圣贤之书，就是去师法圣贤，最终目的是使自己"胸中广且深"。使"胸中广且深"，就是涵养"本心"，是要在两方面来提高自己的素质：一是要"广"，是要尽可能地

---

① 〔宋〕袁燮：《便民疏二》，《全宋文》，上海辞书出版社 2006 年版，第 281 册，第 108—110 页。

② 《边用和墓志铭》没有直接称这位边某是商人，而是说："在举场二十年，既不得志，而生理阙然，谋所以致丰裕者，不为世俗垄断之术，始若难就，苦心刻意，恶衣菲食，期必裕乃已，久之果裕，又久而益裕。"（〔宋〕袁燮：《边用和墓志铭》，《絜斋集》卷 20，《文渊阁四库全书》，第 1157 册，第 280 页）由此可知这位边某是以经商为业。

③ 〔宋〕袁燮：《边用和墓志铭》，《絜斋集》卷 20，《文渊阁四库全书》，第 1157 册，第 280 页。

④ 〔明〕王阳明：《王阳明全集》（上册），上海古籍出版社 1992 年版，第 941 页。

⑤ 余英时：《士与中国文化》，上海人民出版社 2003 年版，第 456 页。

⑥ 〔宋〕袁燮：《论立国之本在足食通货疏》，《全宋文》，上海辞书出版社 2006 年版，第 281 册，第 93—95 页。

⑦ 〔宋〕袁燮：《赠京尹八首》，《絜斋集》卷 24，《文渊阁四库全书》，第 1157 册，第 321 页。

拓宽自己的规模,要能够胸怀天下。二是要"深",是要加深自己对问题的认识深度,要能够做到明察秋毫,洞若观火。从根本上来说,人素质的这两方面是相互促进、密不可分的。《中庸》说:"肫肫其仁,渊渊其渊,浩浩其天。""渊渊其渊"是形容人心的深度,"浩浩其天"是形容人心的广度,此两语便是来揭示圣人"肫肫其仁"的一体两面。《中庸》又说"致广大而尽精微",钱穆先生借此发挥说:"若求致广大,则必尽精微。惟有精微之极,始是广大之由。"①

涵养"本心"的目的是为了发于事业,是为了造福民众。絜斋说:"君子之道无所不取,则智益明,德益崇,以临其民则恢然有余裕矣。求之不广,用之易竭,无以深得乎民心,又岂能为俊伟光明之事业乎?"②从这一番话,我们可以看出絜斋心学特点:涵养"本心"不是悬空地把捉,而是落实在为国家为百姓上,落实在事业上;涵养"本心"要追求阔大的境界,要有恢宏的气势。

总之,絜斋学习历史知识,是通过拓宽自己素质的广度,来加深自己素质的深度。杨慈湖说袁絜斋:"志气恢宏,博览群书,自六经诸子百家及前代治乱兴亡之迹暨国朝故事,靡不该贯,于先圣格言大训玩索尤精。有契于心,则终日讽咏。"③絜斋博览群书,最终是要"有契于心",还是落实在涵养"本心"上。

絜斋学习历史知识,还为了他的政治言论增加力度。古人说:"以史为镜,可以知兴替。"絜斋的政论文章,几乎每篇都要引历史事实来加以佐证。如在劝当权者要多多惠民时,絜斋说:"东晋之末李雄李特之流,初起不过流民,浸盛乃能据蜀。鉴往可为寒心。"④这是在警告当权者,如果不善待百姓,他们就会成为流民,迟早会酿成危及政权的草寇。在鼓励宋宁宗有所作为时,絜斋说:"汉之宣、唐之太宗,虽未纯懿,而能勉强振作,兴起治功,烂然可观,而史皆以厉精称之,亦可谓英主矣。"⑤在儒家学者眼中,汉宣帝、唐太宗都是王霸杂用的皇帝,与传说中的二圣三王相比,算不得是理想的君主。但

①　钱穆:《中国思想通俗讲话·自序》,三联书店 2002 年版。

②　〔宋〕袁燮:《书赠蒋宰》,《絜斋集》卷 7,《文渊阁四库全书》,第 1157 册,第 87 页。

③　〔宋〕杨简:《故龙图阁学士袁公墓志铭》,《全宋文》,上海辞书出版社 2006 年版,第 276 册,第 53 页。

④　〔宋〕袁燮:《轮对陈人君法天札子》,《絜斋集》卷 1,《文渊阁四库全书》,第 1157 册,第 7 页。

⑤　〔宋〕袁燮:《都官郎官上殿札子》,《絜斋集》卷 1,《文渊阁四库全书》,第 1157 册,第 4—5 页。

是汉宣帝、唐太宗毕竟是历史上真实存在的帝王,絜斋为了"勉使吾君冠百王"①,以此来激励当时的国君。因此,有学者这样来评价絜斋:"在南宋理学家中,他是一个特别注重历史经验而少于论述一般封建伦理的学者。"②

絜斋对于本朝的历史尤为用心。不少儒家学者张口"三代",闭口"三代",有一种"三代"情结。而"三代"毕竟年代久远,有些史实渺不可考。所以拿"三代"来劝说人君,总给人"烟涛微茫信难求"的感觉,显得有些迂阔而不近人事。絜斋建议当权者要学习祖宗家法,他说:"夫溺于卑者固不足论,而过于高者徒劳无益,斟酌二者而求乎至当,其惟一代之家法乎?"③提倡祖宗家法,这是絜斋聪明之处。一般说来,开国帝王大多是有为之君。若他一无是处,又怎么可能夺得天下?宋太祖建立大宋,立有家法。宋太宗说:"先皇帝创业垂制二十年,事为之防,曲为之制,纪律已定,物有其常,谨当遵承,不敢逾越。"④宋代的一些帝王,也确实念念不忘祖宗家法。如宋真宗任李沆、王旦为宰相,都是恪守成规。朱晦庵说他们:"本朝自李文靖公、王文正公当国以来,庙论主于安静,凡有建明,便以生事归之。"⑤絜斋提倡祖宗家法又有他的用心,他在宋代开国皇帝事迹中加入了自己一些美意。如他说:"盖我祖宗之御天下,道德仁义以为之本,法制纪纲以为之具,其更事多故其烛理明,其为虑远故其立法密,损益前代,斟酌事宜,根本乎圣心,发挥乎事业,坦然大中至正之道。"⑥絜斋所说的宋代家法并非真的如此美好,自然是他添加了一些自己的想象。如果当权者真的能够持守祖宗家法,便既有孝道之名,又可行仁政之实。絜斋还用当朝的历史教训来警戒国君。他说:"崇观政宣之际,此徒实繁,所以靖康之祸至大至酷。今日所当深戒也。"⑦正是由于徽、钦二宗亲近了小人,结果引来靖康之耻。

---

① 〔宋〕袁燮:《和孙吉父登第二首》,《絜斋集》卷 24,《文渊阁四库全书》,第 1157 册,第 319 页。

② 崔大华:《南宋陆学》,中国社会科学出版社 1984 年版,第 171 页。

③ 〔宋〕袁燮:《代武冈林守进治要札子》,《絜斋集》卷 2,第 21 页。

④ 〔宋〕李焘:《续资治通鉴长编》卷 17,"开宝九年十月乙卯"条,中华书局 1979 年版,第 382 页。

⑤ 〔宋〕朱熹:《本朝四·自熙宁至靖康用人》,《朱子语类》卷 130,中华书局 1986 年版,第 3095 页。

⑥ 〔宋〕袁燮:《代武冈林守进治要札子》,《絜斋集》卷 2,《文渊阁四库全书》,第 1157 册,第 22 页。

⑦ 〔宋〕袁燮:《轮对陈人君法天札子》,《絜斋集》卷 1,《文渊阁四库全书》,第 1157 册,第 8 页。

絜斋如此博古，即是为了现实的应用。有识之士均知历史知识之重要。与絜斋同时的倪思①，曾上奏帝王应在科举考试中加重史学分量。他说："窃见近日学校科举之弊，患在士子视史学为轻。……前事之失，后事之戒，不为无补，皆学者所宜讲究者也。……乞申敕考官，课试命题，杂出诸史，无所拘忌，而于去取之际，稍以论策为重。庶几士子博古通今，皆为有用之学。"②可见，重视历史在当时也是社会的一种共识。

通过以上分析，我们可以看出絜斋的知识体系，它包括三个部分，即修身知识、政治知识和历史知识。絜斋的这三方面知识，是融为一体的，均是其"本心"的呈现。这些知识已转化成他的素质，在他身上体现为一种整体倾向与综合能力，这就是絜斋之"本心"。听从"本心"的指引，絜斋加强自我修身，并注重政治上的发用。絜斋说："人之本心，万善咸具。乍见孺子将入井，皆有怵惕恻隐之心；嗟来之食，宁死不受。是之谓本心。然则公、廉、勤、谨、忠、信、和、缓，非人之本心乎？ 大本昭融，一以贯之也。"③"公"、"廉"、"勤"、"谨"、"忠"、"信"、"和"、"缓"等八字，是人从政所应遵守的行为准则，而絜斋说它们是"一以贯之"。这个"一"即是人之"本心"，也是人之素质。也只有人的素质，然后才能涵融如此多的人之品德。

2.2　絜斋之工夫

以上讨论了絜斋之本体，接下来是要讨论絜斋之工夫。既然"本心"不是现成的，而是一种创造性的呈现，那么就需要下一番工夫而后才能呈现。工夫即是获得本体的方法、途径及实践，这是絜斋心学的一个重要方面。我们研究古人，是要从古人处获得治今人病的良方。看古人如何下工夫，对我们的人生应是最有助益。讨论絜斋之工夫，可依据的资源来自两方面，即絜

---

① 倪思（1147—1220），字正甫，湖州归安（今浙江湖州市）人。南宋乾道二年（1166）进士，中博学宏词科。累迁秘书郎，除著作郎兼翰林权直。历孝宗、光宗、宁宗三朝，曾任礼部侍郎、兵部尚书、礼部尚书等职。主张抗金，反对求和，以直谏著称。曾因斥韩侂胄而被革职，后重新起用。嘉定二年（1209），被史弥远两次罢官。临死还上疏朝廷，陈述政治主张。卒后谥文节。著有《齐山甲乙稿》、《兼山集》、《经锄堂杂志》。

② 〔宋〕倪思：《今后考试乞重史学奏》，《全宋文》，上海辞书出版社 2006 年版，第 282 册，第 298 页。

③ 〔宋〕袁燮：《跋八箴》，《絜斋集》卷 8，《文渊阁四库全书》，第 1157 册，第 98 页。

斋的言与行。其实像絜斋这样的贤者，他的言行本是相互统一，表里如一。但是为了言说上的方便，我们不得不区而别之。因此，我们将联系这两方面来探讨絜斋之工夫问题。

"本体"与"工夫"之关系，同素质与行为之关系是相对应的。如前所言，素质与行为密不可分。人有什么样的素质，就会有什么样的行为；行为又会反过来拓展、培养、浇灌素质。人的行为分为外部的身体行为与内部的心理行为。与此相对应的，人的工夫也含有两个方面：即内部工夫和外部工夫。内部工夫主要是在意识领域里着力，外部工夫主要是在行动方面上用功。下面我们就来探讨这两个方面。

2.2.1 絜斋的内部工夫

絜斋说："古人为己工夫，至精至密，至深至实，无愧乎此心而已。"①真正儒者的工夫应该是"为己工夫"，也就是培养自我素质的工夫，也就是提升自我生命境界的工夫。孔子说："古之学者为己，今之学者为人。"②孔子是强调学问是"为己"的。絜斋的为己工夫说起来简单，"无愧乎此心而已"；做起来不易，是"至精至密，至深至实"。正如王阳明也说："学问之道无他，求其放心而已，盖一言而足。至其功夫节目，则愈讲而愈无穷者。"③这是说儒者的工夫说起来简单，做起来不易。絜斋说"至精至密，至深至实"，是就人的内部工夫而言。人的内部工夫至少有两个阶段，用絜斋的话说，就是"精思以得之，兢业以守之"④。也就是说，第一步是识认"本心"；第二步是固守"本心"而不失。

第一步识认"本心"，不是一件容易的事。程明道曾说："这个'仁'字，却是我自家体贴出来的。"早在孔、孟之时，人们就已反复称引"仁"之一字，而程明道却说是自家体贴出来的。这意思是说，"仁"之名词人人都能说得，而对"仁"真正之意味只有靠切己感悟才能把握。程明道一句"仁者，浑然与物同体"，不是真实到了那个地步的人是不能说出这样话的。这里涉及一个"真知"的问题。絜斋说："大抵人之于道，必贵乎真知。能真知之，方可谓之

---

① 〔宋〕袁燮：《吴晦夫字说》，《絜斋集》卷7，《文渊阁四库全书》，第1157册，第85页。
② 《论语·宪问》。
③ 〔明〕王守仁：《寄希颜三》，《王文成全集》卷4，《文渊阁四库全书》，第1265册，第134页。
④ 〔宋〕袁燮：《丰清敏公祠记》，《絜斋集》卷9，《文渊阁四库全书》，第1157册，第111页。

明哲。所谓真知者,如知陷阱之不可入,知水火之不可蹈也。……伊川先生尝言:'知之深者如亲遭虎之伤者也,未尝真知如闻虎之伤人者也。'此之谓知,是真个知。"①这种"真知"是"本体"之知,是由人生命而发出之知。陆象山多从人"血脉"上来说"本心"②,也就是从人的生命深处来说"本心"。袁絜斋听后拜陆象山为师,但他"研精覃思,有所未合,不敢自信"③。也就是说,他听了象山之言,但对"本心"仍然没有"至实"的感觉,并没有做到"真个知"那个"本心"。要"真个知"那个"本心",就需要做许多工夫。

把握"本心"确实不易。心学家们所说的"心",无方无体。它不等于人的心理,但又离不开人的心理。从孟子开始,人们多以举例来加以说明,我们也从分析例子来入手。人乍见孺子将入于井,便有恻隐之心,这是儒家学者所津津乐道的"本心"。而一个小偷看到别人钱包,便想据为己有,这毋庸置疑不是"本心"。同样是人的心理活动,同样是人近乎本能的反应,为何一个是"本心",而另一个不是"本心"?絜斋认为这是"性"与"习与性成者"之别。他说:"且如乍见孺子入井,皆有怵惕恻隐之心,不待思量计较,是心倏然而起,这个是性。至于见淫声美色,此心便喜,为人所犯,此心便怒,亦不待思量计较而发,可以谓之性乎?此所谓习与性成者也。"④也就是说,这是"本心"与"习心"的分别。

如果说偷盗别人东西是神谕所明令禁止的,关爱他人是神所极力提倡的,那么分辨"本心"与"习心"的依据就不是来自于人的生命本身,而是来自外部的神圣权威。如果考虑到恻隐之心有利于人与人之间相互帮衬,偷盗之心不利于人与人之间和睦相处,那么这是由外在的功利推导出来的依据,也不是来自于人内在"本心"。说偷盗之心不是人之"本心"而是"习心",是因为偷盗者在第一次偷盗时,都会有一种羞耻之心,都会有心跳加快的不道德感。只是后来他偷盗成为习惯,这种羞耻之心才遭受遮蔽,他才会见他人东西就起偷盗之心。这偷盗之心是后来习得的。

那么应该如何去识认"本心"?"本心"是生命呈现出的一种觉悟状态,

---

① 〔宋〕袁燮:《絜斋家塾书钞》卷 7,《文渊阁四库全书》,第 57 册,第 786 页。

② 陆象山说:"吾与人言,多就血脉上感移他,故人之听之者易,非若法令者之为也。"(〔宋〕陆九渊:《语录上》,《陆九渊集》卷 34,中华书局 1980 年版,第 401 页)

③ 〔清〕黄宗羲:《宋元学案·絜斋学案》,《黄宗羲全集》,浙江古籍出版社 2005 年版,第 5 册,第 1016 页。

④ 〔宋〕袁燮:《絜斋家塾书钞》卷 5,《文渊阁四库全书》,第 57 册,第 747 页。

是人内在素质的自然呈现。絜斋说："自顶至踵，全体精明，循而行之，亦不自知所以然也。"①这里的"全体精明"是指人的生命整体处在一种异常灵敏状态之中，"不自知所以然"是指生命无思无虑，处在一种自然状态之中。絜斋"研精覃思，有所未合"，因为"本心"不是思虑可以获得。絜斋识认"本心"是靠"悟"，是靠"觉"。据《宋元学案》记载：

> （絜斋）居一日，豁然大悟，因笔于书曰："以心求道，万别千差；通体吾道，道不在他。"慈湖与先生同师，造道亦同，而每称先生之觉为不可及。②

杨慈湖非常喜欢议论"觉"，《慈湖遗书》中有不少这类的文字。袁絜斋则很少直接来谈论"觉"，但絜斋本人也有过"觉"，这是毋庸置疑的。有资料记载："袁和叔云：'非木非石，无思无为。'杨敬仲深爱其语，故铭其墓曰：'和叔之觉，人所未知，非木非石，无思无为。'盖以为造极之语也。"③杨慈湖与袁絜斋所说的"非木非石，无思无为"，正是"觉"的两个特点："非木非石"是说人不麻木，始终处在异常灵敏的状态；"无思无为"是说没有主观意识参与其中，人始终处在自然的状态。"觉"的这两个特点，与前文所说的素质呈现的两个特点是相对接的。

以常人眼光看来，此两点似乎相互矛盾。杨慈湖也曾为此积疑二十年，他说："少读《易大传》，深爱'无思也，无为也，寂然不动，感而遂通天下之故'。窃自念学道必造此妙。及他日读《论语》，孔子哭颜渊至于恸，从者曰：'子恸矣！'曰：'有恸乎？'则孔子自不知其为恸，殆非所谓无思无为、寂然不动者？至于不自知，则又几于不清明。怀疑于中，往往一二十年。"④杨慈湖积疑二十年，也是"精思"二十年，最后终于大"觉"，觉知"本心"能够无思无为而无不思为。这种"觉"实是人的素质积累到一定地步，在认知上有了一次质的突破。这就好像我们做一道数学难题，开始简直是无从入手，但随着我们解题能力的积聚和增强，也许就在不经意之间便有了答案。

后来杨慈湖与袁絜斋均有了"觉"，都能深造其境，故能够"心有灵犀一

---

① 〔宋〕袁燮：《丰清敏公祠记》，《絜斋集》卷9，《文渊阁四库全书》，第1157册，第112页。

② 〔清〕黄宗羲：《宋元学案·絜斋学案》，《黄宗羲全集》，浙江古籍出版社2005年版，第5册，第1016页。

③ 〔宋〕罗大经：《鹤林玉露》卷12，《文渊阁四库全书》，第865册，第362页。

④ 〔宋〕杨简：《杨氏易传》卷20，上海古籍出版社1990年版，第213页。

点通"。杨慈湖以此来铭袁絜斋之墓,说明二人均有见于此,精神内契,有会于心。这是对絜斋最好的褒奖!对于一般人来说,这可能是"人所未知"的,不知什么意思。以我们的知识来蠡测,"觉"是人的"本体"之"知",也就是有素质的人的明彻通达。人在"觉"的过程中,一般意义上的思维和语言都帮不上忙,而是整体地直感地去把握事物的本质。可以这样说,"本心"的功能就是"觉","觉"正是"本心"的呈现。人的"本心"醒过来,就是"觉"。

"觉"能够把握"道"。一方面,生命就像河流一样,有河水自然就有河道,生命也有生命之道。人的生命之道与宇宙大生命息息相通,故人可以通过自身认识万事万物。另一方面,人的生命里本来具有"觉"的潜能,这就是人的"本心",它能够直接把握生命之"道"。人在年幼的时候,几乎与动物没有什么分别,人生命中"觉"的潜能受到自身肉体的蒙蔽,故人需要"启蒙"。人长大以后,或受外物引诱,或遭内欲驱使,人自身"觉"的能力也容易受到压抑,自我"本心"不能得到呈现。一旦人有了觉悟,也就与宇宙大生命进行了交流,此时人的生命境界就会有一个质的超越。

絜斋所讲的"精思",就是慈湖所说的"觉"。"精"为纯一不杂之谓。一方面,"精思"里面包含着"思"。絜斋说:"自始知学,讲求大道,弗得弗措,久而浸明,又久而大明。"①这里的"讲求大道",就是"思",而且是"弗得弗措",这是一种锲而不舍的韧劲,这样人才有可能由"明"到"大明"。另一方面,"精思"是对"思"的超越。絜斋说:"精思密察,跬步不忘,道心豁然,全体著见,非智巧所能揣摩,口耳所能传授,是之谓自得。……浑然无间,内外两忘,此自得之功也。"②此时"浑然无间,内外两忘",已不同于我们一般意义上的思考运算。可以说,"精思"是对"思"的超越并包容。絜斋在给黄度写墓志铭时,说到黄度的父亲黄巽,"纯厚而旷达,晚益超悟,欣然有得。止斋陈舍人傅良,闻其语而异之,曰:'此非由师授而得也。'"③"非由教授而得",那就是"自得",也就是由觉悟而"自得"。有过"觉"的人,便会有"自得",那他说话与做事便与以前大不相同,故陈良"闻其语而异之"。

---

① 〔宋〕袁燮:《象山先生文集序》,《絜斋集》卷 8,《文渊阁四库全书》,第 1157 册,第90 页。

② 〔宋〕袁燮:《通州州学直舍记》,《絜斋集》卷 10,《文渊阁四库全书》,第 1157 册,第117 页。

③ 〔宋〕袁燮:《龙图阁学士通奉大夫尚书黄公行状》,《絜斋集》卷 13,《文渊阁四库全书》,第 1157 册,第 171 页。

　　絜斋豁然大悟以后,写了四句话,反映出他觉悟前后的巨大反差。"以心求道,万别千差",这是说絜斋觉悟以前的情形。这里的"心"不是"本心",而是计较之心,是心理学上的思维意识。"道"略等于原则、规律。如果我们立一个计较心去求"道",就会发现子女孝顺父母有孝顺之"道",父母关爱子女有慈爱之"道",瓜有瓜的生长规律,豆有豆的生长规律。这是向他物上来求"道",所得之"道""万别千差"。"通体吾道,道不在他",这是絜斋觉悟以后的认知。"通体"就是以我整个生命去迎接外物,外物之"道"与我的生命之"道"融合为一,"浑然无间,内外两忘",并在我的"本心"上呈现出来。因此,"心"即"道",只要向内于自己"心"上认取,就可以把握天地万物,故絜斋说"道不在他"。对于"道不在他",读者可能会有疑问:"道"应是客观存在于事物之中,而事物外在于人,怎么能说"道不在他"呢?其实客观存在的"道"只是一个理论假设,对"道"的发现与表述还得依靠人之能力。换言之,我们所理解的事物之"道",看起来是客观的,其实还是人能力的一种投射。因此,絜斋才会说"道不在他"。一把锄头只有当农民使用它时,锄头能够锄草的功能才会显现出来。因此,在一定意义上来说,锄子的锄草功能是熟练的农民赋予它的。

　　絜斋认知了"本心"。他说:"人心至神,无体无方,有如斯鉴,应而不藏";它"洞烛毫发,非由外至,实自中发";它"中涵万象,物不自逃"[1]。这些都是絜斋到了实地所见之语。因为人的内心,思绪万千,如何认取"本心",确实要下一番苦功,所以絜斋说"至精至密"。又因为"觉"是不可思议,超越我们一般意义上的思考,所以絜斋说"至深"。又由于"觉"而得到的"本心",是从生命中得到,是人的真切感知,所以絜斋说"至实"。

　　第一步识认"本心",第二步便要固守之。絜斋说:"知及之,仁不能守,虽得必失。"[2]这是说虽经千辛万苦识认了"本心",但如不能时时让其呈现,最终还是会坠入恍惚之中。就像我们初步掌握某一门技术,若不及时练习加以巩固,后来我们很有可能就失去这门技术。陆象山说:"今之学者譬如行路,偶然撞着一好处便且止,觉时已不如前人,所以乍出乍入,乍明乍

　　① 〔宋〕袁燮:《以鉴赠赵制置》,《絜斋集》卷23,《文渊阁四库全书》,第1157册,第303页。
　　② 〔宋〕袁燮:《跋子渊兄弟行实》,《絜斋集》卷8,《文渊阁四库全书》,第1157册,第96页。

暗。"①这是说有些学者偶尔也有一"觉",知道"本心"的好处,但是浅尝辄止,故此做事也只能是一时糊涂,一时明白。絜斋先生特别提出要"兢业以守之"②。所谓"兢业",就是宋代理学家们所特别提倡的"敬"。絜斋说:"兢业之谓敬。"③所谓"敬",就是将全副精神投入当下情境中的一种心理状态。如《诗经》所云的"战战兢兢,如临深渊,如履薄冰"④;如孔子所说的"出门如见大宾,使民如承大祭"⑤;如我们平时小心翼翼地端着一盆水,全神贯注地开着一辆车,都是在一种"敬"的状态。这里的"守"字,是坚守的意思,也就是要人始终保持这个"敬"的状态。做"敬"的工夫对于进德修业太重要了。絜斋说:"人不可无敬畏,而敬畏之心又须贵乎坚固。今人有过失而德不进,皆缘无所敬畏之故。"⑥就是到了圣人境地,也还要保持这个"敬"字,有一念不敬,便不是圣人了。"德虽至于圣人,然临深履薄之念何尝一日敢忘。斯须不敬,便有过失,甚可畏也。"⑦

　　"敬"只是一个心理状态,并不是一个什么物件,人可以抓住不放。因此,固守"本心"还应该有具体的内容。这可以从两面着手:消极的方面,需要"去欲";积极的方面,需要"反省"。絜斋说:"鉴以尘昏,心以欲翳。欲全其明,盍去其累。经武折冲,其任非轻。勿贪小利,勿徇虚名。律身惟谨,上功必实。欺心不萌,精忠贯日。"⑧絜斋还说:"盖才不逸欲,才能兢业,则此心清明,故事之几无不洞烛,如明鉴然,妍丑皆莫之逃。逸欲是肆,兢业不存,此心昏蔽,岂能见几而知所戒乎?"⑨这是一个比喻,人心如明镜一般,本来是非善恶,纤毫毕显。但是,心中有了欲望,就如同镜上蒙了尘埃,从而失去本有的光亮。因此,要想"本心"呈现,就必须"去欲"。絜斋有诗云:"己私未克

————————

　　①　〔宋〕陆九渊:《语录下》,《陆九渊集》卷35,中华书局1980年版,第434页。

　　②　〔宋〕袁燮:《丰清敏公祠记》,《絜斋集》卷9,《文渊阁四库全书》,第1157册,第111页。

　　③　〔宋〕袁燮:《敬义立斋记》,《絜斋集》卷10,《文渊阁四库全书》,第1157册,第129页。

　　④　《诗经·小雅·节南山之什·小旻》。

　　⑤　《论语·颜渊》。

　　⑥　〔宋〕袁燮:《絜斋家塾书钞》卷11,《文渊阁四库全书》,第57册,第878页。

　　⑦　〔宋〕袁燮:《絜斋家塾书钞》卷1,《文渊阁四库全书》,第57册,第630—631页。

　　⑧　〔宋〕袁燮:《以鉴赠赵制置》,《絜斋集》卷23,《文渊阁四库全书》,第1157册,第303页。

　　⑨　〔宋〕袁燮:《絜斋家塾书钞》卷3,《文渊阁四库全书》,第57册,第689页。

欲求道，窥见一二皆童观。"①带有私心去求"道"，即使是有所见识，也只是儿童的浅见。"贪小利"、"徇虚名"，这些都是人的私欲，应该去了这些欲望，使自我"本心"得以自然呈现。

"去欲"的目的是要达到"无欲"的状态。"无欲"就是一点私心杂念都没有。絜斋先生说："吾儒根本在修身，恬淡无为乐性真。此性本无尘可去，去尘犹是未离尘。"②心中有一个"去尘"的念头，表面看起来是不错的，但还是说明你尚未离尘，最好连"去尘"的念头都没有，这样才算达到了"恬淡无为"。"恬淡无为"就是无思无虑，人只有在这种无思无虑的状态之下，"本心"才会得到充分展露，素质才可以尽力呈现。

"去欲"就是"寡欲"。真西山说絜斋："故其修身以寡欲为主，勇猛奋励，痛自惩窒。"③"寡欲"之说始自孟子，孟子说："养心莫善于寡欲。其为人也寡欲，虽有不存焉者，寡矣；其为人也多欲，虽有存焉者，寡矣。"④到了陆象山，他也提出："夫所以害吾心者何也？欲也。欲之多，则心之存者必寡；欲之寡，则心之存者必多。……欲去，则心自存矣。"⑤絜斋之工夫上承陆象山，与孟子遥相呼应。絜斋说："清心寡欲，则此心常明；迩于声色，则此心安得不昏？"⑥絜斋晚居一楼，名曰"是亦"，最能见到他的"寡欲"。此楼并不高大，但他说"是亦楼也"；至于山石、花木、服御、饮食、钱财、使令之人等，也都莫不淡然视之；又至于做官职位不高，他也只是说"是亦仕也"。在絜斋看来，这些"身外之物，可以寡求而易足"；至于修身，则不能"徒侪于庸凡，而曰是亦人尔"⑦。

"去欲"是"去其不善"。絜斋说："去其不善，而善自存，不假他求，是之为道。"⑧"去其不善"就是不断改过迁善，这看起来像是从外面用工夫，但人

① 〔宋〕袁燮：《题吴参议达观斋》，《絜斋集》卷23，《文渊阁四库全书》，第1157册，第316页。

② 〔宋〕袁燮：《赠史坑冶二首》，《絜斋集》卷24，《文渊阁四库全书》，第1157册，第320页。

③ 〔宋〕真德秀：《显谟阁学士致仕赠龙图阁学士开府袁公行状》，《西山文集》卷47，《文渊阁四库全书》，第1174册，第759页。

④ 《孟子·尽心上》。

⑤ 〔宋〕陆九渊：《养心莫善于寡欲》，《陆九渊集》卷32，中华书局1980年版，第380页。

⑥ 〔宋〕袁燮：《絜斋家塾书钞》卷8，《文渊阁四库全书》，第57册，第817页。

⑦ 〔宋〕袁燮：《是亦楼记》，《絜斋集》卷10，《文渊阁四库全书》，第1157册，第131页。

⑧ 〔宋〕袁燮：《东湖书院记》，《絜斋集》卷10，《文渊阁四库全书》，第1157册，第122页。

的修身工夫又岂可断然分为内外？人有私欲，"本心"不能得以呈现，千差万错就会接踵而至，然后才会有不善。人如能去其不善，不断改过，自然也浸润着他的内心，他的"本心"也会慢慢呈现。内外本是相贯通的。

人将多余的欲望去掉，剩下的就是纯一不杂的"本心"，这就是"精一"的工夫。絜斋说："昔者伯禹治水，八年于外，过门而不入，子泣而弗顾。夫片时之顷，一至其家，似未害也，而有所不暇，此圣人之心所以精一也。《中庸》曰：'天地之道，可一言而尽也：其为物不贰，则其生物不测。'《大雅》曰：'上帝临汝，无贰尔心。'维此大本，不必他求，万善咸具。古人所以兢兢业业，不敢稍懈者，惧其或贰也。"①天地之道正因为为物不贰，所以才能够生物不测。因此，人也应该下"精一"的工夫，以达到"精一"的境界。絜斋说："纯明不贰，斯之谓盛。"②这是说"精一"是一种殊盛境界。

除了"去欲"以外，絜斋还重视"反省"工夫。"反省"也叫"内省"、"反躬"、"反求诸己"，它首先是一种回忆，即回忆自己的所作所为，然后是向内省察，看自己的所作所为是不是由"本心"之所发。"反省"也是儒家修身的基本工夫之一。孔子说："内省不疚，夫何忧何惧？"③曾子说："吾日三省吾身，为人谋而不忠乎？与朋友交而不信乎？传不习乎？"④孟子说："自反而不缩，虽褐宽博，吾不惴焉；自反而缩，虽千万人，吾往矣。"⑤"反省"实际上都是返回到自我"本心"，让"本心"自我呈现。

《宋元学案》记载絜斋："为国子祭酒，延见诸生，必迪以反躬切己，忠信笃实为道本。"⑥絜斋教学生，当然是教学生下工夫做人。他教学生的工夫就是"反躬切己"。王应麟在《困学纪闻》中说："絜斋见象山读《康诰》，有感悟，反己切责，若无所容。前辈切己省察如此。"⑦"反躬切己"、"反己切责"都是一个意思，就是为人处世都要落实在自家生命中来，以培养自我素质为

---

①　〔宋〕袁燮：《送右史将漕江左序》，《絜斋集》卷 8，《文渊阁四库全书》，第 1157 册，第 92 页。

②　〔宋〕袁燮：《书赠张伯常》，《絜斋集》卷 7，《文渊阁四库全书》，第 1157 册，第 86 页。

③　《论语·颜渊》。

④　《论语·学而》。

⑤　《孟子·公孙丑上》。

⑥　〔清〕黄宗羲：《宋元学案·絜斋学案》，《黄宗羲全集》，浙江古籍出版社 2005 年版，第 5 册，第 1016 页。

⑦　〔清〕黄宗羲：《宋元学案·絜斋学案》，《黄宗羲全集》，浙江古籍出版社 2005 年版，第 5 册，第 1018 页。

目的。

絜斋说:"失诸正鹄,反求诸己可也。此诚君子立身之要。"①这话颇有意味。射箭的人没有射中靶心,都会在自己身上找原因。我们做人或者做事,有时候是有目标有榜样的,我们只要照着学就行了。但更多时候,我们没有可以参照的对象,前人不可能将后来人所有的事情都预设妥当。这时就需要我们返回自身,发挥自己的主体精神和主观能动性,这才是最重要的。因此,絜斋说这是"立身之要"。

絜斋特别推崇前辈丰清敏的两句诗:"日来月往无成期,好把心源早夜思。"②这也就是说,要时时刻刻提嘶"本心"。这与孔子之言是相通的,孔子说:"君子无终食之间违仁,造次必于是,颠沛必于是。"③人要时时"反省",回到自我"本心"上来,其目的为了保持本有的那份灵明。絜斋有一首小诗颇有意味,其辞曰:"乍从尘土俯澄泓,莹彻心神眼倍明。天下渊泉有如此,流清端的自源清。"④从熙熙攘攘的红尘中来的人,看到山间一股清泉,倍感精神爽朗,而絜斋由此想到"流清端的自源清",这里是指山泉,更是指人的道德修养。人能做到"流清",就是处处都是一个明白人,时时都能做到恰如其分,那还是要来自他的"源清",即他的"本心"显现。

总之,从内部来看,絜斋固持自我"本心"主要是做两件事:一是消极的"去欲",二是积极的"反省"。做工夫是一个过程,是一个"习"的过程。絜斋有诗云:"寓形宇宙间,所至习乃成。事以习故熟,艺以习故精。婴儿始匍匐,习之能自行。南人初学没,习惯如履平。承蜩有余巧,解牛新发硎。是皆习熟故,见者为之惊。"慈湖所说的"觉",絜斋所说的"精思",在一般人看来,有些不可思议,"非智巧所能揣摩,口耳所能传授",但是熟能生巧,只要工夫做到了家,就会达到这样境界:"一心湛不挠,四体明且清。平居寡悔尤,处困心亦亨。"⑤人心清静不受扰动,自然就会做到四体全身都洞悉明察。这样的人平时很少做错事,故自己不后悔,别人也不埋怨。就是处在逆境之中,他的心也是亨通的。

<hr/>

① 〔宋〕袁燮:《直清亭记》,《絜斋集》卷10,《文渊阁四库全书》,第1157册,第130页。
② 〔宋〕袁燮:《丰清敏公祠记》,《絜斋集》卷9,《文渊阁四库全书》,第1157册,第111页。
③ 《论语·里仁》。
④ 〔宋〕袁燮:《郊外即事七首》,《絜斋集》卷24,《文渊阁四库全书》,第1157册,第322页。
⑤ 〔宋〕袁燮:《题习斋》,《絜斋集》卷23,《文渊阁四库全书》,第1157册,第312页。

2.2.2　絜斋的外部工夫

以上是讨论絜斋的内部工夫,我们只是关注他的内在意识。然而絜斋说:"观内不如观外,观物不如自观。"[①]这句话的意思是说,看一个人内部工夫,不如看他的外部工夫;看别人如何用工夫,不如看自己如何用工夫。一个人的外部工夫,表现在这个人的言行上,是可以看得见摸得着听得到的,是可以真切感受到的。西方有所谓行为主义学派,即是专门研究人之行为。因此,学习一个人,最好是先从学习他的外部工夫入手,这样就是落在实处。当然,我们不能总是学别人,依葫芦画瓢总不能成为自己的东西。我们还要"自观",即看自己如何用工夫,这才有可能"自得"。这是后话,在此我们还是先来看看絜斋的外部工夫。一个人的言行是密不可分的。絜斋说濂溪:"潜养既深,蹈履既熟,乃笔之书,乃见诸行事。"[②]这里"笔之书"是其"言","见诸行事"是其"行"。因此,我们也从言论与行为上来考察絜斋的外部工夫。

首先是闺阁之内的道德实践。儒家学者尤其重视一个人在家庭内部的道德践履。袁絜斋好友沈叔晦说:"学者工夫,当自闺门始,其余皆末也。今人骤得美名,随即湮没者,由其学无本,不于闺门用力焉。故曰:工夫不实,自谓见道,祇自欺耳。"[③]沈叔晦可谓将家庭内部的道德践履强调到无以复加的地步。袁絜斋说:"古之人以为家不齐,不可以治国。故必择贤妃正女,资禀不群而教饬有素者,端本于宫壸之间,所言所行率由正道,朝夕规警,而此心之明,莫或蔽之矣。"[④]这是说,要想"齐家",第一是要在选择配偶上用工夫。如果选择一个素质好的配偶,夫妻之间相互帮衬,相互提醒,自然对于人的品德提高有着莫大的功效。

古人重视家庭对人生的重要性,是有一定道理的。家庭是一个人走向社会的开始,也是一个人成长的摇篮。家庭生活看起来都是细枝末节的生

---

① 〔清〕黄宗羲:《宋元学案·絜斋学案》,《黄宗羲全集》,浙江古籍出版社2005年版,第5册,第1018页。

② 〔宋〕袁燮:《濂溪先生祠堂记》,《絜斋集》卷9,《文渊阁四库全书》,第1157册,第109页。

③ 〔宋〕袁燮:《沈叔晦言行编》,《全宋文》,上海辞书出版社2006年版,第281册,第366页。

④ 〔宋〕袁燮:《鸡鸣篇》,《絜斋毛诗经筵讲义》卷4,《文渊阁四库全书》,第74册,第37页。

活小事，其中还交织着各种亲情，是最难处理的。俗话说"清官难断家务事"，便是道出了个中隐情。闺阁之事难以处理，也正是人下工夫的得力处。絜斋先生说："大抵处天伦之间，使粗不得，须是由细密工夫在里面，调停谐和，工夫既到，自然感格。盖处父子兄弟间，与外面事不同。外面做事果决有才力者皆能为之，父子兄弟间所有果决有力都使不着。"①"使粗不得"，那就要在细处用功，这最能培养人敏感、细腻的品性。

在闺阁之中下工夫，要讲究许多的法度。絜斋说："古人盘盂有戒，几杖有铭，不曾顷刻自放于法度之外，终日只在法度里面。"②这是在日常生活之中，通过各种方式来提醒自己遵守法度。遵守法度也是在下工夫。絜斋还有诗云："容貌必斋庄，坐立无倚倾。视听一于礼，言语纯于诚。百行孝为本，战战如奉盈。"③所有这些行为规则，都是具体而可操作的，目的是培养人的一种"敬"的生命状态。袁絜斋说："惟敬故直，惟直故清。"④人一生有"敬"心，自然就会直截了当，就会无思无为，就没有任何私心杂念。能够做到无思无为，人的"本心"才会完全呈现，人的头脑才会清醒明白。陆象山说："吾于践履未能纯一，然才自警策，便如天地相似。"⑤象山先生所说的"警策"，即是絜斋所说的"敬"。

在给胡珵写墓志铭时，絜斋特别提到胡珵："居家严整，虽隆暑不袒裼，无声伎之奉，无游观之娱，无戏谑之语。每日早作，至老不倦。"⑥胡珵可谓是注意在闺阁之内加强自我道德修养的人，他虽在炎热夏天也不随便赤身露体，也不沾那些声色。在给汪伋写墓志铭时，絜斋说汪伋："虽恬于仕进，居家之美不克著见，行乎闺门者是亦为政也。事亲惟谨，年垂六十，愉色养母，慕若婴孺，承其志意而敬行之，凡轻财乐施，皆庭闱意也。不尚峻急，而家人惮之，如侍严师；不事苛细，而家政有条，疾徐得所。尤急于教子，以身率之，鸡鸣而起，盥頮诵书有程。点勘讹舛，手自亲之，心所未安，质之同志。笔其

---

① 〔宋〕袁燮：《絜斋家塾书钞》卷1，《文渊阁四库全书》，第57册，第635页。
② 〔宋〕袁燮：《絜斋家塾书钞》卷2，《文渊阁四库全书》，第57册，第664页。
③ 〔宋〕袁燮：《题习斋》，《絜斋集》卷23，《文渊阁四库全书》，第1157册，第312页。
④ 〔宋〕袁燮：《絜斋家塾书钞》卷1，《文渊阁四库全书》，第57册，第654页。
⑤ 〔宋〕陆九渊：《语录上》，《陆九渊集》卷34，中华书局1980年版，第411页。
⑥ 〔宋〕袁燮：《胡府君墓志铭》，《絜斋集》卷19，《文渊阁四库全书》，第1157册，第264页。

格言大训,朝夕对之,勉自警策,至老而不倦,以故诸子皆知务学。"①汪伋将家务也当作施政,严于律己,勤于教子。絜斋记载如此详细,表明他对家庭生活的重视。

絜斋的外部工夫还包括在官场上的道德实践。官场有权力之运作,有案牍之劳形,一般人总觉得有碍一个人的道德工夫。有人甚至说:"官场历来就是一个大染缸,许多才华横溢的饱学之士进入官场前还是一个正人君子,到了官场之后,很快就变了颜色,或贪赃枉法,收受贿赂,勒索属员,或嫖娼纳妓,欺压百姓,从道德人格上异变成了另外一个人。"②但在絜斋看来,就在处理公务之时,也就是培养自己道德之机,关键是要提嘶"本心"。官员的"本心"应该表现为一片爱民之心。絜斋称赞一位丰姓官员时说:"以学从政,以政宜民,凡可便于民者,知无不为,不苟目前之安,图为长久之计。"③人之为学是为了更好地发挥自己的生命能量,从政是在发挥自己生命能量的同时,还能给民众带来福祉。可以说,为了民众谋福祉是官员做官的最终目标。俗语所说"做官不与民作主,不如回家卖红薯",也是表达了这样一个理念。为民众谋福祉,就是要尽可能地兴利除害。有一次,絜斋在郊外看到一片荒田,便由衷发出感慨:"几处汪汪成巨浸,传闻昔日尽良田。兴除利害宁无策,忍把膏腴久弃捐?"④为民众兴利除害,需要考虑长远,不能为了一己私心,只图短期政绩。譬如说,"簿书期会,断狱听讼,世每以为急,而至于俗流失,世败坏,则恬而不知怪"。之所以如此,是因为"簿书期会,断狱听讼,一日不治,其害立见,而风俗所在,虽有不善,未为深害"。不重视风俗建设,是因为不能考虑长远。在絜斋看来,"风俗国之元气也。……元气不存,则危亡可立而待"⑤。因此,考虑长远,就要兴学校,重教化,美风俗。

官员的"本心"应该表现为忠君爱国之心。絜斋在称赞做起居舍人的真西山时,说:"起居正色敢言,知有吾君而不知有吾身,知有宗社生灵而不知

---

①　〔宋〕袁燮:《从仕郎汪君墓志铭》,《絜斋集》卷19,《文渊阁四库全书》,第1157册,第259页。

②　徐心学:《官场历来就是一个大染缸》,http://www.jj59.com/xinqingriji/072615.html,2011年3月16日。

③　〔宋〕袁燮:《丰惠桥记》,《全宋文》,上海辞书出版社2006年版,第281册,第253页。

④　〔宋〕袁燮:《郊外即事七首》,《絜斋集》卷24,《文渊阁四库全书》,第1157册,第322页。

⑤　〔宋〕袁燮:《代武冈林守进治要札子》,《絜斋集》卷2,《文渊阁四库全书》,第1157册,第24页。

有吾家,视此身之进退,不啻如浮云之去来,未尝以他念杂之,玉壶寒冰,表里洞彻,此则起居之本心,非由外至者也。"①古人眼中的"君",其实是集体利益的代表,"忠君"其实就是忠于集体的利益。因此,孔子有"事君能致其身"②之语。在絜斋看来,真德秀只知忠君爱国,没有一点儿私心杂念,这也是来源于他的"本心"。"忠君"不是一味去颂扬国君,一味去顺从国君,而是要"愿言努力酬天造,勉使吾君冠百王"③,就是要使国君成为杰出的贤君。因此,絜斋认为应更多地向皇帝提意见。袁絜斋在 70 岁左右两三年里,身为言官,他几乎每月都有奏札,坦诚地向宋宁宗提出自己对时事的看法和对皇帝的建议。

官员的"本心"应该表现为忧患意识。范仲淹有一句名言,即"先天下之忧而忧,后天下之乐而乐"。这句名言足以代表宋代读书人的整体精神面貌。"先天下之忧而忧",就是具有强烈的忧患意识。絜斋初为江阴县尉时,发现江阴弓兵多是虚额。于是絜斋将缺额补齐,并且进行正规的训练,亲自进行检阅,对于那些勇敢的善于缉拿盗贼的士兵,絜斋特别地加以厚赏优待。因此,当时江阴境内只要发生偷窃,往往很快就会抓到罪犯。④ 后来絜斋年已七十三四,"居论思献纳之地,奏疏无虚月。事关国体,正色敢言,略无忌讳,举朝悚然"⑤。或劝自强不息,或勉广纳众言,或主体察民隐,均皆本于赤胆忠心,既切中时弊,又感情真挚,感动了宋宁宗,对当时政治产生了一定的作用。

一心为民、忠君爱国和忧患意识,这是絜斋所特别强调的"本心"在官场上的发挥。这些观念不是悬空的,而是落在所要处理的每一件政务上。用絜斋的话来说,就是要"自竭"。真西山说絜斋:"尝言职分无大小,皆当自竭,非求人知。滞讼如山,穷日夜审阅,凡所予夺,无再诉者。"⑥做官不在职位大小,而在于尽心尽力。是否尽心尽力,不是要别人知道,而是要自己知道。只要"本心"呈露,身处官场也可以进行道德践履。关于此点,王阳明的

　　①　〔宋〕袁燮:《送右史将漕江左序》,《絜斋集》卷 8,《文渊阁四库全书》,第 1157 册,第 92 页。

　　②　《论语·学而》。

　　③　〔宋〕袁燮:《和孙吉父登第二首》,《絜斋集》卷 24,《文渊阁四库全书》,第 1157 册,第 319 页。

　　④　〔宋〕真德秀:《显谟阁学士致仕赠龙图阁学士开府袁公行状》,《西山文集》卷 47。

　　⑤　〔宋〕杨简:《故龙图阁学士袁公墓志铭》,《全宋文》,上海辞书出版社 1996 年版,第 276 册,第 54 页。

　　⑥　〔宋〕真德秀:《显谟阁学士致仕赠龙图阁学士开府袁公行状》,《西山文集》卷 47。

一段资料也可以作为一种补充说明。有一个官员听了王阳明的讲学,对王阳明说:"此学甚好。只是簿书讼狱繁难,不得为学。"王阳明说:"我何尝教尔离了簿书讼狱,悬空去讲学? 尔既有官司之事,便从官司的事上为学,才是真格物。……簿书讼狱之间,无非实事;若离了事物为学,却是悬空。"①

　　与师友之间的切磨,也是絜斋的工夫之一。《论语》曰:"以文会友,以友辅仁。"②此"文"非文辞之谓,乃"文王既没,文不在兹乎"③之"文",此"文"即"道"。"以文会友",即以"道"相谋。"道不同,不相为谋"④。"以文会友"的目的,是"以友辅仁",即成就自己的仁德,提高自我素质。为仁当然由己⑤,朋友只能起辅助作用,但我们也不能小看朋友之间的切磋琢磨之功。《孟子》提出:"一乡之善士斯友一乡之善士,一国之善士斯友一国之善士,天下之善士斯友天下之善士。以友天下之善士为未足,又尚论古之人。颂其诗,读其书,不知其人,可乎? 是以论其世也。是尚友也。"⑥一个人自立的规模有多大,他就会交多大范围内的朋友。规模宏大的人于当世寻找良友而不满足,而以古之人为友,这真是善于为友之道者。陆象山也教诲自己的学生说:"人之精爽,负于血气,其发露于五官者,安得皆正? 不得明师良友剖剥,如何得去其浮伪而归于真实? 又如何能得自省自觉?"⑦这是说,人难免会犯错误,有朋友相互提醒,然后才能提高自我。王阳明说:"君子之学非有同志之友相规切,则亦易以悠悠度日,而无有乎激励警发之益。"⑧

　　前文谈到絜斋之师友,我们知道絜斋为学得益于师友众多矣。絜斋在太学里时,"而同里之贤如沈公焕、杨公简、舒公璘,亦皆聚于学,朝夕以道义相切磨"⑨。絜斋对于师友之间的切磨,有自己的深刻体会,曾有一诗曰:"他

---

　　① 〔明〕王守仁:《传习录》,《王阳明全集》上册,上海古籍出版社 1992 年版,第 94—95 页。

　　② 《论语·颜渊》。

　　③ 《论语·子罕》。

　　④ 《论语·子张》。

　　⑤ 《论语·颜渊》:"颜渊问仁。子曰:'克己复礼为仁。一日克己复礼,天下归仁焉。为仁由己,而由人乎哉?'"

　　⑥ 《孟子·万章下》。

　　⑦ 〔清〕黄宗羲:《宋元学案·象山学案》,《黄宗羲全集》,浙江古籍出版社 2005 年版,第 5 册,第 286 页。

　　⑧ 〔明〕王守仁:《与陈国英》,《王文成全集》卷 4,《文渊阁四库全书》,第 1265 册,第 145 页。

　　⑨ 〔宋〕真德秀:《显谟阁学士致仕赠龙图阁学士开府袁公行状》,《西山文集》卷 47。

山之石能攻玉，诗人此意宜三复。莫嫌山骨太坚峭，足使国珍充韫椟。磨砻砥砺功日新，圭璧琮璜光可烛。人生行己良独难，昼夜营营昏利欲。欲为全德古君子，莫弃忠规甘谄曲。……端知良药苦难堪，已我沈疴功甚速。"①絜斋所渴望的朋友，是诤友，就是在道义上能真正相互成就的朋友。絜斋在为汪伋写墓志铭时，特别提到："夫以君之志操，而周旋于明师畏友之间，进而不止，谁能御之？"②这实际上是强调师友对人进德修业的帮助。

读书当然也是絜斋进行道德修养的方法之一。如前所言，受东莱吕学的影响，絜斋是非常重视读书的。袁絜斋给舒元质之子的信中，反复强调读书的重要性："纯仲近日不倦读书否？此事不可缓，究心于此，当自知之。若务高论，谓学者工夫不在书策，子路尝云何必读书，夫子斥其佞，书岂可废哉？""贤昆仲朝夕款聚，浸灌磨砻，有日新之益，此乃兄弟为朋友也。甚善甚善。更宜日课一经一史尤佳。学者但慕高远，不览古今，最为害事。""闻读不辍，甚善甚善。为学要当通知古今，多识前言往行，古人所谓畜其德也。""然读书一事，却不可废。学问无有穷尽，用力愈久，所得愈深。慈湖中年以后却肯读书，所以益大其器业也。"③短短的一封书信之中，谈到了读书的重要性、读书的目的和读书的方法，可见絜斋先生是多么重视读书。

袁絜斋在给沈叔晦所写的行状中，也谈到读书对修身之影响。他说："（沈叔晦）史籍传记，采取至约，后与东莱吕公伯仲极辩今古，始知周览博考之益，凡世变之推移，治道之体统，明君贤臣之经纶事业，孳孳讲求，日益广深，君子以是知君胸中之蕴有足以开物成务者矣。"④沈叔晦也是受吕东莱影响而重视读书。絜斋以沈叔晦对读书的前后态度之转变，说明周览博考也可以作为修身之助。

絜斋强调读书不是为了记诵以在人前炫耀，而是为了求"道"。他说："君子之学，岂徒屑屑于记诵之末者，固将求斯道焉。"⑤古代圣贤的言行俱在典册，读书即可学做圣贤。絜斋认为，如此为"道"，大致是不会差的，但还是

---

① 〔宋〕袁燮：《他山之石》，《絜斋集》卷24，《文渊阁四库全书》，第1157册，第314页。

② 〔宋〕袁燮：《从仕郎汪君墓志铭》，《絜斋集》卷19，《文渊阁四库全书》，第1157册，第259页。

③ 〔宋〕王应麟：《录絜斋语》，《至正四明续志》卷11。

④ 〔宋〕袁燮：《通判沈公行状》，《絜斋集》卷14，《文渊阁四库全书》，第1157册，第202页。

⑤ 〔宋〕袁燮：《东湖书院记》，《絜斋集》卷10，《文渊阁四库全书》，第1157册，第122页。

"有间",这是"行仁义",而非"由仁义行"①。他说:"如是而为道,吾循而行之,夫岂不善? 然不能无间。"②之所以有隔阂,是因为还没有做到与"道"融会贯通,合而为一。絜斋说:"口传耳受,虽多奚为? 发愤力行,弗得弗措;过虽微而必改,善虽小而必为;立志贵乎恢张,保德务在兢业;毫发有疑不可谓学,纯明不贰斯之谓盛。"③这段话说了好几层意思:一是为学重在实践,要在自家生命上生根;二是在具体实践中,要从细节上改过迁善;三是既要有远大理想,也要脚踏实地苦干;四是不放过一个疑点,要有彻底的明白。

陆象山强调读书先"要打叠田地净洁"。他说:"然田地不净洁,亦读书不得。若读书,则是假寇兵,资盗粮。"④"田地净洁"就是内心干净,不掺有私欲。杨慈湖主张先读圣贤书。他说:"学者当先读孔子之书,俟心通德纯而后可以观子史。学者道心未明而读非圣之书,溺心于似是而非之言,终其身汩汩,良可念也。"⑤袁絜斋提倡博览群书,他认为这有助于"本心"之发挥。他说:"君子之道,无所不取,则智益明,德益崇,以临其民,则恢然有余裕矣。求之不广,用之易竭,无以深得乎民心,又岂能为俊伟光明之事业乎?"⑥由此可以看出,絜斋之读书不是人前炫耀,也不是单纯创什么学说,而是为了更好地服务于人民。对于《管子》一书,絜斋虽然评价不高,但还是肯定它的价值。他说:"使管仲施设果传于世,浅识之士既不能至周、孔之津涯,随其才分,亦足与立,则管仲所亲尝经纪者,岂不为之标指哉?"⑦这是说,管仲的素质虽远不如周、孔,但一般人学《管子》也还是有用的。

絜斋工夫还有重要一点,就是对自然物的道德观照。自然界中的植物千姿百态,体现了宇宙大生命的无穷化力,它们常常唤起人们内心的道德情愫。絜斋看到梅花,便想到它可以洗涤人内心的俗念,他说:"病余百念不关心,偶见幽芳只自惊。世故纷纷易湮没,会须借此涤尘襟。"⑧絜斋特别喜欢

---

① 《孟子·离娄下》:"舜明于庶物,察于人伦,由仁义行,非行仁义也。"

② 〔宋〕袁燮:《德斋记》,《絜斋集》卷 10,《文渊阁四库全书》,第 1157 册,第 129 页。

③ 〔宋〕袁燮:《书赠张伯常》,《絜斋集》卷 7,《文渊阁四库全书》,第 1157 册,第 86 页。

④ 〔清〕黄宗羲:《宋元学案·象山学案》,《黄宗羲全集》,浙江古籍出版社 2005 年版,第 5 册,第 284 页。

⑤ 〔宋〕杨简:《家记九》,《慈湖遗书》卷 15,《文渊阁四库全书》,第 1156 册,第 845 页。

⑥ 〔宋〕袁燮:《书赠蒋宰》,《絜斋集》卷 7,《文渊阁四库全书》,第 1157 册,第 87 页。

⑦ 〔宋〕袁燮:《读管子》,《絜斋集》卷 7,《文渊阁四库全书》,第 1157 册,第 85 页。

⑧ 〔宋〕袁燮:《病起见梅花有感四首》,《絜斋集》卷 24,《文渊阁四库全书》,第 1157 册,第 328 页。

咏叹竹子的气节,有诗云:"野性与俗违,澹然都无营。窗前水苍玉,未能独忘情。对之三伏中,爽气高秋横。数竿亦已好,况此繁阴成。中虚洞无物,节劲老更清。霜雪自凌厉,柯叶长敷荣。物意有相合,人心原自明。僻居寡朋侪,命汝为友生。虽无切磋语,而有清越声。入耳久亦佳,此意不可名。"①另外如松树、芙蓉、紫薇花等,也都可以奔赴于絜斋之笔下,供其随兴驱遣。植物本是无情物,只管自生自灭,但絜斋对它们都加以了道德观照。

对于其他一些自然现象,絜斋也注入了他的道德观察。如他看到水中的鱼儿,便感叹道:"波清日暖足优游,去去来来总自由。只为贪心除未得,竟随香饵上金钩。"②这是对于那些贪图荣华富贵人的一种善意的提醒与关切的警告。人如果贪心不足,就会像上钩的鱼儿一样走向死亡。再如他看到天上一轮新月,又有了感叹:"至精那得久沉沦,造化回环自有神。满意只须三五夜,十分全体见天真。"③这是在说月亮,更是在谈人生修养。月亮总是阴、缺的时间长,明、圆的时间短,但只要在十五日时能够呈现自己本来面目,也就心满意足。人生也是如此,只管"惟精惟一"的用功,自然有那呈现的一天。再如他看到一湾泉水,也写了一首诗:"乍从尘土俯澄泓,莹彻心神眼倍明。天下渊泉有如此,流清端的自源清。"④这是一首写景诗,但融入了作者的哲理思考。泉水的流清来自于源清,为人处世也就时时想到源头的"本心"。总之,只要有一颗"本心",自然万物都可以成为培养道德之助力。

絜斋先生还注意人与自然的和谐相处。絜斋的父亲曾建有一个三亩小园,里面种植一些花和竹子,于是"日与其子若孙,周旋其间,考德问业,忘其为贫。后以为子舍,兹事遂废"。到了絜斋手上,虽然家境仍然贫穷,但他毅然恢复了这个小园,并郑重取名"秀野园"。絜斋先生决意这样做,并不在意于那些花木,而是在于人与自然融为一体的意境。这有一点像曾点所说的情景,曾子说:"莫春者,春服既成,冠者五六人,童子六七人,浴乎沂,风乎舞雩,咏而归。"⑤此自然之景融入人的生命之中,而人的生命又成为自然的一部分。因此,孔子才会说:"吾与点也。"絜斋恢复"秀野园",其实就是要感受

① 〔宋〕袁燮:《咏竹二首》,《絜斋集》卷24,《文渊阁四库全书》,第1157册,第314页。
② 〔宋〕袁燮:《观鱼》,《絜斋集》卷24,《文渊阁四库全书》,第1157册,第324页。
③ 〔宋〕袁燮:《新月二首》,《絜斋集》卷24,《文渊阁四库全书》,第1157册,第325页。
④ 〔宋〕袁燮:《郊外即事七首》,《絜斋集》卷24,《文渊阁四库全书》,第1157册,第322页。
⑤ 《论语·先进》。

这种氛围,他说:"兹诚进德之机也哉!"①絜斋如此重视自然,对其后学影响至巨。其子蒙斋曾有言曰:"吾观草木之发生,听禽鸟之和鸣,与我心契,其乐无涯云。"②

以上我们谈到絜斋的闺阁谨慎、官场尽职、朋友切磨、读书明理和自然观照等,这不是严格意义上的分类,只是用来揭示他外部工夫的内容。值得注意的是,絜斋内部工夫与外部工夫是密不可分的。我们如此分而述之,也是为了言说上的方便。譬如说,絜斋有诗云:"厥初本笃实,有过则虚伪。但能改其过,金玉等精粹。"③这就是从内外两面来说的,从外部来看,是"改过";从内部来看,是去掉"虚伪",是"去欲"。内外工夫是一滚而来的,又如何能够分得开? 总之,絜斋的工夫可用一句话概括,那就是他每时每刻都在用工夫。杨慈湖说袁絜斋:"夜卧常醒然达旦,至老犹如此。"④可以说,絜斋躺在床上也是在用工夫。

2.3　絜斋心学的评价

以上我们讨论了絜斋心学的内涵,接下来需要对絜斋心学作出研判。这里将要考虑两个问题:其一,絜斋心学有什么特点? 以我们看来,絜斋心学一个总的特点就是"笃实"。其二,如何看待目前絜斋研究中的一些观点? 站在我们对于絜斋心学理解的立场上,我们对于有些观点应该谈谈自己的看法。

2.3.1　絜斋心学笃实的特点

我们归纳出絜斋心学的一个总的特点,那就是"笃实"。清人是这样说絜斋的:"其传金溪之学较杨简为笃实。"⑤絜斋自己对"笃实"也有一个说明,

①　〔宋〕袁燮:《秀野园记》,《絜斋集》卷 10,《文渊阁四库全书》,第 1157 册,第 133—134 页。

②　〔清〕黄宗羲:《宋元学案・絜斋学案》,《黄宗羲全集》,浙江古籍出版社 2005 年版,第 5 册,第 1022 页。

③　〔宋〕袁燮:《赠吴氏甥二首》,《絜斋集》卷 23,《文渊阁四库全书》,第 1157 册,第 310 页。

④　〔宋〕杨简:《故龙图阁学士袁公墓志铭》,《全宋文》,上海辞书出版社 2006 年版,第 276 册,第 52 页。

⑤　《四库全书简明目录》卷 16,《文渊阁四库全书》,第 6 册,第 294 页。

他说:

> 士生于世,以笃实不欺为主。对越上帝而无嫌,质诸古人而不怍,微有差焉,痛自惩艾,无复毫发之矫伪,是谓笃实。①

在口语中,"笃实"就是忠实,就是不欺诈的意思。显而易见,絜斋在这里丰富了"笃实"的内涵。一个人能够对越上帝、质诸古人,这不仅只是老老实实,实事求是,而且他必须还是一个明白人,有错就能改,一点也不矫情。絜斋说"以笃实不欺为主",他自己为学也最能体现这一点。

与杨慈湖相比较,袁絜斋"笃实"的特点格外鲜明。众所周知,杨慈湖总是强调"觉"②。袁絜斋不反对讲"觉",但他很少提到"觉"。他曾谈到舒元质:

> 又与其兄西美、弟元英,同亲炙象山先生。西美、元英皆顿有省悟,元质则曰:"吾非能一蹴而入其域也,吾朝夕于斯,刻苦磨砺,改过迁善,日有新功,亦可以弗畔云尔。"元质此语,某实亲闻之。躬行愈力,德性益明,与其兄弟家居讲贯,若合符契,罔有差别,而后公论翕然并称之。③

分析这段资料,有两点需要提请读者注意:一是舒元质兄弟能够"顿有省悟",舒元质因与其兄弟若合符契,然后才可以于时并称,这也可见当时的社会风气——人人都喜欢谈"觉"。二是在絜斋看来,舒元质不能"顿有省悟",但他经过自己不懈地道德践履,与其兄弟在家里平时讲学也能够若合符契,这说明不用"顿有省悟",人也可以进入圣贤之域,也可以识认"本心"。

袁絜斋很少提及"觉",他更多的是说"精思"。如他说:

> 大哉心乎! 天地同本,精思以得之,兢业以守之,则亦可以与天地相似。④

> 精思密察,跬步不忘,道心豁然,全体著见,非智巧所能揣摩,口耳

---

① 〔宋〕袁燮:《舒元质祠堂记》,《絜斋集》卷9,《文渊阁四库全书》,第1157册,第112页。

② 可参看拙著:《杨简研究》(浙江大学出版社2012年版)相关章节。

③ 〔宋〕袁燮:《舒元质祠堂记》,《絜斋集》卷9,《文渊阁四库全书》,第1157册,第112页。

④ 〔宋〕袁燮:《丰清敏公祠记》,《絜斋集》卷9,《文渊阁四库全书》,第1157册,第111页。

所能传授,是之谓自得。①

在笔者看来,慈湖与絜斋毕竟是"同师,造道亦同"②,慈湖之"觉"就是絜斋之"精思",两词只是说法不同,都是指向人的素质呈现,都是指人生命的一种"浑然无间,内外两忘"的状态。何以见得呢?絜斋在解释《尚书·尧典》"钦明文思安安"中的"思"时,曾如是说:

> 不曰思而曰思,圣人难说思也,思有悠远深沉之意。只有文而无思不得,有思而无文亦不得也。③

《文渊阁四库全书》本《絜斋家塾书钞》在这段话的第二个"思"字下注曰"去声",说明絜斋是破读这个"思"字的,也说明这个"思"不同于我们一般的意义上的思考。絜斋说"圣人难说思",说"思有悠远深沉之意",明显指出尧之"思"既不可思议,又明彻通达。絜斋对"安"字的解释也是与此相呼应:"德盛仁熟,终日周旋,不出于规矩准绳之内,而无一毫辛苦勉强之意,夫是之谓安。"④这个"安"字是用来描述人的素质呈现为行为时人生命的情状。杨慈湖喜欢说"觉",而絜斋却说"精思",相比较而言,"精思"的表达明显要笃实一些,"精思"是对"思"的超越并包容,而"觉"则是佛家禅学常用的术语,易于让人坠入虚空之内,陷入恍惚之中。

象山心学强调两点:一是发明"本心",这是入门工夫;二是固持"本心",这是需要全力以赴的。此两点在象山是不能分开的。絜斋之教继承了象山的规模,"精思"这个词实际上是两方面都在强调。慈湖在自己的道德实践中,也是很注意操持之功的,但他在教育学生时,则偏重强调发明"本心",也就是突出"觉"。杨慈湖之所以如此,是因为当时学者有"陷溺功利、沈锢词章"的风气,他要矫枉过正。但是,慈湖的学生"不善用之,反谓其师尝大悟十几,小悟几十,泛滥洋溢,直如异端,而并文元之学而诬之。可为浩叹者也!使其如正献之教,宁有是乎?"⑤从这里,我们就可以看出杨慈湖宣讲心

---

① 〔宋〕袁燮:《通州州学直舍记》,《絜斋集》卷 10,《文渊阁四库全书》,第 1157 册,第 117 页。

② 〔清〕黄宗羲:《宋元学案·絜斋学案》,《黄宗羲全集》,浙江古籍出版社 2005 年版,第 5 册,第 1016 页。

③ 〔宋〕袁燮:《絜斋家塾书钞》卷 1,《文渊阁四库全书》,第 57 册,第 630 页。

④ 〔宋〕袁燮:《絜斋家塾书钞》卷 1,《文渊阁四库全书》,第 57 册,第 631 页。

⑤ 〔清〕全祖望:《南城书院记》,《全祖望集汇校集注》,上海古籍出版社 2000 年版,中册,第 1044 页。

学的疏忽处。因此,全谢山说:"文元之教不如正献之密。"①

袁絜斋之笃实处还在于他将孔门之"仁"解释为"聪明"。他说:

> 孔门学者急于求仁,所以求聪明也。此是学问最亲切处。②

对于孔子之"仁",古往今来不知道有多少解释,但不管人们怎样说,还是让人觉得有所遗漏。这是因为"仁"是素质,是高层次的素质,其本身是看不见听不到摸不着的。人们讨论"仁",也只是讨论"仁"之种种呈现。吉尔伯特·赖尔说:"人的各种高级素质都不是单轨的素质,……它们的运用是无限不同的。"③"仁"有无限不同的轨道呈现,故而无论人们怎样说,都会有所遗漏。袁絜斋在此指出"仁"就是"聪明",可以说他是点到"仁"之核心。袁絜斋这里所说的"聪明",当然不是有些人所习惯的"耍小聪明"的聪明。"此心虚明洞达,无一毫人欲之私,这是聪明。"④这里的"聪明"其实就是人"本心"完全的呈现,就是事事合理,处处恰当,时时走在正确大道上。人生在世,最怕的就是做错事、说错话,人人都希望自己走在正路上。袁絜斋在此指出"求仁"就是"求聪明",说得多么的真切,多么的笃实。

絜斋的笃实还表现在他重视读书。絜斋曾说:"慈湖中年以后,却肯读书,是以益大其器业也。"⑤这说明慈湖在中年以前,是不重视读书的。如前所言,絜斋早期也不重视读书。这大概是陆门学者的一个共性,因为陆象山总是教人"先立乎其大者"⑥,识得"本心"。而"本心"在书本文字上是求之不得的,人只能在自己的语默动静中去体察。袁絜斋后来受东莱吕氏的影响,才认识到读书的重要性。虽然杨慈湖与袁絜斋后来都重视读书,但两人仍然有分别。杨慈湖说:"学者当先读孔子之书,俟心通德纯而后可以观子史。学者道心未明而读非圣之书,溺心于似是而非之言,终其身泪泪,良可念

①　〔清〕全祖望:《南城书院记》,《全祖望集汇校集注》,上海古籍出版社 2000 年版,中册,第 1043 页。

②　〔宋〕袁燮:《絜斋家塾书钞》卷 1,《文渊阁四库全书》,第 57 册,第 637—638 页。

③　[英]吉尔伯特·赖尔:《心的概念》,商务印书馆 1992 年版,第 41 页。

④　〔宋〕袁燮:《絜斋家塾书钞》卷 1,《文渊阁四库全书》,第 57 册,第 630 页。

⑤　〔宋〕袁燮:《答舒和仲书》,《全宋文》,上海辞书出版社 2006 年版,第 281 册,第 122 页。

⑥　陆象山云:"吾之学问与诸处异者,只是在我全无杜撰,虽千言万语,只是觉得他底在我不曾添一些。近有议吾者云:'除了"先立乎其大者"一句,全无伎俩。'吾闻之曰:'诚然。'"(〔宋〕陆九渊《语录上》,《陆九渊集》卷 34,中华书局 1980 年版,第 400 页)

也。"①"俟心通德纯而后,可以观于史。"②"学者诚不宜泛观,必遭眩惑。"③由此可见,杨慈湖是反对学者一开始就博览群书,这样容易跟着别人的观点走。在他看来,应该先读孔孟之书,有所得以后,打下了根基,然后可以看一些史书,也不能泛泛看书。而袁絜斋则是主张博览的。他说:"君子之道,无所不取,则智益明,德益崇,以临其民,则恢然有余裕矣。求之不广,用之易竭,无以深得乎民心,又岂能为俊伟光明之事业乎?"④"无所不取"就是无书不可以读。絜斋这样说的,也是这样做的。慈湖说絜斋:"志气恢宏,博览群书,自六经诸子百家及前代治乱兴亡之迹暨国朝故事,靡不该贯,于先圣格言大训玩索尤精。有契于心,则终日讽咏。"⑤袁絜斋在《答舒仲和书》中,反复致意读书⑥。他连《管子》之类的书,也认为有读的价值⑦,当真是"无所不取"。可见,袁絜斋更重视博览。如前所言,读书也是絜斋工夫之一。通过读书以明理,这与朱子治学有相似之处。因此,全谢山说:"岂非与建安之教相吻合乎?"⑧

袁絜斋很重视著书。全祖望说:"正献之奉祠而归,日从事于著书,或请少间,则曰:'吾以之为笙镛管磬,不知其劳。'"⑨陆象山是不重视著书的,他认为从事于文字,有碍于自己的道德践履。袁絜斋到晚年却汲汲于著书,这也是他笃实的一面。尽可能地将自己人生体验所得固化下来,给世人给后人多留下一些遗产。絜斋著书也是他生命展示的一种方式,不带一点儿勉强,只洋溢着无限的快乐。

王深宁在《困学纪闻》中说:"吕成公读《论语》'躬自厚而薄责于人',遂终身无暴怒。絜斋见象山读《康诰》,有感悟,反己切责,若无所容。前辈切

---

① 〔宋〕杨简:《家记九》,《慈湖遗书》卷 15,《文渊阁四库全书》,第 1156 册,第 845 页。
② 〔宋〕杨简:《慈湖遗书》卷 19,《文渊阁四库全书》,第 1156 册,第 918 页。
③ 〔宋〕杨简:《家记九》,《慈湖遗书》卷 15,《文渊阁四库全书》,第 1156 册,第 846 页。
④ 〔宋〕袁燮:《书赠蒋宰》,《絜斋集》卷 7,《文渊阁四库全书》,第 1157 册,第 87 页。
⑤ 〔宋〕杨简:《故龙图阁学士袁公墓志铭》,《全宋文》,上海辞书出版社 2006 年版,第 276 册,第 53 页。
⑥ 〔宋〕袁燮:《答舒和仲书》,《全宋文》,上海辞书出版社 2006 年版,第 281 册,第 122—123 页。
⑦ 〔宋〕袁燮:《读管子》,《絜斋集》卷 7,《文渊阁四库全书》,第 1157 册,第 85 页。
⑧ 〔清〕全祖望:《南城书院记》,《全祖望集汇校集注》,中册,第 1043 页。
⑨ 〔清〕全祖望:《南城书院记》,《全祖望集汇校集注》,中册,第 1043—1044 页。

己省察如此。"①"反己切责"最能显示絜斋笃实之处。这是要在自家生命上植根，为学没有比这样做更能笃实的了。王阳明有一个比喻，也有助于我们理解这个"切己省察"，他说："杀人须就咽喉上著刀，吾人为学当从心髓入微处用力，自然笃实。"②

絜斋的笃实还表现在他对"自得"的强调。他说："虽曰务学，而未至于自得，犹弗学也。精思密察，跬步不忘，道心豁然，全体著见，非智巧所能揣摩，口耳所能传授，是之谓自得。"③"天下无二道，人皆有之，何为其不可学也。朝夕思之，造次不舍，一旦豁然，清明在躬，出处语默无有间隔，昭昭乎其不可诬也。是之谓自得。"④由是观之，絜斋之所谓"自得"即是真切地识得"本心"，也就是自我获得一定的素质。人素质的获得只能依靠自己，父子不能相传，兄弟不能相借。人的素质"非智巧所能揣摩，口耳所能传授"，需要人自己在行为实践中获得。一旦获得了一定的素质，人就会有"清明在躬"的感觉，出处语默无不合理。有素质的人举手投足之间，都会显现出他的素质。

全谢山说："慈湖之与絜斋，不可连类而语。慈湖泛滥夹杂，而絜斋之言有绳矩，东发先我言之矣。"⑤杨慈湖与袁絜斋均名列"甬上四先生"之中，常被人们相提并论，而全祖望提醒人们"不可连类而语"。"泛滥"是形容慈湖心学没有规矩，有随心所欲之嫌。"夹杂"是指慈湖心学不纯粹，其中夹杂有禅家的东西。全谢山对于杨慈湖的评价，是否中肯，此处姑且不论。说"絜斋之言有绳矩"，正是说明絜斋笃实的一面。

絜斋之言有绳矩，这样也便于后来者学习模仿。真西山给袁絜斋写行状，特别提到絜斋先生"讲道于家，以诸经、《论》、《孟》大义警策学者，于

---

①　〔清〕黄宗羲：《宋元学案·絜斋学案》，《黄宗羲全集》，浙江古籍出版社2005年版，第5册，第1018页。

②　〔明〕王守仁：《与黄宗贤五》，《王文成全集》卷4，《文渊阁四库全书》，第1265册，第129页。

③　〔宋〕袁燮：《通州州学直舍记》，《絜斋集》卷10，《文渊阁四库全书》，第1157册，第117页。

④　〔宋〕袁燮：《德斋记》，《絜斋集》卷10，《文渊阁四库全书》，第1157册，第129页。

⑤　〔清〕黄宗羲：《宋元学案·絜斋学案》，《黄宗羲全集》，浙江古籍出版社2005年版，第5册，第1015页。

《书》、《礼记》论说尤详,其所成就后学甚众"①。全谢山也强调絜斋之学后继有人。他说:"且夫有宋以来,大儒林立,其子弟能守其绪言者甚多,而再世并为大儒则不概见。盖前惟武夷胡氏、籍溪致堂、五峰茅堂,连枝接叶,以大文定之传。其后惟袁氏实生正肃,以为晚宋无先之者。"②走慈湖"觉"之路径,是要看人的天分与运气的,故慈湖的后学确实没有什么创获;走絜斋"精思"之路,内有绳矩,故比较笃实。

同样是笃实,袁絜斋与舒元质又有分别。舒元质其兄舒西美、其弟舒元英均有"觉",元质与兄弟家居讲贯若合符契。在当时,学者以"觉"为时髦,而人之"觉"否,唯有自己知之。舒元质自称未"觉",可见他的诚实不欺。舒元质在徽州为学官,"同僚有为之经营荐举者,元质力止之曰:'是非我志也。'"后来,众人同来举荐他,"元质始受之,不称门生,不以骈丽语为谢"③。这就是舒元质的笃实,谨小慎微,近乎刻板。而袁絜斋的笃实却非如此,在坚持原则的同时,不乏灵活。如杨慈湖曾记载袁絜斋:"在外台未尝劾官僚,曰:'有不善姑教之,奚以按劾为立朝大节?'"④这不是说袁絜斋在耍滑头,而是期于人自我改过迁善。这是袁絜斋之笃实。

2.3.2　对絜斋的两种误解

我们对絜斋心学有了自己的理解,就会看清学界对絜斋的一些误解。在此略举两例。如崔大华先生说:在对"理"、"气"、"心"等理学基本范畴的理解上,袁燮不自觉地站在朱熹观点一边而背离了陆九渊的观点。⑤ 崔先生的这个观点得到许多学者的响应,有不少论文都或明或暗地引用这个观点,但它是值得商榷的。

试想:如果絜斋在这些基本范畴上都是站在朱子一边,那他就应该算作是朱门的学者。但是众所周知,事实上并没有人将袁絜斋划归朱子学一派,就连崔先生自己也没有这样做。絜斋对朱子是非常敬重的,这是毫无疑问

①　〔宋〕真德秀:《显谟阁学士致仕赠龙图阁学士开府袁公行状》,《西山文集》卷47,《文渊阁四库全书》,第1174册,第761页。

②　〔清〕全祖望:《南城书院记》,《全祖望集汇校集注》,上海古籍出版社2000年版,中册,第1044页。

③　〔宋〕袁燮:《舒元质祠堂记》,《絜斋集》卷9,《文渊阁四库全书》,第1157册,第112—113页。

④　〔宋〕杨简:《故龙图阁学士袁公墓志铭》,《全宋文》,上海辞书出版社2006年版,第276册,第53页。

⑤　崔大华:《南宋陆学》,中国社会科学出版社1984年版,第172页。

的,但是这并不能掩盖他学术上的尊陆抑朱倾向。这就像陆象山与朱晦庵二人私人交情甚好,朱子曾经邀请陆象山到白麓洞书院做讲演,但是他们学术有分歧也是显而易见的。

絜斋对象山心学推崇备至。他说:"天有北辰而众星拱焉,地有泰岳而众山宗焉,人有师表而后学归焉。象山先生,其学之北辰泰岳与!"①将陆象山称为学术界的北辰与泰岳,这已是无以复加的评价。他还说:"义理之学,乾道、淳熙间讲切尤精,一时硕学为后宗师者班班可睹矣! 而切近端的,平正明白,惟象山先生为然。"②这段话先描述当时学术繁荣,接着突出象山的地位。絜斋对朱子学有不满,但表达较含蓄。絜斋尊陆而抑朱的倾向,可以从一段资料中看出。絜斋说:

> 《诗》云:"伐柯伐柯,其则不远。"《中庸》记先圣之言曰:"执柯以伐柯,睨而视之,犹以为远。"言不能无间也。如是而为道,吾循而行之,夫岂不善,然不能无间,故虽近而犹远也。呜呼,圣人启告学者何其精微哉! 舜处人子之至难而克谐以孝,夫子七日不火食而弦歌不绝,颜子箪瓢陋巷不改其乐,曾子执亲丧水浆不入口七日,此常情之所不能,圣贤则不待勉强,何哉? 水之寒,火之热,天性使然耳。然则可学而至与? 曰:天下无二道,人皆有之,何为其不可学也? 朝夕而思之,造次不舍,一旦豁然,清明在躬,出处语默,无有间隔,昭昭乎其不可诬也。是之谓自得。德者,得也,由是而存养,由是而践履,形于运用,发于事业,何往而非此心耶?③

这段文字前一部分是讲朱学,后一部分是讲陆学,这里是将朱学与陆学作了一个比较。关于朱、陆之异同,是学术史一大公案,仁者见仁,智者见智。笔者就絜斋之所言也可看出朱陆之异同。朱、陆之学都是教人成圣成贤,这是他们之所同,所不同者即在于成圣成贤的路径有别。朱学强调一个"理"字,所走的修身路线是:通过格物以穷"理"(包括读书明"理"),然后是循"理"以践履。絜斋认为,这是"执柯以伐柯",虽然没有什么"不善",但仍不能做到"无间"。什么是"无间"呢? 絜斋举例说舜、孔子、颜子、曾子等古

---

① 〔宋〕袁燮:《象山先生文集序》,《絜斋集》卷8,《文渊阁四库全书》,第1157册,第90页。

② 〔宋〕袁燮:《题彭君筑象山室》,《絜斋集》卷8,《文渊阁四库全书》,第1157册,第99页。

③ 〔宋〕袁燮:《德斋记》,《絜斋集》卷10,《文渊阁四库全书》,第1157册,第129页。

代圣贤,他们的所作所为就是"无间"。他们的所作所为,不是常人所能为。但陆学认为这些就在每个人的天性之中,就在每个人所具有的"本心"之中。人只要自求得"本心",自信得"本心",就"无适而非道"。"心即道","心"与"道"本无间隔。如何求得"本心"? 需要"朝夕而思之",也需要"发愤力行"①,以至于"一旦豁然,清明在躬"。从这一段文字中,我们可以看出,絜斋是将陆象山的心学看作高于朱晦庵的理学。

这不是絜斋的偶发之论,他在另一个地方也表达了同样的意思:"虽然执柯伐柯,睨而视之,犹以为远,见其为至善,吾从而止之,可谓不差矣,然未能相与为一,则犹未善也。全体浑融,了无间隔,斯其善之至乎? 学者于此,盍致思焉。"②关于絜斋所说的这个道理,明代的王阳明的一段话,也可以作为理解之助。王阳明说:"子夏笃信圣人,曾子反求诸己。笃信固亦是,然不如反求之切。今既不得于心,安可独狃于旧闻,不求是当? 就如朱子,尊信程子,至其不得于心处,亦何尝苟从?"③朱子之学与子夏相似,以笃信圣人为前提;而陆子之学与曾子相似,主要是反求诸己。显而易见,在王阳明眼中,也是认为陆氏心学比朱子理学要优越一等。

众所周知,古人说话不讲究逻辑缜密,其言语均依托于言说者本人及其学说。故有时候不同的人说同样的话,其意思不一定相同。因此,我们不能凭借古人的用词来给古人划分队伍。我们需要追查思想家的人格及思想体系,然后才能作出判定。

有学者认为,在"甬上四先生"中,袁絜斋对"佛、老最有好感,批判也最少"④。但我们以为,絜斋心学与佛、老之学有着根本区别。絜斋与佛、道人士确实有交往,他们之间也留有和诗。⑤ 但是在中国历史上,与佛、道人士有交往的儒家学者不知其几,不能根据絜斋与佛、道人士交往,来判定絜斋学说的格调。絜斋有诗云:"吾儒根本在修身,恬淡无为乐性真。此性本无尘可去,去尘犹是未离尘。"此诗也确实容易让人产生联想——联想到禅宗六祖慧能的那首著名的偈语。但是,我们不能据此将袁絜斋与佛、老等同

---

① 〔宋〕袁燮:《书赠张伯常》,《絜斋集》卷 7,《文渊阁四库全书》,第 1157 册,第 86 页。

② 〔宋〕袁燮:《止善堂记》,《絜斋集》卷 10,《文渊阁四库全书》,第 1157 册,第 128 页。

③ 〔明〕王阳明:《传习录上》,《王阳明全集》,上海古籍出版社 1992 年版,上册,第 5 页。

④ 於剑山:《南宋"甬上四先生"研究》,中国优秀硕士学位论文全文数据库 2007 年,第 36 页。

⑤ 如《和圆通禅老韵二首》、《赠卜道人二首》(《絜斋集》卷 24,《文渊阁四库全书》,第 1157 册,第 322 页)。

起来。

絜斋本人也是极力想要将自己与禅家撇清的。他在谈到陆象山时说："或谓先生之学如禅家者流，单传心印。此不谓知先生者。先生发明本心，昭如日月之揭，岂恍惚茫昧，自神其说者哉？"①当时学者如朱晦庵等，就公开指责陆学为禅。作为陆门学者，絜斋自然要奋起而护法。絜斋指出陆象山所发明的"本心""昭如日月之揭"，与禅家的"恍惚茫昧"大有不同。至于"本心"如何"昭如日月之揭"，禅家如何"恍惚茫昧"，絜斋在此并没有说破，需要我们详加分疏。

关于儒、释、道之异同，一直就是学者们争论的焦点。人类修身的途径五花八门，不同的修身途径达到极致，常常会有几分风格上的相似。正因为如此，不同门派之间才会有所交往，相互借鉴。絜斋诗文中出现这样的文字，也就不足为怪。但我们要知道，絜斋诗中说"无语"②、"恬淡无为"，与佛、老只是风格上相似，本质是不同的。所谓风格上相似，是指儒、释、道三家修身达到极致，其表现形态有相似之处。如儒家认为人修身的最高追求是无思无为而又"感而遂通天下之故"。而佛家提出"止观"，其"止"类似于无思无为，其"观"类似于"感而遂通天下之故"。老子提出"涤除玄览"，"涤除"就是涤除思虑，"玄览"就是明彻通达。从表现形态上看，三家是相同的，这就是风格上的相似。

三家风格上相似，但内容上则有不同。"无思无为"有时候又被称为"静"，袁絜斋说："目视而耳听，手举而足履，天机之动，不期而应；冬裘而夏葛，饥食而渴饮，日用之间，孰非自然？时止则止，非有意于止；时行则行，非有意于行。此所谓无思无为，寂然不动也。此所谓'惟精惟一，允执厥中'也；此所谓'不识不知，顺帝之则'也。呜呼，非天下之至静，孰能与于此。……此则吾之本心，与天地无间者乎！若夫异端曲学，如槁木，如死灰，胥于寂灭之域，非吾圣门之所谓静也。"③在这里，絜斋明确说出儒学与佛、道之别。儒者虽然也强调"无思无为，寂然不动"，但求的却是"中"，却是"则"——也就是"道"，是"理"，这些都是实实在在的，如"日月之揭"。而佛、

---

① 〔宋〕袁燮：《题彭君筑象山室》，《絜斋集》卷8，《文渊阁四库全书》，第1157册，第99页。

② 絜斋《和圆通禅老韵二首》其一曰："浮世营营只自私，谁参落叶与枯枝。西来面壁原无语，却费圆通几首诗。"（《絜斋集》卷24，《文渊阁四库全书》，第1157册，第322页）

③ 〔宋〕袁燮：《静斋记》，《絜斋集》卷10，《文渊阁四库全书》，第1157册，第126页。

道则是求"寂灭之域",是"恍惚茫昧"。对于儒、释之异,王阳明一段话也许可以帮助我们增加认识。王阳明说:"佛氏着在无善无恶上便一切都不管,不可以治天下。圣人无善无恶只是无有作好无有作恶,不动于气,然遵王之道,会其有极,便自一循天理,便有个裁成辅相。"①

为说明絜斋心学与佛禅不同,我们还可以借分析絜斋诗中的一句"参落叶与枯枝"来加以说明。同样是"参落叶与枯枝",絜斋大概看到了其中的自然之理,甚至更进一步想到要更加奋发有为,自强不息;②圆通禅老大概看到了一切成空,很可能想到六根清净。虽然两人都归之"无语",本质却是不同的。絜斋与圆通和诗,并不表明他同意圆通的观点,而恰恰是要含蓄地表明自己的看法。絜斋在祭象山时如是说:"手举足履,视明听聪。式全其大,不沦虚空。"③"手举足履"是指人的社会实践,是指人的语默动静。"视明听聪"不只是指人视力好听力好,而是指人在看东西听声音能洞悉其中之理。絜斋是这样来描述"聪明"的:"此心虚明洞达,无一毫人欲之私,这是聪明。"④"式全其大"是扩充自我生命。追求的是实事实理,故絜斋特别强调"不沦虚空",将陆门心学与佛、道剖划分明。

絜斋的另一段文字,将这一点说得更为透彻。这是他在一幅观音画像上的题字:

> 观音入定,一念不萌。龙眠写之,浑然天成。非观音之心,至简至易,匪高匪深,或者神交默契,无间之可寻耶?⑤

絜斋所题的是李公麟的画。李公麟(1049—1106),字伯时,安徽桐城人。因桐城郊外有一龙眠山,李公麟曾长居此山下,故自号龙眠居士或龙眠山人。这幅画画的是入定的观音。龙眠山人画法高妙,不仅画出观音入定之形,而且画出观音"一念不萌"之神。絜斋由画而看出龙眠山人在创作这幅作品的时候,也是一念不萌,全神贯注,浑然天成,不然不会画得如此传

① 〔明〕王守仁:《传习录上》,《王文成全集》卷1,《文渊阁四库全书》,第1265册,第29页。
② 絜斋看到自己须发,便写下"勇奋千里骥,懈怠辕下局"(《白髭》)之句。
③ 〔宋〕袁燮:《祭象山陆先生文》,《全宋文》,上海辞书出版社2006年版,第282册,第51—52页。
④ 〔宋〕袁燮:《絜斋家塾书钞》卷1,《文渊阁四库全书》,第57册,第630页。
⑤ 〔宋〕袁燮:《题臧敬甫所藏李伯时画观音佛》,《絜斋集》卷8,《文渊阁四库全书》,第1157册,第104页。

神。一个人的素质只有在无思无为（也就是物我两忘）的情形，才有可能得到最大限度的呈现。但絜斋明确指出此时龙眠山人之心，"非观音之心"。观音入定之心是"空"，是"无念"，而龙眠山人此时的心不是"空"，而是有一绘画之理在主导着他，或者说他的绘画过程呈现出一定的绘画之理，他全部的精力都投入到作画当中。因此，絜斋形容龙眠山人此时之心"至简至易，匪高匪深"。絜斋甚至说此时龙眠山人的生命已与作画融为一体，"已神交默契，无间之可寻"。龙眠山人的这种作画状态，都是平时下苦功练就的，就像絜斋所提到的"庖丁之解牛，轮扁之斫轮，痀瘘之承蜩"[①]。龙眠作画时之心，就是圣人之心。就是那些武夫悍卒之心，絜斋也认为是圣人之心。他说："虽然世之武夫悍卒，既无学问，既非君子，然则射何以能中？此无他，只缘此心之良，人所固有，方射也，此心至正，更无偏倚，当时之心即圣人之心也，但彼自迷不知，随即放肆，是以不保其长存耳。"[②]因此，观音入定与龙眠作画虽然都是"一念不萌"，但是这只是外表上相似，实质则大有不同。有人认为"袁燮眼中的观音之心与儒者之心则没有任何区别"[③]，真是误会了这段好文字。

---

① 〔宋〕袁燮：《跋林郎中巨然画三轴》，《絜斋集》卷8，《文渊阁四库全书》，第1157册，第104页。

② 〔宋〕袁燮：《絜斋家塾书钞》卷3，《文渊阁四库全书》，第57册，第700—701页。

③ 於剑山：《南宋"甬上四先生"研究》，中国优秀硕士学位论文全文数据库2007年，第36页。

第 3 章　絜斋政治

本章将要讨论絜斋政治。余英时先生说:"我所用'政治文化'一词则大致指政治思维的方式和政治行动的风格。"①我们考量絜斋政治自然也是从两方面入手,即絜斋的政治理论和絜斋的政治实践。在絜斋给皇帝的奏疏中和为一些人物所写的墓志铭中,我们可以看到絜斋的政治思维的方式。絜斋除了发表一些政治见解以外,还亲身参与一些政治实践。这是絜斋政治理论的验证,也是其政治理论的根基。最后,还要对絜斋的政治理论与实践,根据当时的实际情况,给予适度的评判。

3.1　絜斋的政治理论

絜斋在给皇帝的奏疏中和为一些人物所写的墓志铭中,表达了自己对政治的看法。絜斋的政治理论不是一般的泛泛而论,而是针对当时的社会现实具有相当的可操作性。这些具体的政治言论表现在以下几方面,即絜斋的君臣观、絜斋的军事观、絜斋的经济观、絜斋的人才观等。下面将分门别类加以讨论。

3.1.1　絜斋的君臣观

所谓君臣观,即是对君臣关系的看法。絜斋的君臣观其实含有这样的

---

① 余英时:《宋明理学与政治文化》,吉林出版集团有限责任公司 2008 年版,第 13 页。

三个问题:一是如何看待出仕与归隐？二是君臣关系应该是怎样的状态？三是为官一方应该如何对待百姓？下面就依次来看看絜斋先生对此三个问题是如何作答的。

从广义上来说,君臣关系是人生而俱有的。也就是说,在人类社会中,一个人要么是君,要么是臣。相对于国君来说,臣与民是可以合并同类的。①总之,人人都要面临一个君臣关系的问题,这是没有选择的余地的。从狭义上来说,这个"臣"是指做官之人。一个人要与他人形成君臣关系,就必须首先要出仕。出仕是形成君臣关系的前提,是否出仕是可以选择的。因此,如何看待出仕与归隐,自然是君臣观的一个组成部分。絜斋说:

> 天之生斯人也,必有出群拔萃之士为之标准,扶持纲常,虽久不废,则人道立矣。当隐而隐,义也;素隐乱伦,非义也。②

读这段话,需弄清"当隐"与"素隐"之别。"当隐"之"隐",即《论语》中"天下有道则见,无道则隐"③之"隐"。人作为一个生命个体,须结成群体,然后才能生存并繁衍。于是便有社会,便有政府,便有君臣关系。政府为大众谋福祉,社会便有秩序,天下便是"有道";政府被用来谋私利,社会便没有秩序,天下便是"无道"。在儒家看来,人应该积极有所作为。当天下有道,人就应该出来做官,因为好人做官必将有利于发挥人的生命潜力,正如絜斋所说:"仕者,所以行其志也。"④当天下无道,人就应该隐起来,否则便有助纣为虐之嫌。这就是"当隐"。

所谓"素隐",如《论语》中的长沮、桀溺、晨门、荷蓧之流,他们看到政府与社会的种种弊病,便要远离政府与社会,过那种离群索居的生活,这实际上是要退到近乎原始的生活状态。在絜斋看来,这是"非义"的,因为这种人没有意识到自己做人的责任。每个活在世上的人,都有一个责任,那就是树立人道。隐居者虽不做官,但也可以树立人道。絜斋说:"协于义,无愧于心,潜养之久,辉光之著,得于亲炙者有所则象,得于传闻者亦莫不兴起,是

---

①　袁絜斋说:"盖古者臣于民不甚相远。"(〔宋〕袁燮:《絜斋家塾书钞》卷6,《文渊阁四库全书》,第57册,第767页)

②　〔宋〕袁燮:《隐求堂记》,《全宋文》,上海辞书出版社2006年版,第281册,第249页。

③　《论语·泰伯》。

④　〔宋〕袁燮:《北门篇》,《絜斋毛诗经筵讲义》卷3,《文渊阁四库全书》,第74册,第28页。

我以一身为天下后世之标准也。"①这种隐者如伯夷、叔齐之辈,让贪夫感到羞愧,而兴起廉洁之心。这种人虽隐居仍坚守着道义,通过自己的言行给周围人释放正能量,树立一个正面的标尺。

絜斋的意思是不管从政做官与否,人都要有所立。这种观点明显受陆象山的影响。陆象山说:"大凡为学,须要有所立。《语》云:'己欲立而立人。'卓然不为流俗所移,乃为有所立。须思量天之所以与我者是甚底?为复是要做人否?理会得这个明白,然后方可谓之学问。"②老天爷所给予我们的,就是我们的生命。人要有所立,就是要充分发挥老天爷所给予的生命,也就是要做一个大大的人。

同样是坚持道义,如能出仕为宦,发挥的作用就应该更大。那么,一个人到底是出仕好,还是隐居好呢?这就要看周围的环境而定。孔子说:"笃信好学,守死善道。危邦不入,乱邦不居。天下有道则见,无道则隐。邦有道,贫且贱焉,耻也;邦无道,富且贵焉,耻也。"③孔子说得很清楚,周围环境允许行道,那就应当出仕;周围环境不允许行道,那就应当隐居。关键是能"死守善道"。因此,絜斋说:"当隐则隐,义也。"如何判定周围环境允许行道呢?这可能要因人而异。即便周围环境不够理想,但君子也可以出仕以"补苍天"。总之,絜斋是倾向于积极有为的。他说:

> 虽然,老病而归休,以是自命可矣。继吾之后者,齿发未衰,筋力犹壮,固宜捐躯以殉国,排难以救时,又何隐之云乎?④

絜斋时年 75 岁,多次上疏请求辞职。他认为自己老弱多病,是可以归隐的,这也是为了给年轻人让路。对于年轻后辈,则要鼓励他们积极有为。在国家危急存亡之际,有志之士更应奋勇向前,为国家为民族出力,就是牺牲自己生命也是在所不惜。在讨论屈原《离骚》的时候,絜斋对屈原的出处进行了反复的追问。古人事君的原则是"道合则从,不合则去";古人自处的原则是"不见是而无闷,不见知而不悔"。而屈原见弃而悲愁愤懑。班孟坚直斥屈原"露才扬己,愁神苦思,强非其人",讥其未合于古。但絜斋肯定屈

---

① 〔宋〕袁燮:《隐求堂记》,《全宋文》,上海辞书出版社 2006 年版,第 281 册,第 249 页。
② 〔宋〕陆九渊:《语录下》,《陆九渊集》卷 35,中华书局 1980 年版,第 438 页。
③ 《论语·泰伯》。
④ 〔宋〕袁燮:《隐求堂记》,《全宋文》,上海辞书出版社 2006 年版,第 281 册,第 250 页。

原合于古意,是一个真正的忠臣。^① 由此可见,絜斋是倾向于积极用世,但他又强调读书人应有自己的尊严。他说:

> 吾观古人所以博大其器业者,未尝汲汲于干进也。深藏而不露,潜珍以自怡,待己愈重,则求合愈难。人君致敬尽礼,觊其肯就,不得已而起。济世功名,胸中之绪余尔。^②

读书是为了明白道理。读书之人保持自尊,是对"道"的礼敬。"道"对于人太重要了,关乎人能否成为真正的人的问题。絜斋说:"士君子之立于斯世,所以殊于众人者,以其知道也。不学则不知道,不知道则无以为人。"^③"道"至大充满宇宙,至小不盈于握,是因人而得到凝结的。故人需要"弘道",需要"博大其器业"。积极从政也是"博大其器业"的一种。但是积极从政,却不能"汲汲于干进"。"干进"是违道而行。孟子曾反对"枉尺而直寻",因为"枉己者,未有能直人者也"^④。读书人应"待己愈重",不应"诡随以求合,脂韦以取容"。自己就是"道"之化身,违道干进也就是失去了自身。絜斋有诗曰:"轩裳本外物,轻重非所关。俗子不识真,贪荣强跻攀。苟求既得志,巧计仍朋奸。"^⑤小人想要做官,"巧计仍朋奸",什么坏事做不出来呢? 君子是有所矜持的人,直到人君能够"致敬尽礼",表示愿意接近"道",然后才可以出来做官。值得注意的是,絜斋认为"济世功名,胸中之绪余也",也就是说,君子能够建功立业,这只不过是修身的副产品。或者说,外在的建功立业,正是为了增进内在的道德修养。这种主次之分,可以看出絜斋作为心学家的出发点。

以上讨论了絜斋对知识分子出处的看法,接下来将探讨絜斋是如何看待君臣关系。

首先,从君这一面来看,絜斋说:

---

① 〔宋〕袁燮:《策问离骚》,《絜斋集》卷 6,《文渊阁四库全书》,第 1157 册,第 66—67 页。

② 〔宋〕袁燮:《隐求堂记》,《全宋文》,上海辞书出版社 2006 年版,第 281 册,第 250 页。

③ 〔宋〕袁燮:《跋滕君勿斋记后》,《絜斋集》卷 8,《文渊阁四库全书》,第 1157 册,第 95 页。

④ 《孟子·滕文公下》。

⑤ 〔宋〕袁燮:《送黄畴若尚书》,《絜斋集》卷 23,《文渊阁四库全书》,第 1157 册,第 306 页。

> 陛下尊居宸极,临制万方,为所欲为,其谁能御?①

　　这是承认帝王具有至高无上的权力。帝王之所以有如此大权,是因为他操有"利势"。絜斋说:"荀卿有言:'人主,天下之利势也。'信哉!以尊临卑,以上制下,心所欲为,何事不集?虽高屋之建瓴水,不足以喻其捷也,是之谓势利。"②皇帝利势之所由来,当然有其历史原因,这是因为"陛下光绍丕图,垂及二纪"③。追根求源,还是因为"昔我艺祖,秉上圣之资,当寓县分裂之际,整齐乾坤,如再开辟"④。絜斋尊重皇帝的权力,也就是尊重社会秩序。任何一个社会,具有一定的秩序,人民才可以安居乐业,才能杰出者才有可能实现自己的人生理想。因此,对于皇权的尊重,从某种意义上来说,是儒家学者积极从政的前提。絜斋立朝抗疏,指事力陈略无回挠,都是以尊重皇权为前提的。儒家的理想是造福于民,实现自我价值也需要借助对皇权的尊重来完成。

　　絜斋说帝王的权力至高无上,同时也强调皇帝责任的无限重大。他说:

> 人主据富贵崇高之势,可谓无疆之休矣,然亦有无限可忧可惧者。盖此事常相对,未尝只有一边。这边有一分,那边便有一分。随其所处之不同,位愈隆,则忧愈重;好处愈多,则不好处亦多。后世人主大抵只知有无疆之休,不知有莫大之艰。⑤

　　有多大权力,就有多大责任,一个人的权力与责任是相对等的。可惜当官的人常常只看到自己的权力,而容易忽略自己的责任。絜斋这是在提醒君王,在享有最高权力的同时,也应肩负起自己的责任。国君要承担自己的责任,就应该做到刚健有为,也就是做到"无逸"。《尚书》中周公曾叮嘱周成王要"无逸",絜斋是这样来解释"无逸"的:

> 盖古人所谓无逸,非谓于事为上必躬必亲,只此心致敬,便是无逸

---

①　〔宋〕袁燮:《都官郎官上殿札子》,《絜斋集》卷1,《文渊阁四库全书》,第1157册,第5页。

②　〔宋〕袁燮:《论立国之本在足食通货疏》,《全宋文》,上海辞书出版社2006年版,第281册,第94页。

③　〔宋〕袁燮:《轮对陈人君法天札子》,《絜斋集》卷1,《文渊阁四库全书》,第1157册,第6页。

④　〔宋〕袁燮:《都官郎官上殿札子》,《絜斋集》卷1,《文渊阁四库全书》,第1157册,第5页。

⑤　〔宋〕袁燮:《絜斋家塾书钞》卷14,《文渊阁四库全书》,第57册,第913页。

处。何则? 此心致敬,则战战兢兢,如临深渊,如履薄冰,惟恐有一毫之不到,安得会去逸乐? 后世人主如衡石程书、卫士传飱,皆是降君尊而代臣职,以此为无逸,不知此乃是"元首丛脞",何异于荒淫自纵者,非古人之所谓无逸矣。①

古人所说的"无逸",不是事为上的"无逸",而是要有一颗不懈怠的心。如果国君凡事都是必躬必亲,表面看起来是忙得不可开交,实际上是在做臣民们应该做的事,这是越俎代庖,这是越职行为。絜斋说:"君临万邦,苟不知执要,是自同于臣下,失为上之体矣。"②陆象山也曾说过:"人主不亲细事。"③国君不能拘泥于细节,又要做到心上"无逸",那是要将心用在人事上来把关,要亲贤臣而远小人。絜斋说:

> 天子无职事,惟辨君子小人而进退之,此天子之职也。④

国君没有其他职事,唯一要做的事就是分清谁是君子谁是小人,从而进用君子而远退小人,这是治理国家的关键。早在孟子就将国君的职责限定在用人方面,他说:"尧以不得舜为己忧,舜以不得禹、皋陶为己忧。"⑤到了陆象山,他也说:"人主诚能知人,则天下无余事矣。"⑥絜斋强调:"知人一事是君道最大者。"⑦国君最理想的工作效果,就是将贤能之人聚集在自己的周围。

如果朝廷全为君子而没有小人,那么政治自然清明,社会自然安定,连社会风气也会得到改良。用絜斋的话来说:"用正人则正道明,用邪人则正道郁;正道明则黜陟有序而治本立,正道郁则是非颠倒而权纲紊。"⑧絜斋非常称羡商汤的贤人之多,有伊尹、伊陟、臣扈、巫咸、巫贤、甘盘等,他说:"为天下国家,须是这般用人方可。"正是如此用人,方使得"商实百姓王人,罔不

①　〔宋〕袁燮:《絜斋家塾书钞》卷14,《文渊阁四库全书》,第57册,第903—904页。

②　〔宋〕袁燮:《絜斋家塾书钞》卷2,《文渊阁四库全书》,第57册,第671页。

③　〔宋〕陆九渊:《删定官轮对札子》,《陆九渊集》卷18,中华书局1980年版,第224页。

④　〔宋〕袁燮:《轮对陈人君用人札子》,《絜斋集》卷1,《文渊阁四库全书》,第1157册,第8页。

⑤　《孟子·滕文公上》。

⑥　〔宋〕陆九渊:《删定官轮对札子》,《陆九渊集》卷18,中华书局1980年版,第222页。

⑦　〔宋〕袁燮:《絜斋家塾书钞》卷1,《文渊阁四库全书》,第57册,第635页。

⑧　〔宋〕袁燮:《轮对陈人君宜纳谏札子》,《絜斋集》卷1,《文渊阁四库全书》,第1157册,第9页。

秉德明恤"①。反过来,如果人君身边多是小人,这将是国之不幸。絜斋说:
"臣闻天下之患莫大于小人在人主之侧。盖小人之心知有己而已,不知为国
也,知有私而已,不知有公也,朝思夕念不过于爵位之崇、禄廪之厚,以足夫
一己之欲。欲心日炽,则凡可以阿媚其君者,无所不为。……君子之必见嫉
也,则凡可以排摈善类者无所不至。"②这是指出小人之心理及小人之危害。

　　君子与小人之分如此之大,那么如何辨别君子与小人呢?在絜斋看来:
"人望之所属者,登进而不遗;公论之所非者,摈斥而不用。君子小人,粲然
如黑白之明。"③絜斋还说:"人才有邪正,用舍归至公。"④辨别君子小人主要
看人望。凡品德高尚而有才能者,自然有一定的政绩。政绩可观者,自然为
人望之所属。依人望来用人,其实就是依政绩来用人,这就是让当官者要对
下面百姓负责,而不是只看上面长官的眼色行事。如此选拔人才,方是至为
公正与公平。

　　以声望选拔上来的人,人主还要"察其心"。絜斋说:"大抵常人之观人
也,观其外;圣人之观人也,察其心。"⑤察人之心实是观察人之内在素质。人
之外在行为易于观察,故常人多是观其外。但人之外在行为可以作多种解
读,也可能是虚伪从事,也可能是真心实干,最可靠者莫过于人之内在素质。
观察人之内在素质当然还是要从观察人之行为开始,只有那些高素质的人,
才有可能洞悉他人之心。"察其心"就是观察是否有常德。"本心"人人具
有,至精至明。有人能保此"本心"时刻不离,便是常守规矩而不失;有人不
能保有"本心",便是"不常其德"。作为人君,"岂可不汲汲皇皇,求天下有常
之士而信任之哉?"⑥这"有常之士"其实就是有道德原则之人。当然,能够察
人之心,必须还能自明其心。素质相近的人,才有可能相互理解。絜斋说:
"自明其心则能知人之心,亦行九德,此知人之本。"⑦要"自明其心",当然也

----

① 〔宋〕袁燮:《絜斋家塾书钞》卷 12,《文渊阁四库全书》,第 57 册,第 910 页。
② 〔宋〕袁燮:《柏舟篇》,《絜斋毛诗经筵讲义》卷 2,《文渊阁四库全书》第 74 册,第
18 页。
③ 〔宋〕袁燮:《轮对陈人君用人札子》,《絜斋集》卷 1,《文渊阁四库全书》,第 1157 册,
第 8 页。
④ 〔宋〕袁燮:《凤仙花》,《絜斋集》卷 23,《文渊阁四库全书》,第 1157 册,第 314 页。
⑤ 〔宋〕袁燮:《絜斋家塾书钞》卷 1,《文渊阁四库全书》,第 57 册,第 637 页。
⑥ 〔宋〕袁燮:《风雨篇》,《絜斋毛诗经筵讲义》卷 4,《文渊阁四库全书》,第 74 册,第
36 页。
⑦ 〔宋〕袁燮:《絜斋家塾书钞》卷 3,《文渊阁四库全书》,第 57 册,第 684 页。

是从加强自我修养着手。由此可见,最终还是要落在"以修身为本"。

辨明君子与小人以后,国君任用官员就应该大公无私。絜斋说:"人主之任官,不可有一毫之私。所共者天位,所治者天职,所食者天禄,无非天也,岂可以己意参之哉?"①此处之"天"即是"理",国君按理去设位,按理去用人。被任用之人也是按理去尽职,按理去接受俸禄。总之,一切都是按理而行,建设一个理性的社会,自然就公平公正了。这在《尚书》就叫:"无旷官,天工人其代之。"

接下来还需要真正地信任大臣。国君要能听得进大臣们的进言。絜斋先生说:"臣尝观一介之士,欲自植立者,苟有所疑,亦必咨问。况主器之重,所关甚大,而可不以是为急乎?"②帝王的责任关乎着天下人的福祉,关乎着国家的兴衰。因此,他建议皇帝要多听他人意见,集思广益,合谋于众,然后才能处置得当。他还说:

> 天下之大,当与天下共图之,岂可不稽谋于众哉?③

此言是说天下如此之大,皇帝一人管理不了,需要与天下人共同谋划。这是从权力运作的方式上来说的,即皇帝在行使自己至高无上的权力时,要舍己从众,尽可能地去听取大臣们意见,但抉择权还是在皇帝,皇帝始终处在主导地位。这种观点在絜斋之前即有人言之。高闶在太学,曾说"天下事当令天下人议之",时以为至言④。这种说法在客观上是要对皇权施加限制。大概也只有在两宋时期,士大夫才会有这样参与天下秩序管理的观念。

在絜斋看来,人主任命大臣,不仅只是让大臣们具体去做一些事务,而且还要代人主为天下"立极",也就是为天下人树立标准。他说:

> 周官设官分职,以为民极。为人主是理会何事? 立极于上,使天下皆有所法则,皆知所取中焉,是人主之职也。故曰:"皇建其有极。"曰:"立我烝民,莫匪尔极。"三代圣王所以治天下,只是作民之极,其委用辅

① 〔宋〕袁燮:《伐檀篇》,《絜斋毛诗经筵讲义》卷4,《文渊阁四库全书》,第74册,第40页。

② 〔宋〕袁燮:《轮对陈人君宜勤于好问札子》,《絜斋集》卷1,《文渊阁四库全书》,第1157册,第11页。

③ 〔宋〕袁燮:《轮对陈人君法天札子》,《絜斋集》卷1,《文渊阁四库全书》,第1157册,第7页。

④ 〔宋〕罗濬:《宝庆四明志》卷9,《宋元浙江方志集成》,杭州出版社2009年版,第3254页。

相大臣,亦是可以作汝民极者。①

为人臣者,不能只是尽力于"期会簿书、断狱听讼"这些具体的官务,而且还要意识到"虽断狱听讼,固亦无非中道之所寓"。絜斋这个观点,与前面有两点相呼应。一是絜斋说读书人就是不出来做官,也要注意培养自己的品德,为天下人立人道;二是絜斋要求国君进君子而退小人,而君子自然也是可以为民"立极"之人。

其次,从臣这个角度来看,絜斋强调大臣的一项总的职责,那就是:

> 致主欲尧舜,规模戒因循。②

"尧舜"是一个文化符号,表征的是理想的君主和理想的社会。致君尧舜,这是中国文人的一个梦想。杜甫有诗唱道:"致君尧舜上,再使风俗淳。"③韩愈有文曰:"致吾君于尧舜,熙鸿号于无穷也。"④苏轼也在自己词中写道:"有笔头千字,胸中万卷,致君尧舜,此事何难!"⑤致君尧舜,就是使国君成为大有为之君,就是使天下成为太平盛世。

周文王有五位大臣(虢叔、闳夭、散宜生、泰颠、南宫括),《尚书·君奭》云:"无能往来,兹迪彝教,文王蔑德降于国人。"絜斋在解释这段文字时,说:"文王,圣人之盛者也。周家之治,文王实致之也。而文王则以无此五人往来于其中,导迪教我,直是无德降于国人。……君之有资于臣,从古而然也。"⑥这是说国君身边的人对于国君道德修养是多么的重要,也说明他们有能力帮助国君提高道德。絜斋说:"予弗克俾厥后为尧舜,其心愧耻,若挞于市,此伊尹之心也。"⑦他还说:"必欲使是君为尧舜,此正宰相之职分也。"⑧这是说国君身边的人也有责任有义务帮助他的国君成为尧舜那样的明君。

① 〔宋〕袁燮:《絜斋家塾书钞》卷 12,《文渊阁四库全书》,第 57 册,第 914 页。
② 〔宋〕袁燮:《上中书陈舍人三首》,《絜斋集》卷 23,《文渊阁四库全书》,第 1157 册,第 305 页。
③ 〔唐〕杜甫:《奉赠韦左丞丈二十二韵》。仇兆鳌:《杜少陵集详注》卷 1,商务印书馆 1948 年版,《万有文库》本,第 2 册,第 42 页。
④ 〔唐〕韩愈:《争臣论》,《古文观止》,中华书局 1959 年版,下册,第 348 页。
⑤ 〔宋〕苏轼:《沁园春·孤馆灯青》,《苏轼全集·诗词集》卷 47,北京燕山出版社 2009 年版,第 409 页。
⑥ 〔宋〕袁燮:《絜斋家塾书钞》卷 12,《文渊阁四库全书》,第 57 册,第 912 页。
⑦ 〔宋〕袁燮:《絜斋家塾书钞》卷 5,《文渊阁四库全书》,第 57 册,第 745 页。
⑧ 〔宋〕袁燮:《絜斋家塾书钞》卷 7,《文渊阁四库全书》,第 57 册,第 788 页。

与此同时，臣民们也可以尽情发挥自己的生命能量。絜斋说：

> 愿言努力酬天造，勉使吾君冠百王。①

"努力酬天造"，就是积极进取，充分发挥生命能量，来报答"天"所赋予的生命。"勉使吾君冠百王"就是"致主欲尧舜"。这两方面相辅相成，结为一体。致君尧舜的反面，就是因循规模，就是得过且过，就是让国君成为一个平庸的天子，大臣也跟在后面浑水摸鱼，这是多么的可悲！致君尧舜是有可能的。按孟子说法，"人皆可以为尧舜"②，因为人人都有恻隐、羞恶、辞让、是非之心。因此，孟子说："有是四端而自谓不能者，自贼者也；谓其君不能者，贼其君者也。"③这是说，大臣们若不以尧舜的标准来要求他们国君，那就是害他们的国君。

在絜斋看来，为达到致君尧舜的目的，作为大臣需要做两件事：一是尽可能地诱导劝诫国君去做尧舜；二是尽可能地将国君的仁慈之心传递给百姓。絜斋说："大臣之职，莫大于正君心。"④从根本上来说，诱导国君就是启迪国君去发明"本心"。要成为尧舜那样的明君，首先要"无愧于古圣人用心"。古代大有为之君根源治道者，就是"此心之精神而已"。此心即是絜斋所说的"本心"，"心之精神，洞彻九州，靡所不烛"⑤。絜斋启发宋宁宗发挥心之精神，就是要自强不息、公平无私、仁爱百姓和广谋从众。絜斋可谓是善于诱导国君者。见禁中银器有所丢失，宋宁宗不忍心对掌管者施加处罚，以锡器更换银器。絜斋肯定他的这一点善心，并劝扩而充之：

> 自一身之俭充而至于中外，冗费靡所不节；自一念之仁充而至于四海，九州皆归吾仁。⑥

这与孟子诱导齐宣王行仁政⑦，有异曲同工之妙。朱子每次见宋孝宗，

---

① 〔宋〕袁燮：《和孙吉父登第二首》，《絜斋集》卷24，《文渊阁四库全书》，第1157册，第319页。

② 《孟子·告子下》。

③ 《孟子·公孙丑上》。

④ 〔宋〕袁燮：《管仲器小论》，《絜斋集》卷7，《文渊阁四库全书》，第1157册，第70页。

⑤ 〔宋〕袁燮：《都官郎官上殿札子》，《絜斋集》卷1，《文渊阁四库全书》，第1157册，第4页。

⑥ 〔宋〕袁燮：《轮对陈人君宜崇大节札子》，《絜斋集》卷1，《文渊阁四库全书》，第1157册，第12页。

⑦ 《孟子·梁惠王上》。

必言"正心、诚意"①。陆象山说:"诸公上殿,多好说格物,且如人主在上,便可就他身上理会,何必别有格物。"②这是批评朱子在内的"诸公"对皇帝进言效果不大。袁絜斋有鉴于此,他这是就宋宁宗身上来理会。所谓"九州皆归吾仁",即《论语》中"天下归仁"③之意,也就是九州百姓都融入我的生命之中。絜斋还利用自己给皇帝上课的机会,启迪天子发明"本心"。如讲到《诗经》的《汉广》,絜斋一面赞游女之坚贞,另一面说:"非盛德之君躬行于上,表正斯民,皆有士君子之行,岂能臻此哉? 彼习俗薄恶,男女淫奔,恬不知愧者,亦其君使然尔。然则人君之一身,诚风俗美恶之所自出与!"④这是要求国君能不断加强自我道德修养,使天下风气为之而一变。

劝诫国君主要是针对天子的缺陷而发,就是指摘皇帝的过失。在絜斋看来,当今皇帝虽然"圣德纯茂",但是不会没有错误。因为"自古帝王之言,岂能无失? 惟得贤臣开陈救正,归于至善而已"⑤。于是,他认为身在言官,就有责任向皇帝进谏忠言。他说:"古有掸人之官,道王之德意。"⑥古代设有专门的言官,就是要引导国君进德修业。有些大臣进谏之时,只是提一些无关痛痒的事,而不切中时弊。絜斋指出他们的用心:"爵禄之念重,指陈利害,或与时迕,有妨荣进,不若姑举细故,下可以计日俟迁,上可以不次拔擢,自为身计,不得不然。"⑦这种人在絜斋眼中,不配称为忠臣。

絜斋说:"臣一介疏庸,遭逢盛际,误蒙拔擢,寖历清华,每自念无以称塞,惟有罄竭愚忠,庶几仰酬天造。"⑧他还说:"臣生禀蠢愚,不识忌讳,每思古人有言,'事君有犯而无隐,此臣子之职也',况叨论思献纳之列,尤当以是

　　①　〔清〕王懋竑:《朱子年谱》卷 3 下,淳熙十五年六月壬申条。

　　②　〔宋〕陆九渊:《语录上》,《陆九渊集》卷 34,中华书局 1980 年版,第 404 页。

　　③　《论语·颜渊》:"颜渊问仁。子曰:'克己复礼为仁。一日克己复礼,天下归仁焉。为仁由己,而由人乎哉?'"

　　④　〔宋〕袁燮:《汉广篇》,《絜斋毛诗经筵讲义》卷 1,《文渊阁四库全书》,第 74 册,第 12 页。

　　⑤　〔宋〕袁燮:《轮对陈人君宜勤于好问札子》,《絜斋集》卷 1,《文渊阁四库全书》,第 1157 册,第 11 页。

　　⑥　〔宋〕袁燮:《管仲器小论》,《絜斋集》卷 7,《文渊阁四库全书》,第 1157 册,第 70 页。

　　⑦　〔宋〕袁燮:《轮对建隆三年诏陈时政阙失札子》,《絜斋集》卷 2,《文渊阁四库全书》,第 1157 册,第 16 页。

　　⑧　〔宋〕袁燮:《轮对陈人君宜法天札子》,《絜斋集》卷 1,《文渊阁四库全书》,第 1157 册,第 6 页。

为职者乎?"①他还说:"臣愚不肖,蒙陛下拔擢,置诸论思献纳之列,而隐情缄默,非忠臣也。"②这就是说,处言官之位,就有责任向皇帝进谏忠言,否则便是失职。絜斋认为,就是不在言官之位,甚至在告老还乡之时,也应思念着君王和国家。古人有"君子思不出其位"之说,但絜斋认为:

> 大义所在,当思则思,即吾位也。③

此言与范仲淹之语气脉相通。范仲淹说:"不以物喜,不以己悲,居庙堂之高,则忧其民;处江湖之远,则忧其君。是进亦忧,退亦忧。"④人一般是忧而后思,袁絜斋之"思"即范仲淹之"忧"。"大义所在"即是人"本心"的发动处。人之"本心"发动,不管身处何位,均会忧国忧民忧君。"当思则思,即吾位",是说"思"是我的本分,是我的职责。这完全是一颗仁者之心,一颗赤子之心。这种观念在今天也是值得提倡。常言说"位卑未敢忘忧国",中华民族的兴盛与我们每个国民都息息相关,我们每个人都应为国家的建设而出谋献策,为社会的发展而贡献智慧。

絜斋向宋宁宗进谏,有些意见是非常尖锐的。如他说:"往时陛下奋发乾刚,诛锄元恶,收还威柄,登崇俊良,天下喁喁,翘首以观日新之政。一二年来,正论渐微,正途渐梗,贤者相率洁身而去,忠言嘉谟以宗社生灵为念者,寝不如更化之初,而谄谀缄默以顺为正,自营其私者尚多有之。"⑤宋宁宗并不是一个积极有为的君主,他往时的"奋发乾刚"也只是出于一时的冲动,后来慢慢地就被一群小人包围,消磨了锐气,毫无作为。絜斋如此说,实是批评皇帝在亲小人远贤臣,这种说话的语气是很严厉的,足见絜斋耿直的一面。

絜斋如此耿直,全是出自他的一片忠心。他说:"古人耻君不及尧舜,事中常之主犹欲引于当道。况陛下天资粹美,圣心渊静,足以与古帝王匹休,

---

① 〔宋〕袁燮:《论立国宜正本札子》,《絜斋集》卷3,《文渊阁四库全书》,第1157册,第28页。

② 〔宋〕袁燮:《论国家宜明政刑札子》,《絜斋集》卷3,《文渊阁四库全书》,第1157册,第30页。

③ 〔宋〕袁燮:《愿丰楼记》,《絜斋集》卷10,《文渊阁四库全书》,第1157册,第132页。

④ 〔宋〕范仲淹:《岳阳楼记》,《范仲淹全集》,四川大学出版社2007年版,上册,第195页。

⑤ 〔宋〕袁燮:《轮对陈人君用人札子》,《絜斋集》卷1,《文渊阁四库全书》,第1157册,第8页。

而犹有未及为者,此臣所以发于中愤,不能自默也。"①称宋宁宗"天资粹美,
圣心渊静",当然是一番客气话。而絜斋"发于中愤,不能自默",却是真实
的。另一方面,他对于宋宁宗还有感恩之情。他说:"自叨献纳,时进苦言。
仁圣宽容,不以为忤,且屡有忠直之褒。去国之后,简记不衰,可谓深知
矣。"②絜斋一生仕途并不顺利,遭"伪学"之禁时,志向不能得以伸展。直到
嘉定初年,朝廷需要几个硕学鸿儒装点门面,70多岁的絜斋才得以进入中央
政权。宋宁宗因为絜斋德高望重,对他有所礼遇,这在絜斋便是感激万分的
理由。他甚至说:"堪嗟世道今如许,愿为吾君致此身。"③

絜斋非常推崇唐代陆贽对唐德宗的启迪劝诚。他说:"德宗多欲之君
也,而贽导之以仁义;德宗强明之君也,而贽劝之以纳谏。知其好胜,又耻闻
过,正言直指,虽拂其意而无益也,则和缓其辞,而委曲其意,不惮于谆谆,而
庶几潜格其非心。其言一不诚,心莫之保;一不信,言莫之行。所以切劘君
心,恳恻如此。"④由此可见,袁絜斋非常体贴陆贽那一颗智慧而忠诚的心。
我们看絜斋所写的奏疏,他是在说陆贽,也是"夫子自道"。

在絜斋看来,为官者还要积极为国家发现人才、推荐人才。他说:"汲引
善类,无间亲疏,奇伟卓荦、难合自重之士,尤当极力推挽,俾为时用,人臣所
以报国也。"⑤一个大臣如果真的怀有报国之心,那么他发现了人才,就应该
向上级推荐,这是他的责任,也是他的义务。如果君主身边都是君子,众位
君子都来启迪劝诚国君,那么致君尧舜也就成为可能。因此,作为臣子就应
当尽力为国君推荐人才、吸引人才。对于那些才能卓越而又颇有性格的人
才,更应致力加以推荐。那些妒贤嫉能的人,极尽百般刁难排挤为能事,实
际上也是自私自利的人。

致君尧舜还有另一面的工作,那就是将国君的"子民之心"传布到所有
民众头上,让民众真切地感受到国君就是尧舜那样的贤君。国君能力无论

---

①　〔宋〕袁燮:《轮对陈人君宜崇大节札子》,《絜斋集》卷1,《文渊阁四库全书》,第1157
册,第13页。

②　〔宋〕袁燮:《愿丰楼记》,《絜斋集》卷10,《文渊阁四库全书》,第1157册,第132页。

③　〔宋〕袁燮:《絜斋集》卷24,《赠陆伯微三首》,《文渊阁四库全书》,第1157册,第
320页。

④　〔宋〕袁燮:《陆宣公论》,《絜斋集》卷7,《文渊阁四库全书》,第1157册,第74—
75页。

⑤　〔宋〕袁燮:《论立国宜正本札子》,《絜斋集》卷3,《文渊阁四库全书》,第1157册,第
29页。

如何强大,也不可能包办所有的国事,必须依靠得力可靠的大臣们,然后才能将自己的意志传播来开。絜斋在《寄武冈使君表兄》中说:"帝曰惟汝谐,专城赖纪纲。吾兄勤布宣,德意达穷乡。"①絜斋劝表兄关爱百姓,目的是使皇帝的"德意达穷乡"。

国君是否真有"子民之心",这是不用臣子去揣测的,要紧的是做官者要有爱民之心。絜斋致君尧舜的最终目的,还是落在仁爱百姓上。孟子早就说过:"民为贵,社稷次之,君为轻。"②絜斋说"愿为吾君致此身",应语出《论语》。《论语》曰:"事君,能致其身。"③絜斋所说的"吾君",代表的是国家,代表的是民众。絜斋在《愿丰楼记》中,一边说:"臣子之心,岂能一日忘吾君哉!",一边又说:"岁之丰凶,国之大利害存焉。无三年之蓄,曰国非其国,盗贼之猖獗,四邻之侵侮,皆岁不登民不安之所致也。此岂小故,而可不关于念虑乎?"④由此可见,絜斋之"不忘吾君","君"与国家与民众是合而为一的。

地方官仁爱百姓,当然不能充当酷吏。絜斋对于当时酷吏给人民造成的伤害,曾有过形象的描绘:"世方急催科,下令严秋霜。疲癃因鞭笞,男女失耕桑。财货岂不足,众弊实蠹伤。但能澄其源,府库有余藏。无告深可悯,盼盼将流亡。根本不护惜,忍以斤斧戕。"⑤为了催缴名目繁多的税收,有些地方官吏对百姓严酷无比。老百姓无处申诉,被迫流亡他乡。民为国本,这实际上是在伤害国本。值得注意的是絜斋的观点,他认为各种弊端造成国家财用不足,地方官吏应从根子上来寻找原因。因此,他劝自己的表兄:"吾兄独反是,属邑赖小康。"

絜斋还说:"生财固有道,视民当如伤。宁乏强敏称,毋令本根戕。仁圣子万姓,迩遐如一堂。"⑥这几句诗意味深长。皇帝应该仁爱所有的子民,天下本是一家人,不应分什么远近。政府不能盘剥大多数下层民众,去供应极少数贵族享乐受用。地方官员敛财也要有一个限度,要知道平民百姓本就

① 〔宋〕袁燮:《寄武冈使君表兄》,《絜斋集》卷23,《文渊阁四库全书》,第1157册,第306页。
② 《孟子·尽心下》。
③ 《论语·学而》。
④ 〔宋〕袁燮:《愿丰楼记》,《絜斋集》卷10,《文渊阁四库全书》,第1157册,第132页。
⑤ 〔宋〕袁燮:《寄武冈使君表兄》,《絜斋集》卷23,《文渊阁四库全书》,第1157册,第306页。
⑥ 〔宋〕袁燮:《送李鸣凤使君》,《絜斋集》卷23,《文渊阁四库全书》,第1157册,第307页。

在饥饿中挣扎。地方官宁愿不要什么能干的名声，哪怕因此影响自己的仕途，也不能做有损于百姓之事，因为这是残害国本。在絜斋看来，地方官不仅不能伤民，而且要泽民。他说：

> 得志行所为，泽民效伊尹。常深纳沟念，疾苦勤访问。所期培殖丰，肯诧裁决敏。……牧养乃其职，此事无穷尽。孳孳抚凋瘵，凛凛忧饥馑。①

在絜斋看来，一个人做了地方官，就应向商朝的伊尹学习，造福百姓。首先要有"纳沟念"。"纳沟念"就是仁者之心。此语出自《孟子》。孟子说："思天下之民，匹夫匹妇有不被尧舜之泽者，若己推而内之沟中。"②当官有了仁者之心，自然就会殷勤访问百姓疾苦。有了仁者之心，还要给百姓办实实在在的事。絜斋这首诗基本上说出了地方官应该做的事：

一是"所期培殖丰"。"所期培殖丰"是期望百姓的年景好。《尚书·洪范》中讲到"八政"，首先提及的是"食"。絜斋解释说："民以食为天，救死不赡，奚暇治礼义，故一曰食。"③因此，做官首先要注意的是百姓的粮食，希望百姓有好年景。为了百姓能有好收成，地方官应尽其所能创造条件。絜斋有一首郊游的诗写道："几处汪汪成巨浸，传闻昔日尽良田。兴除利害宁无策，忍把膏腴久弃捐？"④良田变为大水塘，是因为地方官失职，没有治理好水道。为官一方要积极地为地方百姓兴利除害。如果能够早一点加强水利建设，哪里会出现这种"膏腴久弃捐"的情形呢？絜斋此诗的感叹，实是对失职官吏的谴责。为官一方，应为当地百姓造福，也要为一方百姓负责。絜斋在《丰惠桥记》中记载，一个地方长官看到一座桥年久失修，来往百姓多有坠河之虞，他说："吾为邑长于斯，而吾民病涉如此，心可安乎？"于是多方调度资源，将桥修得焕然一新，赢得当地百姓的"无穷之思"⑤。

二是"肯诧裁决敏"。"肯诧裁决敏"是指审理案件又快又好，让人感到吃惊。古时地方官需要审理案件，裁决纠纷。审理案件需要深入调查，从细

---

① 〔宋〕袁燮：《与范总干》，《絜斋集》卷 23，《文渊阁四库全书》，第 1157 册，第 305 页。

② 《孟子·万章上》。

③ 〔宋〕袁燮：《絜斋家塾书钞》卷 9，《文渊阁四库全书》，第 57 册，第 831 页。

④ 〔宋〕袁燮：《郊外即事七首》，《絜斋集》卷 24，《文渊阁四库全书》，第 1157 册，第 322 页。

⑤ 〔宋〕袁燮：《丰惠桥记》，《全宋文》，上海辞书出版社 2006 年版，第 281 册，第 253—254 页。

节入手，需要下一番工夫，有些自视清高之人是不屑于此的。而絜斋说："夫狱讼得其情，盗发而辄得，非细故也，其为急务，与劝学养士等尔。"①由此可见，他认为地方官应该重视狱讼。审理案件不是一件容易的事，也是需要一定智慧。"莫难于听讼。嚚讼之人颠倒是非，变乱黑白，其情伪万状，若之何听之？"絜斋提出"善听讼者，以理裁之"②。所谓"以理裁之"，也就是要显示公平。絜斋说："至于断狱弊讼不敢专也，必取平焉。"③公平审理案件有重要意义。《尚书》说："刑期于无刑。"④在孔子则说："听讼，吾犹人也，必也使无讼乎。"⑤案件审理快速有效，可以促进社会公平正义的实现，也可以有利于社会和谐的出现，最终目的是达到"无刑""无讼"的社会状态。絜斋认为："褒一有德而千万人悦，戮一有罪而千万人悚，赏罚之精神也。"⑥

　　要做到审理案件公平公正，谈何容易？必须仰仗审案者的道德操守、足够的耐心和相当的智慧才能做到。絜斋说："世变推移，科条益密，而疑似多端，缘之而轻重出入皆可，于是乎有舞法之吏；习俗浇讹，机变百出，而侥幸其或免，于是乎有玩法之民。……上以贵压我，下以智欺我，而吾欲持平其间，平固未易持也。"于是在絜斋看来，审理案件还是应该"反诸本心而矣"，因为"是心清明，得失利害无得而昏之，自然不屈于上官，不蔽于私祷，狱安得不平？察其情伪，究其纤悉，民安得而冤？"⑦絜斋还说："反躬内省，行有不得，推原其所以然者，庶其可乎。"⑧在给李文鉴写墓志铭时，说李文鉴："折狱精明，根于慈恕，鞭挞不惨，自得其情。时时为设酒肉，躬自察之，严寒酷暑，

①〔宋〕袁燮：《跋涪翁帖》，《絜斋集》卷8，《文渊阁四库全书》，第1157册，第100页。

②〔宋〕袁燮：《行露篇》，《絜斋毛诗经筵讲义》卷1，《文渊阁四库全书》第74册，第14页。

③〔宋〕袁燮：《江阴军司法厅壁记》，《絜斋集》卷9，《文渊阁四库全书》，第1157册，第115页。

④《尚书·大禹谟》。

⑤《论语·颜渊》。

⑥〔宋〕袁燮：《都官郎官上殿札子》，《絜斋集》卷1，《文渊阁四库全书》，第1157册，第4页。

⑦〔宋〕袁燮：《滁州司理李君墓志铭》，《絜斋集》卷19，《文渊阁四库全书》，第1157册，第257页。

⑧〔宋〕袁燮：《江阴军司法厅壁记》，《絜斋集》卷9，《文渊阁四库全书》，第1157册，第115页。

尤加之意,洁尔杻械,燥尔寝处,筹度再三,不得已而后辟。"①絜斋详细地记载李文鉴审理案件的情形,就是希望为官者都能如此用心。

三是"孳孳抚凋瘵"。"抚凋瘵"是指关爱那些社会弱势群体。在絜斋看来,对于社会上的老弱病残者,地方官也应加以救助。在《建昌军药局记》中,絜斋对建昌太守丰有俊称赞有加。丰有俊在南昌做官,接连几年都发生大瘟疫,他带着医生到处巡问,走遍大街小巷和穷乡僻壤,察看发病的源头,给病人送药。那些药效果特别的好,挽救了许多人的生命。后来丰有俊到盱江为官,还创设了药局,配置那些好药,力求做到真材实货,不计任何代价。老百姓都争着去买药局的药,而药局只收成本价,不谋取利润。絜斋发出感叹:"余以为视民如子,牧守职也。子疾父母疗之,真情之发,自不容已,岂曰利之云乎哉!"②

四是"凛凛忧饥馑"。"忧饥馑"是指遇到灾年,需要及时去赈灾。宋太祖曾下诏:"诸州长吏视民田旱者,蠲其租勿俟报。"这是说,地方官如果发现农田受到干旱水涝,就可以直接减免税租,不要等着上报。絜斋对此很是欣赏,他说:"盖虑其稍缓,有拯救不及者。"③朝廷的内帑之储,本来就是为了救荒之用。"国朝之有内帑,所以为军旅凶荒之先备也。"④絜斋希望能够专款专用⑤。絜斋特别推崇丰有俊所设的社仓。"社仓分布于阡陌,官无远运之劳,民有近籴之便,足以推广常平赈穷之意"。这种社仓是官府设在民间的,丰年收粮,歉年放粮。官府不要太多投入,又方便百姓,还达到平抑粮价、赈灾救民的功效。因此,絜斋称赞道:"今之社仓,毋乃依仿于是,相时发敛,均被无遗,膏泽沾濡,既优既渥,以培邦本。"⑥这是说这种方式好,让老百姓都能得实惠,这是在培厚国家的根本。

---

①　〔宋〕袁燮:《滁州司理李君墓志铭》,《絜斋集》卷19,《文渊阁四库全书》,第1157册,第257页。

②　〔宋〕袁燮:《建昌军药局记》,《絜斋集》卷10,《文渊阁四库全书》,第1157册,第123—124页。

③　〔宋〕袁燮:《轮对陈人君宜达民隐札子》,《絜斋集》卷1,《文渊阁四库全书》,第1157册,第14页。

④　〔宋〕袁燮:《轮对乾德三年内库金帛用度札子》,《絜斋集》卷2,《文渊阁四库全书》,第1157册,第17页。

⑤　〔宋〕袁燮:《轮对陈人君宜法天札子》,《絜斋集》卷1,《文渊阁四库全书》,第1157册,第7页。

⑥　〔宋〕袁燮:《洪都府社仓记》,《絜斋集》卷10,《文渊阁四库全书》,第1157册,第122—123页。

为官一方还要注意对百姓的教化。絜斋认为当权者有担任教化之职责。他说："盖德虽民所固有，然良心善性至微而未著，至小而未大也。在上位者有以启迪教化之，使微者日著，小者日大，则民德广矣。"①这是说老百姓也有良心善性，只是没有发挥出来，当官的人要做的是教化他们，推动百姓良心善性的发挥。絜斋特别看重教化的作用。他说："教化之废，推中人而坠于小人之域；教化之兴，引小人而纳于君子之途。人心无常，惟上是听，风行草偃，不约而从。"②这里"人心"是指普通民众之心，也就是还没有真正明白事理的人心。"人心无常"也就是孟子说的"若民，则无恒产，因无恒心"③。这些人最容易受流俗风气的影响，故而当官者要注意加以引导。

絜斋还有诗云："尉职最亲民，亦足行所学。吾民苟安枕，微官有余乐。尝闻长老言，人性原不恶。迷途偶忘返，见善宁不怍。君能复其初，治行乃超卓。"④在絜斋看来，"亲民"就是"行所学"，二者是合而为一的。只要百姓安枕，做小官也有快乐。老百姓的本性是好的，偶有缺失也能自惭形秽。为官者就应注重教化，引导民众复其本初善性，这才是具有真正的业绩。王介甫曾说："天之有斯道，固将公之，而我先得之，得之而不推余于人，使同我所有，非天意，且有所不忍也。"⑤絜斋重视教化也可以说怀有此心。

絜斋所主张的教化对象当然是包括所有的人。他在解《尚书·酒诰》一文时，做如是说："学者读《酒诰》，须看古人无所不教之意。上自诸侯之士大夫，下及于民，无往不教焉。不特卑者在所教，尊者亦有教；不特贱者在所教，贵者亦有教。是故致治之极，至于人人有士君子之行。"⑥絜斋这段话即意味着，天下没有天生的品德高尚者，人人都是在受教化之列。判断一个人的贵贱，不在于他的身份地位，而在于他是否能呈现"本心"。教化的最终目的，就是要达到"人人有士君子之行"，也就是要人人都能恢复自我"本心"。

---

① 〔宋〕袁燮：《絜斋家塾书钞》卷6，《文渊阁四库全书》，第57册，第783页。

② 〔宋〕袁燮：《兔罝篇》，《絜斋毛诗经筵讲义》卷1，《文渊阁四库全书》，第74册，第9页。

③ 《孟子·梁惠王上》。

④ 〔宋〕袁燮：《送楼叔韶尉东阳三首》，《絜斋集》卷23，《文渊阁四库全书》，第1157册，第308页。

⑤ 〔宋〕王安石：《请杜醇先生入县学书》，见《宋元浙江方志集成》，第7册，第3034页。

⑥ 〔宋〕袁燮：《絜斋家塾书钞》卷11，《文渊阁四库全书》，第57册，第876页。

注重教化，首先要重视学校建设，因为"夫郡之有学，风化之原也"①。故《絜斋集》中记载不少学校建设的资料，甚至认为："当边烽未息之时，而兴崇学校，可谓知时务乎？曰：此乃知时务之要者也。"②对于地方所建先贤祠堂，絜斋认为也有助于教化。如在《颜苏二公祠记》中，絜斋说："表先贤之景行，为今日之盂式，使茕茕之人则而象之，洗濯其背公营私之习，振发其守节徇义之心，则虽后颜、苏而生，其坚正不回之操，必有能继之者矣。"③古代之先贤祠相当于现代之名人纪念馆，目的是教化民众。另外，絜斋认为古礼的恢复也有利于风教。他说："古者乡饮酒之礼，六十者坐，五十者立，笾豆之多寡，皆视其齿，其别有四。严于长幼之辨，如此风教所关故也。"故他对朋友南仲举行乡饮酒礼于学校，特加赞赏。④ 这些古代礼仪虽然只是一些仪式，但在这些仪式当中深藏有先民的智慧，这是在不知不觉中触及人的灵魂。絜斋自己还以通俗化语言，来训导普通民众。如他曾写一首诗歌，其题为：《丁未之冬，营房告成，有亭翼然，名之曰劝工，且为歌训迪有众》。整首诗苦口婆心地劝导士兵努力训练，和睦相处，做得好有奖励，做得不好要惩罚。⑤

在絜斋的眼中，官员仁爱百姓，应该发自于自己的"本心"，而不能考虑自己的个人得失。有他的两首诗为证："吾民久憔悴，德政先哀矜。宁书考下下，莫忘心兢兢。"⑥"黎庶多困穷，抚摩仗循良。鹰鹯岂不鸷，凤鸟乃嘉祥。生财固有道，视民当如伤。宁乏强敏称，毋令本根戕。仁圣子万姓，迩遐如一堂。"⑦一般人当官都非常重视自己的考绩，而絜斋却说"宁书考下下"。一般人当官都非常重视自己的名声，而絜斋却说"宁乏强敏称"。考绩与声名

① 〔宋〕袁燮：《通州州学直舍记》，《絜斋集》卷10，《文渊阁四库全书》，第1157册，第117页。

② 〔宋〕袁燮：《盱眙军新学记》，《絜斋集》卷10，《文渊阁四库全书》，第1157册，第120页。

③ 〔宋〕袁燮：《颜苏二公祠记》，《絜斋集》卷9，《文渊阁四库全书》，第1157册，第108页。

④ 〔宋〕袁燮：《繁昌乡饮序》，《絜斋集》卷8，《文渊阁四库全书》，第1157册，第89—90页。

⑤ 〔宋〕袁燮：《为歌训迪有众》，《絜斋集》卷23，《文渊阁四库全书》，第1157册，第304页。

⑥ 〔宋〕袁燮：《送姜子谦丞于潜》，《絜斋集》卷23，《文渊阁四库全书》，第1157册，第308页。

⑦ 〔宋〕袁燮：《送李鸣凤使君》，《絜斋集》卷23，《文渊阁四库全书》，第1157册，第307页。

都是外物,更重要的是自我"本心"的呈露。

在此将絜斋的君臣观作一总结。絜斋的君臣观是:读书人要积极从政,但于出处之际仍应讲气节。做官之人只有一个终极目标,那就是致君尧舜,一方面要时时启沃警诫国君,另一方面要仁爱百姓。总之,絜斋提出"君臣一体"的说法。他说:"君譬则腹心也,臣譬则手足也,一体相须,休戚利害靡不同之。"①君臣结为一体,相辅相成。絜斋的"君臣一体"说来源于《尚书》。《尚书·君奭》中提到"偶王",絜斋解释说:"偶之为言匹偶也。君为元首,臣为股肱,明其一体相待而成。臣者君之匹也,三代之际君臣之间相视如匹偶,有一体之义。"②君臣既是一体,相互之间就应以诚相待。陆象山在给宋孝宗的札子中曾引唐代魏征的话说:"君臣同德,是谓一体,宜相与尽诚。"③陆象山的观点明显对袁絜斋有影响。

3.1.2　絜斋的军事观

军事与政治历来都是密不可分的。可以说,战争是政治的延续,是政治的一个重要组成部分,也是解决政治问题的最后手段。《絜斋集》中有不少关于军事的文字,从中可以梳理出絜斋的军事观。絜斋的军事观大致可以分为这样三方面内容:一是阐述军事的重要性;二是表达对于时局的看法;三是提出时事对策与军事建设方面的建议。下面我们就依次讨论之。

絜斋说:

> 大抵为国家者,固不宜好战,亦不可惮战。④

之所以"不宜好战",是因为"兴师动众,争地争城,兵锋一交,肝脑涂地,甚可畏也,其可轻用也哉"⑤。早在春秋时期,老子就曾说过:"夫兵者,不祥之器,物或恶之,故有道者不处。……夫乐杀人者,则不可得志于天下矣。"⑥

---

①　〔宋〕袁燮:《论立国宜正本札子》,《絜斋集》卷3,《文渊阁四库全书》,第1157册,第29页。

②　〔宋〕袁燮:《絜斋家塾书钞》卷12,《文渊阁四库全书》,第57册,第914页。

③　〔宋〕陆九渊:《删定官轮对札子》,〔宋〕陆九渊:《陆九渊集》卷18,中华书局1980年版,第221页。

④　〔宋〕袁燮:《边防质言论十事》,《絜斋集》卷7,《文渊阁四库全书》,第1157册,第76页。

⑤　〔宋〕袁燮:《击鼓篇》,《絜斋毛诗经筵讲义》卷2,《文渊阁四库全书》第74册,第21页。

⑥　《老子》第31章。

那些好战者如古代穷兵黩武的汉武帝,如现代肆意屠杀的日本侵略者,最终都没有得到好结果,好战必亡。好战固然不好,但也不能惧怕战争。古人特别强调通过战争来制止战争,古人以"止戈"来解释"武"字的含义,即体现了这种思想。《司马法》说:"以战止战,战之可也。"絜斋说:"非兵,无以宣威灵,制强暴,故不得已而用之。"①人类在弱肉强食的时代,并不是害怕战争,就可以躲过战争。恰恰相反,越是害怕战争,就越容易被人视为软弱,也就越有可能引来战争。只有不怕战争,然后一个国家才有可能立于世界之林。

不怕战争,就需要早有武力准备。絜斋说:

> 司马法曰:"天下虽安,忘战必危。"此言国家之武备,不可一日弛。虽积安极治之世,不可忘战,况危机交迫之时乎?②

"天下之事何可胜穷,皆当有先备。有先备,无后患。"③在和平年代,人们容易忘记战争的威胁,常常不重视武备。一个国家不讲武备,久而成习,到了危险来临之际,不可能会有什么战斗力,自然就有灭亡的危险。在天下太平时要讲究武备,而当时南宋正处在危急存亡之秋,更要讲究武备。虽然讲究武备要耗费大量钱财,但为了百姓安宁,为了国家安全,这也是不得不花费的一笔钱财。絜斋说:"养兵之费,蠹财甚矣,而不得不养者,惟民无以卫,而国无以立也。"④

花了钱财,并不是一定就能搞好武备。"天下事,莫难乎兵。"⑤加强军事建设是天下最难的事,需要认真地加以对待。絜斋说:"譬诸弈焉,举棋一差,斯不胜其耦矣。是故用兵最难。兵,死地,岂可以'易'言哉! 昔者夫子尝曰'我战则克',而答子路三军之问,则曰:'临事而惧,好谋而成。'此其计虑之精深,提防之严密,无复遗策矣。"⑥由此可见,思虑武备不可不周全,要

---

① 〔宋〕袁燮:《击鼓篇》,《絜斋毛诗经筵讲义》卷 2,《文渊阁四库全书》第 74 册,第21 页。

② 〔宋〕袁燮:《边防质言论十事》,《絜斋集》卷 7,《文渊阁四库全书》,第 1157 册,第76 页。

③ 〔宋〕袁燮:《絜斋家塾书钞》卷 7,《文渊阁四库全书》,第 57 册,第793 页。

④ 〔宋〕袁燮:《边防质言论十事》,《絜斋集》卷 7,《文渊阁四库全书》,第 1157 册,第80 页。

⑤ 〔宋〕袁燮:《边防质言论十事》,《絜斋集》卷 7,《文渊阁四库全书》,第 1157 册,第78 页。

⑥ 〔宋〕袁燮:《浮光战守录序》,《絜斋集》卷 8,《文渊阁四库全书》,第 1157 册,第91 页。

有一定的谋划。

　　武备有如此之重要,又有相当之难度,故有志之士就应究心于此。絜斋说:"兵机将略,乃君子所当讲也。"①虽然孔子说"军旅之事未尝学也",孟子说过"善战者服上刑",但絜斋认为君子应当讲求兵机武略。絜斋称赞唐代的陆贽,也是突出了这一点。他说:"贽,儒生也,而边境事谙练如此,则其胸中之经纶,岂易窥哉?"②在絜斋的眼中,读书人不应是弱不禁风的文人,而应是满腹经纶的战略家。

　　絜斋还有一个"以武发身"的观点。他的学生胡从之,"读书穷日夜不懈,忘饥渴,不知寒暑,苦心刻意,自期有立,而拙于辞华,度不足以进取",转而"习骑射,读兵书,结交豪杰智勇之士",后以武发身,不幸早亡。絜斋为其写墓志铭,给予了很高评价:"有如君之志节,推以事君,必能尽忠捐躯,殉国之举,心诚甘之。"③由此可见,絜斋是赞成通过习武来实现人生的价值。

　　正是非常重视武备,絜斋对当时的形势有了细致的观察。他反复强调战事不可避免,一则曰:"窃料今日之势,必至于战。"④再则曰:"窃恐兵端寖启而祸患未易平也。"⑤甚至利用星变之说来达到振聋发聩之效果:"今而星变异常,其占主兵,乃疆场将扰、事变方殷之兆也,而九重之上,晏然自若,不以为忧,何哉?"⑥絜斋给出这样的结论,是由仔细地分析当时形势而得来的。

　　当时的斗争形势极为复杂。金人已日趋衰落,行将灭亡。絜斋说:"且金人之衰弱,无智愚皆知之。"⑦"金人衰微,行且灭矣。"⑧金人虽然对南宋的

---

　　①　〔宋〕袁燮:《边防质言论十事》,《絜斋集》卷7,《文渊阁四库全书》,第1157册,第75页。

　　②　〔宋〕袁燮:《陆宣公论》,《絜斋集》卷7,《文渊阁四库全书》,第1157册,第75页。

　　③　〔宋〕袁燮:《统领胡君墓志铭》,《絜斋集》卷19,《文渊阁四库全书》,第1157册,第266页。

　　④　〔宋〕袁燮:《边防质言论十事》,《絜斋集》卷7,《文渊阁四库全书》,第1157册,第76页。

　　⑤　〔宋〕袁燮:《轮对陈人君法天札子》,《絜斋集》卷1,《文渊阁四库全书》,第1157册,第6页。

　　⑥　〔宋〕袁燮:《轮对熙宁三年太白昼见札子》,《絜斋集》卷2,《文渊阁四库全书》,第1157册,第19页。

　　⑦　〔宋〕袁燮:《轮对陈人君法天札子》,《絜斋集》卷1,《文渊阁四库全书》,第1157册,第6页。

　　⑧　〔宋〕袁燮:《轮对乾德三年内库金帛用度札子》,《絜斋集》卷2,《文渊阁四库全书》,第1157册,第17页。

威胁正在减轻,但仍会困兽犹斗。他们北面、西面受到蒙古人挤压,极有可能向南来寻求生存空间。"敌失其都,假息河南,豪猾并起者,又从而蘖之,师一渡河,汴京鼎沸,浸淫不已,而侵轶之害近在目前。"①再说金人也会狗急跳墙,通过不断地寻衅,妄图邀索南宋的"岁币"。因此,絜斋说:"金人见侵,中国之大病也。汲汲治之,犹恐不及,又岂可迟缓乎?"②

最值得警惕的是一些新兴势力,第一便是蒙古。絜斋说:"今日金运既衰,蒙古方盛,闻已提兵渡大河,围陈、蔡,攻潼关。金人之势益蘖,其亡指日可待,则是朝廷所当熟虑者,非金人,乃蒙古也。"③除了蒙古以外,还有其他势力也不可忽视。"北敌、西边自昔雄盛,新兴诸豪兵力亦强,皆知中国之弱,日夜垂涎,伺隙而作。"④"金亡之后,群雄纷然,皆与我为敌国。"⑤

另外,北方的流民也是一个大问题。金人统治领域内的北方百姓,有的不满异族统治,有的迫于战乱,他们纷纷投向南宋。南宋政府开始是欢迎这些归向之民,但随着流民增多,一是财政上负担不起,二是担心金人的报复,南宋政府将这些归向之民又赶了回去,有时甚至在边境线上射杀这些归向之民,使"流民之怨,深入骨髓"。而金人趁机煽风点火,说:"此地无所得食,南朝又不汝容,迁延日久,必将自毙。盍亦就粮于彼界乎?"⑥这些难民随时都会冲向南方,严重地影响着南宋的安全。

外部有如许压力,而南宋的武备着实令人担忧。当权者没有在思想上将武备提到一定的高度。当时朝廷流行一种说法:"我朝兼爱南北,间不免于用兵,而终归于和好,今亦和而已矣,岂必他求?"⑦所谓"我朝兼爱南北",只是摇尾乞怜的遮羞布而已。"求和"的"国是"既定以后,一切有关武备的

①〔宋〕袁燮:《边防质言论十事》,《絜斋集》卷7,《文渊阁四库全书》,第1157册,第76页。

②〔宋〕袁燮:《轮对陈人君有人札子》,《絜斋集》卷1,《文渊阁四库全书》,第1157册,第9页。

③〔宋〕袁燮:《轮对绍兴十一年高宗料敌札子》,《絜斋集》卷2,《文渊阁四库全书》,第1157册,第20页。

④〔宋〕袁燮:《轮对陈人君法天札子》,《絜斋集》卷1,《文渊阁四库全书》,第1157册,第6页。

⑤〔宋〕袁燮:《轮对乾德三年内库金帛用度札子》,《絜斋集》卷2,《文渊阁四库全书》,第1157册,第17页。

⑥〔宋〕袁燮:《轮对札子二》,《全宋文》,上海辞书出版社2006年版,第281册,第92页。

⑦〔宋〕袁燮:《论修战守札子》,《絜斋集》卷3,《文渊阁四库全书》,第1157册,第33页。

谋划都受到排挤。絜斋说："陛下爱惜生灵，遵养时晦，似未害也。而揣摩迎合之流，遂欲苟安于无事，有言不可者，则诋之曰：'是欲用兵尔。'加以是名，时所至讳，则不敢复言，盖所以结其舌也。"①说皇帝"爱惜生灵，遵养时晦"，是一种为尊者讳的说法，其实就是宋宁宗本人"苟安于无事"。所谓"揣摩迎合"，即是一些大臣迎合宋宁宗之内心。史弥远为相二十余载，一直强调"主和"，对于言战者总是极尽打击之能事。袁絜斋就是由于当面指责史弥远的投降路线，结果被贬到温州。絜斋是极力反对一味求和的，他曾说："大凡为人子孙，受前人全盛之天下，苟为他人所据而不能全而覆之，失为子孙之道矣。"②

在"求和"思想影响下，南宋将帅便有问题。絜斋说："窃闻今之边防疏略，未备守御，诸将多不得人。"③南宋将帅多不得其人，其根源就在于："往时稍有劳绩之人，率以罪罢。凡今所用新进为多，孰为智，孰为勇，朝廷不得而知也。孰为杰出，孰为中材，朝廷不得而知也。四顾乏使，聊且用之。"④"稍有劳绩，率以罪罢"，说明南宋政权不敢长期任用有功之臣。南宋当权者从一家一己之私念出发，害怕自己权力稍有分散，他们频繁地调换将帅，造成朝廷"四顾乏使"，也严重影响南宋军队的战斗力。因此，同时代的杨慈湖也提出"择贤久任中外之官"的主张。⑤

当权者有这样的指导思想，难怪南宋的军队建设是那样的惨不忍睹。絜斋说："禁军、厢军、弓手、土军徒有名尔，勇怯混淆，能否无别，阅习不严，武艺不精。驱之以当剧贼，如羔犊捍虎狼尔。"⑥不是士兵本来如此，而是当官者不将提高战斗力当一回事，他们"因循鲁莽，以至于斯"。军队如此狼狈不堪，与当时的将帅私心有关。"将帅拥兵，固有忠于为国者矣，而多徇私者；固有勇于立功者矣，而多怯懦者；固有勤于阅习者矣，而多苟简者，掊克

①　〔宋〕袁燮：《轮对陈人君法天札子》，《絜斋集》卷1，《文渊阁四库全书》，第1157册，第6页。

②　〔宋〕袁燮：《絜斋家塾书钞》卷10，《文渊阁四库全书》，第57册，第857页。

③　〔宋〕袁燮：《轮对绍兴十一年高宗料敌札子》，《絜斋集》卷2，《文渊阁四库全书》，第1157册，第20页。

④　〔宋〕袁燮：《论备边札子一》，《絜斋集》卷4，《文渊阁四库全书》，第1157册，第40页。

⑤　〔宋〕杨简：《论治务》，《慈湖遗书》卷16，《文渊阁四库全书》，第1156册，第860页。

⑥　〔宋〕袁燮：《便民策二》，《全宋文》，上海辞书出版社2006年版，第281册，第102页。

日甚,名籍多虚。此缓急所以不可恃也。"①

总括起来,絜斋指出当时南宋边防有六种"未备":一是没有定其规模而乘其机会;二是对敌人的虚实强弱不明;三是将帅士兵不能一心;四是士兵习于骄惰不堪战攻;五是军队纪律不严;六是军用不饶。除此六种之外,其他未备之事还有许多。絜斋认为这些都是当前之急务,需要马上着手弥补。②

更可忧者是当时南宋的人心。絜斋说:"朝廷之意未尝不以忠厚为主,而奉行之吏往往多以苛刻为能。"③这里说朝廷"忠厚",官吏"苛刻",是大臣进谏的一种策略。如果朝廷真是"忠厚",官吏又如何敢"苛刻"? 朝廷的这种"忠厚",实际上是对贪官的姑息,是对百姓的犯罪。百姓"既输钱中都,而州县督租如故","秋苗之斛面日增,关市之征税日重"。官吏如此苛刻,巧立名目盘剥百姓,造成民心涣散,"民所不欲,而日夜施之,财匮于下,无以相养,能不涣散乎?"④

面对如此形势,絜斋说自己:"此臣所为夙夜懔懔,食不甘味,寝不安席也。"⑤他认为:"今边隙既开,区画实难。将与之和乎? 敌情无厌,非理邀索,难从之请,其何以塞? 将与之战乎? 国用方艰,兵力已疲,幸而能胜,其何以继之? 将以和好为权宜,而不忘战守之备乎? 沿边屯戍未易遽撤,我有吞彼之志,则彼有疑我之心,亦岂能猝合哉?"⑥在当时,和也难,战也不妥,真是煞费苦心。絜斋提出自己的一整套对策。

首先要彻底打消"通和"的念头,积极从事武备。在絜斋看来,在当时情形下,已无"通和"之可能。一是金人已接近南宋,只要有利可图,他们随时都可能进入南宋腹地;二是金人占据的汴都四周无险可守,金人一定会夺南

①　〔宋〕袁燮:《轮对陈人君宜勤于好问札子》,《絜斋集》卷1,《文渊阁四库全书》,第1157册,第11页。

②　〔宋〕袁燮:《论备边札子二》,《絜斋集》卷4,《文渊阁四库全书》,第1157册,第41—43页。

③　〔宋〕袁燮:《轮对陈人君宜结人心札子》,《絜斋集》卷1,《文渊阁四库全书》,第1157册,第13页。

④　〔宋〕袁燮:《轮对陈人君宜结人心札子》,《絜斋集》卷1,《文渊阁四库全书》,第1157册,第13页。

⑤　〔宋〕袁燮:《论立国宜正本札子》,《絜斋集》卷3,《文渊阁四库全书》,第1157册,第28页。

⑥　〔宋〕袁燮:《边备》,《絜斋集》卷6,《文渊阁四库全书》,第1157册,第56页。

宋险要之地用来驻守;三是南宋一味求和,金人就可以漫天要价;四是求和并不能省下军费开支,金人随时都可能撕毁盟约,再起战端;五是敌占区有一些忠义之士,他们与金人有仇,南宋如果与金人"通和",这些力量很可能反过来危害南宋;六是卑辞厚礼谨奉垂亡之国,这是一大耻辱。由以上几点,絜斋奉劝皇帝:"无一日不修攻战之具,无一日敢忘侵侮之耻,选择将帅如恐不及,练习士卒常若寇至,而绝口勿言通和。"①

絜斋极力反对向金人输送"岁币"。在他看来,宋高宗时,金人强势,而且二帝被掳,高宗的母亲也在北方,南宋输送"岁币"实在是迫不得已。此时金人衰落,行将灭亡,如果仍然输币以求和,这就是所谓的"藉寇兵而齎盗粮"。再说,输送"岁币"也关乎大宋的颜面。南宋虽偏安一隅,但一直以文化正统自居,"堂堂大朝而见胁于衰残之小敌,惟其所欲,略不敢较,兹其为耻辱也"②。凡有血气者谁能忍受?南宋本来就国府空虚,"内币之储,枵然蔑有。财之所当用者,多以乏告;俸之所当得者,不以时给"③。在这种情况下,还要输送金人"岁币",这不是加重南宋百姓的负担吗?输送"岁币"向敌人示弱,不但不能换来和平,而且还会招来战争。絜斋说:"方今鞑靼最强,及其他豪杰崛起于北地者甚众,见吾怯弱如此,将有吞噬之心,岂不尤可虑乎?"④因此,絜斋认为关键是我们自己要发愤图强:"我能自奋则威声震叠,自足以不战而屈人兵;我不自强而示人以弱,适足以召兵,又岂能息兵哉?"⑤

面对当时的战局,大臣们或要坚守,或要进取。在絜斋认为,一味地坚守或进取,看似简单直接,其实均有弊病,均不可取,他提出一个"差易"的对策。他说:"臣之所谓差易者,非有他术也,见可而进,知难而退,以渐图之而已。"⑥这是一种实用主义的观点,对敌采取的是:"察其虚实,计其强弱,必可克也而后接刃,必可取也而后进攻,从容指麾,莫之能御。"⑦絜斋还提出攻敌

---

① 〔宋〕袁燮:《论修战守札子》,《絜斋集》卷3,《文渊阁四库全书》,第1157册,第32—33页。
② 〔宋〕袁燮:《论备边札子一》,《絜斋集》卷4,《文渊阁四库全书》,第1157册,第40页。
③ 〔宋〕袁燮:《论扶纪纲以充内币疏》,《全宋文》,上海辞书出版社2006年版,第281册,第106页。
④ 〔宋〕袁燮:《论备边札子一》,《絜斋集》卷4,《文渊阁四库全书》,第1157册,第40页。
⑤ 〔宋〕袁燮:《轮对陈人君宜法天札子》,《絜斋集》卷1,《文渊阁四库全书》,第1157册,第6页。
⑥ 〔宋〕袁燮:《己见札子》,《全宋文》,上海辞书出版社2006年版,第281册,第89页。
⑦ 〔宋〕袁燮:《便民策三》,《全宋文》,上海辞书出版社2006年版,第281册,第104页。

之所必救的战术,他说:"彼方扰吾边疆,而吾举兵北向,欲捣彼虚,回顾其后,必解而去,从而蹑之,腹背受敌,此诚制胜之奇策也。"①这些都是具体战术的运用,关键还是要修武备。在絜斋看来,进攻也好,退守也好,关键有一条,那就是要有充足的准备,要积蓄足够的力量。他说:"战守无二道,威声雄略可以决战,而后可以固守。谢安相晋未尝轻用兵也。秦师垂至,桓冲以根本为忧,遣兵入卫。安却之曰:'朝廷处分已定,甲兵无阙。'味已定无阙之语,则知讲之有素,备之非一日矣。"②

何谓武备?絜斋说:"精思熟讲,凡可以壮国家之势而折奸雄之心者,无所不用其极,始可谓有备矣。"③絜斋有一整套的军事建设方略。

首先,将帅的选择至关重要。"自古患无良将,不患无精兵。得良将以统率之,御之以道,束之以法,怯者可使勇,弱者可使强。"④絜斋理想中的将帅是这样的:像孙膑、李光弼那样"英材绝识,洞照物情";像李牧、周亚夫那样"养威持重,迎机而发";像韩信、诸葛亮那样"宏规远略,不惌于素";像赵充国、羊祜那样"雍容不迫,有古人之风"。⑤ 在给《浮光战守录》一书写序时,絜斋说:"诚心为国,不顾一身之利害,君子观其忠;兼通群书,周知兵家之机要,君子观其略;出奇无穷,有似乎即墨之守,君子观其智;战于城外,取则于昆阳之师,君子观其勇。合是四者,何事不集?而又能勤于求助。"⑥可见,一个好的将帅要有忠心,有远略,有智慧,有勇气,还要善于与他人开展合作。

现实中不一定有这样理想的将帅,"必不得已,舍其所短,用其所长"。在任用将帅时,絜斋主张"取其才能,不必责以廉谨"⑦。也就是说,不能求全责备,在当时危急形势下更是如此。一旦任命了将帅,就需要给予他足够的

---

① 〔宋〕袁燮:《轮对札子二》,《全宋文》,上海辞书出版社 2006 年版,第 281 册,第 92 页。

② 〔宋〕真德秀:《显谟阁学士致仕赠龙图阁学士开府袁公行状》,《西山文集》卷 47,《文渊阁四库全书》,第 1174 册,第 752 页。

③ 〔宋〕袁燮:《轮对札子一》,《全宋文》,上海辞书出版社 2006 年版,第 281 册,第 91 页。

④ 〔宋〕袁燮:《代武岗林守进治要札子》,《絜斋集》卷 2,《文渊阁四库全书》,第 1157 册,第 26 页。

⑤ 〔宋〕袁燮:《边防质言论十事》,《絜斋集》卷 7,《文渊阁四库全书》,第 1157 册,第 82—83 页。

⑥ 〔宋〕袁燮:《浮光战守录序》,《絜斋集》卷 8,《文渊阁四库全书》,第 1157 册,第 91 页。

⑦ 〔宋〕袁燮:《边防质言论十事》,《絜斋集》卷 7,《文渊阁四库全书》,第 1157 册,第 82—83 页。

信任和权力。絜斋说:"国初名将守边,关市之征,恣其自用。"①他还说:"尝闻国初边将利权甚专,非私之也,欲其广募骁勇为爪牙也。"②这是说,要让将帅有足够的财权,拥有一定的自主管理权,可以自主地建设国家的军队,这样的军队才有可能保家卫国。

其次,重金招募士兵。战乱年代,招募士兵极为不易,重赏之下,方有勇夫,这就需要大量钱财。"养兵之费,蠹财甚矣! 而不得不养者,惟民无以卫,而国无以立也。"③那么,大量军费哪里来? 絜斋提出自己的办法:"方今财计未充,诚难广募,然捍御应敌有不可已者。惟当由中及外,痛节冗费,而专以边事为急,庶乎可办矣。"④也就是通过节省政府开支来增加军费,也可以通过度僧鬻爵来筹措军费。

在军费不足的情况下,防守也可以利用"土兵"。"土兵"是在边防当地募集而来的士兵。养这些不离乡井的"土兵",可以减少一定的军费支出,也可以减少远戍之苦。絜斋说:"自往年四月至今年三月,恰一岁矣,盛夏酷热之时,不容解甲,至于生蛆;隆冬盛寒之际,坐卧被甲,其冷彻骨,粝饭齑羹,终年食淡,而又驱之战斗,岂其所乐哉? 念之恤之,圣心之所不能忘也。孰若赋《劳还》之诗,各归其故垒,而以其供亿之费,募沿边壮勇之士,人人可用,莫非精兵,有捍卫之实,无出戍之苦,父母兄弟无复相离,保护乡井致其力,计无便于此者。"⑤但是"土兵"也有一个缺点,即打仗的时候容易离散。故絜斋建议:"有恩德以固结之,有法度以整齐之,斯不散也。"⑥恩德就是减免他们家庭的税租,给予适当好处;法度就是军法,用来约束士兵。也还可以发展民兵,即让普通百姓为士兵,免其租税,适当加以培训,尤其要重视地方土豪的作用,他们在地方有一定的号召力,可以号召一般民众。对于民

---

① 〔宋〕袁燮:《边防质言论十事》,《絜斋集》卷 7,《文渊阁四库全书》,第 1157 册,第 77 页。

② 〔宋〕袁燮:《边防质言论十事》,《絜斋集》卷 7,《文渊阁四库全书》,第 1157 册,第 78 页。

③ 〔宋〕袁燮:《边防质言论十事》,《絜斋集》卷 7,《文渊阁四库全书》,第 1157 册,第 80 页。

④ 〔宋〕袁燮:《边防质言论十事》,《絜斋集》卷 7,《文渊阁四库全书》,第 1157 册,第 78 页。

⑤ 〔宋〕袁燮:《陟岵篇》,《絜斋毛诗经筵讲义》卷 4,《文渊阁四库全书》第 74 册,第 40 页。

⑥ 〔宋〕袁燮:《边防质言论十事》,《絜斋集》卷 7,《文渊阁四库全书》,第 1157 册,第 77 页。

兵，"诚心以待之，恩礼以结之，平居减其租税，临事给以资装，岂有不为吾用哉？"①总之，絜斋建议利用一切可以利用的办法，来招募士兵。

再次，军队需要严格的训练。"所谓强兵者，非众多之谓也，贵其精而已矣。"②要想精兵，就必须加强训练。絜斋说："有兵而不教，与无兵同；教之而不精，与不教同。"他还说："虽然教之，而无以激励之，则如勿教而已矣。"③具体如何去训练士兵，絜斋说出自己一段经历："尝因去秋大阅，以银为的，募能中者给之，竟日无一焉"，"乃夺兵官之俸，合其卒伍，教之射艺，无日不然。臣亦躬按试之，第其能以班赏，月至于三。兵官激昂奋励，勤于阅习，始还其俸。臣复考核军实，检枋奸欺，自去秋以至于今，削其籍者百六十一人，未暇招补。始以其赡养之费赏军兵武梢之精者，自是人多善躬。每按阅时，射中者其密如栉，而破的者亦无虑数十。能者喜于受赏，不能者耻其不若，皆有勇奋之心"④。不仅平时训练要有奖赏，打仗的奖赏更要及时到位。絜斋说："军赏不逾时，欲民速得为善之利也。"⑤他还说："到交兵之际，赏罚不可不严。驱三军冒矢石之下，不有厚赏，谁肯向前？不有显戮，谁不退避？"⑥只有这样，军队才会有战斗力。

治军必须要有严格的军法。军法要严，国法要宽，"宽严异用，随所宜施"。东南副将沈君，"善治兵，约束甚严。于其教也，卒皆奔走以赴，稍或愆期，即大惧曰：'吾将性刚，必痛惩我矣。'以故人人奋励，武艺精习。"⑦但南宋"大军骄惰，缓急难仗"，絜斋认为："主将不严之故。主将之所以不严，得非掊克之过与？虚籍之多与？奸弊日滋而无以服其心与？"⑧将帅自身不正，又

---

① 〔宋〕袁燮：《边防质言论十事》，《絜斋集》卷 7，《文渊阁四库全书》，第 1157 册，第 80 页。

② 〔宋〕袁燮：《代武岗林守进治要札子》，《全宋文》，上海辞书出版社 2006 年版，第 181 册，第 67 页。

③ 〔宋〕袁燮：《边防质言论十事》，《絜斋集》卷 7，《文渊阁四库全书》，第 1157 册，第 80 页。

④ 〔宋〕袁燮：《便民策二》，《全宋文》，上海辞书出版社 2006 年版，第 281 册，第 102—103 页。

⑤ 〔宋〕袁燮：《论蜀札子二》，《絜斋集》卷 4，《文渊阁四库全书》，第 1157 册，第 39 页。

⑥ 〔宋〕袁燮：《絜斋家塾书钞》卷 8，《文渊阁四库全书》，第 57 册，第 815 页。

⑦ 〔宋〕袁燮：《武毅大夫沈君墓志铭》，《絜斋集》卷 19，《文渊阁四库全书》，第 1157 册，第 263 页。

⑧ 〔宋〕袁燮：《边防质言论十事》，《絜斋集》卷 7，《文渊阁四库全书》，第 1157 册，第 82 页。

如何去整治军队？絜斋认为："古之善驭军者，抚之如慈父，制之如严师，其恩也如雨露之濡，其威也如雪霜之凛。感其恩者不忍散，畏其威者不敢散，协力一心，致死卫上，不啻如捍头目。"①治军若能如此，可谓达到了一定境界。

军事建设还要注意谍报工作。絜斋说："间谍不明，则军情亦未易定。"②军队如果没有谍报人员，对敌情不明，那就像人没有双眼，打仗自是不能取胜。而雇用谍报人员需要经费，因此应给将帅一定的经济自主权。同时，还应注意军队之间的相互配合，絜斋建议采用横烽之法，即是一方遭受敌人侵扰，邻近各方见有烽烟，便来相互救助。"凡封畛相接者，皆明乎患难相助之说，则虽有强寇，莫能肆毒矣。"③另外，平时练兵还要操练古代阵法，如诸葛亮的八阵图。絜斋说："是故莫精于古法，莫全于古法。善用兵者，当以是为本。不本诸古而率意以战者，是谓浪战，其胜者幸尔。"操练古代阵法，关键是要师法古阵法的精神："等级相承，职愈尊则隶焉者愈众。倡而率之，若身使臂，若臂使指，井然有条，虽繁不紊。"④古阵法的精神在于军队凝聚成一个整体，要做到这一点，当然需要平时长时间的演练。

与此同时，絜斋还强调对士兵进行礼义教育。他说："古人教人岂徒取其能而已哉！迪以忠孝，勉以信诚，赳赳武夫，足为腹心，群驵诸御，皆知礼义，是则可贵焉尔。"⑤让士兵懂得礼义，这不仅是将士兵当作作战的工具，还将他们培养成真正的人。教化士兵可以依靠学校，絜斋是主张在军队里建设学校的。他说："古者受成于学，献馘于泮，军旅之设学，实始终之，脉理固相关也。矧韦布之彦，生长边陲，天资慷慨，习知军旅事情，足以为折冲御侮之助，正庠序中所收拾者乎？且三代之学惟以明伦，君臣父子人之大伦也，集俊彦以磨砺之，昭揭大伦，俾皆竭忠致死以卫君父，尤今日守封固疆之臣

---

① 〔宋〕袁燮：《边防质言论十事》，《絜斋集》卷7，《文渊阁四库全书》，第1157册，第77页。

② 〔宋〕袁燮：《边防质言论十事》，《絜斋集》卷7，《文渊阁四库全书》，第1157册，第77页。

③ 〔宋〕袁燮：《边防质言论十事》，《絜斋集》卷7，《文渊阁四库全书》，第1157册，第78页。

④ 〔宋〕袁燮：《边防质言论十事》，《絜斋集》卷7，《文渊阁四库全书》，第1157册，第79页。

⑤ 〔宋〕袁燮：《边防质言论十事》，《絜斋集》卷7，《文渊阁四库全书》，第1157册，第80页。

所不可缓者。"①

另外,还要加强重镇建设。重镇相当于古代的方伯。一般帝王会给予重镇相当的自治权力,"尊其位,重其禄,假之以权,财赋皆得自用,官属皆得自辟,展布四体,为所欲为,人所难办之事,次第而举"②。重镇类似于帝王的"家计",关键时刻可以作为国家的屏障。重镇建设要紧的是"择真贤",选择那些真正靠得住而且能够胜任的人。同时还要"立规模,植根本",这样才可以"弼成丕基"。

一些防御工事也应加紧建设。絜斋说:"城壁之经营固所当务也,而版筑并兴则恐力有所不及,不若择其至急者先之。合数城之力以筑一城,则无患乎不坚;合数城之兵以守一城,则无患乎不足。他日或有遗力,则又筑其次急者,至于公论皆以为可缓者,则姑已之。"③在以冷兵器为主的年代,城池在战争防御中起着非常重要的作用。絜斋在此既强调修建城池的重要性,又指明修建城池的方法步骤。他建议集中人力和物力,先来修建最重要的城池,然后再来修建其次重要者。这样逐步展开,就可以完成整个的防御建设。

总之,军队建设可以用一句话来概括:"将明恩威以驭其众,士致死力以卫其长,勇而知义,一能当百,军旅之精神也。"④但在絜斋看来,军事问题根本上还是政治问题。絜斋说:"臣闻保邦之策,其威声在备御,其根本在人心。人心有胶漆之固,则国势有嵩岱之安。"⑤要使"人心有胶漆之固",就需要深结人心。一些小恩小惠,可以影响人心一时,但不能长久。要想深结人心,就必须深契人心。絜斋说:"只缘尧平日治天下,见于发号施令,立纲陈纪,事事物物皆契人心。吾之所为既有契于人心,故人心自无时而能忘,非

---

① 〔宋〕袁燮:《盱眙军新学记》,《絜斋集》卷 10,《文渊阁四库全书》,第 1157 册,第 120 页。

② 〔宋〕袁燮:《边防质言论十事》,《絜斋集》卷 7,《文渊阁四库全书》,第 1157 册,第 83—84 页。

③ 〔宋〕袁燮:《轮对熙宁三年太白昼见札子》,《絜斋集》卷 2,《文渊阁四库全书》,第 1157 册,第 19 页。

④ 〔宋〕袁燮:《都官郎官上殿札子》,《絜斋集》卷 1,《文渊阁四库全书》,第 1157 册,第 5 页。

⑤ 〔宋〕袁燮:《轮对陈人君宜结人心札子》,《絜斋集》卷 1,《文渊阁四库全书》,第 1157 册,第 13 页。

不能忘尧也,不能自忘其心也。"①反过来说,"金国垂亡,而辄敢侵犯王略,无所忌惮,皆由君子道消,所以召侮如此"②。"君子道消"自然是不能行仁政,这才是招来外侮的根本。

3.1.3　絜斋的经济观

絜斋十分留意南宋的经济问题,他认识到财政是一个国家政权的命脉。一是钱财可以凝聚百姓。他说:"臣闻《易》之《系》曰:'何以聚人?曰财。'盖财者人之命脉也,苟惟不足,则无以相生养,而遂至于离散,此岂小故哉?"③没有钱财,百姓就会涣散。百姓涣散,也就不成其为国家。二是钱财是抵御外敌的必要条件。他说:"艺祖尝言:'北人精兵不过十万,我以二十绢易一首级,费绢二百万,而北裔尽矣。'伟哉英姿雄略,经画大事如指诸掌,惟其先事而有备也。"④国家之间的较量,有时拼的就是财力。宋太祖正是有大量钱财,对抗外敌才能十分有底气,絜斋对此特加赞赏。

在絜斋看来,要增加朝廷财政,首要搞活经济;要搞活经济,首先需要藏富于民。他说:"臣闻善为国者,富藏于民;不善为国者,富藏于府库。君民一体也,民既富矣,君安得而不富? 不藏于民而厚敛焉,民既竭矣,君亦安能独丰哉?"⑤藏富于民,才可以激发民间的经济活力,才可以增加社会的财富总量,朝廷的财政收入也会相应增加。反过来,如果过多地盘剥百姓,看起来短时间可以增加朝廷的财政收入,但最终朝廷税收还是成问题,这是竭泽而渔。这种藏富于民的思想,儒家早已有之。孔子学生有若说:"百姓足,君孰与不足? 百姓不足,君孰与足?"荀子论及财货本末源流,也认为本源在下而不在上。

絜斋以实例说明藏富于民与政治的关联。他说古代:"成周以荒政十有二,聚万民。当是时,富藏天下,民生熙熙,虽遭水旱,可无菜色,而赈济之具

---

① 〔宋〕袁燮:《絜斋家塾书钞》卷1,《文渊阁四库全书》,第57册,第646页。

② 〔宋〕袁燮:《轮对陈人君用人札子》,《絜斋集》卷1,《文渊阁四库全书》,第1157册,第9页。

③ 〔宋〕袁燮:《论扶纪纲以充内币疏》,《全宋文》,上海辞书出版社2006年版,第281册,第106页。

④ 〔宋〕袁燮:《轮对乾德三年内库金帛用度札子》,《絜斋集》卷2,《文渊阁四库全书》,第1157册,第16页。

⑤ 〔宋〕袁燮:《硕鼠篇》,《絜斋毛诗经筵讲义》卷4,《文渊阁四库全书》,第74册,第41页。

多端。"①这是说周朝遇到十二年的荒年,但百姓不散,因为民间富有,即使遭到水旱之灾,但人民生活不愁,民间有多种赈灾渠道。他反过来说南宋当时的社会现状:"先期进献,假酒本以充额数。米麦之直,偿不以时。商人咸怨,来者益寡,酒政既隳,榷酤不售,何以助经国之费哉?"②南宋政府提前征收酒税,商人做生意赔本,大家都有怨气,来经商的人越来越少,收不到什么酒税,政府税收反而减少。这种治国的道理,陆象山也曾讲得明白,他说:"损下益上谓之损,损上益下谓之益",这是"理之不易者也"③。

要藏富于民,要求朝廷节省开支,减少赋敛,薄征关税。朝廷节省开支,絜斋建议"制国用必于岁之杪",因为此时"五谷多寡岁终必见",可以"量入以为出"。遇到歉岁,朝廷"惟有裁节冗费,上自乘舆服御,下至百司庶府,无所不节"。④ 絜斋这个说法,于史有据。《礼记》说:"冢宰制国用,必于岁之杪,五谷皆入,然后制国用。用地大小,视年之丰耗。"⑤节省开支还需要裁减冗官,整顿冗兵。絜斋说:"冗官之未省,冗兵之未汰,皆不可言政事,此蠹财之大者也。"⑥古人制官,因事而设,有某事便有某官。但是到后来,官员越来越多,人浮于事,白白消耗国家钱财,而且官员相互掣肘,于是便有"省官"之说。絜斋并非一味地要裁减官员,他曾提议要增置宰属,认为:"大宰之属至于六十二人,而今之为宰属者不过数人而止,何其多寡之甚相远哉?"⑦关键是"设官分职,惟理所在"⑧。军强不在于兵多,而在于兵精。絜斋说:"今天下冗兵之弊,可谓极矣。……癃老者,懦弱者,身居市廛而冒尺籍者,死亡逃窜而占虚额者,私为役使而食公廪者,其数虽多,而可用者鲜。……不知竭

①　〔宋〕袁燮:《轮对陈人君宜达民隐札子》,《絜斋集》卷 1,《文渊阁四库全书》,第 1157 册,第 15 页。

②　〔宋〕袁燮:《论国家宜明刑政札子》,《絜斋集》卷 3,《文渊阁四库全书》,第 1157 册,第 31 页。

③　〔宋〕陆九渊:《与赵子直》,《陆九渊集》卷 5,中华书局 1980 年版,第 70 页。

④　〔宋〕袁燮:《轮对陈人君宜达民隐札子》,《絜斋集》卷 1,《文渊阁四库全书》,第 1157 册,第 14—15 页。

⑤　《礼记·王制》。

⑥　〔宋〕袁燮:《代武岗林守进治要札子》,《絜斋集》卷 2,《文渊阁四库全书》,第 1157 册,第 26 页。

⑦　〔宋〕袁燮:《请增置宰属疏》,《全宋文》,上海辞书出版社 2006 年版,第 281 册,第 95 页。

⑧　〔宋〕袁燮:《代武岗林守进治要札子》,《絜斋集》卷 2,《文渊阁四库全书》,第 1157 册,第 25 页。

民膏血,豢养此曹,将安用之?"①因此,冗官、冗兵可以说是最危害国家财政的。

朝廷节省开支,还需要重振纪纲,使内廷、外廷的开支都要公平合理。絜斋说:"内廷知公议可畏,不私其有,使外廷得以与闻;外廷以公道自任,不敢阿私,使内廷有所顾忌。"具体做法是到了岁末,视年景好坏做财政预算,对所用财政支出都要有所统计,"故大宰均节财用,中外一体,而内宰亦会内宫之财用。虽极于崇贵,而不得自如。……窒其渗漏,督其逋欠,敢不如式,必罚无赦"②。如此这般,便可以减少朝廷开支。

朝廷开支减少,与此相应的是百姓负担可以减轻。絜斋说:"朝廷之用有节,则诸路财计可宽。诸路财计浸宽,则诸州征敛可薄。征敛既薄,民力必纾。民力既纾,奸盗自息。"③民为盗贼,实是为生计所逼,如能生活如意,谁又愿意去做盗贼?减轻人民负担,对农民是薄征敛,对商人就是减关税。宽纾民力就是给百姓松绑,还包括"民间的逋欠不可催者悉蠲之"④。如此宽纾民力,不仅可以"奸盗自息",而且可以"养丰财之源"⑤,商旅也会从四面八方赶来,朝廷的税收不愁没有着落。

朝廷除了不盘剥百姓以外,还要有意识地去促进流通。絜斋说:"是故食贵乎足,而货贵乎通,兼斯二者,而为国之本立矣。"⑥民以食为天,足食为"国之本"自是不言而喻,而絜斋在此强调通货也是"国之本",可见他是鼓励商业流通的。絜斋举例说:"今粒米狼戾,无如二广,运之歉处,厥利甚博。"⑦意思是说,今年两广粮食丰收,其他地方歉收,如果将两广粮食运到其他地方,获利应该可观。絜斋如此重视"食"与"货",与《尚书》有关。《尚书·洪

---

① 〔宋〕袁燮:《代武岗林守进治要札子》,《全宋文》,上海辞书出版社 2006 年版,第 281 册,第 67 页。

② 〔宋〕袁燮:《论扶纪纲以充内币疏》,《全宋文》,上海辞书出版社 2006 年版,第 281 册,第 106 页。

③ 〔宋〕袁燮:《便民札子四》,《全宋文》,上海辞书出版社 2006 年版,第 281 册,第 99—100 页。

④ 〔宋〕袁燮:《都官郎官上殿札子》,《絜斋集》卷 1,《文渊阁四库全书》,第 1157 册,第 5 页。

⑤ 〔宋〕袁燮:《便民疏一》,《全宋文》,上海辞书出版社 2006 年版,第 281 册,第 108 页。

⑥ 〔宋〕袁燮:《论立国之本在足食通货疏》,《全宋文》,上海辞书出版社 2006 年版,第 281 册,第 93 页。

⑦ 〔宋〕袁燮:《论立国之本在足食通货疏》,《全宋文》,上海辞书出版社 2006 年版,第 281 册,第 94 页。

范》提到"九畴",其中第三点讲到"八政","八政"之中"一曰食,二曰货"。絜斋解释说:"民食既足,然货贿不通,亦无以相资,故次以货。"①但是,当时的商人都不愿意做这个生意。一方面是由于"海道险远,人皆惮之";另一方面是对朝廷心存疑虑,害怕遭到盘剥。因此,朝廷应加以引导,"通販者厚加之赏,遏粜者重实其罚,而两淮、荆襄之间,以耕垦之多寡为守臣之殿最,其有不尽力者乎?"②这是说,朝廷要通过各种措施鼓励通商,搞活经济。

在流通领域,还有一个货币问题。南宋主要流通三种货币,即铜钱、铁钱和楮币。楮币是南宋时期用楮纸做成的货币,叫"会子"。楮币是以朝廷名义发放的,本义是为了方便贸易,促进流通。但是,纸币发多了,却成为搜刮民脂民膏的工具。据经济史学者考证:"会子自宁宗庆元后,进入恶性通货膨胀时期。"③絜斋说:"内币不充,宰辅知其急也,欲以楮币度牒补之。夫此二物者,皆国用也。数十年来,创例增益,输之禁中者不为不多矣。驯致于今,惟见乏绝,若又增之,遂成永例,而国用益亏矣。"④僧道出家,由朝廷发给身份凭证,需要交纳一定金额的钱财,被称为"度牒"。唐宋时期,政府常常靠出卖度牒来筹措费用。关于度牒,此处暂不议论。从此可以看出,南宋发放楮币,是为了弥补国用。朝廷开支越来越大,发放的楮币也就越来越多,结果造成楮币贬值,在社会上很难流通,朝廷财政反而越来越亏,国家信誉也受到损失。

保证楮币的正常通行,不能靠简单的立法来提高楮币的币值。絜斋说:"臣闻楮币之用,至今而穷。立法而称提之,所以济其穷也。"而实际结果是"卒归于铜钱、楮币之相半,是复其旧也,是犹未始称提也"⑤。所谓"称提",按相关专家解释:"这里的'称'和'提'是同义词,都是'提高'的意思。"⑥这里的"称提"就是提高楮币的币值。对此,袁絜斋提出自己的货币思想。在絜斋看来,要使楮币正常通行,就要能散能收,即朝廷发放楮币,在适当时期要

---

① 〔宋〕袁燮:《絜斋家塾书钞》卷9,《文渊阁四库全书》,第57册,第832页。

② 〔宋〕袁燮:《论立国之本在足食通货疏》,《全宋文》,上海辞书出版社2006年版,第281册,第94页。

③ 叶世昌:《中国货币理论史》,厦门大学出版社2006年版,第120页。

④ 〔宋〕袁燮:《论扶纪纲以充内币疏》,《全宋文》,上海辞书出版社2006年版,第281册,第107页。

⑤ 〔宋〕袁燮:《便民疏二》,《全宋文》,第281册,上海辞书出版社2006年版,第108—109页。

⑥ 叶世昌:《中国货币理论史》,厦门大学出版社2006年版,第121页。

通过其他商品来回收楮币,这样才不会使楮币发生贬值。更重要的是要选派公正清廉而且懂经济的官吏,"盖公清之士必能正身律下而黠吏莫措其奸,必能爱惜财物而冗费无所不节,必能选择官僚讲理财之策,必能宽裕民力养丰财之源。薄关市之征,则商旅四集;谨钞销之防则铜钱不耗,严交易税契之法则泉货顿增,守钱会相半之制则藏镪可出"①。

嘉定二年(1210)八月,南宋政府规定将两淮铁钱行使于沿江八州。袁絜斋分析了使用铁钱的弊病。铁与铜本身价值不同,铁钱与铜钱也不能视为相同。硬性规定只会使一些人投机取巧,从中牟取暴利。有些人见铜钱升值,就有意收藏,并且将铜钱钞销,用于制作铜器,反而价值会翻倍上涨。对于这些扰乱金融市场的行为,絜斋主张要绳之以法。总之一句话,絜斋说:"民间逋欠不可催者悉蠲之,中外冗费凡可省者尽节之,其源常浚,其流不竭,财用之精神也。"②总之,絜斋的经济观可一言以蔽之,那就是开源节流。

3.1.4 絜斋的人才观

接下来,我们看看絜斋的人才观。絜斋说:"贤才之于国,犹御寒之衣裘,养生之谷粟也。"③贤才对于国家,就好比衣裘和谷粟。衣裘与谷粟为人生活所必不可少者,以此作比,可见贤才对于国家是多么重要。那么,什么样的人算得上人才? 如何识别人才? 怎样培养人才? 怎样任用人才? 这些关乎人才的问题,也是国家政治中不可绕开的问题。絜斋对这些问题有着自己的思考。

当时南宋的人才情况并不尽如人意。絜斋说:"以今日所用之才,非不众多,而真才则寡尔,拟奋发而实怯弱也,似多能而实寡陋也,不皇皇于仁义,而汲汲于荣禄,已不自重,又岂能为国重乎? 国人不服,又岂能服外域乎?"④这是从胆识、才能、品德三方面来观察当时的用人情况。当时南宋的形势异常严峻,朝廷急于用人,而实际上又无人可用。在这种情形下,絜斋

---

① 〔宋〕袁燮:《便民疏一》,《全宋文》,上海辞书出版社 2006 年版,第 281 册,第 108 页。

② 〔宋〕袁燮:《都官郎官上殿札子》,《絜斋集》卷 1,《文渊阁四库全书》,第 1157 册,第 5 页。

③ 〔宋〕袁燮:《论立国宜正本札子》,《絜斋集》卷 3,《文渊阁四库全书》,第 1157 册,第 29 页。

④ 〔宋〕袁燮:《论国家宜明政刑札子》,《絜斋集》卷 3,《文渊阁四库全书》,第 1157 册,第 30 页。

自然就会经常谈到人才问题。

从上引的一段资料中,也可以看出絜斋眼中的真才:能积极进取,有真才实学,有一颗为国的忠心。絜斋还描绘出理想中的全才。他说:"三代而上,天下多全才。自秦汉而下,偏矣。人才之不同,国家盛衰之所关也。三代而上,有名世之君,斯有名世之臣。其器博,故其用周,内而承弼厥辟,外而经理庶务,恢恢乎无所处而不当,是之为全才,孰能指其偏者?"①中国文人多有"三代"情结,他们喜欢将"三代"加以理想化,絜斋也不例外。絜斋所谓全才,就是"恢恢乎无所处而不当",这就是一个圣人的标准。能做到这一点,还是由于他们能够本乎一心,他们的自我潜质能够充分得以发挥。许多人不能成为全才,不是潜质不够,而是因为"人惟安于浅陋,不能充而大之,故其不逮也"②。

絜斋的理想人才标准是很高的,但并不妨碍他脚踏实地地考虑用人问题,他对于用人并不求全责备。他说:"古者寸长必录,故人才不至沦弃。"③这也就是说,一个人只要有一点才能,都应该得到任用。哪怕这个人有某方面缺陷,也应在一定条件下让其尽其所能。他说:"抱魁杰之器而沈伏于下僚,栖迟于远外,不获展尽其所长,非天所以生贤之意。"④有一定才能的人如不能被国家所用,便不符合天意。天之本意应该是人尽其才,物尽其用。否则,老天爷为何要让这样的人才出现呢?

用人的关键在于识别真才,絜斋提出两种识别人才的途径:

一是听从公众的议论。絜斋说:"朝野之间,翕然同称,无有异辞,是谓公论所归,斯真贤也。"⑤俗话说:"群众的眼睛是雪亮的。"有关一个人的公论,应该不是无缘无故的,多是源于此人平时所作所为。此人是否为贤,他平时所作所为已昭然若揭。因此,任用人才应根据公论而定夺。絜斋说:"人望之所属者登进而不遗,公论之所非者摈斥而不用。君子小人粲然如黑

---

① 〔宋〕袁燮:《陆宣公论》,《絜斋集》卷7,《文渊阁四库全书》,第1157册,第74页。
② 〔宋〕袁燮:《陆宣公论》,《絜斋集》卷7,《文渊阁四库全书》,第1157册,第74页。
③ 〔宋〕袁燮:《便民策一》,《全宋文》,上海辞书出版社2006年版,第281册,第101页。
④ 〔宋〕袁燮:《轮对陈人君用人札子》,《絜斋集》卷1,《文渊阁四库全书》,第1157册,第8页。
⑤ 〔宋〕袁燮:《边防质言论十事》,《絜斋集》卷7,《文渊阁四库全书》,第1157册,第83页。

白之明。"①"亦惟择夫刚毅正直,不肯诡随,公论之所属,而犹沉伏于下僚,栖迟于远外者,拔举而尊礼之。"②用人采之公论,还体现了天下为公之意。絜斋说:"用一人焉,必采之公论所与,则其人之贤可知矣。然后从而用之,此其与天下为公之意,安得一毫私意介乎其间。"③

二是考察实际的业绩。絜斋说:"后世用人只缘但听他说后便用,是以多败事。言苟可取,固在所用,但未可大用耳。必是卓然有成功,方可大用。"④用人要看功绩,有功绩者多有能力。那些想要升官的人,也要真的干出一些业绩来。絜斋还主张在实战中去发现人才,去锻炼人才。他说:"然则何以得良将?曰:朝廷之上改弦更辙,作其怠惰苟安之气,则良将出矣。敌虽微弱,而交聘未已,所以犹敢桀骜,一旦绝之,出其不意,宁不震慑?若犹侵犯以兵,驱之观其战斗,而智勇杰出之才因是表见,折冲御侮,不患无人。"⑤以业绩来任用人才,官员只会眼睛向下,就会沉下心来干事业,而不会唯上是从。

絜斋希望国家多任用一些士人。他说:"我艺祖皇帝知堂史之多奸赃也,开宝五年,诏选令录簿尉为堂后官,以士人代之,取其究心儒学,通知古今,足以为宰属之助,与胥吏固不侔也。"⑥一般胥吏粗通文墨,只能听从长官命令,承办具体差事。士人与胥吏不同,他们"究心儒学,通知古今",视野开阔,有体有用,有时可以纠正长官之失。关键是士人读儒家之书,受孔孟之道熏染,多少有一些廉耻之心,在处理政务时不至于太出格。

絜斋认为为官者应注意在实际工作中去培养人才。他举例说:"厥今天下常苦无才,以臣观之,惟见其众多耳。……臣承乏偏州,适当旱歉之余,爰俾僚属条陈救荒之策。每都必为一图,地名山川,桥道寺观之属咸具,而列饥民居处及户口之数于其间,历历明白。按图而视,无得隐者,所以提防奸弊,责其实也。区处既定,分遣官僚,遍走阡陌,而其人皆不惮劳苦,不避途

① 〔宋〕袁燮:《轮对陈人君宜法天札子》,《絜斋集》卷1,《文渊阁四库全书》,第1157册,第8页。
② 〔宋〕袁燮:《轮对陈人君用人札子》,《絜斋集》卷1,《文渊阁四库全书》,第1157册,第9页。
③ 〔宋〕袁燮:《絜斋家塾书钞》卷1,《文渊阁四库全书》,第57册,第652页。
④ 〔宋〕袁燮:《絜斋家塾书钞》卷1,《文渊阁四库全书》,第57册,第641页。
⑤ 〔宋〕袁燮:《论备边札子一》,《絜斋集》卷4,《文渊阁四库全书》,第1157册,第40页。
⑥ 〔宋〕袁燮:《请增置宰属疏》,《全宋文》,上海辞书出版社2006年版,第281册,第96页。

潦,平时官吏不至之处,一一躬往而校其实。如是者再焉,其爱民之笃如此。臣又因民间词讼,委之剖决,以观其能,亦皆恪共厥职,本于法意,参以人情而断之以理,靡不精当。才之可用又如此。其他如器局端重者,廉洁守正者,词采绚发者,留意狱事者,宰邑著称者,敏于治财者,严于捕盗者,亦不乏人。……然则其荣其枯,其兴其仆,皆系乎居上者如何尔。"①人的生命中有各种潜能,遇到适当的机会,人的各种潜能便要发挥出来。居上者应该为自己的下属提供这样的平台,这样做有三种好处:一是为国家作了贡献;二是为自己政绩添了光彩;三是为下属成长提供了机会。

絜斋还提出应将人才放在最合适的位置上。他说:"今之儒帅固有德望,岿然举世推重者,分阃泸南,未为不用,而地非切要,不足以观其设施。今之忠贤,亦有慷慨论事,名闻中外者矣,宜还天朝,增重国势,而远守支郡,未究所长。舍莫邪而用铅刀,弃周鼎而宝康瓠,是非颠倒,何以立国?"②这里的"儒帅"与"忠贤",虽未指明为何人,但一定是确有所指。"儒帅"如辛弃疾,"忠贤"如杨万里,此两人在当时虽得到了任用,但用非其所。絜斋指出当时用人不合理之处,是希望人才任用能够各得其当。

絜斋还希望任用人才要长久。他说:"古者用人必迟之以久,惟久则其谋虑精详,其规划端审,其所为者皆悠远之事业。以鲧之治水,至九载绩用弗成,然后黜之。九年之内,且教他做。后世用人多伤于速,故居官者其所为,方有头绪而已去矣。大抵责效苟速,则人才亦不能以有为。"③絜斋此点是切中时弊的。南宋自宋孝宗始,鉴于宋高宗时秦桧专权,皇帝就"躬揽权纲,不以责任臣下"。絜斋说:"自后世揽权之说兴,人主举事始欲皆自己出。"④最高统治者害怕失去权力,不信任下面的臣民。对于宰相,是"数置而亟免";对于谏臣、将帅、地方守臣,也是频繁地更换。国家如此不能任人长久,就会造成严重后果:"官无成绩,奔竞之风,由此而盛。"⑤正如丞相周必大所说:"陛下练兵以图恢复而将数易,是用将之道未至;择人以守郡国而守数易,是责实之方未尽。诸州长吏,倏来忽去。婺州四年易守者五,平江四年

①　〔宋〕袁燮:《便民策一》,《全宋文》,上海辞书出版社 2006 年版,第 281 册,第 101 页。

②　〔宋〕袁燮:《论国家宜明政刑札子》,《絜斋集》卷 3,《文渊阁四库全书》,第 1157 册,第 30 页。

③　〔宋〕袁燮:《絜斋家塾书钞》卷 1,《文渊阁四库全书》,第 57 册,第 657 页。

④　〔宋〕袁燮:《絜斋家塾书钞》卷 1,《文渊阁四库全书》,第 57 册,第 652 页。

⑤　〔宋〕《虞允文奏议》,《历代名臣奏议》卷 144,《文渊阁四库全书》,第 437 册,第49 页。

易守者四，甚至秀州一年而四易守，奸吏何由可察，民瘼何由可苏？"①

总之，对于国家用人情况，絜斋提出自己的愿景，那就是："有正直而无邪佞，有恪恭而无偷惰，有洁清而无贪济，布满中外，炳乎相辉，人才之精神也。"②《尚书》有一段描绘商朝用人情况："天惟纯佑命，则商实百姓、王人罔不秉德明恤，小臣屏侯甸矧咸奔走，惟兹惟德称，用乂厥辟。"絜斋对此表示了自己的钦羡。③

3.1.5 絜斋的政治理想

以上我们讨论了絜斋的君臣观、军事观、经济观和人才观，此四方面基本上展示了絜斋的政治理论。我们分四方面来讨论，是为了言说方便，其实此四方面在絜斋是浑而为一的，是密不可分的，共同支撑着絜斋的政治理想与政治目的。絜斋的政治理想就是"复三代之治"。余英时先生说："以政治思维而论，宋代士大夫的'创造少数'从一开始便要求重建一个理想的人间秩序，当时称之为'三代之治'。"④这些"创造少数"的社会精英人物，依据一定的历史事实，加上自己丰富的想象，融入强烈的个人情感，将唐虞三代社会描绘成人类社会所应追求的理想社会。袁絜斋生活在这样一个文化氛围中，他心目中自然也有一个理想的"三代"社会。

在絜斋的理想社会里，都是由圣贤来治理天下。尧、舜、禹、商汤、周文王、周武王、周公等圣贤，他们都非常注意自身的道德修养。絜斋说："二帝三王终日乾乾，自强不息，故能全此精神。"⑤"全此精神"就是成全"心之精神"，也就是让自我"本心"得以完全的呈现。这些圣贤都有极高的道德修养，他们治理天下，一言一行都是发自于"本心"。故而他们说话做事都处置得当，没有什么过错。他们意识到自己是代天来司牧天下之民，让天下人生活得幸福是他们的职责。他们心系天下人的饥饱冷暖，鳏寡孤独之人都能够得到照顾。人民如果遭受什么痛苦，他们就觉得好像是自己将人民推入沟壑。他们不仅关心人民温饱，而且还引导人民向善。通过自己的表率作

---

① 〔元〕脱脱：《周必大传》，《宋史》卷391，中华书局1977年版，第11967页。

② 〔宋〕袁燮：《都官郎官上殿札子》，《絜斋集》卷1，《文渊阁四库全书》，第1157册，第5页。

③ 〔宋〕袁燮：《絜斋家塾书钞》卷12，《文渊阁四库全书》，第57册，第910页。

④ 余英时：《宋明理学与政治文化》，吉林出版集团有限责任公司2008年版，第14页。

⑤ 〔宋〕袁燮：《都官郎官上殿札子》，《絜斋集》卷1，《文渊阁四库全书》，第1157册，第4页。

用,发动教化的力量,人民在潜移默化之中得到熏陶,人人都有士君子之行。絜斋说:"臣观先王盛时,礼乐教化,薰蒸陶冶,人人有士君子之行。发而为诗,莫非性情之正。流风遗俗,久而不泯,虽更乎衰世,而气脉犹存。"①天下百姓对于他们的君主,既无比尊重,又十分亲近。君民之间相须为一体,其乐融融。

在絜斋的理想社会里,君臣关系也非常融洽。首先,官员都是按理而设,循理而用。絜斋说:"古之制官因事而设,理之所不可无也。《书》曰:'无旷庶官,天工人其代之。'夫所谓天者,岂远于人乎? 即理之所当然者是矣。有是理则有是事,即有是官。设官分职,惟理所在,则虽繁而甚简。何者? 理尽而止,不容有赘焉者也。三代而上,公卿百执事之职,一定而不可增损,达此理而已矣。"②其次,君臣关系和谐。君臣议事就像一家人一样聚集在一起,国君始终是尊贤纳谏,让大臣们尽可能发表自己的意见。大臣对于国君,也是直言不讳。君臣之间没有猜忌,没有隔阂,大家说话做事都是出自"本心",而"本心"是相通的。在絜斋看来,如果出现大臣犯颜直谏,那已然是不完美了,已然是有损于和谐。君臣有一个共同的目标,那就是使百姓无怨。为了这个目标,国君与大臣都能够各尽本分,各自做好自己职责内的事。

在絜斋的理想社会里,人的社会地位虽有尊卑高下的等级之分,但人与人之间的感情却亲如一家,以至于在上位者都忘记了自己的高位。社会秩序主要靠礼乐教化来维系,通过"润物细无声"方式来让人民循规蹈矩。虽然也有法制,但只是虚设而不用。在这个社会里,也有一些极个别的顽冥不化之徒,他们都会得到相应的惩戒和恰当的清除。当权者要举办什么民生工程,也是先要做通百姓的思想工作,而不是一意孤行,以权势压人。当权者有时候也放出一些杀头的狠话来,那只是为了警醒百姓而已。在这个社会里,不仅人与人之间和谐,而且老天爷也是风调雨顺。就是遇到旱涝等自然灾害,只会引起当权者的警觉,他们会更加小心谨慎地处理政事,尽可能将灾异转化为瑞祥。

袁絜斋要恢复的"三代"社会简述如上。本来这是他政治思想中的理论基础,应放在首要位置来大书特书。但这里有两点理由使我们避免了采取

---

① 〔宋〕袁燮:《诗序一》,《絜斋毛诗经筵讲义》,《文渊阁四库全书》,第 74 册,第 5 页。

② 〔宋〕袁燮:《代武冈林守进治要札子》,《絜斋集》卷 2,《文渊阁四库全书》,第 1157 册,第 25 页。

这种策略:一是实现"三代之治"是有宋一代儒者共同理想,许多研究者已表述得很充分,絜斋政治的特色之处不在这个理想,而在于前面所论之细节中。二是他在《絜斋家塾书钞》中对唐虞三代社会极尽赞美之能事,我们将在后文对此作详细说明。因此,我们在此只是作了变通处理。总之,袁絜斋心目中有这样一个政治理想,他所发表的政治言论也是源于这个政治理想。

3.2　絜斋的政治行为

　　袁絜斋不仅有政治理论,而且还有政治实践。也可以这样说,絜斋的政治理论恰是来源于他的政治实践。俗话说的"实践出真知",大概是不会错的。在"甬上四先生"中,絜斋先生在政治上可称得上是最为成功的一位。他有在地方上的工作体验,也有到朝廷做官的经历。我们根据絜斋文本和一些史料,大致可以考察出絜斋的政治行为。做这项工作很重要,将有利于我们更好更全面地理解他的政治。

3.2.1　地方任职

　　絜斋的政治行为,从他考取进士的时候开始。淳熙八年(1182),絜斋参加进士考试。考试之前,有人劝他对策时应该回答"大体已正,当坚忍以俟其成"。这实际上是教絜斋去迎合主考官的心理,去博取好的考试成绩和好的录取名次。絜斋自然不会这样做,他以"大体未正,应当更张"为对,结果只得了一个进士丙科。这一年絜斋已经 38 岁,中进士的年龄有些偏大。按照他的资历,完全可以像舒元质那样,到一个府郡去做一个学官。但是絜斋听从了丞相也是同乡史浩的劝告,到江阴(今江苏省江阴市)去做一个县尉。江阴是当时南宋的边防前线,南宋随时都有可能与金人在这里交战。絜斋选择这样的一个地方去做县尉,其意图是非常明显的,就是想先经过历练,然后在政治上有一番作为。不久机会便来了,史浩向朝廷推荐十五个人,袁絜斋也名列其中。朝廷派人下来考察,絜斋因为自己入仕时间不长,主动放弃了这次被召进朝廷的机会。

　　絜斋在江阴一干就是多年。在此期间,絜斋的俸禄是微薄的,有时候他不得不去靠教授生徒来增加一些收入。真西山说:"迟次累年,授生徒以供菽水。"①江阴是一个"控扼之地",原来设有两名县尉,弓兵置有二百名,比其他的县要多,目的是为了"销奸宄,安善良,为江濡之保障"。后来只剩下一名县尉的编制,而弓兵也多是虚额。袁絜斋到任以后,发现弓兵射技稀松,而且纪律散漫,于是他"多方招募,营茸射亭,谨阅习法"②。絜斋训练这些士兵,一日都不曾松懈,定期进行考校,对于成绩突出者给予一定的奖赏,一下子提高了士兵练习武艺的积极性。后来取得了显著的效果,"每按阅时,射中者其密如栉,而破的者亦无虑数十"③。

　这些弓兵,"远者居数里外,近者犹二三里",每次集合的时候,常常是"先后不齐",这怎么能具有战斗力呢? 絜斋千方百计去筹措经费,挖空心思去寻找地基,经过近一年时间的努力,兵营终于建成了,"凡为屋百七十六间"。弓兵住进了自己的营房,一切按照军营制度来实行,"向之散处于外者,合而为一。等级相承,上下有列"。袁絜斋为此特地写了一篇《江阴尉司新建营记》,来记录这件事,其中说道:"予,鄙人也,疲精惫思而不敢告劳,以备不虞,姑尽吾心焉。"④

　袁絜斋 44 岁时,浙西出现饥荒,提举常平使罗点精选自己的属官,分头去各地负责赈恤救灾之事。絜斋受罗点的嘱托,负责江阴一县的赈灾工作。他每保画一张图,将田地、山水、道路、桥梁、寺观等,都登记其上,其中的居民人口多少,干什么职业,也都附载于其上。然后"合诸保为一都之图,合诸都为一乡之图,又合诸乡为一县之图",如此便"可以稽户口,可以起徒役,可以备奸偷,凡按征发、争讼、追胥之事,披图一见可决"。可以说,絜斋对救灾工作是下了一番心思的,这是当时救灾工作中的一个首创,使百姓得到实惠,而欺蒙作假者不能得逞。因为絜斋工作出色,罗点向朝廷推举絜斋。当时的丞相周必大也打算要提拔絜斋,给他安排一个合适的位置,只是让他再等三个月。絜斋说:"迟迟以待内除,非吾志也。且亲老,得便足矣。"白白地干等着升官,这可不是絜斋愿意干的事,他自愿成为沿海制置使的属官,以

　①　〔宋〕真德秀:《显谟阁学士致仕赠龙图阁学士开府袁公行状》,《西山文集》卷 47,《文渊阁四库全书》,第 1174 册,第 749 页。

　②　〔宋〕袁燮:《江阴尉司新建营记》,《絜斋集》卷 9,《文渊阁四库全书》,第 1157 册,第 114 页。

　③　〔宋〕袁燮:《便民策二》,《全宋文》,上海辞书出版社 2006 年版,第 281 册,第 102—103 页。

　④　〔宋〕袁燮:《江阴尉司新建营记》,《絜斋集》卷 9,《文渊阁四库全书》,第 1157 册,第 115 页。

方便尽孝于在家乡的亲人。

此后絜斋的父亲、大哥、母亲相继去世,絜斋丁忧在家,主要从事一些讲学活动。宋宁宗继位,51岁的絜斋被召为太学正。不久,发生"庆元党禁",朱晦庵、杨慈湖等一批理学人士纷纷被迫离开权力中心,支持理学的右丞相赵愚汝也被罢免,太学生纷纷上书议论时政。絜斋先生因为支持太学生上书,结果遭到论罢,后来还被列入"伪学"黑名单之列。在此"禁学"期间,理学人士遭到打压,只能被迫转入地下活动,常常是"夜三鼓聚于一时"①。此时的絜斋,虽然在生活上贫困不堪,但他处之泰然。杨慈湖说袁絜斋:"初为学官,获罪权臣,一斥十余年,操守愈砺。"②

关于这次南宋王朝的"伪学之禁",有学者认为,这不过是一次统治阶级内部的权力之争而已。有这样认识,便模糊了是非标准。恩师束景南先生认为,南宋统治者反道学,纯粹是出于政治上打击异己的需要,是"面临衰世的封建统治者中,最腐败保守的力量与反对这种腐败统治的进取力量(表现为道学清议)之间的矛盾斗争,是代表纯粹借用孔孟的文化躯壳以维护政治上的腐朽苟安统治的官僚力量同士大夫中代表真正复活孔孟的文化精神以挽救腐败社会人心世道的知识集团之间的冲突较量"③。此真是一语切中肯綮。

絜斋59岁的时候,朝廷放松了"禁学"管制,他任浙东帅属。第二年,他任福建帅仓属官。这些虽然都是一些属官,官职并不大,但絜斋认为,官职不在大小,做官不是拿来向别人耍官威的,而是要尽可能为人民为国家贡献自己的力量。絜斋到任时,上任留下的案件卷宗堆积如山,他夜以继日地审阅,一一作出判决。所审判的案件,没有一件再上诉的,这说明他判决合理。絜斋62岁时升为赣州通判,尚未上任,韩侂胄发动了北伐,南宋与金国发生战争,两淮之间出现大震扰。面对不可逆转的局势,絜斋也无可奈何,他只是呼吁朝廷要注意海防建设,防止山东的金人由海道攻击南宋,更要防止内地的盗贼偷袭朝廷。时任沿海安抚使的赵善坚及其继任傅伯成,聘请絜斋为摄参议官。在加强海防建设和团结乡兵等事宜上,絜斋"所至按阅,井井

---

① 〔宋〕施康年:《乞约束四方伪徒奏》,《全宋文》,上海辞书出版社2006年版,第282册,第104页。

② 〔宋〕杨简:《故龙图阁学士袁公墓志铭》,《全宋文》,上海辞书出版社2006年版,第276册,第53页。

③ 束景南:《朱子大传》,商务印书馆2003年版,下册,第559页。

有伦"①。

嘉定初年(1208),宋宁宗诛杀韩侂胄,不少硕儒得到起用。袁絜斋此时65岁,被召为宗正簿,枢密院编修官,兼考功郎,后迁丞奉常。能够经常与最高当权者对话,多少可以影响国家政策的制定和实施。当时耿直的大臣很少能够得到皇帝的亲近,但絜斋仍然直言不讳,他建议皇帝要善于纳谏,要关心民瘼,要剔除军队里的蠹虫……袁絜斋的这些谏言,得到了皇帝口头赞许,但是并没有多少真的被采纳实施。絜斋先生自己觉得没有什么意思,便极力请求外职,被任命为江州(今江西省九江市)知州。

在知江州任上,袁絜斋做了好几件大事。第一,江州多年歉收,絜斋向朝廷贷得椿管钱作为资本,从邻近的郡县购买粮食回来,按人口将这些粮食卖给江州百姓,从而平抑了粮价。第二,当时地方政府的财政主要仰仗税收,而税收的多少与商业的繁荣与否有关。絜斋选择得力的下属,专门管理税收,善待来往商人,减免税收,对商人不苛刻,不刁难,许多商人都愿意到江州来做生意,江州的经济搞活了,税收也有了保障。第三,厉行节约,堵塞漏洞,凡是不该拿的坚决不拿,凡是可以精简的都一律从简,以此来减轻百姓负担。第四,应该花钱的地方一点不吝啬。譬如有关风俗教化,絜斋是非常积极的,大学官创立福田院,两年里絜斋从财政盈余里拨钱二十七万;江州是长江边上的一个要塞,但城墙却多年失修。絜斋向上级申报,重新修筑了城墙。第五,当时南宋朝廷担心楮币发行太多而市面铜钱太少,便命令各地用铁钱来代替铜钱。絜斋认为此举注定要失败,有意延迟命令的公布时间。后来南宋朝廷果然取消了铁钱代替铜钱的命令,江州地方避免了一场惊扰。第六,注意训练士兵。絜斋到江州上任,发现这里的士兵战斗力差。于是他按时考察士兵的技能,并按等级给予奖赏。从此,"中者如栉,破的无数"。第七,当时"十峒寇"很猖獗,朝廷派副都统刘元鼎去剿灭。絜斋给刘元鼎出谋划策,让他采用大兵压境的策略,逼迫"十峒寇"出来投降。

絜斋68岁,被任命为提举江西常平,权隆兴府事。当时朝廷实行楮币改革,并分遣中都官到地方督察。有些地方官员奉行过当,对于稍有贬损楮币价值的人就实行法办。絜斋认为朝廷此举的本意是要挽救楮币,并不是要毒害百姓。他对奉命前来督察的王棐表达了此意,希望他能向上级反映。但是两个月以后,絜斋至临川听说许多官员却因此而遭到惩罚。于是,絜斋

---

① 〔宋〕真德秀:《显谟阁学士致仕赠龙图阁学士开府袁公行状》,《西山文集》卷47,《文渊阁四库全书》,第1174册,第750页。

忍不住了,向皇帝上了一道奏章,论"官吏以刻核为心,行苛暴之政,刑罚不中,民无所措手足",希望朝廷能够督促地方奉行宽大政策。

3.2.2　朝廷为官

嘉定六年(1213),絜斋先生 70 岁,被召为都郎官。当时虽然号称已经"更化"六年,但南宋的政治、经济、军事等各方面仍然毫无起色。絜斋先生又给最高当权者上了一道奏札,劝宋宁宗要奋发"心之精神",劝帝王要勤于询问。絜斋先生是善于启沃宋宁宗的,他说:"陛下不迩声色,祗畏天戒,此时之心即谅阴三年之心。"①宋宁宗对絜斋之言"首肯再三",并且回应说"问则明"。由于絜斋善于启沃君主,当时有学者将其比作孟子。程珌(1164—1242)说絜斋:"且言自古圣贤有志当世,惟孟子尤为有用之才。其治家也,必曰深其耕,易其耨,五鸡二彘,艺墙下以桑,则家乌得不肥? 为国者能使商贾愿出于市,耕者愿耕于野,仕者愿立于朝,则国乌得而不理? 为天下者必涖中国而抚四裔,则远人安得而不服? 有天下者犹运之掌,则天下乌得而不太平? 其气直而勇,其言壮而明,盖不惟其学深于孟子,而其姿禀实似孟子也。"②但是,宋宁宗毕竟不是一个英明之主,只是一个"屠王"③,没有明主所应具备的胆略与智慧,面对絜斋的建议,最后也是不了了之。而絜斋却得到了升官,升为司封郎官,兼国史编修、实录检讨官。

嘉定七年(1214),絜斋先生 71 岁,这年春天升为秘书少监兼司业,秋天晋为祭酒,冬天又提为秘书监兼祭酒。絜斋认为南宋士气不振,是由于"本心"强调不够。他在太学每次与太学生见面,都启迪学生以切己反身之学,使听闻的人都受到感动,精神为之振奋。他还经常与学生谈论时事,而且充满激情。程珌说他"至论当世之事,尤为激烈"④。在太学里面,袁絜斋严格约束自我,虽然此时他已 70 多岁高龄,在与学生的来往问答之中,大家都知

---

① 〔宋〕杨简:《故龙图阁学士袁公墓志铭》,《全宋文》,上海辞书出版社 2006 年版,第 276 册,第 53 页。

② 〔宋〕程珌:《祭袁侍郎》,《洺水集》卷 12,《文渊阁四库全书》,第 1171 册,第 387—388 页。

③ 《絜斋毛诗经筵讲义》的御制题诗说絜斋"黍离故国三致意,其奈屠王弗听何"(〔宋〕袁燮:《絜斋毛诗经筵讲义》,《文渊阁四库全书》,第 74 册,第 1 页)。

④ 〔宋〕程珌:《祭袁侍郎》,《洺水集》卷 12,《文渊阁四库全书》,第 1171 册,第 387—388 页。

道他"勇于迁善"①。宫中银器丢失,宋宁宗不忍心惩治主事者,而以锡器易之。絜斋先生乘机向皇帝进言,希望宋宁宗能扩而充之,恢弘志气,做事要从大处着眼。絜斋未尝轻易弹劾官僚,他说:"有不善姑教之,奚以按劾为立朝大节?"②

嘉定九年(1216),絜斋先生 73 岁,又兼崇政殿说书,向皇帝条陈四事:一是要自强不息,奋发有为;二是赏罚公平,以救时弊;三是关心百姓疾苦;四是广泛听取各方面意见。十一月,絜斋权礼部侍郎,升同修国史实录院修撰,晋升侍讲,还兼祭酒。絜斋利用给帝王讲经的机会,多方开导宋宁宗。絜斋还利用天气的一些异常现象,结合南宋内忧外患之现状,多次向宋宁宗进献忠言,渴望能够有补于世。絜斋先生说自己:"每获面对,未尝不陈二帝三王之道,每侍经幄,未尝不进忧国爱民之言。"③而真西山描写絜斋先生:"立朝论事则义形于色,凛不可回,一时正论赖以宗主。"④宋宁宗对于絜斋之言,"亦应答如响,启沃之助于是良多"。

杨慈湖说袁絜斋:"居论思献纳之地,奏疏无虚月。事关国体,正色敢言,略无忌讳,举朝悚然。"⑤絜斋所力争者一是不能给金人岁币,二是不能阻中原人向化之心。唐代"李绛所陈十事,俄而去五六,及将以闻,又惮而削其半"。李绛之所以会如此,是因为纠结于个人得失,进言不是由"本心"发出。絜斋坚持要做一个"前后一心之人"⑥。当时朝廷基本上是没有人敢于站出来提不同意见的。倪思说:"自吕祖俭谪徙而朝士不敢输忠,自吕祖泰编窜而布衣不敢极说。胶庠之士欲有吐露,恐之以去籍,谕之以呈稿,谁肯披肝沥胆,触冒威尊?"⑦在这种情形下,絜斋敢于直言进谏,不得不让人佩服他的

　　① 〔宋〕杨简:《故龙图阁学士袁公墓志铭》,《全宋文》,上海辞书出版社 2006 年版,第276 册,第 53 页。

　　② 〔宋〕杨简:《故龙图阁学士袁公墓志铭》,《全宋文》,上海辞书出版社 2006 年版,第276 册,第 53 页。

　　③ 〔宋〕袁燮:《论弭咎徵宜戒逸豫札子》,《絜斋集》卷 3,《文渊阁四库全书》,第 1157册,第 34 页。

　　④ 〔宋〕真德秀:《显谟阁学士致仕赠龙图阁学士开府袁公行状》,《西山文集》卷 47,《文渊阁四库全书》,第 1174 册,第 758 页。

　　⑤ 〔宋〕杨简:《故龙图阁学士袁公墓志铭》,《全宋文》,上海辞书出版社 2006 年版,第276 册,第 54 页。

　　⑥ 〔宋〕袁燮:《絜斋家塾书钞》卷 3,《文渊阁四库全书》,第 57 册,第 700 页。

　　⑦ 〔宋〕倪思:《赴召论言路不通奏》,《全宋文》,上海辞书出版社 2006 年版,第 282 册,第 303 页。

胆识。絜斋之子蒙斋也是"遇朝廷大事，侃侃直陈，尤为切中窾要"，上书言事也是"皆劘切权贵，抗论不阿，可称忠鲠之士"①。故而后人称："鉴桥袁氏有蒙斋、絜斋二先生者，以风节行谊为时所敬仰。"②由此可见，絜斋家风一脉相承。

　　絜斋先生如此进言，在当时引来一些人的非议。孜孜献纳，有言必尽，在絜斋先生看来，这是臣子的职分，但有人说他多事；他守身以正，不阿时好，却被指为好名。在这种情况下，絜斋仍然如此向皇帝叨叨不休提建议和意见，他心中有一个信念，那就是："后世人臣所以不能启迪人主，非皆其君之不听，亦其谟之未至于明也。使其言昭然著明，如黑与白，则安得而不感动？"③絜斋此言明显与儒家"反求诸己"的思维模式有关。孔子说："君子求诸己，小人求诸人。"④孟子说："爱人不亲，反其仁；治人不治，反其智；礼人不答，反其敬；行有不得者，皆反求诸己，其身正而天下归之。"⑤絜斋也是本着"反求诸己"的精神，希望谏言者要提高自己的进谏水平，改进自己的进谏方式。古人云："修辞立其诚，所以居业也。"⑥只有恰当的方式方法，才能准确表达自己的真诚之心。从另一方面，我们也可以看出絜斋对于自己的意见和建议充满自信。絜斋真是一个善于进谏的言臣。例如他劝宋宁宗要勤于好问，曾如是说："或以为人主一言之失，史官书之，天下议之，问而不当，不如勿问。臣窃谓不然。自古帝王之言，岂能无失？惟得贤臣开陈救正，归于至善而已。岂可畏人之讥议而终不问哉？"⑦这是从内心深处来打动国君，与孟子诱导齐宣王有异曲同工之妙。

　　絜斋的唠叨并没有显著效果，于是便一而再、再而三地向上提交辞呈⑧，却又被告诉不允。这大概是由于絜斋此时的社会影响较大。真西山说："自

---

　　① 〔宋〕袁甫：《蒙斋集》卷首，《文渊阁四库全书》，第 1175 册，第 333 页。

　　② 〔元〕戴良：《四明袁氏谱图序》，《九灵山房集》卷 2。转引自张如安：《鄞县望族》，浙江古籍出版社 2009 年版，第 100 页。

　　③ 〔宋〕袁燮：《絜斋家塾书钞》卷 3，《文渊阁四库全书》，第 57 册，第 680 页。

　　④ 《论语·卫灵公》。

　　⑤ 《孟子·离娄上》。

　　⑥ 《周易·乾·文言》。

　　⑦ 〔宋〕袁燮：《轮对陈人君宜勤于好问札子》，《絜斋集》卷 1，《文渊阁四库全书》，第 1157 册，第 11 页。

　　⑧ 《絜斋集》第五卷共收录 20 篇辞呈。

诸老沦谢,天下之士视公出处以为轻重。"①后来絜斋在朝堂之上面斥主和的丞相史弥远,结果被罢去官。离开京城之时,三百多名太学生在城门外,为絜斋先生设筵饯行。此时絜斋先生说:"以致仕为名,以去位为高,岂余心哉! 乾道变化,各正性命,保合太和,雷雨作解,而百果草木皆甲坼,吾道固如是,吾心亦如是。"②这番话颇有意味。前一部分是说,不贪恋权位,常常会为世人所称道,而絜斋离职并非为此。后一部分提到"乾道变化,各正性命",是指每人按自己本分去生活,以前絜斋进谏、现在离京,都是为其所当为。"雷雨作解,而百果草木皆甲坼",寓示着像絜斋这样年老之人应该退位,年轻一代人应该接上来,这是自然规律。这番临别赠言寄托着絜斋先生对那些太学生的无限希望,也折射出他面对离职泰然自若的人生境界。

嘉定十三年(1220),絜斋先生 77 岁,除宝谟阁待制,提举鸿庆宫。三年后,絜斋已 80 岁,被起知温州,他一再推辞,后被升为直学士,奉祠如初。此时的絜斋所担任的只是一些名誉职位,政治上已没有大的作为,主要是在家著书立说。有人劝他稍事休息,他回答说:"吾以此为笙镛管磬,不知其劳也。"絜斋先生已臻入圣贤之域,著书立说并不感而辛苦,而是有一种由内而发之于外的快乐。

杨慈湖总结絜斋一生为官履历:"历仕外则尉江阴,为浙东、福建帅仓属官,辟权沿海制司议幕。守九江,摄豫章,持江西庾节。内除太学正。去国,再召为宗正簿,迁枢密院编修,奉常丞,俱权考功郎,补外。入为都官,迁司封。历学官长贰,俱兼史馆。又兼崇政殿说书,权礼部侍郎。自权为正,兼侍讲,又兼修国史实录院同修撰,兼侍读。为南京鸿庆祠官。积阶自迪功郎,转凡十七,至通奉大夫职,自宝谟阁侍讲,升至显谟阁学士。爵自鄞县开国男,三升至伯,食邑自三百户至九百户。"③

综观絜斋一生的政治生涯,可以概括为两个方面,即在地方和在朝廷。在地方,絜斋所涉足的领域非常丰富,曾负责过地方上的治安、军事、海防、赈灾和仓官,也曾主持过一方政务,他对于当时官场的情形应该是谙熟于

---

① 〔宋〕真德秀:《显谟阁学士致仕赠龙图阁学士开府袁公行状》,《西山文集》卷 47,《文渊阁四库全书》,第 1174 册,第 758 页。

② 〔宋〕杨简:《故龙图阁学士袁公墓志铭》,《全宋文》,上海辞书出版社 2006 年版,第 276 册,第 54 页。

③ 〔宋〕杨简:《故龙图阁学士袁公墓志铭》,《全宋文》,上海辞书出版社 2006 年版,第 276 册,第 52—53 页。

胸。在朝廷,絜斋主要是做言官和教官,做言官敢于直颜抗旨,做教官重在启迪人心。当时的宋宁宗对于絜斋先生是相当尊重的,而絜斋自己也很感激皇帝的知遇之恩。絜斋曾夫子自道曰:"自叨献纳,时进苦言,仁圣宽容,不以为忤,且屡有忠直之褒。去国之后,简记不衰,可谓深知矣。"①

3.3　絜斋政治的评价

　　以上考察了袁絜斋的政治理论和政治实践,接下来我们需要对絜斋政治作出评价。以笔者的观察,絜斋在政治上有这样三个特点:一是见微知著;二是切于实用;三是天人感应。下面就此三点加以说明。

3.3.1　见微知著

　　见微知著就是能够预见事物的发生,并提前做好准备。事物发生之前,常常总会现出不易察觉的征兆,这在《周易》叫作"几"。《周易·系辞下》曰:"几者,动之微,吉之先见者也。君子见几而作,不俟终日。"能预见事物的征兆,早为之准备,便会取得好的结果,故而"吉"。古人特别强调"察几"、"研几"。《周易·系辞上》云:"夫《易》,圣人之所以极深而研几也。"在社会政治生活中,"察几"显得尤其重要。絜斋特别重视这种见微知著,他说:"子有疾痛则父母知之,民有疾痛则人主知之。其知之最先,故救之最切。"②

　　在当时的形势下,不少人都认为淮甸是急所,因为它"迫近中都",而絜斋提出蜀地"尤不可忽"。民怨的积聚、防御工事的失修、敌人的觊觎,都有可能造成蜀地乖乱甚至失守。而蜀地失守,就有可能动摇淮甸,危及中都。因此,絜斋曾给皇帝上两道奏札,专门论及蜀地安全。絜斋提出几点建议:一是恢复建设蜀地的防御工事;二是网络蜀地的人才;三是厚赏为国立功人员;四是充分利用蜀地的人民;五是舒民力以结人心。③

　　嘉定二年(1209)八月,南宋政府规定将两淮铁钱行使于沿江八州军,当时絜斋所任知的江州也在其列。袁絜斋一方面在江州境内有意延迟命令的

---

① 〔宋〕袁燮:《愿丰楼记》,《絜斋集》卷10,《文渊阁四库全书》,第1157册,第132页。
② 〔宋〕袁燮:《轮对陈人君宜达民隐札子》,《絜斋集》卷1,《文渊阁四库全书》,第1157册,第14页。
③ 〔宋〕袁燮:《论蜀札子二》,《絜斋集》卷4,《文渊阁四库全书》,第1157册,第38—39页。

公布时间,另一方面上《便民疏》予以反对。他认为铁钱行使于沿江八州军,必然会引起连锁反应:一是引起民间许多人盗铸铁钱;二是造成楮币更加贬值;三是众人必去追逐铜钱;四是市面铁钱多了物价必然疯涨。事过不久,袁絜斋所言的恶果不幸而言中,沿江八州军的铁钱流通最终失败。南宋政府取消了这一项改革举措,江州地方百姓的生活却因为袁絜斋而没有受到惊扰。以上两例可以说明,絜斋在政治上具有一定的敏锐观察能力。

能够见微知著,当然不是依靠占卜算卦、能掐会算,而是依靠个人敏锐的洞察力。这种敏锐的洞察力即是袁絜斋"本心"之所发,也是他高层次政治素质之呈现。而获得这样的素质,需要在政治环境中长时间的磨练与积累。像絜斋这样具有高层次政治素质的人,将自己沉浸到当时的政治情境当中,便自然有这种敏感。

3.3.2　切于实用

清人的《御制题袁燮〈絜斋集〉六韵》中说《絜斋集》:"边情言颇悉,民务政多殊。"其下有注曰:"集中札子几及三十首,其料敌论边,深得要领;而陈民务,述治要,亦切实可见施行。"①这里拈出絜斋政治理论的最突出特点,那就是切于实用。阅读《絜斋集》,我们能感觉到絜斋的切实实用。加以具体的分析,可以看到絜斋切实的种种表现。

古代学者大多崇拜唐虞三代之治,他们常拿现实社会与唐虞三代作比较,借此达到批评现实、改革现实的目的。陆象山曾拿唐虞三代来勉励宋孝宗,希望他"将见无愧于唐虞之朝,而唐之太宗诚不足为陛下道矣"②。但是唐虞三代时隔久远,渺不可征,而且时移势易,如此劝说当权者,其效果不可能好。陆象山首次轮对之后,还满心期望再次轮对,但宋孝宗便没有下文。袁絜斋虽然也将唐虞三代作为自己的政治理想,但他具体谈论时政时,却与其师陆象山大不相同。他劝宋宁宗要遵一代之家法,也就是学习宋太祖的规模。后代子孙效法祖宗,这是实践孝道的一种表现,宋宁宗没有理由不接受絜斋的说法。一般来说,开国君主多有远见卓识,也确实可以建立一代之规模。再说,宋太祖定下的规模,已影响有宋社会多年,宋宁宗做起来也相对容易。当然,絜斋所说的宋太祖的规模,实际上是加上自己的一些理解,他认为是"道德仁义以为之本,法制纪纲以为之具",是"根本乎圣心,发挥乎事业,坦

---

① 〔宋〕袁燮:《御制题袁燮〈絜斋集〉六韵》,《絜斋集》卷首,《文渊阁四库全书》,第 1157 册,第 1 页。

② 〔宋〕陆九渊:《删定官轮对札子》,《陆九渊集》卷 18,中华书局 1980 年版,第 222 页。

然大中至正之道",这实际上是絜斋的唐虞三代社会理想的一种影射。

陆象山说"唐之太宗诚不足为陛下道",可见他是看不上唐太宗的。与陆象山不同,絜斋却肯定唐太宗为"英主"。他说:"汉之宣帝、唐之太宗,虽未极纯懿,而能勉强振作兴起,治功烂然可观,而史皆以厉精称之,亦可谓英主矣。"①对于如何评价唐太宗,宋代学者曾有激烈的争论,我们看一看朱子与陈亮之间往返的书信便可知晓。当时有关唐太宗的争论,反映了知识分子中理想主义者与现实主义者之间的差异。由袁絜斋称唐太宗为"英主",我们可以看出他注重现实的一面。

如何对待金人政权是南宋政权所要面对的一个重要的政治问题,当时的大臣都要对此问题作出回答。如何对待金人,当时朝廷议论纷纷,情况比较复杂。有主张和的,他们或苟安以保位,或窃权以谋私;有主张战的,他们或有一腔爱国感情,或有一身御敌武艺;有主张能战则战,不能战则和的。絜斋既反对一味求和,也不主张盲目求战,而是"必定其规模而乘其机会"②。也就是说,南宋政府要以我为主,掌握战与和的主动权。要做到这一点,那就必须拿势力说话,就必须强修内功。

加强边防建设,修筑防御设施很关键。絜斋对此也有一些合理建议,如他说:"城壁之经营固所当务也,而板筑并兴则恐力有不及,不若择其至急者先之。合数城之力以筑一城,则无患乎不坚;合数城之兵以守一城,则无患乎不足。他日或有遗力,则又筑其次者。至于公论皆以为可缓者,则姑已之。"③絜斋所给出的建议中,充满着理性的思考,具有极强的操作性。若照此去实施,没有理由办不好事情。

絜斋心学强调人的"本心",人的"本心"发露之时是不计较钱财的,故而絜斋自我修身是从"寡欲"入手。絜斋在教化百姓时,也是启迪他们的"本心",但他在治理百姓的问题上,常常突出钱财的重要性。如他主张招募士兵要用重金,相信"重赏之下必有勇夫"。对比武成绩优等的士兵要有重赏,以激励士兵平时的训练。派人去做间谍,也要有大量的酬金,将帅才会知己知彼。絜斋多次提出将帅要带好军队,手中就必须有相当的财权。对于蜀

---

① 〔宋〕袁燮:《都官郎官上殿札子》,《絜斋集》卷 1,《文渊阁四库全书》,第 1157 册,第 4—5 页。

② 〔宋〕袁燮:《论备边札子二》,《絜斋集》卷 4,《文渊阁四库全书》,第 1157 册,第 41 页。

③ 〔宋〕袁燮:《轮对熙宁三年太白昼见札子》,《絜斋集》卷 2,《文渊阁四库全书》,第 1157 册,第 19 页。

地本有的土豪,絜斋也建议南宋政府既要激之以大义,又要笼之以实惠。絜斋劝皇帝平时"立事贵乎举要",但是对于救荒赈灾"独不可略,条目愈详则惠泽愈广"。① 由此可以看出,絜斋并不只是一个道德说教者,他的许多举措都是落在实处的。

看宋人文集,我们会发现同时代的其他大臣也持有与絜斋相似的观点。如絜斋提出对金人要"必定其规模而乘其机会",而蔡戡②也认为:"外坚和好,以休士卒,内修政事,以待机会,可谓得上策矣。"③絜斋在江阴着重加强了弓兵的营房建设,而郑康孙对皇帝建议说:"乞下诸州将营房倒损阙少去处,悉令添造修葺,将在外兵卒拘收入营。"④絜斋主张要加强训练士兵,而倪思⑤也提出"精养兵"的观点,他认为精养兵"必得三术而后可,一曰择将帅,二曰精招募,三曰示激劝"⑥。同时代人有类似看法,也可以佐证絜斋的一些建议是切于实用的。絜斋之子蒙斋在政治上也是脚踏实地。他"历官所至,汲汲以兴利除害为事,凡有奏请,鉴然可见诸施行。其在徽州所上便民诸条,迄今利赖,不同空谈无补之流"⑦。可见,袁絜斋对其家人的影响。

3.3.3　天人感应

絜斋发表自己的政治见解,有时是利用灾变来立说的。如他说:"一春多雨,及夏尤盛,霖淫不已,蚕麦俱伤,且有余于今,必不足于后。旱涸随之,饥荒继之。吾民重困,而势益岌岌矣。皆由未合天心,所以灾变若此。"⑧他还说:"今淫雨为灾,兼旬未止,此乃阴盛而阳微也。君子道消,中国势弱,此

---

① 〔宋〕袁燮:《轮对陈人君宜达民隐札子》,《絜斋集》卷1,《文渊阁四库全书》,第1157册,第15页。

② 蔡戡(1141—1182),字定夫,福建仙游人,南宋官吏。他勤政爱民,赢得清声。生性洒脱,不肯与权奸为伍。韩侂胄掌权后,便告老还乡。才华出众,著作甚丰。

③ 〔宋〕蔡戡:《乞备边札子》,《全宋文》,上海辞书出版社2006年版,第276册,第98页。

④ 〔宋〕郑康孙:《乞添造修葺营房奏》,《全宋文》,第282册,第364页。

⑤ 倪思(1147—1220),字正甫,湖州归安(今浙江湖州市菱湖镇射中村)人,历孝宗、光宗、宁宗三朝,曾任礼部侍郎、兵部尚书、礼部尚书等职。主张抗金,反对求和,以直谏著称。曾斥韩侂胄而被革职,后重新起用。嘉定二年(1209),被史弥远两次罢官。临死上疏朝廷,陈述政治主张。卒后谥文节。其博学多才,著有《齐山甲乙稿》《兼山集》《经锄堂杂志》。

⑥ 〔宋〕倪思:《精养兵》,《全宋文》,上海辞书出版社2006年版,第282册,第310页。

⑦ 〔宋〕袁甫:《蒙斋集》卷首,《文渊阁四库全书》,第1175册,第333页。

⑧ 〔宋〕袁燮:《轮对陈人君用人札子》,《絜斋集》卷1,《文渊阁四库全书》,第1157册,第9页。

其证也。岂小故哉!陛下谨天之戒,敬天之怒,则当求其所以弭灾消变之策。"①他还说:"君克配乎天,天必降之福,而灾变不生矣。陛下敬天之心,不为不至,而前年日有食之,不尽如钩。去年大旱之后,飞蝗塞空,星变异常,一夕再见。今年月日复相继薄食,则是天意犹未解也。得非法天之诚犹有可议者与?"②诸如此类的言语,在絜斋的文集中还有很多。

多雨、大旱、地震、日食、月食、星变、虫灾等,本来都是一些自然现象,如果依据现代科学知识来解释,这些自然现象与人的道德行为并没有直接的关联。但是中国古人却没有这样的科学认识,他们认为人的道德行为是可以直接左右自然现象的发生。这种理论在汉代尤为流行。汉代大儒董仲舒说:"所闻曰:天下和平,则灾害不生。今灾害生,见天下未和平也。天下所未和平者,天子之教化不行也。"③在董仲舒这里,"天下和平"是"灾害不生"的充分且必要条件,有了前者,就有后者;否定后者,也就否定了前者。

董仲舒的这套说法,是基于他的"天人交感"理论。他说:"臣谨案《春秋》之中,视前世已行之事,以观天人相与之际,甚可畏也。国家将有失道之败,而天乃先出灾害以谴告之;不知自省,又出怪异以警惧之;尚不知变,而伤败乃至。以此见天心之仁爱人君而欲止其乱也。自非大亡道之世者,天尽欲扶持而全安之,事在强勉而已矣。强勉学问,则闻见博而知益明;强勉行道,则德日起而大有功:此皆可使还至而有效者也。"④天下出现灾异,是老天爷用来向人们作出提醒,目的是要人不断反省自身。人可以通过加强自我道德修养,以此来改变天象。这就是说,天人是可以相互作用的。

对于汉代人的这一套天人感应之说,清人皮锡瑞道出其本来面目:"古之王者恐己不能无失德,又恐子孙不能无过举也,常假天变以示警惕。……后世君尊臣卑,儒臣不敢正言匡君,于是亦假天道进谏,以为仁义之说人君之所厌闻,而祥异之占人君之所敬畏。陈言既效,遂成一代风气。故汉世有一种天人之学,而齐学尤盛。"⑤现代学者认为:"他(董仲舒)挖空心思编造这些所谓'感应',只是为了给官僚们提供一种向皇帝进谏的精神武器,也是论

---

① 〔宋〕袁燮:《轮对陈人君宜用人札子》,《絜斋集》卷1,《文渊阁四库全书》,第1157册,第8页。

② 〔宋〕袁燮:《轮对陈人君法天札子》,《絜斋集》卷1,《文渊阁四库全书》,第1157册,第6页。

③ 《春秋繁露·郊语》。

④ 〔汉〕班固:《董仲舒传》,《汉书》卷56,中华书局1962年版,第8册,第2498页。

⑤ 〔清〕皮锡瑞:《经学通论》,中华书局1954年版,第18页。

证皇帝必须加强修身和为政以德的理由和根据。"①

以我们看来,董仲舒所说的灾异,实际上是人忧患意识的一种在天之"象"。中国文化一直流淌着忧患意识。《周易》说:"作《易》者,其有忧患乎?"②孔子说:"不曰'如之何,如之何'者,吾未如之何也已矣!"③孟子说:"生于忧患而死于安乐。"④董仲舒说:"凡人有忧而不知忧者凶,有忧而深忧之者吉。"⑤中国人的这种忧患意识,常常借灾异之象来加以表达。中国如此之大,几乎随时都有可能发生这些灾异。如果君王都能够借此之"象"用来自我警觉反省,时刻保持一种忧患的心态,那就是做到了"战战兢兢,如履薄冰,如临深渊",那就可以将灾异转变为好事。

天人感应之说,盛行于汉代,沉淀在中华民族的文化心理之中,以至于到了南宋,学者们也常常拿起这个武器。袁絜斋所讲灾异,在理论上与董仲舒并没有太大的改进。他说:"大抵天人本只是一件物事,故人君失德,天亦随应。非天变也,我先自变。在天许多祥善,便由在我有许多善政;在天许多变异,便由我许多过失。""人主于此便当惕然内顾,恐惧修省,以答天心,以消变异也。"⑥不仅袁絜斋如此讲,同时代的吕祖俭也是如此说:"窃尝惟念,辛亥之春雷雪交作,郊禋之夕风雨骤至,已而圣躬怨豫,中外寒心。……欲望陛下观天道之甚迩,而益所以戒惧;因天心之昭假,益思所以奉承。扩乎正大之情,以致谨乎德刑;极乎感通之理,以致严乎典礼。"⑦大家基本上都是同一个路数,都是要皇帝内生戒惧之心,外注意自己的言行,这样就可以转灾异为祥瑞。

袁絜斋说灾异,不是要当权者只关注灾异本身,而是要以此为契机,自觉发动自我反省。如他说:"尊崇异教,斋素祷祠,事天之末节尔,君子无取焉。"⑧如果出现了灾异现象,只是通过祷告上天,以求消除灾异,这是"事天之末节",是不可取的。正确的方式是"法天"之所为,也就是要积极有为、赏

---

① 周桂钿:《董学探微》,北京师范大学出版社 1989 年版,第 61 页。

② 《周易·系辞下》。

③ 《论语·卫灵公》。

④ 《孟子·告子下》。

⑤ 《春秋繁露·玉英》。

⑥ 〔宋〕袁燮:《絜斋家塾书钞》卷 1,《文渊阁四库全书》,第 57 册,第 641 页。

⑦ 〔宋〕吕祖俭:《承天奏》,《全宋文》,上海辞书出版社 2006 年版,第 282 册,第 231 页。

⑧ 〔宋〕袁燮:《轮对陈人君宜法天札子》,《絜斋集》卷 1,《文渊阁四库全书》,第 1157 册,第 8 页。

罚公平、关心民瘼、重视人才等。① 陆门心学强调在人心上用工夫,也就是要
突出人的主体精神,他们自然不是要人匍匐在鬼神的脚下。史料记载,陆象
山知荆门军时,"郡于上元殿设醮,为民祈福。先生乃会吏民讲《洪范》一章
以代之,所以'自求多福'者,听者莫不晓然,至有泣下者"②。因此,絜斋有这
样观点,也是再正常不过的。

南宋心学家们的天人感应,比前人又有一些不同。在他们看来,人们能
够感动上天发生作用,与人自身的品德有关。絜斋说:"格于皇天,格于上
帝,惟有纯全之德者能之。"③这里的"格"即是"感动"之意。只有纯德之人才
能感动皇天上帝。"惟此心无一毫之愧,仰足以当乎天心,然后始敢交乎神
明,为天地百神之主。"而且絜斋认为:"只缘天人本是一理。今须是晓得真
是一理始得。"④当人心无一毫之愧的时候,人心就是天心,此时人便可以对
天施加影响。

絜斋还进一步解释了人对天施加影响的途径。"为宰相大臣,须到得能
感动上苍,斯其为宰相大臣矣。三代辅相皆如此。只观成王疑周公,天大雷
电以风;成王迎周公,天乃雨反风。与夫代武王之死,而王翼日乃瘳。若非
周公能格天,何以致此? 分明与天为一了,这其则亦不远,但在我者无一毫
障塞,此心即天心,则精诚自然交通。"⑤天人感应的路径在于人心,人心无一
毫障塞,便是天心,有了天心,人便与天为一,自然也就能够对天施加影响。
能够做到人心无一毫障塞,还是要落实在人的自我修身上。

<hr>

① 〔宋〕袁燮:《轮对陈人君宜法天札子》,《絜斋集》卷1,《文渊阁四库全书》,第1157
册,第5—8页。

② 〔清〕黄宗羲:《宋元学案·象山学案》,《黄宗羲全集》,浙江古籍出版社2005年版,第
5册,第278页。

③ 〔宋〕袁燮:《絜斋家塾书钞》卷12,《文渊阁四库全书》,第57册,第909页。

④ 〔宋〕袁燮:《絜斋家塾书钞》卷1,《文渊阁四库全书》,第57册,第642页。

⑤ 〔宋〕袁燮:《絜斋家塾书钞》卷12,《文渊阁四库全书》,第57册,第910页。

第 4 章　絜斋心学与絜斋政治

　　以上两章分别讨论了絜斋心学与絜斋政治。为了说理的方便,我们将两者分开来讨论。其实在袁絜斋,心学与政治又岂能分开?絜斋的关于如何将"本心"运用于政治活动的答案,实际上已经隐含于以上两章的文字之中,本章只是要将这一点突显出来。

　　袁絜斋是主张将"本心"运用于政治活动之中。在一般人的观念中,"本心"的呈现是"无思也,无为也,感而遂通天下之故";而政治权力的运作则需要平衡各方面的利益,其中充满着无数的算计。人们自然会有此疑问:如何将无思无为的"本心"运用于充满算计的政治活动之中?

　　有些疑古者即持有这种疑问。《尚书》记有尧舜的禅让、大禹治水三过其门而不入、伊尹放太甲、武王伐纣、周公伐三监等美妙故事。疑古者怀疑这些上古圣贤的行为,他们认为这一切都是后来儒者有意美化的结果,在这些政治活动的背后都隐藏着利益的考量与势力的博弈,只不过没有明说罢了。其实由于"自然的裁制"[①],人类历史上确实出现过理想的"大同"社会。《尚书·尧典》所描绘的尧与大臣们议事的场景,真是让后人羡慕不已。这个社会又被称为"原始共产主义社会",或者叫人类社会的"黄金时代"。疑古者怀疑于此,是用后来的钩心斗角的政治,来揣测上古时代的政治生活,其根子在于不相信人的政治活动中还能发现什么"本心"。

　　有一位当官者对王阳明说:"此学甚好。只是簿书讼狱繁难,不得为

---

　　①　梁启超:《先秦政治思想史》,浙江人民出版社 1998 年版,第 47 页。

学。"①他的意思是说,他认同王阳明的心学,只是他政务缠身,没有时间去体认"本心"。这种人也许能够处理一些具体政务,但始终只是一个庸俗之人,对于人生的意义不可能有更深的理解。还有一些人一心要去体认"本心",而疏于对具体政务的关心,认为具体政务耗费人的精力,不利于人专心去体认"本心"。这种人讲起道德来也许可以夸夸其谈,而处理政务就是低能儿,只被人讥为迂腐而已。

以上这些人怀疑"本心"可以运用于政治活动之中,是因为他们没有真正理解"本心"。正如前文所说,心学家们(包括袁絜斋)所强调的"本心"是指人的素质,是指人在先天基础上逐渐形成的倾向和能力。在絜斋的"本心"中,首先有倾向,其次有能力。

4.1　絜斋"本心"中的倾向

真西山说袁絜斋:

> 公自少有志经济之业,每谓为学当以圣贤自期,仕宦当以将相自任,故其所讲明者,由体而用,莫不兼综,谓学不足以开物成务,则于儒者之职分为有阙。②

心之所向之谓志,"有志"就是有倾向。"经济之业"即经国济世之事业。人要做到经国济世,需从两方面去努力:"以圣贤自期",这是就"体"上而言;"以将相自任",这是就"用"上而言。因此,真西山说袁絜斋是"由体而用,莫不兼综"。真正的儒者历来都是由体达用。孟子"道性善,言必称尧、舜"③,也是体用兼综。由絜斋的"以圣贤自期"和"以将相自任",我们可以看出他的志向远大,规模宏大。"开物成务"意味着通晓万物之理并按理行事获得成功。在絜斋看来,人之为学的目的就是为了更好地"开物成务",为学与理政是二合一的。陆象山也反复强调这一点,他说:"世儒耻及簿书,独不思伯禹作贡成赋,周公制国用,孔子会计当,《洪范》八政首食货,孟子言王政亦先

---

① 〔明〕王守仁:《王阳明全集》上册,上海古籍出版社 1992 年,第 94—95 页。

② 〔宋〕真德秀:《显谟阁学士致仕赠龙图阁学士开府袁公行状》,《西山文集》卷 47,《文渊阁四库全书》,第 1174 册,第 760 页。

③ 《孟子·滕文公上》。

制民产、正经界,果耻乎?"①他还说:"岂儒者之道,将坐视土地之荒芜,府库虚竭,邻国之侵凌而不为之计,而徒以仁解,如徐偃王、宋襄公为然耶?"②总之,真西山这段话道出袁絜斋自幼便有一个倾向,那就是要将自我"本心"发挥于政治活动之中。

絜斋有此倾向,至关重要。他曾说过:"心术一差,万事颠沛。"③"心术"即心路,即用心的方向。一个人如果人生大方向有问题,其他的事都不足与论。沈叔晦也说:"吾儒急务,立大本明大义耳。本不立义不明,虽讨论时务条目何为?"④根本的东西不立起来,讨论其他枝叶没有什么用。絜斋评论管仲时,曾如是说:"仲诚智术有余者也,而未闻先王之大道,迷其本而勤于末矣。……而智有余者,足以累其心。"⑤管仲也算是历史上了不起的人物,但孔门之徒羞与之为比⑥,因为管仲方向不对。可见,在"本心"之中,首先是要解决一个倾向性的问题。絜斋有此倾向,与孔子所说的"志于道"遥相呼应,也契合于陆象山所强调的"识其大者"。

絜斋的倾向就是要做圣贤,做将相,与他的世家出身、社会现实、求学经历、朋友交往等有关。有关此点,我们在第二章已言之甚详。絜斋有此倾向,这可以说是人生命本能的伸展。人生命的本能就是尽可能地按照最合理的渠道将生命能量完全地发挥出来。做圣贤就是要事事求一个合理,处处有一个适当;做将相就是要有一个人生平台,可以尽可能地发挥出自己的生命能量。说得直白一点,絜斋的倾向就是裕国益民。也就是说,他的倾向是尽可能地做对国家对人民有好处的事。

4.2　絜斋"本心"中的能力

絜斋"本心"除了有倾向,还有能力。絜斋所上札子,"其料敌论边,深得

---

①　〔宋〕陆九渊:《与赵子直》,《陆九渊集》卷5,中华书局1980年版,第70页。

②　〔宋〕陆九渊:《策问》,《陆九渊集》卷24,中华书局1980年版,第219页。

③　〔宋〕袁燮:《商鞅论》,《絜斋集》卷7,《文渊阁四库全书》,第1157册,第72页。

④　〔宋〕袁燮:《沈叔晦言行编》,《全宋文》,上海辞书出版社2006年版,第281册,第368页。

⑤　〔宋〕袁燮:《管仲器小论》,《絜斋集》卷7,《文渊阁四库全书》,第1157册,第69—70页。

⑥　《孟子·公孙丑上》:"管仲,曾西之所不为也。"

要领;而陈民务,述治要,亦切实可见施行"①。他在江阴、江州等地为官,积极有为,惠及百姓。审理案件,公平允当,判决的案件就从来没有被要求重审的。清人对此一言以蔽之,曰:"立朝屡进谠言,所至政绩皆可纪。"②"谠言"即正直之言。古人的这些话语都是对絜斋政治才能的充分肯定。

其实,倾向与能力又如何能分得开呢?比方说,物理学中有一个重要的力的概念。任何一种力均有两个要素,即方向与大小。力的大小是在一定方向上显示出来的大小,力的方向是由一定大小的力所显示的方向,力的方向与大小浑然一体。与此相似,絜斋"本心"中的倾向与能力也是相互涵摄。人有此倾向,便自然会在此方向上用力,"造次必于是,颠沛必于是",以此来涵养能力。从另一个角度来说,正是这方面能力的不断积累,反过来又可以加强人的这种倾向。

陆象山在白鹿洞书院的讲演最能说明这一点。他说:"人之所喻由其所习,所习由其所志。志乎义则所习者必在于义,所习在义斯喻于义矣;志乎利则所习者必在利,所习在利斯喻于利矣。"③世上任何事都有一个"义"一个"利",主要在于人怎样去看。对于同样的一件事情,有人明白其中的"义",有人明白其中的"利"。这个"喻"字表示的是人的一种能力——一种洞察事物的能力。小人被私欲所缠绕,他就没有能力去发现事物中的"义"。正如奥古斯特·罗丹所说:"生活中从不缺少美,而是缺少发现美的眼睛。"人有发现美的眼睛,就是具有发现美的能力。"喻"的这种能力来源于"习","习"即是践履。一个人是践履"义",还是践履"利",常常受其"志"所规定。故陆象山接着说:"从事其间,更历之多、讲习之熟,安得不有所喻?"④总之,人生中的志向很重要,故陆门心学首要的是"辨志"⑤。

人可以由倾向而去积聚能力,这是不容置疑,但也要下一番工夫。陆象

---

①　〔宋〕袁燮:《御制题袁燮〈絜斋集〉六韵》,《絜斋集》卷首,《文渊阁四库全书》,第1157册,第1页。

②　〔宋〕袁燮:《絜斋集》卷首,《文渊阁四库全书》,第1157册,第3页。

③　〔宋〕陆九渊:《白鹿洞书院讲义》,《象山集》卷23,《文渊阁四库全书》,第1156册,第453—454页。

④　〔宋〕陆九渊:《白鹿洞书院讲义》,《象山集》卷23,《文渊阁四库全书》,第1156册,第453—454页。

⑤　"傅子渊自此归其家,陈正己问之曰:'陆先生教人何先?'对曰:'辨志。'正己复问曰:'何辨?'对曰:'义利之辨。'若子渊之对,可谓切要。"(〔宋〕陆九渊:《语录上》,《陆九渊集》卷34,中华书局1980年版,第398页)

山说:"学问于大本既正,而万微不可不察。"①意思是说,做学问总体方向已定,其他细节也要用心体察。譬如做儿女的有了孝心,就要去关心父母生活起居和精神需求。爱是一种能力,而不只是一种热情,我们懂得爱之理,还要能够付之于实施。同样,做官也是如此。一个官员立心要去裕国益民,那他就要去熟悉权力运作之理,并能够贯彻到自己的政治实践之中。

王介甫也是一个有大志的人。陆象山说他:"道术必为孔、孟,勋绩必为伊、周,公之志也。"②这相当于袁絜斋的"以圣贤之期,以将相自任"。但王介甫变法革新失败,遭到许多人唾骂,连袁絜斋也批评他。陆象山认为王介甫之失败,根本原因在于:"公之学不足以遂斯志,而卒以负斯志,不足以究斯义,而卒以蔽斯义也。"③也就是说,王介甫没有真正下格物的工夫,故而也没有真正求得大道,他是在那糊里糊涂地进行改革。陆象山说:"介甫慕尧舜三代之名,不曾踏得实处,故王不成,霸不就。本原皆因不要格物,模索形似,便以为尧舜三代,如是而已。"④陆象山的意思是说,王介甫只在形迹上模拟尧舜三代,并没有真正领会尧舜三代的精神实质,结果改革不能成功。要想领会尧舜三代的精神,就必须落在实处,要下一番格物工夫。

陆象山在写给朋友的一封信中,谈到如何具体地下格物工夫。他说:"弊之难去者,多在簿书名数之间,此奸贪寝食出没之处,而吾人之所疏者。比尝考究此等,颇得其方。盖事节甚多,难以泛考,要须于一事精熟,得其要领,则其他却有缘通类举之理,所谓一堵墙,百堵调。"⑤"簿书名数"即是政府权力机关来往的文书、账目,其中最容易滋生贪腐。既要立志裕国益民,就必须堵塞贪腐之路。要堵塞贪腐之路,就必须精通簿书名数。陆象山教人的办法是"于一事精熟",然后依照类举之理,做到一通而百通。一个做官的人只有平时对政事烂熟于心,然后为政时才会左右逢其源,卓然有余裕。

袁絜斋也强调这方面的精思熟讲。在称颂诸葛孔明时,他认为诸葛孔明具有"庶几乎三代王佐之规模",诸葛亮之所以能如此,"彼非仕而后学者,

① 〔宋〕陆九渊:《语录下》,《陆九渊集》卷 35,中华书局 1980 年版,第 478 页。

② 〔宋〕陆九渊:《荆国王文公祠堂记》,《象山集》卷 19,《文渊阁四库全书》,第 1156 册,第 424 页。

③ 〔宋〕陆九渊:《荆国王文公祠堂记》,《象山集》卷 19,《文渊阁四库全书》,第 1156 册,第 423 页。

④ 〔宋〕陆九渊:《语录下》,《陆九渊全集》卷 35,中华书局 1980 年版,第 442 页。

⑤ 〔宋〕陆九渊:《与赵子直》,《陆九渊集》卷 5,中华书局 1980 年版,第 69 页。

意其在畎亩中,庞德公、徐元直之流相与讲之者熟矣"①。诸葛亮初出茅庐之时,便纵论天下三分,发出振聋发聩之声,这与他平时"讲之者熟"有关。在赞美陆宣公时,他认为"若唐陆宣公,其庶几于全者矣"。陆贽"果何自而能全耶? 吾知之矣,学问涵养,所以潜其心者至矣"②。陆贽能成为一个全才,还在于平时的不断涵养,也就是平时不断实践,并在实践中不断总结。

絜斋自己显露出非凡的政治才能,也是由他平时不断积累而成。他的高祖、曾祖均是为宦做官,他们在官场上的所作所为,在他们这个家族中一直流传。絜斋的父亲袁文虽不曾做官,但整日与子孙们在自家花园里"考德问业"③,所谓"问业"当然也包含一些为官之道。絜斋的母亲戴氏教育孩子,"每自抄录自古人言行,前辈典型,与夫当今事宜,班位崇卑,人物高下,及民间利弊休戚,大抵皆能道之"④。戴氏作为一个妇人,能够知道当时的一些政局,如官阶的高低、人物品行的好坏,这足以说明袁氏家族日常生活中对国家政治是非常关心的。絜斋曾在前辈罗点、楼钥手下做事,也受到他们的指点、提拔和奖诱。

袁絜斋认为这方面的精思熟讲,应始终保持一种"兢业"的状态。在谈到范仲淹时,他说:"志气要当恢张,保养务在兢业,阙一焉不可。兢业而不恢张,则所志者狭矣;恢张而不兢业,则所养者亏矣。古人有言:'胆欲大,心欲小。'兼斯二者,兹所以为一代之杰也与!"⑤"志气当恢张"是指人要有远大志向,就像絜斋那样"以圣贤自期","以将相自任"。"保养务在兢业"是指人要保养这个志向,就要在处理政务时保持一种兢兢业业的生命状态。只有同时具备恢张与兢业,人才有可能成为范仲淹那样的一代人杰。

王阳明有一段话,也有助于我们对于絜斋"本心"的理解。有一位官员对王阳明说:"此学甚好。只是簿书讼狱繁难,不得为学。"王阳明回答说:"我何尝教尔离了簿书讼狱,悬空去讲学? 尔既有官司之事,便从官司的事上为学,才是真格物。……簿书讼狱之间,无非实事;若离了事物为学,却是

---

① 〔宋〕袁燮:《诸葛孔明论》,《絜斋集》卷7,《文渊阁四库全书》,第1157册,第73页。

② 〔宋〕袁燮:《陆宣公论》,《絜斋集》卷7,《文渊阁四库全书》,第1157册,第74—75页。

③ 〔宋〕袁燮:《秀野园记》,《絜斋集》卷10,《文渊阁四库全书》,第1157册,第133页。

④ 〔宋〕袁燮:《太夫人戴氏圹志》,《絜斋集》卷21,《文渊阁四库全书》,第1157册,第290—291页。

⑤ 〔宋〕袁燮:《跋范文正公环庆帖》,《絜斋集》卷8,《文渊阁四库全书》,第1157册,第100页。

悬空。"①阳明之学是为了求得"本心",而"本心"并不是一物,如何悬空去求? 阳明让这位当官者在平日的处理政务中去体认"本心"。并非说在处理政务之外,还要注意一个"本心"的存在。其实处理政务恰到好处,即是"本心"的呈现。"本心"在政治领域内发用,"本心"与政治行为不是两张皮,而是浑然一体。

正是由于絜斋平时的精思熟讲,故其"本心"中包含有开物成务的倾向与经国济世的能力,政治能力即在絜斋的"本心"之中。他说:"德者,得也。由是而存养,由是而践履,形于运用,发于事业,何往而非此心耶?"②中国传统文化习惯以"得"来释"德",即将人所获得的一切素质均称为"德",故"德"也包括人的能力(具有泛道德化的倾向,这正是中国文化的一个特点)。一个人到了德盛仁熟以后,他所从事的政治活动,一言一行都是自我"本心"的呈露。絜斋或对皇帝提意见,或为百姓修社仓,或临终仍著书不辍,这些无不是他的"本心"显现。就是絜斋所提出的一些对敌策略,如他说:"见可而进,知难而退,以渐图之而已。"③其中似乎充满着"机心"。但是,什么是"机心"呢? 有学者说:"为公为国,为除奸扶正而用计谋策略,绝不能谓为有机心。机心中必包含有私心。"④由此可以看出,这不是"机心",而是絜斋"本心"的显现,是他洞察时局的结果。

也可以借用陆象山说过的一段话来描述袁絜斋。陆象山说:"大纲提掇来,细细理会去,如鱼龙游于江海之中,沛然无碍。"⑤"大纲提掇来"可形容絜斋的立志规模,他的一生言行都是在求"本心",都是在以圣贤与将相作对照。"细细理会去"可形容絜斋所下的工夫,对每一件事都兢兢业业,细细体察。"鱼龙游于江海之中,沛然无碍",可形容絜斋将"本心"发用于政治活动之中,左右逢其源而无不自得。当絜斋对当权者提意见时,意见是否被当权者真正采纳已不重要,重要的是絜斋在自己的政治活动中呈现了自己的"本心"。

总之,絜斋学说是要将无思无为的"本心"发用于充满算计的政治运作之中。"本心"是人的素质,它包含倾向和能力。人需要在自己的政治实践中,不断地去坚定自己正确的政治倾向,培养自己的政治能力,熟能生巧,最终必能达到在政治领域发用自我"本心"。

---

① 〔明〕王守仁:《王阳明全集》上册,上海古籍出版社 1992 年,第 94—95 页。
② 〔宋〕袁燮:《德斋记》,《絜斋集》卷 10,《文渊阁四库全书》,第 1157 册,第 129 页。
③ 〔宋〕袁燮:《己见札子》,《全宋文》,上海辞书出版社 2006 年版,第 281 册,第 89 页。
④ 贺麟:《文化与人生》,商务印书馆 1988 年版,第 171 页。
⑤ 〔宋〕陆九渊:《语录下》,《陆九渊集》卷 35,中华书局 1980 年版,第 434 页。

结　语

从心学与政治关联的角度,来探讨絜斋学说,至此应该有一个结语。尽管前面已经将该说的都说尽了,但笔者认为自己仍有必要在这里向读者重提本书的一些观点——这些观点毕竟是笔者的一番心血的结果,或许像躺在海边沙滩上的贝壳一样,值得在海边散步的人投去那么不经意的一瞥。这些观点分别是:

第一,袁絜斋出生于世家,他有着深厚的世家观念。他认为世家不在于权力与财富的传承,而在于一种精神气脉,在于传"心"。他的这种世家观念对于我们今天的社会仍然有启迪意义。(可参看第 1 章 1.2 节)

第二,袁絜斋积极地与同时代的学者结成了广泛的学术互动网络,这个学术互动网络不仅影响着絜斋学说的生成,而且还促成其发展。我们对袁絜斋的研究必须基于这个学术互动网络的基础之上。(可参看第 1 章 1.3 节)

第三,受吉尔伯特·赖尔理论的启示,依据我们日常生活的语言,笔者重新构建了自己对"素质"的认知。素质是一个系统,是人在先天基础上发展起来的倾向与能力,它看不见听不到摸不着,呈现为行为时最突出的特点是不可思议而又能明觉精察。(可参看第 2 章 2.1 节)

第四,袁絜斋明确地向我们提示:"本心"即素质。"本心"是陆王心学中的一个最重要的概念,古人的描述常常将我们引向"本心"的无思无为而无不思为,今人的研究又将"本心"哲学化,说它是万物之本原、道德之源泉、知性之所在、情感之渊数。现代人对"本心"有一种无法把握的悲哀。以素质为桥梁来认识"本心",人人可以当下认取。(可参看第 2 章 2.1 节)

第五,对于陆王心学所强调的"本心"是天生且现成的主张,现代人应该怀有"同情的理解"。(可参看第2章2.1节)

第六,历来解释王阳明"知行合一",说来说去,还是将"知"与"行"说成两个。从素质呈现行为的角度看,"知"与"行"真正是一,而不是二。王阳明提倡"知行合一"来对治朱晦庵的"先知后行",不是为了强调实践,而是为了强调修德与发用的效率。(可参看附录一)

第七,絜斋的本体即是他的"本心"(也是他的素质)。絜斋"本心"看不见摸不着听不到,我们所能感受到的只是他的言语与行动,所讨论的只能是他言行所折射出来的知识体系。絜斋的知识体系包含着他的道德知识、政治知识和历史知识。(可参看第2章2.1节)

第八,絜斋的工夫是求取"本心"(也就是他获得素质)的方法、途径及其相关实践。絜斋的工夫分为两方面:内部工夫与外部工夫,这两方面密不可分。(可参看第2章2.2节)

第九,絜斋心学的突出特点是笃实,这具体表现在他很少谈论"觉"、以"聪明"来解释孔门之"仁"、重视读书与著述等。(可参看第2章2.3节)

第十,袁絜斋虽敬重朱晦庵其人,但他在学术上持的是尊陆贬朱的立场。袁絜斋虽然与佛教人士有交往,但他将自己与佛禅还是分得很清楚。(可参看第2章2.3节)

第十一,袁絜斋虽有向往尧舜三代社会之理想,但他的政治智慧主要表现在他的君臣观、军事观、经济观和人才观上。(可参看第3章3.1节)

第十二,袁絜斋政治理论是他政治实践之产物,絜斋政治是他"本心"之呈现。(可参看第3章3.2节)

第十三,絜斋政治有三个特点:见微知著,切于实用,天人感应。(可参看第3章3.3节)

第十四,絜斋学说是要将"本心"发用于政治之中。"本心"是人的素质,它包含人的倾向和能力,人只要在自己的政治实践中,坚定自己的正确倾向,培养自己的政治能力,熟能生巧,最终便能将无思无为的"本心"发用于充满算计的政治活动之中。(可参看第4章)

以上便是本书所能提供给读者的观点,其核心就一句话:"本心"即素质。按照惯例,最后还应谈一下絜斋学说的现实借鉴意义。但在笔者看来,最后谈现实借鉴意义无异于狗尾续貂。现代人要学会做人,现代官员要学会做官,都可以从前面的文字中得到些许资助。笔者何必板起面孔来说教,真要是有"心"之人,自会去用"心";无"心"之人,什么样的说教都是无益的。

附录一

素质呈现:解读王阳明"知行合一"的一个新视角

"知行合一"是王阳明"论学最要紧处"①。不少学者对其做过深入而细致的研究,也有一些较有价值的研究成果发布出来。但是,研究者只是说王阳明"知"中有"行","行"中有"知",说来说去,还是将王阳明的"知"与"行"说成两个,没有揭示真正的"合一"。笔者不揣简陋,试从素质呈现为行为这一视角,来探讨王阳明"知"与"行"是如何的"合一"。

一、行为与素质

为更好地解释王阳明"知行合一",有必要引进两个名词——行为与素质。人的行为分为两块:身体行为与心理行为。身体行为指人的言谈举止,可以被他人从外部加以观察。心理行为指人的内在思想、意志与情感,不可以被他人从外部观察,但行为者本人可以感知,并且能够将其转换成语言文字或音响图像,从而被他人所知晓。与人的行为相伴而生的是人的素质。高明的棋手下出一着妙招,即显现出他棋艺方面的素质;精明的政治家面对纷乱的时局而适时作出英明决策,即显现出他政治方面的素质。

素质一词经常出现在我们的口语中。张三说:"某人素质很高。"李四

---

① 〔明〕王守仁:《答友人问》,《王文成全书》卷6,《文渊阁四库全书》,第1265册,第170页。

说："某人没有素质。"因为经常应用，人们大多忽略它的深意。经过细心的观察和深入的思考，笔者发现素质其实是一个系统，是一个整体，是人之为人的基础，是人在先天基础上发展起来的倾向和能力。素质有如下特征：

第一，素质与人相伴而生。人生来具有成为人的素质，若没有这个天赋基础，人不可能成为人。一只鹦鹉无论如何聪明，无论受到怎样训练，它也不可能成为人。从另一个角度说，只有人才谈得上素质。有些动物似乎也有些能力，如蜘蛛能织出无比美妙的蛛网，但我们绝不会称蜘蛛"有很高素质"，因为蜘蛛所做的一切，完全是受本能的支配。在人的天赋素质中，有一点是人人相同，即自定义为人的倾向。人总是倾向于说人话，做人事。日常生活中，"畜牲"或"禽兽"的称号是谁都不愿意接受的。人倾向于做人，也就是倾向于为善。人的天赋素质中，还有一些差异因素，或有体育运动天分，或有音乐表演天分，或有组织协调天分。如果经过后天合理的开发与培养，人的先天素质就会得到一定程度的拓展、强化和提升；如果得不到合理的开发与培养，人的先天素质也可能会慢慢地枯萎、凋谢和埋没。就是出现了后一种情况，也不能说人没有天生的素质。

第二，素质倾向于善。如果单从技术层面来讲，有些小偷的能力是非常强的，他能在几秒钟内就将设计师们精心设计的防盗锁打开。但是我们不会称这些小偷"素质很高"。同样如此，对于屡屡得手的贪官，尽管他是多么的精于算计，擅于伪装，我们也不会称贪官是"很有素质"。这是因为他们的能力虽然很强，但大方向已经错了。南辕北辙的故事告诉我们，方向错了的人，能力越强，离目标越远，哪里还谈得上素质？只有那些顺从人之本性与社会良知的倾向和能力，我们才会称之为素质。因此，人们在日常生活中谈论素质的时候，实际上有一个预设的前提，那就是：素质是与正能量相关。

第三，素质可显可隐。会游泳的人大概都有过这样体会，学会游泳之前与之后，我们的身体并没有显著的变化。游泳技能在我们身上看不见，听不到，也摸不着，只觉得"空空如也"。但是，当我们进到水里，游泳技能就显现出来，它推动着我们的身体向前游动而不会下沉。当素质呈现为行为时，甚至可以将人的影响力施加到天地之间任何角落（现代科技的发展提供了这种保证）；当素质没有呈现为行为时，它仍然存于人的生命之中，只是寂然不动而已。古人所说的"放之则弥于六合，收之则退藏于密"，也可以用来形容素质。

第四，素质含有条理。如果素质不具备条理，那么素质呈现为行为时，行为就是混乱不堪。混乱不堪的行为，也就不能称为有素质的行为。事实上，有素质的人的行为总是符合条理的。譬如说，一个棋艺高超的棋手下棋时，他不一定能想起某一条棋规，也不一定能意识到某一条战术，但他下出来的每一步棋自然体现了他是懂得这些规则和战术的。人是一种理性的动物，人的理性最早就植根于人的天赋素质之中。随着人的成长，人生命中的理性之树会不断地开枝散叶。

第五，素质不可思议。素质不是一种物质的存在，也不是一种存在的处所，它浸透在人的生命之中。我们学会了游泳，但是游泳技能在我们身上看不见、闻不到、摸不着。不仅素质不可思议，而且素质呈现为行为的过程也是不可思议。象棋高手想出一着妙招，连棋手本人也无法说清他是怎样想到这一招。至于画家、作曲家、诗人等创作出伟大的作品，诸如此类的传奇轶事，无不昭示着素质转化为行为的不可思与不可议。如果我们在做某事的过程中，强行地插入思议——也就是插入相关的回忆、反省和评论等，那么我们实际上是在交替地呈现两种行为，即一会儿是身体行为，一会是心理行为。此时，我们的素质实际上是在两种呈现之间不断地切换，这当然不利于我们素质的完美发挥。因此，对于一场体育比赛而言，反思与总结总是放在比赛以后来进行，比赛的时候还是应该忘乎所以，将平时训练的水平（实际上就是素质）尽可能地发挥出来。如果一个运动员在比赛的时候还有别的想法，哪怕这个想法是正当的（如"我要为国争光"），都会影响到他水平的发挥。素质的呈现不可思议，还可以引申出另外两种意味。一是专注于当下行为。既是不可思议，也就不会分心于其他，百分之百地将生命力集中于眼前行为（或身体行为，或心理行为），然后才有可能实现超水平发挥。二是积极的奉献。既是不可思议，也就没有任何私心杂念，与周围事物融为一体。素质呈现为行为，是在展示力量。无私心杂念地展示力量，就是为自己、为他人、为社会、为国家作出奉献。

第六，素质具有明觉精察的能力。有些动物有一些类似于人的行为，如一只鹦鹉经过一定的训练，能模仿人说话，但它对自己的发声并不能理解。人的素质呈现为人的行为时，虽然过程不可思议，但心里就像明镜一般，非常清醒明白。一个熟练的司机在驾车过程中，随着路况的不断变化，他一会加速，一会减速，一会转弯，一会停车，他的耳朵没有接受别人的指令，嘴巴也不会对自己下命令，甚至大脑也没有这方面的意识，但我们知道，他清醒得很，应该怎样做就怎样去做，而且做得恰到好处。这就是明觉精察的能力。在这明觉精察的能力中，首先有一种警觉的能力，能够完全地敞开自己的生命，对当前情状始终保持着接纳与感知；其次有一种研判的能力，能够迅急地对当前情状做出是非、善恶、美丑的判断；再次有一种行动的能力，能够即时做出有技巧的应对行为。如此分别，是为了言说上方便，其实三者融为一体，瞬间完成，不分先后。我们也可以将此能力称为"直觉"。"直"是简单直接，不可思议；"觉"是惺惺精明，洞彻通达。《周易》中的"感而遂通天下之故"，即是指这种能力。

第七，素质有层次之分。人的明觉精察有程度的深浅之别、时间的长短之差和范围的宽窄之异，这就决定了素质有层次之分。一般围棋爱好者与国手虽同样具有围棋素质，但他们之间的差异显而易见。对于国手一步棋的意味，围棋爱好者也许连看都看不明白，这是因为理解深浅有别。与理解深浅相应的是时间之长短和范围之宽窄。有些人能够长时间进入忘我的工作状态，而另一些人则易于受外界的干扰。工作中能够排除干扰，也是人素质的一个重要组成部分。有些人在某一方面是天才，而在另一方面如同白痴。能否融会贯通，也关乎人素质的层次。融会贯通达到极致，便是"与万物一体"，无所不通。

通过对素质本身的体察，可以看出素质是一个系统。接下来，我们需要探讨素质与其他事物的关联。探讨与其他事物的关联，有助于我们对素质的理论把握。

其一，素质与行为。素质与行为密不可分。行为体现着素质。素质看不见、摸不着、听不到，甚至不可思议，只能借助行为来呈现自身。我们实在想象不出：不通过行为，如何能够看出一个人的素质？有时一个人的眼神或者面部的细微变化，就出卖了这人的内在素质，而眼神或者面容是人的肢体语言，属于人的行为。行为必然体现出素质。观察一个人的言行我们就能知道这人的素质。有时我们说"某人没有素质"，并不是说这个人真的没有一点素质，而是指他的素质很低。素质有转向行为的冲动。现实生活中，具有某方面的素质的人，遇到恰当的情境，就会摩拳擦掌，技痒难耐。《红楼梦》中王熙凤主动协理宁国府，就是这方面最好的注脚。

需要注意的是，素质不是行为的附着物，它是行为的方式，是人行为时所表现出来的某种倾向和能力。从某种角度来说，行为依托于素质。我们的行为是否能够取得成功，行动之前的精心规划固然重要，更重要的是我们的行为能力（也就是素质）。就连我们的事前精心规划，也要依赖于我们的素质而做出。从另一个角度上来说，身体行为、心理行为均具有实践的意义。在人在实践中，身心又如何能截然分开？只是相比较而言，身体行为比心理行为要笃实得多。实践可以反过来拓展、涵养、反哺素质。素质的大部分内容都需要依靠我们的行为来获取。因此可以说：素质之外无行为，行为之外无素质。此两者，可借阳明一言以蔽之："即体而言用在体，即用而言体在用，是谓体用一源。"①

其二，素质与知识。素质呈现为行为的过程不可思议，知识更应该排除在外。试想，在人来人往的公路上开车，临时背诵培训学校里的一条条训诫是没用的，这样开车只会手忙脚乱引发事故。孔子说："吾有知乎哉？无知也。有鄙夫问于我，空空如也。我叩其两端而竭焉。"②孔子知识渊博不容置疑，而他强调自己"无知"，这是在表明：素质转化为行为的时候需要排除知识。

当然，素质与知识的关系仍然密切。素质本身含有条理，素质转化为行为，条理就在行为之中。厨师所掌握的"火候"，雕刻大师所具备的分寸感，这些都是素质所呈现的条理。对此加以分析和整理（也就是思与议），然后就有知识。知识高度符合于实践（能否高度符合，与人的素质层次密切相关），那就是真理。更重要的是，知识通过实践可以转化为人的素质。我们学习一项技艺或者掌握一门科学，一般都是先从老师处、书本上、电视网络中获得知识，然后通过不断实践、反复练习，将这些知识内化成自己的素质。《论语》说："子路有闻，未之能行，唯恐有闻。"③"子与人歌而善，必使反之，而后和之。"④这些都是告诫我们：要抓紧时间将外在的知识内化成主体的素质。

其三，素质与习惯。习惯也叫习气，是人生命中形成的一种近似本能的机械的反应模式。在一般常识看来，习惯可以分为两种：一种是坏习惯，如抽烟、酗酒、撒谎等；一种是好习惯，如按时锻炼身体、定时用餐等。大多数人认为，坏习惯是应该摒弃，好习惯是应该有意养成并加以保留。人们有意养成某种习惯，其实是为了更好地节省心力。也就是说，当遇到类似情境时，人就用不着慌张，也不用动脑，一切交给习惯去打理。素质与习惯有许多近似之处。素质是一种倾向与力量，习惯也是一种倾向与力量；素质是通过反复实践获得开发与培养，习惯也是通过反复操练而固定下来；素质呈现

---

① 〔明〕王守仁：《传习录上》，《王文成全集》卷1，《文渊阁四库全书》，第1265册，第31页。

② 《论语·子罕》。

③ 《论语·公冶长》。

④ 《论语·述而》。

为行为是不可思议,而习惯起作用也是不进入人的意识之域。正因为素质与习惯有许多貌似之处,便有人将习惯当作素质。但是,素质与习惯有本质区别。素质在呈现为行为的过程中,虽是不可思议,但人是明觉精察的,人会根据现场情况的不断变化,恰如其分地修正自己的行为。习惯在起作用时,是一种机械的反应。简言之,素质与习惯最大区别在于:素质突出了人的主体性,而习惯则泯灭了人的主体性。关于素质与习惯的作用不同,我们从打乒乓球中也能看出来。一个有素质的人打乒乓球,他总是根据对手的站位、来球的情形和自己的水平,然后决定自己攻球的方向;而一位依靠习惯打球的人,他总是机械地将球打向某一个角落。

其四,素质与理解。因为素质有层次之分,所以也就存在着一个理解的问题。只有具备相近或者相同素质的人,相互之间才能产生理解。素质低的人,很难理解素质高的人。一般的象棋爱好者,如何能理解国手下棋的精妙之处?反过来,素质高的人是能够理解比自己素质低的人。素质高的人能够看出素质低的人的行为缺陷,并且知道其缺陷产生的原因是由于素质的不足,还知道人提高自己的素质有一个成长的过程。因为这些都是他经历过的,所以素质高的人会对比自己素质低的人产生一种理解的包容和大度。如果没有这种包容和大度,那他也不称其为素质高。职是之故,一个真正素质高的教师,面对自己的学生,总是循循善诱,诲人不倦。

二、"知行合一"的两个层面

以上花费大量的笔墨来讨论行为与素质,是为了更好地理解王阳明的"知行合一"理论。王阳明的"知行合一"有两个层面,即本体论层面和心理学层面。他更多是谈"本体"的"知行合一"。在答弟子有关"知行合一"的疑问时,王阳明再三言及"本体"二字。他说:"此已被私欲隔断,不是知行的本体了。……圣贤教人知行,正是安复那本体。……此便是知行的本体,不曾有私意隔断的。……又不是某凿空杜撰,知行本体原是如此。"①由此可见,理解"本体"是诠释王阳明"知行合一"的关键。

何谓"本体"?"本体"是人生命的本有状态,也就是王阳明所说的"本

---

① 〔明〕王守仁:《传习录上》,《王文成全集》卷1,《文渊阁四库全书》,第1256册,第7—8页。

心",也就是人成为人的基础,也就是本文所说的人的素质。上文对素质的描述,明显是受到陆象山、杨慈湖、王阳明"本心"理论的引导。以笔者之陋见,"本心"就是素质。王阳明所说的"本体"的"知"与"行",就是人素质的完全呈现。

如前所言,素质呈现为行为不可思议,且伴有明觉精察。人以"本体"去"行",即是将自己的身心百分百地投入"行"中,也就是让自己的素质得以完全地呈现。用王阳明的话来说:"凡谓之行者,只是著实去做这件事。"①此时人是明觉精察的。这种明觉精察就是"本体"上的"知",也就是王阳明所标举的"良知",也就是他经常说的"心自然会知"的"知"。它不可思议,不进入人的意识领域,却是一种真实的存在。正如王阳明所说:"知来本无知,觉来本无觉,然不知则遂沦埋。"②

基于以上对素质的理解,我们便能领会王阳明为何说出这样的话:"行之明觉精察处,便是知;知之真切笃实处,便是行。"③我们结合司机开车的例子来分析这句话。司机熟练地开车,人与汽车已融为一体(或者说汽车已成为他身体的一个部分)。他操纵方向盘,随心所欲地开车,这是他"知之真切笃实处";在开车过程中,或加速,或减速,或停车,或拐弯,他心里清楚明白(因为他都做得恰到好处),这是他"行之明觉精察处"。此时司机的"知"与"行"指向同一对象。我们所能看到的也只是司机的动作,他此时的"明觉精察"是从他的动作中看出。他本人此时对于自己的"明觉精察"也不知道,因为此时的"明觉精察"并未进入他的意识领域(当然,事后只要他愿意,他也可以通过反省的方式,让这种不可思议的"知"在意识中逼显出来,这是另外一回事)。

王阳明还说:"若知时其心不能真切笃实,则其知便不能明觉精察,不是知之时只要明觉精察,更不要真切笃实也。行之时其心不能明觉精察,则其行便不能真切笃实,不是行之时只要真切笃实,更不要明觉精察也。"④我们

---

① 〔明〕王守仁:《答友人问》,《王文成全集》卷6,《文渊阁四库全书》,第1265册,第169页。

② 〔明〕王守仁:《传习录下》,《王文成全集》卷3,《文渊阁四库全书》,第1265册,第83页。

③ 〔明〕王守仁:《答友人问》,《王文成全集》卷6,《文渊阁四库全书》,第1265册,第160页。

④ 〔明〕王守仁:《答友人问》,《王文成全集》卷6,《文渊阁四库全书》,第1265册,第171页。

就司机开车之例细思之，自然就能领会阳明此语之意。读者也可以触类而长之，去体察诸如母亲哺乳、儿童游戏、农民耕地、画家绘画等例子，也可以去体会文献中所记载的庖丁之解牛、轮扁之斫轮、痀偻之承蜩、油翁之酌油的故事，自然能够默识王阳明"知行合一"之本义："知"与"行"指向同一对象，两者是真正的"合一"，而不是相互"凑泊"。王阳明说"只说一个知，已自有行在；只说一个行，已自有知在"①，也是强调这个意思。"本体"的"知"又被称为"真知"，它就是"行"，故王阳明说："真知即所以为行，不行不足谓之知。"②

既然"知"与"行"是同一所指，那么古人为何要造出两个名词？王阳明解释说："古人所以既说一个知又说一个行者，只为世间有一种人，懵懵懂懂地任意去做，全不解思维省察，也只是个冥行妄作，所以必说个知，方才行得是。又有一种人茫茫荡荡，悬空去思索，全不肯着实躬行，也只是个揣摸影响，所以必说一个行，方才知得真，此是古人不得已补偏救弊的说话。若见得这个意时，即一言而足。"③"知行"是"一"，本可以"一言而足"。但现实中的人，或"冥行妄作"，只管"行"而不"知"；或"悬空去思索"，只管"知"而不"行"，两者都是"偏"，从而产生"弊"。有鉴于此，古人说一个"知"，又说一个"行"，是"不得已"，是为"补偏救弊"。

同样如此，王阳明一些关于"知"与"行"的言论，也是"不得已"，也是为"补偏救弊"，这就需要读者善加体察。例如，王阳明说："知是行的主意，行是知的功夫。"④"主意"是指倾向性的引导，"功夫"是指具象性的落实。王阳明这句话的意思是：人的"本体"活动，可以说，是明觉精察的"知"在引导着人去"行"；也可以说，是"行"将不可思议的"知"落在实处。王阳明还说："知是行之始，行是知之成。"⑤这里的"始"与"成"并不是要将"知"、"行"分出时

---

① 〔明〕王守仁：《传习录上》，《王文成全集》卷 1，《文渊阁四库全书》，第 1265 册，第 8 页。

② 〔明〕王守仁：《答顾东桥》，《王文成全集》卷 2，《文渊阁四库全书》，第 1265 册，第 40 页。

③ 〔明〕王守仁：《传习录》上，《王文成全集》卷 1，《文渊阁四库全书》，第 1265 册，第 8 页。

④ 〔明〕王守仁：《传习录》上，《王文成全集》卷 1，《文渊阁四库全书》，第 1265 册，第 8 页。

⑤ 〔明〕王守仁：《传习录》上，《王文成全集》卷 1，《文渊阁四库全书》，第 1265 册，第 8 页。

间上的先后。"始"是"启动"之意,"知是行之始"意味着明觉精察的"知"启动人之"行";"成"是"成就"之意,"行是知之成"意味着"行"成就了(也就是呈现了)不可思议的"知"。阳明的以上言语,似有分"知""行"为二之嫌,其实从素质呈现为行为上来看,"知"与"行"是一而非二。正如阳明先生所说:"又不是某凿空杜撰,知行本体原是如此。今若知得宗旨时,即说两个亦不妨,亦只是一个;若不会宗旨,便说一个亦济得甚事,只是说闲话。"①据此,我们还可以进一步推论:凡是"本体",必能做到"知行合一";只有做到"知行合一",才有可能是"本体"。

每个人多少都曾体验过"本体"上的"知"与"行"。只是随着人的"才分"(王阳明语,即素质)不同,这种体验有程度的深浅之别、范围的宽窄之异和时间的长短之差。对于孔子之"仁",梁漱溟先生先将其解为"敏锐的直觉"②,后更正说"直觉不过是仁的发用"③。以笔者看来,孔子之"仁"应是指人行为中的"敏锐的直觉"。也就是说,"仁"即是人的"本体",也就是人的素质。孔子不轻许人以"仁"④,可见"仁"是一种高层次的素质。孔子是圣人,已做到极致,他"七十从心所欲,不逾矩"⑤。这里的"心"不是心理学意义上的所思所想,而是后来陆王所反复强调的"本心"。"从心所欲"就是每时每刻都是用"本体"去"知"与"行",也就是让自己的素质完全地呈现。孔子说"我欲仁,斯仁至矣"⑥,也证明了这一点。孔子的学生颜回是"三月不违仁",而其余学生则是"日月至焉而已"⑦。时间的长短之差,说明他们的"本体"(即素质)有别。"本体"(即素质)之别,又与他们的修养工夫有关。黄梨洲

---

① 〔明〕王守仁:《传习录》上,《王文成全集》卷1,《文渊阁四库全书》,第1265册,第8页。

② 梁漱溟先生说:"此敏锐的直觉,就是孔子所谓仁。"(梁漱溟:《儒学复兴之路——梁漱溟文选》,上海远东出版社,1994年,第76页)徐复观先生说:"但就仁的自身而言,它只是一个人的自觉地精神状态。"(徐复观:《中国人性论史》(先秦篇),三联书店,2001年,第81页)

③ 梁漱溟先生说:"因生命是体的根本,仁是真正生命,是活气,而直觉不过是仁的发用。"(《梁漱溟全集》卷7,山东人民出版社1992年版,第899页)

④ 《论语·公冶长》:"孟武伯问子路仁乎?子曰:'不知也。'又问。子曰:'由也,千乘之国,可使治其赋也,不知其仁也。''求也何如?'子曰:'求也,千室之邑,百乘之家,可使为之宰也,不知其仁也。''赤也何如?'子曰:'赤也,束带立于朝,可使与宾客言也,不知其仁也。'"

⑤ 《论语·为政》。

⑥ 《论语·述而》。

⑦ 《论语·雍也》。

说"工夫所至,即其本体"①,说的就是这个道理。

在现实生活中,一般人(与圣贤相比)大部分时间都不能做到"本体"上的"知"与"行"。我们多是"先知后行"。这种"知",不是王阳明所说的"本体"之"知",而是"躯壳上起意见",是"心里知道"的"知"。这种"知"可以显现在人的意识的屏幕之上,是人的心理行为,是易于被人所理解的,也是易于被人所掌控的。因此,一般人都习惯于这种"心里知道"的"知",而对王阳明所说的"本体"之"知"则"行不著、习不察"。连王阳明的学生徐爱都如是说:"如今人尽有知得父当孝、兄当弟者,却不能孝、不能弟,便是知与行分明是两件。"②徐爱所说的"知",即是指心理行为的"知"。

王阳明有时候也谈论"心里知道"的"知"。"知行合一"还有第二个层面,那就是心理学层面。这种"知"属于心理行为,本身就是一种"行"。前文已经说过,素质可以呈现为身体行为或者心理行为,各种行为又可以反过来浇灌、培厚、蕴育素质。借用老子的话来说:"夫物云云,各归其根。"③因此,人的心理之"知"也值得人们重视。王阳明说:"此须识我立言宗旨。今人学问,只因知行分作两件,故有一念发动,虽是不善,然却未曾行,便不去禁止。我今说个知行合一,正要人晓得一念发动处,便即是行了。发动处有不善,就要将这不善的念克倒了。需要就彻根彻底,不使那一念不善潜伏在胸中,此是我立言宗旨。"④"本体"之"知"即是"良知",有善而无恶。"良知"无声无臭,它发出来(也就是素质呈现出来),进入意识领域便是"一念发动"(这在王阳明叫作"意")。"良知"发出来或大中至正,或有过有不及,于是"意"便有善有不善。"一念不善"就是心里打着坏主意,这是心理行为。虽然只有动机,未见之于行动,可以不负法律责任,但已侵蚀了人的灵魂,败坏了人的道德。一些人堕落的历史反复揭示,道德败坏均发端于"一念不善"。现代心理学研究成果也表明,心理暗示会影响一个人的人格形成。王阳明正是从道德建设的意义上来讲"一念不善"就是"行"。在他看来,就是"一念不善",也不能说它不是"良知"的呈现。人有"一念不善","良知"自然会知,顺

---

①　〔清〕黄宗羲:《明儒学案序》,《黄宗羲全集》,浙江古籍出版社 2005 年版,第 7 册,第 1 页。

②　〔明〕王守仁:《传习录上》,《王文成全集》卷 1,《文渊阁四库全书》,第 1265 册,第 7 页。

③　《老子》第十六章。

④　〔明〕王守仁:《传习录下》,《王文成全集》卷 3,《文渊阁四库全书》,第 1265 册,第 86 页。

此"良知"去及时克掉这"一念不善",便可以"复那本体"。孔子强调"居处恭,执事敬,与人忠"①,也是要人端正自己的心理行为。

综上所述,我们可以得出这样的一个结论:王阳明的"知行合一"有两个层面,即本体论层面和心理学层面。在这两个层面中,他的"知"与"行"都是"合一"的。受中国传统文化表述方式所限,王阳明并没有对此两层面的"知"与"行"做出严格的界定,故当时就有人"纷纷异同,罔知所入"②。到如今,学者对王阳明的"知行合一"仍是议论纷纷,莫衷一是。

三、王阳明提出"知行合一"的用意

接下来有一个问题:王阳明为什么要提出"知行合一"? 众所周知,王阳明提出"知行合一",在于对治朱子的"先知后行"。"先知后行"分"知"与"行"为二,分"知"与"行"为二,容易导致两种弊端:一是"懵懵懂懂的任意去做,全不解思惟省察也,只是个冥行妄作";一是"茫茫荡荡悬空去思索,全不肯着实躬行也,只是个揣摩影响"。显而易见,在避免"知"与"行"的疏离方面,"知行合一"优于"先知后行"。

有一种观点认为,王阳明"知行合一"重在强调实践(即"行")。这种说法值得推敲。如果王阳明重在强调"行",其前提是要分辨"知"与"行",这明显与"知行合一"的内涵不符。从另一方面来说,朱子"先知后行"含有对"知"和"行"两面的强调。他说:"知行常相须,如目无足不行,足无目不见。论先后,知为先;论轻重,行为重。"③诸如此类的语言,《朱子语类》第九卷《论知行》记有很多。这就是说,朱子也是非常重视"行"的。况且朱子"先知后行"的"知"与"行"属于心理学层面,更贴近一般人的接受习惯。如果王阳明只是强调"行",为何偏要提出一个"知行合一",来惹出这么多的纷争?

笔者认为,针对朱子的"先知后行",王阳明提出"知行合一",这是要提高两方面的效率。一方面是提高修德的效率。儒者"以修德为本"。修德就是有得于道。朱子"先知后行"与王阳明"知行合一"的目标是一致的,都是

---

① 《论语·子路》。

② 〔明〕王守仁:《传习录上》,《王文成全集》卷1,《文渊阁四库全书》,第1265册,第10页。

③ 〔宋〕黎靖德:《朱子语类》卷,中华书局1986年版,第1册,第148页。

要成圣成贤。只是两人所主张的成圣成贤路径有别。朱子是"先知后行"，他从"理本论"出发，主张"理"是客观存在的，人应该通过格物致知先知道"理"，而后循"理"而践行，使"理"内化到人心。今日得一"理"，明日得一"理"，日积月累，终有一天会豁然开朗，融会贯通，从而进入圣贤之域。而王阳明是"知行合一"，他从"心本论"出发，主张"心即理"，人应该像圣人那样，用"本体"去"知"与"行"（也就是要做到"知行合一"），如此操练久熟以后，自然进入圣贤之域。因此，在王阳明看来，朱子的"先知后行"走了弯路，不如"知行合一"来得直接、有效。以我们的日常生活经验来判断，"先知后行"也可以提高人的素质，但其效率明显不如全身心投入（也就是"本体"地去"知"与"行"）来得好。

另一方面是提高发用的效率。儒者修身的目的还在于发用。"先知后行"与"知行合一"在发用上的效率大不同。"先知后行"是先规划而后行动，这实际上是先后发出两个行动。先规划是将后面将要实施的行动在心里推演一遍。这种内心的预演对于后面的行动实施，当然是有好处，这也是人们在真正行动之前总爱规划再三的原因。但是，这种心理的推演是"茫茫荡荡悬空去思索"，"只是个揣摸影响"，对其后的行动并不能发生决定性的影响，真正起决定作用的是人的素质（或者说能力）。这方面的例证太多了。跳水运动员登上跳台，毕业大学生走向面试官，他们事前可能有许多计划，但到了现场以后，主要还是依靠个人素质，依靠平时的训练与积累。此时想法太多，"此已被私欲隔断，不是知行的本体了"①，反而抑制人能力的发挥。"本体"去"知"与"行"，人的素质得到最大限度的呈现，其发出来的事功也是最大，有时甚至出乎所有人的预料。

---

① 〔明〕王守仁：《传习录上》，《王文成全集》卷1，《文渊阁四库全书》，第1265册，第7页。

附录二

论絜斋对《诗经》的解读

　　宋宁宗嘉定九年（1216），袁絜斋担任崇政殿说书，给皇帝讲解《诗经》。讲课之前，絜斋认真撰写了讲义，并进献给皇帝，这便是《絜斋毛诗经筵讲义》的由来。但是有关此书，《宋史·艺文志》、马端临《通考》、朱彝尊《经义考》等书目皆不曾著录。今日所能见之《文渊阁四库全书》本，乃从《永乐大典》中辑出。全书仅四卷，系絜斋对 47 首国风作品之解读。我们只能窥一叶而知秋，仅就所见之文字，来考察絜斋对《诗经》的解读。

　　袁絜斋于《诗》学颇有渊源。其从叔袁方精于《诗》，教授乡里；父亲袁文注重于小学，对《诗经》用韵多有考究。絜斋自称："自国风、雅、颂之微旨，尝探索之，得其大略。"①可以想见，絜斋解读《诗经》必有自己的见地。我们考察絜斋对《诗经》的解读，应于两方面着手：一方面，他通过向皇帝讲解《诗经》，表达了自己哪些观点？ 另一方面，他讲解《诗经》有哪些特点？ 下面的文字便是回答这两个问题。

一、《絜斋毛诗经筵讲义》的主要观点

　　一般教师讲课，都是要考虑到两方面因素，即讲授内容与讲授对象。关

---

　　①　〔宋〕袁燮：《题魏丞相诗》，《絜斋集》卷 8，《文渊阁四库全书》，第 1157 册，第 97 页。

于《诗经》，袁絜斋认为是"发乎情，止乎礼义"，是"直己而发，粹然一出于正"，故而"一言一句，皆有补于治道"。由此决定了絜斋解读《诗》的重点在于阐发义理。絜斋授课的对象是宁宗皇帝。絜斋虽然明知宋宁宗不是什么大有为之君，但他仍然要利用讲经的机会，尽可能地去启沃这个君主。他说："国风、雅、颂，诚万世人主之学。"①故他解读《诗经》，首先是围绕着这一点而展开。

1.1 启沃国君

絜斋先生是这样来看待《诗经》的功用："人君笃信力行，则可以立天下风化之本；公卿大夫精思熟讲，则可以感人君心术之微。"②既然絜斋对《诗经》是精思熟讲，那自是要"感人君心术之微"。他是怎样来劝诱国君的呢？

一是劝国君要立志。讲解《式微》时，絜斋说："人君有志，则危弱可为安强；苟惟无志，则终于危弱而不振。"他举周之太王居岐之地、越王勾践卧薪尝胆之史实，说明人君如有志，国家便可转危弱而为安强。《式微》写黎侯遭狄人之故，被迫流亡于卫国，但黎侯身处困境，却无丝毫奋发之心。絜斋说："黎侯一失其国而卑微如是，真万世人主保邦之龟鉴也。"③黎侯陷入困境，而当时南宋何尝不也是处于危局当中。絜斋如此解《诗》之深意当然是不言而自明。

国君要立志，即要树立远大志向。《卷耳》写女子采摘卷耳，因心系在外行役之人，所以是"不盈倾筐"。絜斋采纳《诗序》的说法，认为此诗写后妃与国君"同心协济"，她要辅助国君大有作为，故而心念行役在外之臣。絜斋就诗中的描写，指出后妃"体群臣"和"思念贤者之心"，说"何其志之远且大"，并指出后妃如此之思，"乃后妃之所当念"④。由后妃之志远且大，并进一步指出国君也应有远大志向。

国君立大志，需要分辨大小。《猗嗟》一诗写鲁庄公既不能报杀父之仇，也不能阻止母亲淫奔，这是在人伦上有大的亏欠。虽然他精于射箭，擅于跳舞，让人看起来是那么的多才多艺，威武了得，但"大者不立，其余何观？"人往往是耽泥于小而遗忘其大，捡了芝麻而丢了西瓜。絜斋借机劝国君要明

① 〔宋〕袁燮:《诗序二》，《絜斋毛诗经筵讲义》，《文渊阁四库全书》，第74册，第6页。
② 〔宋〕袁燮:《诗序一》，《絜斋毛诗经筵讲义》，《文渊阁四库全书》，第74册，第5页。
③ 〔宋〕袁燮:《式微篇》，《絜斋毛诗经筵讲义》，《文渊阁四库全书》，第74册，第26页。
④ 〔宋〕袁燮:《卷耳篇》，《絜斋毛诗经筵讲义》卷1，《文渊阁四库全书》，第74册，第7页。

于大小之辨，要学会"大者既立，小者略之，乃所以全其大者也"①。

国君有大志，亦不可妄图。在解《甫田》一诗时，絜斋指出齐襄公民事之不修，田猎之是好，为鸟兽之行，渎乱天伦，观其所为，无一合于义理者。像齐襄公这样的国君，竟然也想建立非常之功，这是不可能实现的妄想。絜斋总结全诗说："观前二章，则知人君不可以妄图；观后一章，则知人君不可以无志。"②

二是劝国君要刚健有为。讲解《芄兰》时，他说："人君之德莫大于刚健，人君之患莫甚于柔弱。刚健则日进于无疆，足以有为于当世；柔弱则安于苟且，不能少见于事业。"《芄兰》一诗刺卫惠公之软弱，上不能以礼防闲其母宣姜之淫，下不能制止公子顽之恶。在絜斋看来，软弱即是无能。他说："凡人皆不可以无能，而君尤不可以无能。人而无能，其害止于一身，君而无能，其害及于一国。"③

国君刚健有为，自然就有耻辱感。《黍离》说东周之臣经过周之故地镐京，见昔日繁华之所，如今变为废墟之地，不由悲从中来。絜斋指出周朝发生巨变，是由于周平王不自强所致。他将南宋当时情景，与东周作一比照，劝宋宁宗："圣主诚能反其所为，卧薪尝胆，以复仇刷耻自期，则大勋之集指日可俟。……惟圣主亟图之。"④这是要当朝皇帝要有耻忍感，知耻而后奋进，要有所作为，时刻以雪国耻为念。

国君的真正刚强，需要由"本心"发散出来。《汉广》写一位女子不畏男人胁迫，有"端方不挠之操"。絜斋说："武夫勃然震怒无敢当者，而牵于利欲则挠而从之。今女子之所守乃刚劲如是，有丈夫所不能为者，此无他，彼求诸外，所以似刚而非刚，此得之心，所以至柔而能刚也。夫莫刚于人心。"⑤自"本心"而发出的力量无坚不摧，无所屈挠，正如孔子所说的"三军可夺帅也，

---

① 〔宋〕袁燮：《猗嗟篇》，《絜斋毛诗经筵讲义》卷4，《文渊阁四库全书》，第74册，第39页。

② 〔宋〕袁燮：《甫田篇》，《絜斋毛诗经筵讲义》卷4，《文渊阁四库全书》，第74册，第39页。

③ 〔宋〕袁燮：《芄兰篇》，《絜斋毛诗经筵讲义》卷3，《文渊阁四库全书》，第74册，第31页。

④ 〔宋〕袁燮：《黍离篇》，《絜斋毛诗经筵讲义》卷3，《文渊阁四库全书》，第74册，第33页。

⑤ 〔宋〕袁燮：《汉广篇》，《絜斋毛诗经筵讲义》卷1，《文渊阁四库全书》，第74册，第12页。

匹夫不可夺志也"①。絜斋这是劝国君要恢复自我"本心"。

在絜斋看来,刚强是一种智慧,刚强者总是处置得宜。在解释《扬之水》时,他说:"人君有刚德,则朝廷无过举。……惟其刚也,是非可否之皆当于理,先后缓急之不失其序,惟至刚者能之。"《扬之水》写周平王作为周王朝天子,不能报父之仇,反受诸侯辖制,就像扬之水那样软弱无能。絜斋劝国君:"君天下者三复是诗,盍亦励精求治,自强不息,而深以平王之柔弱为戒哉!"②

三是劝国君要有公正之心。《樛木》一诗本是赞扬后妃没有忌妒之心。在后宫之中,女子均想承接帝王雨露。后妃谦虚、大度、无私,能够照顾后宫其他女子的感受,使后宫"雍雍如也,愉愉如也"。絜斋认为这是后妃克己修身所致,而后妃能够做到如此,根本在于君主能够修身做出表率③。《螽斯》一诗也是赞后妃不忌妒,而絜斋从另一角度来加以解释,指出后妃不忌妒,能以公克私,是因为她的内心能够做到"和同无间"④。

国君任用官员也"不可有一毫之私"。《伐檀》写伐木者对社会不公平现象而发的怨言。伐木本是贱者所为之事,而诗中的伐檀者则是贤人,贤人去干贱者所为之事,这说明朝廷用人是非颠倒。在絜斋看来,当时的南宋,"明主忧勤于上,而贤否混淆于下,尸位素餐者尚多有之"。他劝国君"摈斥一二以励其余,而择其不素餐者亲之。于是贤士争奋,奸回屏息,而纲纪大振矣!"⑤

在讲解《羔裘》一诗时,絜斋认为"夫衣服所以章德也"。因此,"人臣策名委质立乎人之本朝,固将有益于国家也,其可无以称其服乎?人君设官分职,锡之朝服,以华其躬,非徒富贵之也,其可不求夫可以称其服者乎?"⑥这

---

① 《论语·子罕》。

② 〔宋〕袁燮:《扬之水篇》,《絜斋毛诗经筵讲义》卷3,《文渊阁四库全书》,第74册,第33页。

③ 〔宋〕袁燮:《樛木篇》,《絜斋毛诗经筵讲义》卷1,《文渊阁四库全书》,第74册,第8页。

④ 〔宋〕袁燮:《螽斯篇》,《絜斋毛诗经筵讲义》卷1,《文渊阁四库全书》,第74册,第8页。

⑤ 〔宋〕袁燮:《伐檀篇》,《絜斋毛诗经筵讲义》卷4,《文渊阁四库全书》,第74册,第41页。

⑥ 〔宋〕袁燮:《羔裘篇》,《絜斋毛诗经筵讲义》卷4,《文渊阁四库全书》,第74册,第34页。

就是说,作为人臣,要尽职尽责,以对得起自己的服饰(也就是自己所获得的官职);作为人君,要秉于公心,根据人才的德行,然后设官分职。

四是劝国君重视教化。《桃夭》一诗说女子"宜室宜家",是说夫妻之间雍雍其和,交相亲爱。出现如此人人相宜的局面,不是"法严令具强之使然",而是"风化之行固有本之者"。其根本在于后妃无妒忌之行,故而能化行于外。那么,为何后妃能有如此德行? 絜斋要求国君反思:"后妃之贤否,风俗之美恶系焉;吾身之修不修,后妃之贤否系焉。"①最终还是落在国君修德之上。在讲解《兔罝》、《芣苢》、《汉广》、《汝坟》、《还》等篇,絜斋都是在教化上着眼,指出:"人君之一身,诚风俗美恶之所自出。"②因此,国君要"谨其好恶,而端其表仪"③。

国君除重视修身以厉风化之外,还要重视兴办教育。《子衿》一诗说那些身着青色子衿的学子,本来应该在学校读书,却逸游在外,既不往教,也不来学,整日以游玩观望为乐。絜斋指出:"虽然,士亦何罪? 国君不以是为急,学校废而不修,所以至是。"④学生不读书,学生无罪,主要的责任在于国君没有办好学校。

五是劝国君要时刻保持一颗诚敬之心。《采蘩》写后妃怀着虔诚之心去采蘩,用于宗庙祭祀神灵。唯有如此诚敬,方能通幽明之故,方能尽她应尽之职责。那么,国君也应"躬行表正",去尽自己应尽之责。⑤ 在解释《甘棠》时,絜斋劝国君用人应取那些有德之人。《甘棠》之诗赞召公一心为民,听讼于甘棠之下,人民衷心爱戴他,并以这棵甘棠作为纪念之所。由此絜斋提出:"人君之用人,当取夫材之足以集事者与? 拟取夫德之足以感人者与? 诵《甘棠》之诗,宜知所抉择矣。"⑥解释《燕燕》一诗,絜斋劝国君要谨始慎终,

---

① 〔宋〕袁燮:《桃夭篇》,《絜斋毛诗经筵讲义》卷1,《文渊阁四库全书》,第74册,第9页。

② 〔宋〕袁燮:《汉广篇》,《絜斋毛诗经筵讲义》卷1,《文渊阁四库全书》,第74册,第12页。

③ 〔宋〕袁燮:《还篇》,《絜斋毛诗经筵讲义》卷4,《文渊阁四库全书》,第74册,第38页。

④ 〔宋〕袁燮:《子衿篇》,《絜斋毛诗经筵讲义》卷4,《文渊阁四库全书》,第74册,第37页。

⑤ 〔宋〕袁燮:《采蘩篇》,《絜斋毛诗经筵讲义》卷1,《文渊阁四库全书》,第74册,第13页。

⑥ 〔宋〕袁燮:《甘棠篇》,《絜斋毛诗经筵讲义》卷2,《文渊阁四库全书》,第74册,第14页。

他说:"为国家者观此一诗,而知其终之乖离,皆其始之耽惑。盍亦兢兢业业,而毋致地极哉。"①

六是劝国君要体恤民众。絜斋认为《硕鼠》"所以为重敛之深戒",他劝国君要克制对百姓的索取,要藏富于民。只要百姓富足了,国君没有不富足的②。由《陟岵》一诗,絜斋劝国君应体恤守边将士之苦,让他们"各归其故垒,而以其供亿之费,募沿边壮勇之士,人人可用,莫非精兵,有捍卫之实,无出戍之苦,父母兄弟无复相离"③。

总之,在絜斋先生看来,作为一国之君,他是要为这个国家所有的一切负总责。如果国家出现什么问题,国君都应反省自身,通过改变自身来改变国家的现状。在解释《诗经》作品时,絜斋先生总是尽可能地挖掘其中可利用的材料,有针对性地来劝诱国君要有所作为,要注意自身的道德修养。《四库全书总目》称絜斋:"且宋自南渡以后,国势屡弱,君若臣皆懦怯偷安,无肯志存远略,而燮独以振兴恢复之事望其君,经幄敷陈,再三致意。如论《式微篇》则极称太王、勾践转弱为强,而贬黎侯无奋发之心;论《扬之水篇》则谓平王柔弱为可怜,《黍离篇》则直以汴京宗庙宫阙为言,皆深有合于纳约自牖之义。"④

1.2 宣扬心学

絜斋先生劝勉国君,反复叮咛,千言万语,意气勤勤恳恳,归根到底还是要国君加强自我道德修养。故而他在解读《诗经》时,免不了要宣扬他的心学理论。也就是说,教人如何加强道德修养,也是他解读《诗经》必不可少的内容。

首先,识认"本心"。絜斋先生说:"所贵乎君子者无他事焉,惟不失其本心而已。"⑤君子是做人的楷模。君子所能做到的,就是不失其"本心"。反过来,如果人不能保有其"本心",那他不仅不能成为君子,甚至也不配做人。

---

① 〔宋〕袁燮:《燕燕篇》,《絜斋毛诗经筵讲义》卷2,《文渊阁四库全书》,第74册,第19页。

② 〔宋〕袁燮:《硕鼠篇》,《絜斋毛诗经筵讲义》卷4,《文渊阁四库全书》,第74册,第41页。

③ 〔宋〕袁燮:《陟岵篇》,《絜斋毛诗经筵讲义》卷4,《文渊阁四库全书》,第74册,第40页。

④ 《四库全书总目》卷15,《文渊阁四库全书》,第1册,第333页。

⑤ 〔宋〕袁燮:《谷风篇》,《絜斋毛诗经筵讲义》卷3,《文渊阁四库全书》,第74册,第25页。

絜斋先生说:"良心陷溺,将不可以为人。"①由此可见"本心"对人是多么的重要。

"本心"对人重要,因为"本心"蕴含着义理。絜斋先生说:"义理,人心之所同,皆可以为善。"②这实际上是在强调"心即理"。"本心"所含之义理,也可称为"常度"。絜斋说:"吾有此良心,斯有此常度,规矩准绳,不可须臾离也。"③既然是常度,就应该经常保持之,不可使其有所失。当然,"本心"之义理是非常具体的现实的,常会落实到中国文化中所提倡的"大义"上。絜斋说:"一门之内,长幼尊卑,知有君而不知有身,知有国而不知有家,可谓达于大义,不蔽其良心矣。"④

"本心"内含着义理,故而它也是善的。絜斋说:"人生而善,天之性也。有正而无邪,有诚而无伪,有厚而无薄,有天理之公而无人欲之私,所谓本心也。"⑤这里的"正"、"诚"、"厚"、"公"等词,都是用来描述"本心"的圆满至善。从中也可以看出,"本心"的至善,是由于它内含着义理。

"本心"的至善还在于它的精明。絜斋说:"惟是心清明,无隐不烛,能使巧伪无实者不肆其浮辞。"⑥他还说:"天与人以此心,至精至明,虽更历万变,而秉彝之懿未始少亏,斯可谓之君子矣。"⑦这些话大旨在于强调:"本心"能够明辨是非,能够明察秋毫。有时人心不明,那都是为"意"所累。因此,絜斋说:"凡有意为之,与夫根于自然者等伦相绝,善利之所以分,王霸之所以

①〔宋〕袁燮:《子衿篇》,《絜斋毛诗经筵讲义》卷4,《文渊阁四库全书》,第74册,第37页。

②〔宋〕袁燮:《子衿篇》,《絜斋毛诗经筵讲义》卷4,《文渊阁四库全书》,第74册,第36页。

③〔宋〕袁燮:《风雨篇》,《絜斋毛诗经筵讲义》卷4,《文渊阁四库全书》,第74册,第36页。

④〔宋〕袁燮:《陟岵篇》,《絜斋毛诗经筵讲义》卷4,《文渊阁四库全书》,第74册,第40页。

⑤〔宋〕袁燮:《谷风篇》,《絜斋毛诗经筵讲义》卷3,《文渊阁四库全书》,第74册,第25页。

⑥〔宋〕袁燮:《行露篇》,《絜斋毛诗经筵讲义》卷2,《文渊阁四库全书》,第74册,第15页。

⑦〔宋〕袁燮:《风雨篇》,《絜斋毛诗经筵讲义》卷4,《文渊阁四库全书》,第74册,第36页。

异,皆由此也。意之为累大矣。"①袁絜斋同杨慈湖一样,都是要摒弃"意"。只是袁絜斋不像杨慈湖那样旗帜鲜明地提出"不起意"。

"本心"内含条理而又灵明,此两者是合二为一的。絜斋说:"人无常心,由天理而行,则是心常明;为人欲所蔽,则是心必昏。"②絜斋这是在揭示:"理"与"良知"之间的不可分离的关系。

其次,持有"本心"。识认"本心"以后,就应该时时保有它。"本心"虽为天之所予,人人具有,但也需要时时讲明。絜斋说:"义理,人心之所同,皆可以为善。然无以讲明之,则终日昏昏,沦于恶习,与蠢然无识者,殆无以异。"③这里的"讲明"不只是口耳相传,而是要融入生命,沦入肌髓。王阳明说:"然世之讲学者有二,有讲之以身心者,有讲之以口耳者。讲之以口耳,揣摸测度,求之影响者也;讲之以身心,行著习察,实有诸己者也。知此则知孔门之学矣。"④"讲明"就是"务学",絜斋说:"一日而废饮食,不免于饥渴;一日而不务学,必放其良心。良心陷溺,将不可以为人。"⑤一日不努力学习,就会放逐"良心"。要"造次必于是,颠沛必于是",这才称得上"务学"。

当然,也需要朋友之间夹持。絜斋说:"古之人以为家不齐,不可以治国。故必择贤妃正女,资禀不群而教饰有素者,端本于宫壶之间,所言所行率由正道,朝夕规警,而此心之明,莫或蔽之矣。"⑥组成家庭时就要考虑到配偶的贤德,交友时更要注意"以友辅仁"。通过朋友之间"朝夕规警",将有助于"本心"之明。

另外,絜斋还说:"竦敬于宗庙之中,亦足以明此心之不放逸矣。"⑦人进

① 〔宋〕袁燮:《驺虞篇》,《絜斋毛诗经筵讲义》卷2,《文渊阁四库全书》,第74册,第17页。

② 〔宋〕袁燮:《鸡鸣篇》,《絜斋毛诗经筵讲义》卷4,《文渊阁四库全书》,第74册,第37页。

③ 〔宋〕袁燮:《子衿篇》,《絜斋毛诗经筵讲义》卷4,《文渊阁四库全书》,第74册,第36页。

④ 〔明〕王守仁:《与罗整庵少宰书》,《传习录》中,《王文成全集》卷2,《文渊阁四库全书》,第1265册,第68页。

⑤ 〔宋〕袁燮:《子衿篇》,《絜斋毛诗经筵讲义》卷4,《文渊阁四库全书》,第74册,第37页。

⑥ 〔宋〕袁燮:《鸡鸣篇》,《絜斋毛诗经筵讲义》卷4,《文渊阁四库全书》,第74册,第37页。

⑦ 〔宋〕袁燮:《采蘩篇》,《絜斋毛诗经筵讲义》卷1,《文渊阁四库全书》,第74册,第13页。

入宗庙,参与祭祀,自然生起竦敬之心。不仅在宗庙之中,就是在日常生活中,人也应保持"战战兢兢,如临深渊,如履薄冰",时时对周遭事物保有一种高度的灵敏,并由此灵敏而采取适时的恰当措施,这样才有可能保证不失自我"本心"。

1.3　发乎情而止乎礼义

《诗大序》中的一个观点,一直被絜斋所反复强调。《诗大序》曰:"故变风发乎情,止乎礼义。发乎情,民之性也;止乎礼义,先王之泽也。"在五经之中,《诗经》重在抒发人的情感。真实而充分地表达情感,是人性的一种正常诉求,故说"发乎情,民之性也"。但是人的情感表达不是无节制的宣泄,而是要有恰当的外在形式和合理的内在分寸,这就要"止乎礼义"。这个恰当的形式和合理的分寸,来源于"先王之泽",故说"止乎礼义,先王之泽也"。絜斋先生还特地解释了"礼义"与"先王之泽"的关系:"先王盛时,礼乐教化薰蒸陶冶,人人有士君子之行,发而为诗,莫非性情之正,流风遗俗,久而不泯,虽更乎衰世,而气脉犹存,此变风之作,所以皆止于礼义而归诸先王之泽也。"①可以说,"发乎情,止乎礼义",是儒家学者的一个传统观点。絜斋在解读《诗经》具体作品时,自然也特别注意对这一点的分析。

《硕鼠》写魏国百姓遭到当权者的残酷剥削,他们讽刺当权者为"硕鼠",打算要流亡到他乡。絜斋对百姓怨恨之情充满着同情,对百姓要"远适他邦"的想法也给予了同情的理解,他说:"衣食不足,无以自给,其势不得不尔。……以硕鼠讥之,不君其君至是而极矣。"但最后絜斋又说:"始曰'乐土之得所',中曰'乐国之得直',固将去矣,而卒章则曰'谁之永号'。吾其何之乎? 惟有永号而已。言终不去也。君虽无道而终不忍去,此谓变风止乎礼义者与?"②百姓对当权者怨气冲天,最后还是选择留下,或者是天下乌鸦一般黑,无地方可去;或者是故乡情深,不忍离去。当时的魏国百姓不一定是念及君臣之义,而后决定留在故土。絜斋做如此解释,与他所持的儒家立场有关。

《殷其雷》写一位男子为了国事,长年行役在外,终日奔波劳累,但他毫无怨言。他的妻子渴望他早日回家,一家人共享天伦之乐,但仍勉励其夫尽心国事。絜斋先生说:"好逸恶劳,人之常情也;男女相悦,亦人之情也。今

---

①　〔宋〕袁燮:《诗序一》,《絜斋毛诗经筵讲义》,《文渊阁四库全书》,第74册,第5页。
②　〔宋〕袁燮:《硕鼠篇》,《絜斋毛诗经筵讲义》卷4,《文渊阁四库全书》,第74册,第41页。

其为夫者知君之为尊,而不知为劳;为妇者能勉夫以义,而忘其为悦。君君臣臣夫夫妇妇,一诗之中灿然著见焉。"①《燕燕》写卫国发生的一场内乱。卫国的桓公是戴妫所生,庄姜无子,以桓公为子,桓公便是庄公的嫡嗣。庄公宠幸妾,妾生州吁,州吁是庄公庶子。州吁娇惯成性,后在卫国发动内乱,戴妫也被迫离开卫国回到母国。絜斋说:"祸变如此,庄公实为之,而妫不以为怨,且勉庄姜以追思先君,辞气薰然,无一毫忿戾之心,此所谓温惠淑谨,此所谓变风止乎礼义者与。"②《陟岵》写男子行役在外,经受千辛万苦,但想到离家时父母兄弟亲人的嘱托,他便"尊君戴上之心,无异于平居之时"。絜斋说:"此所谓变风止乎礼义者与?"絜斋所说的"礼义",即是"知有君而不知有身,知有国而不知有家",这是一种"大义",是由"良心"而自然发出的。③　总之,絜斋既肯定人情的正常存在,又强调人对道义的追求。

　　由以上各例可以看出,絜斋所主张的发乎情而止乎礼义,主要是针对臣民而言。臣民的一些真切感受,是可以抒发的,作为当权者也应加以体察。但是,臣民不管受多大的委屈,有多大的怨气,还是应该顾忌君臣大义。这是一般儒家学者在处理个人与政权之间关系时,所要坚守的一个原则。

　　有学者提出:"值得注意的是陆九渊与杨简独标'思无邪',多侧重'致本心',而袁燮将'无邪'与《诗大序》的'礼义'等同起来,不能不说他们之间存在着一定的差异,这种差异在袁燮的思想中也有表现。"④其实陆象山、杨慈湖、袁絜斋三人思想是没有根本区别的,所不同者只是各自表述有些差异。"本心"即"理",也就是包含有"礼义"。"致本心"也包含有对"礼义"的追求。

　　可以说,启沃君主、宣扬心学、强调发乎情而止乎礼义,这些便是《絜斋毛诗经筵讲义》的主旨所在。当然,其中还有其他的内容。如讲解《羔裘》时,絜斋提倡人臣要尽职尽责。讲解《击鼓》时,絜斋强调用兵与否,要顺应人心。总体来说,这些思想在《絜斋毛诗经筵讲义》也是存在的,但不是主要的,我们便就此略过。

---

　　①　〔宋〕袁燮:《殷其雷篇》,《絜斋毛诗经筵讲义》卷2,《文渊阁四库全书》,第74册,第16页。

　　②　〔宋〕袁燮:《燕燕篇》,《絜斋毛诗经筵讲义》卷2,《文渊阁四库全书》,第74册,第19页。

　　③　〔宋〕袁燮:《陟岵篇》,《絜斋毛诗经筵讲义》卷4,《文渊阁四库全书》,第74册,第40页。

　　④　陈战峰:《宋代〈诗经〉学与理学》,陕西人民出版社2006年版,第351页。

二、《絜斋毛诗经筵讲义》的解经特点

《絜斋毛诗经筵讲义》虽然残缺不全,但我们还是可以看出絜斋解读《诗经》的一些特点:一是三段式结构;二是尊重《诗序》和古注;三是善于发挥言外之旨。下面结合具体实例来分析说明这三点。

2.1　三段式结构

絜斋对 47 首《诗经》作品的解读,几乎都是采用三段式结构:首先是揭示诗之主旨,接着结合作品作具体分析,最后是联系到社会现实或者国君身上。以絜斋对《日月篇》的解读为例,我们看到这种三段式的呈现。

> 臣闻有一言而可以尽修身齐家之道者,曰:"此心之明而已。"人惟一心,不明则昏,明则是非可否皆天理之正,昏则好恶取舍皆人为之私,较然如黑白之异色,燕越之殊途也。人心岂可以不明哉? 且庄姜齐侯之子也,不为不贵矣。《硕人》一诗皆称美之辞,不为不贤矣。为庄公者,礼重而亲爱,固其宜尔,曾不见答,而妾媵是嬖,好恶取舍,颠倒如此,不明孰甚焉? 此《诗》所谓"乃如之人"者,盖指庄公也,比之日月,尊之至矣,而微有讥焉。日月之明,无所不照,而今也不能致察于帷薄之间,能无愧乎? "逝",往也,意有所移,往而不返,溺于嬖妾而不在庄姜,失于古人处夫妇之道,故曰"逝不古处"。天下有定理,嬖宠惑之则其心乱矣。故曰"胡能有定"。"宁不"犹言"曾不"也,心在彼而曾不在我也。三章四章亦以日月为称而言,言所以出之方,何耶? 日月经乎中天,则其明无所不及,初升之明虽明而未远也,《书》曰:"视远惟明"。孔子答子张之问明,曰:"可谓远也已矣。"明固贵夫远也,庄姜之不见答,无乃庄公虽明而未远乎? 不深言其过,而特微其辞,示敬心也。德音天所同得,庄公固有是德音矣,以不定之故,良心转为无良,甚可惜也。然庄姜不欲常置诸胸中,要当忘之,故曰"俾也可忘"。前三章犹有怨辞,至于卒章,惟曰"父母养我,不终至此,尚复何言?"所谓报我者,亦不能陈述之矣。呜呼,使庄公本心常如日月之明,夫妇之间岂至此极哉? 君人者

观此一诗,心之不明其害如是,可以为鉴矣。①

絜斋开篇就揭示《日月》全诗的主旨,即强调此心之明的重要性,并围绕此点展开一般性的论述。接着是分析诗中具体的文字,来说明这一主旨。庄姜是那样好的一个女人,庄公却不理睬她,而去宠幸妾媵,这是违背了夫妇之道。庄公如此糊涂,是由于"不明"或者"明而不远"。最后,絜斋联系到自己授课对象身上,指出:"君人者观此一诗,心之不明其害如是,可以为鉴矣。"言下之意,是要当下的国君重视修身,去追求"本心"之明。絜斋最后联系到国君,均不是直接说出己意,而是要求国君自己去深思体察。如《樛木篇》最后说:"后妃不妒忌,因盛德也。然刑于寡妻,其本固有在矣。君天下者,盍致思焉。"②如《甘棠篇》最后说:"人君之用人,当取夫材之足以集事者与,抑取夫德之足以感人者与?诵《甘棠》之诗,宜知所抉择矣。"③这是人臣对国君说话的技巧,启发诱导国君总是以"吾皇英明"为前提,是想让国君听着舒服,同时又能较好地接受臣下的建议。

在解读《诗经》时,絜斋有时候发挥诗中内容,并与南宋社会现实联系起来。如《柏舟篇》最后说:"夫使贤者皆有喜乐之心,亦人君为之。今朝有道而忠良之士犹以当时为忧,此必有所以然者,惟圣主深察之。"④再如《北风篇》最后说:"伏惟圣主哀之救之,以活生民之命;告之戒之,以衰酷吏之风。此诚今日之急务也。"⑤絜斋如此这般,既体现他一片忧国忧民之心,又"深有合于纳约自牖之义"。清人是这样评价袁絜斋的解《诗》:"爕则因经旨所有而推阐之,故理明词达,无所矫揉,可谓能以古义资启沃矣。"⑥

2.2　尊重《诗序》和古注

在宋代,有不少学者对《诗序》是持否定态度的,杨慈湖即是这方面的一

① 〔宋〕袁爕:《日月篇》,《絜斋毛诗经筵讲义》卷2,《文渊阁四库全书》,第74册,第19—20页。

② 〔宋〕袁爕:《樛木篇》,《絜斋毛诗经筵讲义》卷1,《文渊阁四库全书》,第74册,第8页。

③ 〔宋〕袁爕:《甘棠篇》,《絜斋毛诗经筵讲义》卷1,《文渊阁四库全书》,第74册,第14页。

④ 〔宋〕袁爕:《柏舟篇》,《絜斋毛诗经筵讲义》卷2,《文渊阁四库全书》,第74册,第19页。

⑤ 〔宋〕袁爕:《北风篇》,《絜斋毛诗经筵讲义》卷3,《文渊阁四库全书》,第74册,第28页。

⑥ 《四库全书总目》卷15,《文渊阁四库全书》,第1册,第333页。

个代表。杨慈湖是从三个方面来否定《毛诗序》的:一是否定子夏与《毛诗序》的关联;二是指斥《毛诗序》多与诗旨不合;三是指出《诗》本不应有《序》。① 但袁絜斋是肯定《诗序》的,他说:"《大序》之作,所以发挥诗人之蕴奥,既曰:'吟咏性情。'又曰:'发乎情,民之性也。'合二者而一之,毫发无差,岂非至粹至精,同此一源,不容以异观耶。《大序》所谓'礼义',即孔子所谓'无邪'也。"②在絜斋看来,《诗经》为孔子所整理,其中蕴含着孔子之用心。《诗序》是对《诗经》的解说,是秉承孔子之用心的。

絜斋解读《诗经》有时直接援用《诗序》以说理。如在《雄雉篇》,絜斋说:"臣闻治世之音安以乐,其政和;乱世之音怨以怒,其政乖。此《大序》之说。"③絜斋更多时候是顺着《诗序》解《诗》的方向而加以引申发挥。如讲解《卷耳》,《诗序》如是说:"《卷耳》,后妃之志也。又当辅佐君子求贤审官,知臣下之勤劳,内有进贤之志,而无险诐私谒之心,朝夕思念至于忧勤也。"④絜斋正是在《诗序》的基础上,进一步提出君者应该有高远之志的观点。

絜斋解读《诗经》着重于阐释义理,对于字词训诂则尽可能地简单明了。如《樛木篇》,只是对诗中的樛木与葛藟之比喻作了说明,其余字词则并不解释。有些地方虽有字词解释,但也是很简单的。如《汉广篇》只解释道:"泳,潜行也;方,栿之小者也。"⑤这些解释是沿用了《毛传》、《尔雅》的解释。再如《行露篇》,字词解释只有:"厌浥者,露浓之貌。""牙,牡齿也。"⑥这些解释也是依照古注而来。从这些地方,都可以看出《絜斋毛诗经筵讲义》"解经依注无为异"⑦的特点。

絜斋解读《诗经》遵从《诗序》和古注,在宋代对《诗序》的一片怀疑声中显得很特别。有学者提出:"在废《序》声中,即使苏辙也只是存《小序》前两句,袁氏之说颇为醒目,原因是对情性与《诗》致用功能的关系及时代变化皆

---

①　张实龙:《杨简研究》,浙江大学出版社 2012 年版,第 195—197 页。

②　〔宋〕袁燮:《诗序一》,《絜斋毛诗经筵讲义》,《文渊阁四库全书》,第 74 册,第 5 页。

③　〔宋〕袁燮:《雄雉篇》,《絜斋毛诗经筵讲义》卷 3,《文渊阁四库全书》,第 74 册,第 24 页。

④　〔宋〕袁燮:《毛诗注疏》卷 1,《文渊阁四库全书》,第 69 册,第 135—136 页。

⑤　〔宋〕袁燮:《汉广篇》,《絜斋毛诗经筵讲义》卷 1,《文渊阁四库全书》,第 74 册,第 11 页。

⑥　〔宋〕袁燮:《行露篇》,《絜斋毛诗经筵讲义》卷 2,《文渊阁四库全书》,第 74 册,第 14 页。

⑦　〔宋〕袁燮:《絜斋毛诗经筵讲义》卷首,《文渊阁四库全书》,第 1 册,第 1 页。

有了一定的认识。"①以我们的理解,这是他考虑到授课对象和授课目的的缘故。他是在给皇帝讲课,不能只是传授相关的《诗》学知识,而是要做一个臣子的本分,尽可能地去"格君心之非"。《诗序》与古注在宋代遭不少人的怀疑,因为它束缚了当时人对《诗经》的创新性的解读。宋代科举考试也鼓励学子们对经义富有创意的解释,故宋代经学解释新见迭出。但是,那些创造性的解读毕竟也只是一家之说,当时并未形成统一的定论,官方正统的解释还是认可《诗序》与古注。絜斋明了自己的授课对象和授课目的,他当然没有必要纠缠于那些有学术纷争的问题。絜斋先生讲解《尚书》的形式明显与讲解《诗经》不同(具体表现可参看本书附录三)。《絜斋家塾书钞》是讲课记录,絜斋先生是家塾里对学生授课,这些学生都是要参加科举考试的人,故他对一些字词的解释有自己的创见。清人说《絜斋毛诗经筵讲义》:"其中议论切实,和平通达,颇得风人本旨。"②这是说袁絜斋解读《诗经》不纠结于词义,而着重于诗意的申发。

2.3　发挥《诗经》言外之旨

清人说:"昔人讥胡安国《春秋传》意主复仇,割经义而从己说。而燮则因经旨所有而推阐之,其发挥尤为平正。"③这里通过对比说明,絜斋解读《诗经》是有所发挥的。只是他的发挥并不过分,是根据《诗经》原有的基础而后发挥。絜斋的发挥主要在于揭示《诗经》的言外之旨。

《鸡鸣》本是赞美古代后妃之贤,能够警戒国君尽于职守。絜斋解读《鸡鸣》时说:"哀公荒淫怠慢,无道甚矣。此诗不直指其失,而惟以古之贤妃所以警其君者言之,知彼之为善,则知此之为恶。幡然自省,能改其过,是亦贤君也。呜呼,其善格君心之非者与?"④絜斋此言有内外两层意思:表面上是说此诗作者作诗之旨,是想让当时荒淫的哀公能够幡然醒悟,能够见古人之贤而思齐;内含着絜斋寄希望于宋宁宗,希望他能够修正自己的错误,有所感发。

《羔羊》一诗本是赞美郑国大夫官服富丽堂皇。絜斋从诗句中解出多重意味:一是官服象征着官阶,而官阶与人的才能品德应相称;二是郑国大夫

---

①　陈战峰:《宋代〈诗经〉学与理学》,陕西人民出版社 2006 年版,第 349 页。

②　《四库全书总目》卷 15,《文渊阁四库全书》,第 1 册,第 333 页。

③　《四库全书总目》卷 15,《文渊阁四库全书》,第 1 册,第 333 页。

④　〔宋〕袁燮:《鸡鸣篇》,《絜斋毛诗经筵讲义》卷 4,《文渊阁四库全书》,第 74 册,第 37 页。

为人琐琐碌碌,与所服官服并不相称,而诗人称颂官服,是希望郑国大夫有耻辱感,能够反省自身而改变自己的言行;三是郑国大夫人品与官服不相称,说明郑国国君认人不明;四是希望宋宁宗读此诗,能体会古人作诗之旨,而注意自己对人才的选拔与任用。这几重意思都是絜斋发挥出来的,但他的发挥又是以诗句为基础的。

以上我们考察了袁絜斋对《诗经》的解读。他是利用给皇帝讲解《诗经》的机会,尽可能地劝勉帝王有所作为,加强道德修养。真德秀在为其所写的《行状》称:"公谓人臣以经谊辅导人主,非徒诵说而已,因讲《诗》'二南',于先王正始之本,后妃辅佐之道,所以自身而家,自家而天下者,既敷演厥旨,深寓规儆之意。至列国'变风',有关乎君德治道者,亦委曲开陈,托其义以讽。"①这对于絜斋解读《诗经》,可谓概括准确。

① 〔宋〕真德秀:《显谟阁学士致仕赠龙图阁学士开府袁公行状》,《西山集》卷47,《文渊阁四库全书》,第1174册,第753页。

附录三

论絜斋的《尚书》学

一、引 言

在讨论絜斋的《尚书》学之前,需要关注一下宋代的《尚书》学。宋代《尚书》学很是兴盛。据学者王小红统计,"宋代《尚书》学著作有 430 余种"①。南宋时期读书人以《尚书》学取科者居多。绍兴二十九年(1159)朱倬奏言:"近者国学发解,凡六经人数通一千一百七十六人,而治《书》者七百七十有八人,余合五经之数不及其半,至于二《礼》若亡而仅有",请求"痛损《书》之有余以补二《礼》之不足"②。从这些数字对比中,我们也可以看出当时《尚书》学之盛况。

南宋时期《尚书》学盛行自有其原因。《尚书》本是夏、商、周三代政治文献,其最突出的特点就是谈论政治。《庄子·天下篇》曰:"《书》以道事。"《荀子·劝学篇》云:"《书》者,政事之纪也。"二者均指出《尚书》与政治事件的关联。由于宋政府实行重文轻武的治国方略,给予士大夫一定的参政议政的空间,读书人参与政治的热情高涨,故而参加科举考试的举子热衷于《尚书》学,"不亦宜乎"。

① 王小红:《宋代〈尚书〉学文献及其特点》,《图书与情报》2007 年第 6 期。
② 〔清〕徐松:《宋会要辑稿》选举四之三三,中华书局 1957 年版,第 5 册,第 4307 页。

　　当时明州地区学习《尚书》者甚众,科举考试时的竞争也格外激烈。絜斋说:"吾乡之士,习经术者惟《书》最众,三年大比,无虑数百人,以名贡者才一而止。"①学习《尚书》者如此之众,我们很容易就会推知如下三种情况:一是与其他地区相比,明州的《尚书》学水平比较高,所谓以数量而促质量。二是像袁絜斋能在如此残酷竞争的情况下脱颖而出,那他在全国自然也是《尚书》学方面的杰出者。三是《尚书》学在明州地区有讲学的市场。袁甫在《絜斋家塾书钞序》中曾描述当时学习《尚书》之情形:"甫自幼洎长,侍先君子侧。平旦集诸生及诸子,危坐说《书》。夜再讲,率至二鼓无倦容。"②袁絜斋作为《尚书》学竞争获胜者,回到故乡举办《尚书》学方面的讲座,听讲座的人夜以继日"无倦容",说明当时明州《尚书》学大有市场。

　　《尚书》学是袁絜斋的家学。南宋时期明州袁氏主要是以《尚书》教授后学,子弟也多以《尚书》取科,并且还有相关的著作。絜斋的父亲袁文、叔父袁章皆精通《尚书》,袁章以此传授乡里③。袁文长子袁觉有《袁氏家塾读书记》二十三卷,已佚,其内容"大略仿吕氏《读诗记》,集诸说,或述己意于后"④。袁觉之弟袁燮以《尚书》取科⑤,并在家塾中专门讲授《尚书》。袁燮之子袁乔"录其家庭所闻",编为《絜斋家塾书钞》十卷,另一子袁甫亦精通《尚书》,以此取嘉定七年(1214)状元。奉化的胡谦、胡谊兄弟师事袁絜斋,胡谊著有《尚书释疑》十卷⑥,已佚。而且袁絜斋的老师陆象山也特别钟意《尚书》学,他说:"吾之深信者《书》。"⑦

　　关于袁燮的《絜斋家塾书钞》,袁甫在其《序》中说:"是编为伯兄手钞,虽非全书,然发挥本心,大旨具在。"这说明两个问题:一是这书是袁絜斋在讲学时的即兴发挥,由他的儿子听课时做记录而来;二是在《絜斋家塾书钞》第一次刻版印刷时,就已经残缺不全。后来的《直斋书录解题》卷三、《宋史·艺文志》均著录为十卷。《直斋书录解题》称,袁燮之子袁乔"录其家庭所闻,

---

　　① 〔宋〕袁燮:《台州仙居县主簿戴君墓志铭》,《絜斋集》卷19,《文渊阁四库全书》,第1157册,第258页。

　　② 〔宋〕袁燮:《絜斋家孰书钞原序》,《文渊阁四库全书》,第57册,第629页。

　　③ 〔宋〕袁燮:《叔父承议郎通判常德府行状》,《絜斋集》卷16,《文渊阁四库全书》,第1157册,第222—223页。

　　④ 〔宋〕陈振孙:《直斋书录解题》卷2,《文渊阁四库全书》,第674册,第548页。

　　⑤ 《南宋馆阁续录》卷9。

　　⑥ 《成化宁波郡志》卷8《胡谦传》。

　　⑦ 〔宋〕陆九渊:《语录上》,《陆九渊集》卷34,中华书局1980年版,第403页。

至《君奭》而止"。《四库全书总目》卷一一一谓:"明叶《盛菉竹堂书目》尚存其名,而诸家说《尚书》者罕闻引证。知传本亦稀。"①我们今天所能见者《文渊阁四库全书》本《絜斋家塾书钞》十二卷,为《永乐大典》辑本。

今所见《絜斋家塾书钞》并非全本。全书止于《君奭》,其中《五子之歌》、《胤征》、《汤誓》、《仲虺之诰》、《伊训》、《梓材》诸篇全缺,其他如《禹贡》、《盘庚》、《洪范》、《康诰》、《洛诰》、《多士》等部分缺佚。《御题袁燮〈絜斋家塾书钞〉》说:"惜未联全璧,幸仍拣碎金。"②我们也只能从今日所能见的文字中,来考察絜斋的《尚书》学。

北宋科举考试鼓励考生讲求经义,南宋时期受民族危机的激发,知识分子思想更加活跃。学者在授课讲经时,既要引用诸家杂说,又须断之以己意,常常都不愿意承袭旧说,落入他人窠臼,各种新思想新学说层出不穷。絜斋对《尚书》的诠释,也融入了自己的思考。研读《絜斋家塾书钞》,我们可以看到两方面内容:一是宣扬心学之说;二是解释三代制度。另外,我们还能看到絜斋解读《尚书》的特点。下面依此三点展开讨论。

二、宣扬本心之说

袁絜斋师尊陆象山,于心学有相当的造诣,故其解读《尚书》,他的本心学说自然从他胸中流淌出。絜斋宣扬本心之说,是基于他对人生的一种看法。他在解释《盘庚中》中的"往哉生生"时,曾如是说:

> 《易》曰:"生生之谓易。""生生"二字,不可不子细看,内外精粗,皆在其中。……得以安居乐业,室家相保,此亦生。然所谓生不特是活在世上,永底烝民之生,此之谓生岂徒具其形生而已哉?苟不明道理,虽生无以异于死者,如此说"生"又进一步。若更向上说,则为善而进进不已,日新又新,有无穷之意焉。此所谓"生生"也。③

絜斋在此将人之生命分为三种层次:
第一层次的人贪图的是"安居乐业,室家之保",看重的是人的生物学意

---

① 《四库全书总目》卷11,《文渊阁四库全书》,第1册,第261页。

② 〔宋〕袁燮:《絜斋家塾书钞》卷首,《文渊阁四库全书》,第57册,第627页。

③ 〔宋〕袁燮:《絜斋家塾书钞》卷6,《文渊阁四库全书》,第57册,第779页。

义上的生命。生物学意义上的生命是人生命的基础，人没有肉体生命，就谈不上其他一切。但是肉体生命只是人生命中的最低层次，如果一个人只生活在这个层次上，那他的生命"徒具其形生而已"，"虽生无以异于死者"。

第二层次的人是"明道理"，这是社会学意义上的生命。这种层次是生活于社会上的人所应达到的一种平均水平。不能达到这个层次的人，就是不明事理的人。不明事理的人，是很难在社会上立足的。

第三层次的人是"为善而进进不已，日新又新"。首先是"为善"，这关乎人的生死。絜斋说："生底人极难得。谁不活在世上，然生者极少，盖才为不善，虽生无以异于死。"[1]这就是说，只有为善，才是真正的生。为善而且不已，这是一种本体论意义上的生命。这是人生命中的高层次，是依照自我"本心"去生活。这是圣人所达到的生命层次，也是大多数人所企望达到的层次。

在絜斋看来，人人均可达到圣人境界，因为人人具有"本心"。絜斋说：

> 此心不特舜有之，人皆有之，所谓孩提之童无不知爱其亲者。盖降衷而生，此正是人秉彝之良心，但人有此心，不能保养。孩提之童所以爱其亲如此之切者，本心之良未丧而得于天者全也。后来外物汩之，是以良心昏塞。舜之所以为圣，只是不失其良心而已。[2]

这段文字包含有四个意思：

其一，人人具有"良心"，其证据是"孩提之童无不知爱其亲"。由人人具有"良心"，我们可以推知"良心"是为人之根本。絜斋说："总言之则曰人，指其主宰言之则曰心，心即人也，人即心也。"[3]絜斋在此提出"心即人，人即心"，指出"良心"与人是相互定义的。"良心"一定意义上也可以称为"德"，"凡得于心者皆德也"[4]。絜斋说："盖德虽民所固有，然良心善性至微而未著，至小而未大也。在上位者有以启迪教化之，使微者日著，小者日大。"[5]"德"是人的素质，有一定的先天基础，更需要后天培养。陆象山也说："《尚书》一部，只是说德。"[6]

① 〔宋〕袁燮：《絜斋家塾书钞》卷3，《文渊阁四库全书》，第57册，第701页。
② 〔宋〕袁燮：《絜斋家塾书钞》卷1，《文渊阁四库全书》，第57册，第636页。
③ 〔宋〕袁燮：《絜斋家塾书钞》卷12，《文渊阁四库全书》，第57册，第909页。
④ 〔宋〕袁燮：《絜斋家塾书钞》卷5，《文渊阁四库全书》，第57册，第760页。
⑤ 〔宋〕袁燮：《絜斋家塾书钞》卷6，《文渊阁四库全书》，第57册，第783页。
⑥ 〔宋〕陆九渊：《语录下》，《陆九渊集》卷35，中华书局1980年版，第431页。

其二，人之"良心"源于"降衷"。"降衷"的主体是"天"。"天"乃万物总根源，一切事物都是由"天"而生，其中人是得"天"之全者。天在赋予人生命的同时，也将"衷"降落在人生命里。"衷"也就是"中"的意思，也就是天理。絜斋说："衷之义与中同，皆只是人心。天下之至中者，人心也。是中也，天得之而为天，人得之而为人，初非是两个。谓之降衷，则是在天者降而在民。"①"良心"由"天"而"降衷"，故人与"天"本为一体，与万物本为一体。在絜斋看来，有人将人与天分为二，那是自拘于形迹。

其三，人出差错是由于"良心昏塞"，也就是"良心"被遮住了而发不出灵光，被堵住了而不能相通。"良心昏塞"是由于"外物汩之"。絜斋说："人心日与物接，则易为物所诱。孟子所谓'物交物则引之而已矣'。或动于喜怒，或牵于富贵，或移于声色，安得而不危？"②人被物所诱，也就迷失了"本心"，自然会出现千差万错。

其四，圣人看起来高远，其实也就是"不失良心"。"不失良心"，便是"良心"能时时呈现而无间断。"良心"呈现，便是"聪明"。絜斋说："惟聪明，则所为者无复有失，所听者罔非德言，而人之情伪亦不能逃焉。"③"聪明"便是无差错，时时"聪明"便是时时无差错，这就是"天之聪明"。絜斋说："人之聪明有时而不聪明，天之聪明则无时而不聪明，利欲昏之，外物夺之，人固有时而不聪明矣。"④

既然"良心"为人所固有，那就应该固守之。如有所迷失，那也应该恢复之。于是人需要修身。在絜斋看来，"修"就是修补的意思。"修者如衣破则补之，器坏则修之，人有此身，要须当修治，去其恶而长其善，补其阙而归于全。"⑤修身就是"求其放心"，也就是培养道德。修身首先要有"念"。絜斋说：

　　修身之道，要须是能念，然后其德日进。⑥

这个"念"也可以说是"正念"，即进德修业之念，即求其"本心"之念。有些人有这样一种想法，认为我不管什么"本心"，只管一心去做好事，去做善

① 〔宋〕袁燮：《絜斋家塾书钞》卷5，《文渊阁四库全书》，第57册，第738页。
② 〔宋〕袁燮：《絜斋家塾书钞》卷2，《文渊阁四库全书》，第57册，第674页。
③ 〔宋〕袁燮：《絜斋家塾书钞》卷1，《文渊阁四库全书》，第57册，第630页。
④ 〔宋〕袁燮：《絜斋家塾书钞》卷7，《文渊阁四库全书》，第57册，第790页。
⑤ 〔宋〕袁燮：《絜斋家塾书钞》卷3，《文渊阁四库全书》，第57册，第681页。
⑥ 〔宋〕袁燮：《絜斋家塾书钞》卷2，《文渊阁四库全书》，第57册，第665页。

事,这大概可以提高自我道德境界吧。絜斋说:"未得我之本心,徒然有意为善,伣伣专一以守之,亦未必是也。"①如果一个人只是一心念着去做善事,而不去追求所谓的"本心",那么他所做的也未必一定就是好事。譬如说,父母爱自己的孩子,给他吃的给他喝的给他钱用,这看起来是爱孩子,其实是害孩子。没有"本心"来作最后裁决,人常常是好心办坏事。因此,归根结底还是要提高自己的道德水平。

"念"不是嘴上念念有词,也不是心里守住一个念头,而是人的生命中有这样一种倾向或者趋势——那就是将修身当作第一要紧的事。而且絜斋认为,这种"念"需要时时保持,不能有所间断。他说:"古之为学者,造次必于是,颠沛必于是,造次颠沛之间,念念于学工夫,诚不可有所间断也。有所间断,不成工夫。何则? 今日为善,明日为恶,朝而为善,暮而为恶,则所谓为善者皆莫之见,以其为不善者所间也。惟无所间断,然后其道始积,日积则富矣!"②"工夫"与"本体"相对。"本体"就是指人的"良知",就是人的道德,也是指人的素质。"工夫"是用来培植"本体"的。人做善事,当然是在下"工夫"。行善被为恶所间断,絜斋说"为善者皆莫之见",不是指"为善"这一行为本身,而是指"为善"对于涵养人之"本体"的效果便没有了。因此说"有所间断,不成工夫"。

要做到念念不忘,主要依靠个人主观努力,也可凭借外在提醒。絜斋说:"古人盘有戒,几杖有铭,不曾顷刻自放于法度之外。"③我们也可以触类而长之,古人所戴的玉佩、所穿的衣服,无不是起到某种提示与警醒的作用。更重要的是要多交往朋友。曾子曰:"君子以文会友,以友辅仁。"④这里的"文"不是文采词藻,而是指"道","彝伦之懿,粲然相接者,皆文也。"⑤朋友之间可以相互切磋琢磨,从而达到共同提升道德境界的目的。 如此看来,那么"凡耳之所闻,目之所见,无非是我进德处,如此则吾德之进其可量哉?"⑥

絜斋所强调的这个"念"不是悬空的,实际上就是一种"谨"。絜斋说:

---

① 〔宋〕袁燮:《絜斋家塾书钞》卷5,《文渊阁四库全书》,第57册,第760页。
② 〔宋〕袁燮:《絜斋家塾书钞》卷7,《文渊阁四库全书》,第57册,第798页。
③ 〔宋〕袁燮:《絜斋家塾书钞》卷1,《文渊阁四库全书》,第57册,第644页。
④ 《论语·颜渊》。
⑤ 〔宋〕袁甫:《蒙斋集》卷1,《文渊阁四库全书》,第1175册,第336页。
⑥ 〔宋〕袁燮:《絜斋家塾书钞》卷5,《文渊阁四库全书》,第57册,第761页。

修身之道必贵乎谨,战战兢兢,如临深渊,如履薄冰,此所谓谨也。①

"谨"也就是"敬",是人的一种心理状态,临深履薄就是这种心理状态的典型案例。只要进入"敬"的状态,"本心"就会自然呈现。正如絜斋所说:"盖方其致敬,此心即天心也。"②"天心"即是人天生本有之心,即是"良心"(或者说"本心")。他还说:"人之本心,其实正直,如坦途然,安有一毫私曲?然人有许多偏私,有许多邪念,千机万械,纷纷扰扰者,何故? 只缘是不敬。"③"本心"不能呈现,只是因为"不敬"。与"敬"相对的就是"忽"。絜斋说:"敬而不忽谓之治,忽而不敬谓之乱。"④"忽"即是忽略人的"本心",故而会出现乱。"敬"与"精"也有关联。絜斋说:"十分子细,不敢一毫忽略,是之谓精。圣贤工夫直是精密,今人所以有过,不精故也。"⑤"敬"也可以叫作"警戒"。絜斋说:"尧之圣神文武,先原是警戒中来。警戒不怠,行之也久,习之也熟,所谓神圣文武已在是矣。"⑥

"敬"只是用来形容"本心"呈现的状态,人心又如何去"敬"呢? 凭空是无法去守一个"敬"的心理状态,"求道初不在高远,只在眼前"⑦,也就是要见之于躬行。故絜斋说:

> 夫有此德,须著行于躬行,未能躬行,不足以谓之德。⑧
>
> 君子以成德为行,日可见之行也。有所得而见于躬行,夫是谓之德行。⑨
>
> 自谓高明广大,而不足以开物成务,非德也。⑩

絜斋在"德"与"行"方面表达了几层意思:

第一,"德"依赖于"行"。"有此德"是认识到一个道理,但必须要亲身实践,然后才有可能将认识到道理内化为自己的道德。如果不经过"躬行",那

---

① 〔宋〕袁燮:《絜斋家塾书钞》卷3,《文渊阁四库全书》,第57册,第681页。
② 〔宋〕袁燮:《絜斋家塾书钞》卷5,《文渊阁四库全书》,第57册,第751页。
③ 〔宋〕袁燮:《絜斋家塾书钞》卷1,《文渊阁四库全书》,第57册,第654页。
④ 〔宋〕袁燮:《絜斋家塾书钞》卷3,《文渊阁四库全书》,第57册,第699页。
⑤ 〔宋〕袁燮:《絜斋家塾书钞》卷2,《文渊阁四库全书》,第57册,第675页。
⑥ 〔宋〕袁燮:《絜斋家塾书钞》卷2,《文渊阁四库全书》,第57册,第665页。
⑦ 〔宋〕袁燮:《絜斋家塾书钞》卷2,《文渊阁四库全书》,第57册,第665页。
⑧ 〔宋〕袁燮:《絜斋家塾书钞》卷3,《文渊阁四库全书》,第57册,第684页。
⑨ 〔宋〕袁燮:《絜斋家塾书钞》卷3,《文渊阁四库全书》,第57册,第680页。
⑩ 〔宋〕袁燮:《絜斋家塾书钞》卷3,《文渊阁四库全书》,第57册,第684页。

么所获得的道理只是闻见之知,而不是"真知"。正如絜斋所言:"大抵人之于道,必贵乎真知。能真知之,方可谓之明哲。"①

第二,"行"依赖于"德"。"以成德为行",意思是说凡是可以涵养人道德的都是"行"。这种"行"包括人的心理行为与身体行为。说具体一点,人的社会实践、读书写文章、静坐默想、反省改过、举办祭祀等②,都应该算作"行"。反过来,那些心不在焉的行为,虽然外面看来有"行"之形式,但与人的道德培养无涉,那就不是"行"。

第三,"德"必须见之于"行"。"高明广大"是描绘人素质的词语,指向人之"德"。"开物成务"是指人之"行",它包含范围甚广,不仅拘限在惊天动地的丰功伟业,平常人尽自己的本分也是"开物成务"。高明广大之"德"必发之于开物成务之"行",然后才有可能被人所知。古人"德行"并称,可见此两者密不可分。与此相应的,古人还将"功德"连缀。絜斋说:"功与德本不可分,成己处便是德,成物处便是功。"③这是说人之践行,同时有两方面的功效:一是成己,这便是进德;二是成物,这便是成功。功与德又如何分得开?絜斋说:"古人内而修身,外而建功立业,若远若近,皆无所往而不取,如此方才至当,方才契勘得是。"④

人经过践行来培养自己的道德,而且这是一个由低到高、日积月累的过程。絜斋说:

> 所谓圣人固诚高矣,然所以高者,乃实自近始,惟其勉勉不已,是以日进于高明广大。⑤

圣人境界固然是高明广大,但圣人境界的获得是从平常日用中开始的,关键是要"勉勉不已",经过日积月累,然后才有可以达到极高境界。絜斋反复强调圣人的这种生命状态,他说:"所谓圣人,亦惟不已而已。"⑥他还说:"圣人之所以为圣,只有一个勤,才不勤便有间断,才间断便有过失。"⑦他还

---

① 〔宋〕袁燮:《絜斋家塾书钞》卷7,《文渊阁四库全书》,第57册,第786页。
② 絜斋说:"敬承祭祀,乃所以存吾心。"(《絜斋家塾书钞》卷5,《文渊阁四库全书》,第57册,第742页)
③ 〔宋〕袁燮:《絜斋家塾书钞》卷2,《文渊阁四库全书》,第57册,第674页。
④ 〔宋〕袁燮:《絜斋家塾书钞》卷10,《文渊阁四库全书》,第57册,第862页。
⑤ 〔宋〕袁燮:《絜斋家塾书钞》卷3,《文渊阁四库全书》,第57册,第703页。
⑥ 〔宋〕袁燮:《絜斋家塾书钞》卷3,《文渊阁四库全书》,第57册,第693页。
⑦ 〔宋〕袁燮:《絜斋家塾书钞》卷10,《文渊阁四库全书》,第57册,第847页。

说："所谓圣人者无他,只一个不住。这便是圣人朝夕勉勉,常自见其不足,而安敢以为无所疑也。"①絜斋所说的"勤"、"不住"、"不已",都是用来形容圣人进取不息的精神状态。而且圣人进取不息的精神状态,与天地精神是一脉相通的。絜斋说:"天之所以为天,以其自古至今运行不已也;圣人之所以为圣人,亦只是一个不息。才有一毫自己之心,便是息,便不是圣人矣。"②

只要工夫到了,人自然会臻于圣人之域。达到圣人境界,除了没有差错以外,圣人还可以收获创新、安宁、真乐和长寿。絜斋说:

> 大抵天理自是纯一,终始能保守此一,则亦终始常如此之新。③
> 德盛仁熟,终日周旋不出于规矩准绳之内,而无一毫辛苦勉强之意,夫是之谓安。④
> 盖俯仰无愧,其中泰然,自有可乐者,此天下之真乐也。⑤
> 工夫既到,有可延年之理。⑥

既然工夫到了,一个人能够养得自家"本体"纯一不杂,此时的人心即是天理。此时人心自会知是知非,无一点过错,自是创新不已,生生不息。这个时候,此人也可以称得上是"德盛仁熟",他有极高的素质,极强的能力。这样的人遇到任何问题,都能够从容面对,处置得当,不会有一毫辛苦勉强,其内心始终是安宁、协和。这样的人能将自己的能量充分发挥出来,而且发挥得无不是恰到好处,畅快淋漓,他本人也得到快感,这是由衷而发出来的快乐。絜斋说:"与天为一,一物不留,是以享天下之至乐。"⑦一个人内心安宁,而且始终快乐,哪有不长寿之理? 孔子说"仁者寿",《中庸》说"有大德者必得其寿",说的就是这个道理。有人或许以颜回之夭、盗跖之寿来怀疑这一点,但絜斋说:"回之夭,跖之寿,特一二事尔。造化之大,岂可以一二事论哉?"⑧这意思是说,颜回之短命,盗跖之长寿,只是一两个特例,就一般情形而言,有德者必有寿。

---

① 〔宋〕袁燮:《絜斋家塾书钞》卷9,《文渊阁四库全书》,第57册,第840页。
② 〔宋〕袁燮:《絜斋家塾书钞》卷1,《文渊阁四库全书》,第57册,第651页。
③ 〔宋〕袁燮:《絜斋家塾书钞》卷5,《文渊阁四库全书》,第57册,第759页。
④ 〔宋〕袁燮:《絜斋家塾书钞》卷1,《文渊阁四库全书》,第57册,第631页。
⑤ 〔宋〕袁燮:《絜斋家塾书钞》卷12,《文渊阁四库全书》,第57册,第901页。
⑥ 〔宋〕袁燮:《絜斋家塾书钞》卷2,《文渊阁四库全书》,第57册,第668页。
⑦ 〔宋〕袁燮:《絜斋家塾书钞》卷5,《文渊阁四库全书》,第57册,第758页。
⑧ 〔宋〕袁燮:《絜斋家塾书钞》卷8,《文渊阁四库全书》,第57册,第834页。

三、解释三代制度

《尚书》乃上古文献资料之汇编，其中记录了唐虞三代的政治行为和政治语言。絜斋解读《尚书》，既要揭示二帝三王之治道，又要让后来者从中获得有益借鉴。在絜斋看来，二帝三王之政都是从心上发出来的。他说：

> 非独盘庚，尧舜三代治天下皆是从人心上做起，初不曾外人心而他求。①

这里的"人心"当然是指人之"本心"。"从人心上做起"包含两方面内容：一方面，当权者注意涵养自我"本心"（内不失己）。絜斋让人们将后世的政府诏告与三代时作一个比较，人们就会发现："只如汉家诏令自与三代时不同，此无他，圣人之言发于此心，后世之言皆逐于末流，则其广狭大小固自不同也。"②另一方面，当权者要顺应民心（外不失人）。当权者有什么举动，必须在民心上做工夫。絜斋说："盖圣贤举事，必欲斯民晓然于心，欣然乐从，故使之皆得以陈其利害，然后于是而开导谕告之。"③既要涵养"本心"，又要顺应民心，这两方面相互贯通。当权者只有做到自心清明，然后才有可能真正做到顺应民心；当权者只有在顺应民心的实践中，才有可能发明自我"本心"。在古人看来，得之于心谓之德，将"本心"发于为政即为德政。因此絜斋说：

> 三代之王皆积德而后兴。④
>
> 自古圣人立大功业于天下，未有不本于德者。德惟善政，政在养民，本于心术之精微，见于躬行践履，如此而后立天下之大功，皆本原之所发也。⑤

三代政权的建立，是依靠"积德"而来。根源于德的政治才是"善政"，而善政的根本在于"养民"。"养民"之"养"字意味深长。絜斋说："匹夫匹妇，

---

① 〔宋〕袁燮：《絜斋家塾书钞》卷6，《文渊阁四库全书》，第57册，第775页。
② 〔宋〕袁燮：《絜斋家塾书钞》卷5，《文渊阁四库全书》，第57册，第760页。
③ 〔宋〕袁燮：《絜斋家塾书钞》卷6，《文渊阁四库全书》，第57册，第766页。
④ 〔宋〕袁燮：《絜斋家塾书钞》卷8，《文渊阁四库全书》，第57册，第820页。
⑤ 〔宋〕袁燮：《絜斋家塾书钞》卷4，《文渊阁四库全书》，第57册，第730页。

鳏寡孤独,有一人不能自遂,不可以言养。"①这就是说,不仅让人民吃喝穿住无忧,而且还要让人民心情愉快;不仅使人民生活幸福,而且使人人具有士君子之行。这才是真正的"养民"。二帝三王有如此的"养民"观念,是基于"君民一体"的意识。絜斋说:

> 君民一体也,民固不可无君,君亦不可无民。②

君权大势重,是那么的高不可攀;民供人驱使,是那么的卑微矮小。但君不能因此而贱视民,因为君民本是一体。民不能无君,因为"惟民有欲,无主乃乱,故生聪明之主以治之,则乱民者乃人主之职事也。"③反过来,君也不能无民,无民之君便不称其为君。因此,孟子说:"民为贵,社稷次之,君为轻。"④认识到"君民一体",国君就应该尊重人民,要像尊重"天"一样去尊重人民。絜斋说:

> 天即民也,民之心即天之心也。⑤

民即天所生,尊民即是尊天。当权者违反民心,人民就会起来革当权者的命,人民是国君的真正的"天"。《尚书》中"天视自我民视,天听自我民听",也是从历史事实中总结出来的。古人在祭天之时都有一颗肃穆敬畏之心,以此敬天之心来敬民,那就转化为使民无怨和导民进入为善之域。絜斋说:

> 古人兢兢焉,求民之无怨。⑥
>
> 当宽大,不要促迫,广大优游,使天下皆在吾生育之中,日入于善而不自知。苟促迫之,则民虽欲为善,难矣。⑦

"求民之无怨",说起来简单,做起来不易。让天下都没有怨言,也就是让人人都能够适性去生活。这样的政治总体特点就是"宽大",让百姓有发展的空间。一是向老百姓收赋税要慎重。絜斋说:"观'底慎'二字,见得先

---

① 〔宋〕袁燮:《絜斋家塾书钞》卷 2,《文渊阁四库全书》,第 57 册,第 665 页。
② 〔宋〕袁燮:《絜斋家塾书钞》卷 5,《文渊阁四库全书》,第 57 册,第 747 页。
③ 〔宋〕袁燮:《絜斋家塾书钞》卷 7,《文渊阁四库全书》,第 57 册,第 790 页。
④ 《孟子·尽心下》。
⑤ 〔宋〕袁燮:《絜斋家塾书钞》卷 8,《文渊阁四库全书》,第 57 册,第 812 页。
⑥ 〔宋〕袁燮:《絜斋家塾书钞》卷 11,《文渊阁四库全书》,第 57 册,第 878 页。
⑦ 〔宋〕袁燮:《絜斋家塾书钞》卷 2,《文渊阁四库全书》,第 57 册,第 671 页。

王所以取于民者，与后世大不同。"①当权者掌控全社会资源的调配权，向民众收取一定的税赋，以供政治运作之需，也是事所必至理在当然。但是，历史上更多的当权者是搜刮民脂民膏，以供自己之纵欲。《尚书》中的"底慎"就是要当权者取于民有所节制。二是要将民事放在首位。《尚书·尧典》记载，尧与大臣议事，第一件便是："乃命羲和，钦若昊天，历象日月星辰，敬授民时"。絜斋认为，这体现了"设官分职，以为民极，民之外复有何事？"②三是要教化民众一心向善。絜斋说："且唐虞三代之盛，四方风动，民协于中，陶冶天下，人人有士君子之行。"③唐虞三代之时，能够四方风动，这首先需要在上者自己做得正，然后才能上行下效，在天下形成良好风气，然后才有可能"人人有士君子之行"。

要实现"民而无怨"的目标，关键还是要有一个好的领导团队。在这个领导团队中，国君当然是权力的核心，其次还要有一帮大臣，故而君臣关系也是一个重要话题。首先，国君应如何去选拔任用大臣呢？絜斋说：

> 唐虞用人与后世不同。用一人焉必采之公论所与，则其人之贤可知矣。然后从而用之，此其与天下为公之意，安得一毫私意介乎其间？④

国君用人要听之于公论，公论好则用之，公论不好则去之，这体现了公正无私的精神，也体现了天下为公的宗旨。中国历史上那些帝王常常任人唯亲，这就是据天下之公器而行个人之私欲。在倾听公论以后，国君还应从实践中来看一个人才能。尧在任用舜时，听说他的贤德才能，先试之以二女，又试之以诸难，看到舜都应对自如，然后传位给舜。絜斋感叹道：这就是"唐虞用人之法也"⑤。看一个人，不是看他说的，而是看他做的，只有从实践中才能真正发现人才。人不可能十全十美，对人才也不能求全责备。絜斋说："盖天下贤有德之人未必能办事，而才能足以集事者又未必皆有德，所以古人两者兼用，未尝偏废焉。"⑥理想中的社会应该是物尽其用，人尽其才。对于那些有缺陷的人，也要让他们尽可能地发挥自己的能量。只有采用这种包容的心态，然后才会发现每个时代都有自己的人才。

---

① 〔宋〕袁燮：《絜斋家塾书钞》卷4，《文渊阁四库全书》，第57册，第729页。
② 〔宋〕袁燮：《絜斋家塾书钞》卷1，《文渊阁四库全书》，第57册，第632页。
③ 〔宋〕袁燮：《絜斋家塾书钞》卷10，《文渊阁四库全书》，第57册，第865页。
④ 〔宋〕袁燮：《絜斋家塾书钞》卷1，《文渊阁四库全书》，第57册，第652页。
⑤ 〔宋〕袁燮：《絜斋家塾书钞》卷1，《文渊阁四库全书》，第57册，第641页。
⑥ 〔宋〕袁燮：《絜斋家塾书钞》卷8，《文渊阁四库全书》，第57册，第824页。

一旦选拔任用了一个人，就应该对他充满信任，就应该放手让他去发挥，这里涉及一个"久任"的问题。絜斋说：

> 古者用人必迟之以久，惟久则其谋虑精详，其规划端审，其所为者皆悠远之事业。①

用人"迟之以久"，被任用者便会有一个长远谋划，这有利于国家事业的发展。任人不能"迟之以久"，便会诱导被任用者去追求眼前的功利，做表面的文章，这对社会对国家对人民都是有百害而无一利。任人不能"迟之以久"，还有一个信任问题。国君不能做到真正知人，就希望在短时间内看到被任用者做出业绩。对于那些确实有能力的人，当权者又担心自己的大权旁落，通过频繁换人来防止下臣擅权。总之，任用大臣不能"迟之以久"，说明国君藏有私心。国君任用大臣，还要注意不能侵权。絜斋说：

> 大抵唐虞三代之世，股肱耳目皆臣下为之，秦汉以后股肱耳目皆人主自为。臣下为之，是谓明乎君道；人主自为，是谓侵臣之职。②

君臣本是一体。如果说臣下是股肱耳目，那国君就是大脑。人体之中，股肱耳目有股肱耳目的功能，大脑也有大脑的功能。对于一个政权来说也是如此，国君有国君的本分，臣下有臣下的本分。而历史上一些贪权的国君，总是越俎代庖，去做本应该臣下去做的事情。国君事必亲为，这不是有多么勤快，而是不明君臣之分。以絜斋的意思，国君要牢记的就是一个"简"字，他说："临下以简，此四字是万世君上之大端。"③舜垂拱而治，就是这个"简"字的最好注脚。这个"简"也不是什么事也不做，采取放任的态度，而是抓住纲领性的东西，那就是知人、安民。絜斋说："知人安民，古今为治大端不出此二者矣。"④

君臣关系最好应如"匹偶"。絜斋说：

> 三代之际，君臣之间相视如匹偶，有一体之义。秦汉以后，凛然以势分相临，而师友之道丧，不见其为偶者矣。⑤

---

① 〔宋〕袁燮：《絜斋家塾书钞》卷1，《文渊阁四库全书》，第57册，第657页。
② 〔宋〕袁燮：《絜斋家塾书钞》卷3，《文渊阁四库全书》，第57册，第696—697页。
③ 〔宋〕袁燮：《絜斋家塾书钞》卷2，《文渊阁四库全书》，第57册，第671页。
④ 〔宋〕袁燮：《絜斋家塾书钞》卷3，《文渊阁四库全书》，第57册，第691页。
⑤ 〔宋〕袁燮：《絜斋家塾书钞》卷12，《文渊阁四库全书》，第57册，第914页。

　　所谓"匹偶",是指君臣不能相离。一个国君如果没有一帮好的大臣帮衬,他的道德提升就成了问题,他的权力意志也无法有效发挥出来。反过来,国君是社会权力的来源,得不到国君的信任,再有本事的大臣也是一事无成。故而絜斋说:"反复玩诵,而君臣相须之义见矣。"①当然,在君臣之中,国君始终处在主动地位,应将大臣们当作自己的邻居。《尚书》有言"臣哉邻哉,邻哉臣哉",絜斋解释说:

　　　　邻之一字直是相亲,有师友之义。古者五比为邻,言邻取其亲也。君尊臣卑,固是定分,但才尊君卑臣便不得。②

　　"君尊臣卑",在儒家看来,是天经地义的。儒家这个观点有其合理的成分,等级之设置是一切政治权力运行的必备条件。试想,如果君臣有着同样的权力,那么这个政权如何运作呢? 在君尊臣卑前提下,国君应将大臣当作自己可亲近的邻居,当作对自己有助益的师友。如果国君只是高高在上,唯我独尊,那么君臣交流就不可能顺畅,权力运作也就没有活力。因此,絜斋说:"君臣之分,可谓至严,然亦须是情意相通乃可,岂可专于严也哉?"③这里的"情意相通"不是简单的思想情感沟通,而是在共同追求道义的基础上生命的融合。三代时太甲曾拜过伊尹,成王拜过周公,絜斋说:"以君拜臣,此等气象,惟唐虞三代为然,在后世则无矣。"④由此可见,古人以君拜臣,拜的是道义。反过来,大臣对国君说话也要委婉一些。絜斋说:"古大臣告君,未必皆一一正言直指,只是使人主自有会于心。"⑤正言直指,多少有些伤情面,君臣之间就不是那么和谐了,这就不是一种理想状态。那么,君臣如何能做到和谐呢? 絜斋说:

　　　　唐虞三代君臣之际,可谓和矣。君臣咸有一德。⑥

　　这是从根本上来说的。"一德"是指人的纯一之德,即人之"本心"。"君臣咸有一德"是指君臣都成了圣贤,大家说话做事都是从自己的"本心"发出。人的禀赋各有不同,但人之"本心"是相同的。如果人人都是听从自己

①　〔宋〕袁燮:《絜斋家塾书钞》卷2,《文渊阁四库全书》,第57册,第673页。
②　〔宋〕袁燮:《絜斋家塾书钞》卷3,《文渊阁四库全书》,第57册,第696页。
③　〔宋〕袁燮:《絜斋家塾书钞》卷3,《文渊阁四库全书》,第57册,第690页。
④　〔宋〕袁燮:《絜斋家塾书钞》卷3,《文渊阁四库全书》,第57册,第710页。
⑤　〔宋〕袁燮:《絜斋家塾书钞》卷7,《文渊阁四库全书》,第57册,第802页。
⑥　〔宋〕袁燮:《絜斋家塾书钞》卷5,《文渊阁四库全书》,第57册,第759页。

"本心"的召唤,那么君臣之间就不会出现违逆冒犯之事,那么君臣之间自然就达到理想的和谐状态。做到君臣和谐并不是目的,君臣和谐是为了更好地运作权力。絜斋说:

> 既不若商鞅之徒咈人从己,无复宽大气象;又不若宋襄公之徒柔弱委靡,不能有所建立。其宽也温然如春,其严也肃然如冬,既使人爱之,又使人畏之,如此方是儒学,方是王道纯粹处。①

这里实际上是在谈论权力运作要把握一个度的问题。权力运作既不能太强势,如商鞅变法不顾众议而强力推行;也不能太软弱,如宋襄公那样无所作为。在宽与严之间,要把握一个分寸和火候,做到既不过又无不及。权力运作团体要做到这一点,当然要依靠团体的能力和智慧,也就是他们的政治素质。絜斋还说:

> 二帝三王治道之隆无他故焉,识其先后之序而已。……观舜嗣位之始,先之以求言,次之以民食,其所先者惟此二事,治道纲领可识矣。②

施展权力也有一个轻重缓急的问题。人要想知道轻重缓急,就必须诉之于理性。治理国家需要情感的激荡,但更不能缺乏理性的引导。舜继位先是求言,接着以民食,可见他治理天下抓住了要害。治理国家不是一件轻易的事,犹如朽索驭奔马,一点都不能大意马虎。古代圣贤治理国家如此小心翼翼,就是事事求一个恰当。如絜斋所言:

> 盖静观义理之当然,循理而行,未尝容一毫之私,此便是行其所无事。③

这里的"静观"值得玩味。"静"是指没有私欲私见,内心清静;"观"不仅是凭肉眼去观察,更要用内心去感悟。"静观"不是置身于事外,而是要在社会实践当中去通时达变。如此这般获得"义理之当然"的同时,就"循理而行"。这样的"行"好像是"行其所无事",因为只是做自己分内事,而不是做多余的事。相传舜垂拱而治,大概便是这样。当然,这里的"行其所无事"并不是不作为,正如絜斋所言:"大抵禹之治水,既因其自然,亦参以人事。"④大

① 〔宋〕袁燮:《絜斋家塾书钞》卷6,《文渊阁四库全书》,第57册,第770页。
② 〔宋〕袁燮:《絜斋家塾书钞》卷1,《文渊阁四库全书》,第57册,第647—648页。
③ 〔宋〕袁燮:《絜斋家塾书钞》卷4,《文渊阁四库全书》,第57册,第724页。
④ 〔宋〕袁燮:《絜斋家塾书钞》卷4,《文渊阁四库全书》,第57册,第723页。

禹治水是一项了不起的工程，关乎着华夏民族的存亡。但大禹所做的也只是"因其自然"。"自然"是"义理之当然"，"自然"本身便包含着人事。

总而言之，三代政治是由人的"本心"发出来的，故而这是一个理想的和谐的社会。絜斋说："盖古之时，上下之间此心相孚，上有言焉，人无敢不信。后世上下相疑，平时不曾做得工夫，一旦如何以空言动得人？"①有时候三代圣贤也会说到一个"杀"字，但絜斋解释说："此亦非是果杀之也，将以耸动商人，使之知所畏惧，其言不得不如是尔。"②三代时有如此美好社会，故而陆象山说："唐虞三代之时，道行乎天下。"③陆象山也对这种社会表达了无限神往："所愿上而王公大人，下而奔走服役之人，皆不失其本心，以信大义、成大业，则吾人可以灌畦耕田，为唐虞成周之民，不亦乐乎？"④

四、絜斋解读《尚书》的特点

以上我们讨论了絜斋解读《尚书》时对絜斋"本心"的宣扬和对三代政治的解释，这些同属于《絜斋家塾书钞》的思想内容。接下来，我们将考察絜斋解读《尚书》的特点。解读经典，一般是从文字训诂开始。絜斋对于《尚书》的一些字句做过深度解析。如《太甲》之《序》曰："太甲既立，不明，伊尹放诸桐。三年复归于亳，思庸伊尹，作太甲三篇。"絜斋重点解释其中的"放"字，他说：

> 伊尹使太甲居于桐宫，本非是放，盖其意以为居于深宫之中，日与妇人女子相处，凡所以熒惑其耳目，感移其心志者，要非一端而止，虽欲悔过，亦不可得，迁之桐宫，远纷华靡丽之习，而密迩先生其训，庶乎恶念消释，而善心易生。伊尹之意盖深矣。然桐宫在国都之外，臣子而摈君于远，不可以为训，故圣人笔之曰"放"，所以著伊尹之过也。⑤

《尚书》之《序》相传为孔子所作，既然"圣人笔之曰放"，那自然是别有深意。伊尹是史上有名的圣贤，伊尹让太甲到桐宫去闭门思过也是不争的史

---

① 〔宋〕袁燮：《絜斋家塾书钞》卷10，《文渊阁四库全书》，第57册，第857页。
② 〔宋〕袁燮：《絜斋家塾书钞》卷11，《文渊阁四库全书》，第57册，第880页。
③ 〔宋〕陆九渊：《荆国王文公》，《陆九渊集》卷19，第231页。
④ 〔宋〕陆九渊：《邓文苑求言往中都》，《陆九渊集》卷20，第256页。
⑤ 〔宋〕袁燮：《絜斋家塾书钞》卷5，《文渊阁四库全书》，第57册，第742页。

实,君尊臣卑是天经地义。作为大臣的伊尹让国君太甲离开国都去闭门思过,这就违反了天经地义;违反了天经地义,就不配称为圣贤。要解决这个矛盾,就必须将这"放"字说清楚。絜斋解释这个"放"字,既说明伊尹放太甲之"本心",又指出伊尹这样以臣来对君之错误。

《洪范》是《尚书》中极重要的一篇。《洪范》开头一句便是"惟十有三祀"。絜斋是这样来解释这一句:

> 十有三祀,武王之十三年也。……商曰祀,周曰年。今此以祀书者,盖此书箕子之所作也。箕子之所作,则犹商书也,故从其本称也。曰十三者,武王之十三年。曰祀者记商家之所称也。此一句盖兼商周而言,谓纯于商则天命已坠矣,纯于周则此书固箕子之书,箕子未尝臣周也。纯于商固不可,纯于周亦不可,曰十有三祀,兼商周而言,其意深矣。①

周武王、箕子均是古代圣贤。武王灭商后,需要汲取商人的政治智慧,故武王主动向箕子咨询。箕子本是商朝贵族,商朝被灭以后,他不能臣服于周,但一些政治智慧需要往下传递,因为这有利于天下大众,也符合文化命脉的传承,故而箕子愿意陈《洪范》。这里的"十有三祀","兼商周而言",实是对周武王、箕子两位圣贤均表示尊重,这便是絜斋所说的"意深"。絜斋对于"十有三祀"的解释,与《公羊传》解《春秋》同一个路子,即通过阐发字里行间的"微言大义",来表达自己的观点。

以上两例说明絜斋解读《尚书》,重视对字词深意的发掘。其实这类例子,在《絜斋家塾书钞》中还有很多。有学者也指出絜斋解《书》的这一特点。② 除此之外,絜斋还注意考究《尚书》的篇目安排。他说:

> 读《尚书》,须当考究他节目次第分明。③

对于《尚书》的篇目次序,宋人有不同看法。《召诰》一文说"太保乃以庶殷攻位于洛汭",是说在营建洛邑之前,殷人已被迁到洛地。《多士》一文说"成周既成,迁殷顽民",是说在营建洛邑以后,殷人才迁到洛地。两篇说法似乎有不可解之牴牾。于是有人便认为《多士》本应在《召诰》之前,传本的

---

①　〔宋〕袁燮:《絜斋家塾书钞》卷9,《文渊阁四库全书》,第57册,第826—827页。

②　陈良中:《袁燮〈絜斋家塾书钞〉学术价值探析》,《重庆工商大学学报》(社会科学版),2013年第4期。

③　〔宋〕袁燮:《絜斋家塾书钞》卷12,《文渊阁四库全书》,第57册,第897页。

篇次是由于"编帙淆乱"所致。袁燮认为两篇次序没有问题。周朝代替商朝以后,殷人已是周之臣民。《召诰》是写周朝政府征调一部分殷人来营建洛邑。《多士》是写洛邑已建成,将全部殷人迁来于洛邑。而且还可以从中看出"古圣人处事之妙"。当时营建洛邑,征调殷人,正是要他们亲眼看看洛邑这个地方规划经营是如此完备,这些殷人回去正好做义务宣传,然后让殷人迁到洛邑就不会有太大的抵触情绪①。有时候絜斋看《尚书》的篇目次序,还注意一些细节的不同。他说:

> 《泰誓》三篇,须当看他次第节目。三篇之书至此方说赏罚。盖未用兵之时,无用赏罚,到交兵之际,赏罚不可不严。驱三军冒矢石之下,不有厚赏,谁肯向前?不有显戮,谁不退避?②

所谓"节目",就是指细节。《尚书·泰誓》是周武王伐纣的战斗动员,共分为三篇。在这三篇誓辞中,由于时机的不同,周武王讲话的重点也有不同。《泰誓》上篇是周武王会师孟津,他声讨殷纣滔天罪行,表示要替天行道;《泰誓》中篇是周武王进军河朔,他告诉大家要有坚定意志,要有百倍小心;《泰誓》下篇是即将投入战斗之前,周武王说到要赏罚分明。絜斋注意到这一点变化,突出赏罚分明在军事斗争中的重要性。

絜斋解读《尚书》,也做一些考证工作。《无逸》中周公讲完殷中宗、殷高宗后,提到"祖甲":"其在祖甲,不义惟王,旧为小人,作其即位,爰知小人之依,能保惠于庶民,不敢侮鳏寡,肆祖甲之享国三十有三年。"商朝帝王谱系上并无一个什么"祖甲",絜斋认为这里的"祖甲"就是史上有名的"太甲"。有人认为,如果是"太甲",应在殷中宗、殷高宗之前,而不应放在他们之后。但絜斋认为,周公如此顺序,是"以享国之久近论,而不以世次先后论"③。况且《尚书》对"祖甲"事迹的描述,与"太甲"几乎相同。故而絜斋便断言:"谓其别自有一祖甲,是特未尝深考尔"。

《康诰》是周公对治理商之遗民的康叔的一番告诫。开篇一段文字写周公召集一群商民,似与告诫康叔的主旨不合。故当时不少学者以为这段文字是脱简所致。但絜斋认为并非脱简,他说:"此事正与封康叔一事脉络相贯,当时虽命康叔,而心在洛邑,商之民既迁于此,而吾于是乎命焉,不特告

---

① 〔宋〕袁燮:《絜斋家塾书钞》卷12,《文渊阁四库全书》,第57册,第897—898页。

② 〔宋〕袁燮:《絜斋家塾书钞》卷8,《文渊阁四库全书》,第57册,第815页。

③ 〔宋〕袁燮:《絜斋家塾书钞》卷12,《文渊阁四库全书》,第57册,第903页。

康叔,亦使商民闻之,晓然知上意所在。周公之意正是如此,则作书者正当叙此一段,如何是脱简乎?"①

《召诰》是召公向成王进献的告诫之词。周成王决定新建洛邑,派召公主持其事,中途周公到洛邑视察,后来成王亲临洛邑,召公率领诸侯朝见成王和周公,献上自己对历史和时局的看法,表达自己政治观点,这就是《召诰》的由来。吕东莱因该篇之《序》说"成王在丰,欲宅洛邑,使召公先相宅",便认为成王没有来到洛邑,召公是托周公将此篇告诫转交成王。袁絜斋则认为,"当时孔子序《书》,岂能一一具载? 亦只举其大纲尔。"根据行文的语气,应该是"成王在洛,召公亲对成王告戒,无可疑者"。而且絜斋还说:"盖惟是当面陈说,方能感动。"②

由上三例可见,絜斋解读《尚书》所做的一些考辨,主要是针对当时学者的观点而发。这说明:一方面,他注意及时吸收当代人的研究成果;另一方面,他并不盲从他人的观点,而是有自己的主见。絜斋解读《尚书》,主要依据自己对《尚书》的理解。他的有些解释颇有新意。如《尚书·武成》说周武王伐纣,曾描绘为"流血漂杵"。孟子认为:"仁人无敌于天下,以至仁伐至不仁,而何其血之流杵也?"因此,孟子说:"尽信《书》,则不如无《书》。吾于《武成》,取二三策而已矣。"③絜斋是这样解释的:

> 若是三代用兵,断无此事,但此书所言,非武王之师攻纣,乃纣之众自倒戈而致此也。孟子之意深恐人把作武王看了,所以如此说。若把作武王看,则此书断不可信。既是纣之众自倒戈以攻,则确然可信也。④

絜斋要将"流血漂杵"解释清楚,必须满足三个前提:其一,像周武王这样的古代圣贤,决不会去杀人到"流血漂杵";其二,《尚书》是圣贤遗留下来的经典,不能轻易地怀疑;其三,孟子是古代圣贤,说过的话也不能轻易否定。絜斋将"流血漂杵"的造成指为纣之众自倒戈所致,既为周武王脱了干系,又保证了《尚书》的经典性。至于孟子说"尽信《书》则不如无《书》",这句话当然不对,但要理解孟子说这话的用心,是"深恐人把作武王看了"。絜斋这一解释,三个前提都得到了满足。

---

① 〔宋〕袁燮:《絜斋家塾书钞》卷10,《文渊阁四库全书》,第57册,第860页。

② 〔宋〕袁燮:《絜斋家塾书钞》卷11,《文渊阁四库全书》,第57册,第882页。

③ 《孟子·尽心下》。

④ 〔宋〕袁燮:《絜斋家塾书钞》卷8,《文渊阁四库全书》,第57册,第823页。

《尚书·说命》曰："惟后非贤不乂，惟贤非后不食。"这两句话为殷高宗对傅说所言，一般将其译成："君主没有贤臣不能治理好国家，贤臣没有君主不能得到俸禄。"①这样，"君"与"贤"之间是相互对等关系。但是，絜斋却是这样解释的："人主非得贤人，则谁与共治天下？贤者非遇圣君，亦岂肯苟食其禄？自古有志之士，不遇明君，宁终身饥饿而死，决不肯轻食其禄，所谓惟贤非后不食也。此皆是责傅说之辞，其意以为尔若不尽心以辅导我，则我必有阙德，尔亦不肯食我之禄矣。"②絜斋这样的解释，将"贤"的意思突出出来。贤臣不可能只是为了俸禄而去事奉国君。

絜斋解读《尚书》，尤其喜爱联系现实，这也是两宋解经的通例。如他解释周公伐三监的举动时，这样说："观周公七年摄政，何事不慎？及群叔流言，便出征伐，更不顾天下之议己，更不自有其身，如此方是宰相大臣，方可以立天下之大事，方见圣人之心。若如后世宰相大臣，畏首畏尾，蓄缩顾忌而不敢为，固可以免天下之疑矣，然国家何赖焉？"③絜斋所说的"后世宰相大臣"主要是指向南宋的宰相大臣，尤其是指当时的丞相史弥远。史弥远为相二十余年，一直主张对敌言和，在北伐大业上毫无作为。

再如《尚书》中说舜"询于四岳，辟四门，明四目，达四聪"。絜斋在解释这段文字之后，无限感叹道："这真个是上下相通，不与后世初即位下求言之诏，徒为文具而未尝求其实者侔矣。若如后世之文，具有聪明，亦未必来告。"④作为圣人的舜为了治理天下，采取各种措施了解民情，发现人才。而后世的帝王，虽然继位的时候也装模作样地下求言之诏，但都是做表面文章，并非真心求言，亦非真心求贤。絜斋发出这样感慨，他是多么希望再现唐虞三代那种政通人和的局面。

絜斋在解读《尚书》，还很注意前后篇目的联系。他在解释禹伐三苗的誓词时说："观禹之誓，须合《甘誓》、《汤誓》、《泰誓》、《牧誓》、《费誓》诸誓告之书观之，可以观世变。君子在野，小人在位，民弃不保，禹所以数有苗之罪不过如此尔。尚一乃心力，其克有勋，禹所以誓师之辞，亦不过如此。至于《甘誓》便不同，用命赏于祖，弗用命戮于社，予则孥戮汝，禹之誓未尝有此辞也。成汤数桀之罪，只《汤誓》一篇。武王数纣之罪，至《泰誓》三篇，《牧誓》

---

①　顾宝田、洪泽湖：《尚书译注》，吉林文史出版社 1995 年版，第 318 页。

②　〔宋〕袁燮：《絜斋家塾书钞》卷 7，《文渊阁四库全书》，第 57 册，第 800 页。

③　〔宋〕袁燮：《絜斋家塾书钞》卷 10，《文渊阁四库全书》，第 57 册，第 850 页。

④　〔宋〕袁燮：《絜斋家塾书钞》卷 1，《文渊阁四库全书》，第 57 册，第 647 页。

一篇,至于《费誓》戈矛弓矢器械糗粮,莫不悉数焉,又加详矣。圣人之心虽无异,然时自有不同,风气一日开一日,故曰可以观世变矣。"①通过比较相同性质的文字,絜斋看到时代的变化,并指出造成这种变化是"风气一日开一日"所致。有这样的历史观,显示出絜斋一定的历史洞察力。

---

① 〔宋〕袁燮:《絜斋家塾书钞》卷2,《文渊阁四库全书》,第57册,第678页。

附录四

絜斋年谱

　　先生讳燮,字和叔,姓袁氏,明州鄞县(今浙江省宁波市鄞州区)人。先生高祖讳毂,博览群书,为宋仁宗嘉祐六年(1061)进士,曾通判杭州,与时任太守苏轼有酬唱之作。曾祖讳灼,为宋仁宗元祐六年(1091)进士,宋徽宗朝时曾因法办蔡京党羽而被贬。祖讳垌,父讳文,皆"笃厚醇实称于乡"。母戴氏,出自鄞县富户,博览图史,善于持家教子,生四子,先生为仲子。以上简述先生家世,而先生之道德事功则系年表于下。

　　绍兴十四年甲子(1144),先生一岁

　　先生天生安静,才几个月大,乳母在他面前放置一盆水,他能看着这盆水玩一整天。夜里睡觉,常常睁眼到天亮。

　　绍兴十八年戊辰(1148),先生五岁

　　先生五六岁时,读书几遍,就能够背诵。这一年朱熹、尤袤进士及第。

　　绍兴二十一年辛未(1151),先生八岁

　　先生小弟袁樀出生。

　　绍兴二十八年戊寅(1158),先生十五岁

　　《宋史》本传曰:"少长,读东都《党锢传》,慨然以名节自期。"先生听从父亲袁文之命,开始跟随叔父袁章学习。袁章就像对自己的儿子一样,对侄儿辛勤教育和督促。先生对叔父也油然生起孝弟恭逊之心。

　　绍兴三十年庚辰(1160),先生十七岁

　　先生与从兄袁涛共学于乡校。

绍兴三十一年辛巳(1161),先生十八岁

沈焕入太学。

乾道二年丙戌(1166),先生二十三岁

《宋史》本传:"燮初入太学。陆九龄为学录,同里沈焕、杨简、舒璘亦皆在学,以道义相切磨。后见九龄之弟九渊,发明本心之指,乃师事焉。"

乾道五年己丑(1169),先生二十六岁

先生叔父袁章进士及第。沈叔晦中进士。

乾道八年壬辰(1172),先生二十九岁

舒元质中进士。

淳熙六年己亥(1179),先生三十六岁

先生弟媳赵氏嫁到袁家。赵氏生长于皇族,其死后,先生为其写《安人赵氏圹志》。(《絜斋集》卷 21)

淳熙七年庚子(1180),先生三十七岁

先生在太学,"中上舍选"。(《全宋文》卷 6243)真西山说先生在太学里"器业日益充大,平居庄敬自持,为同舍所严惮。暨升前廊范物,以躬处事有法,士益推服。"(《西山文集》卷 47)

淳熙八年辛丑(1181),先生三十八岁

先生登得进士第丙科。"有劝公对策宜谓大体已正,当坚忍以俟其成。公不谓然,直以意对,具言大体未正与所当更张者。以是仅得丙科,而言坚忍者竟为举首。"(《西山文集》卷 47)

这一年四明大饥,先生正在家乡等待上级安排工作。朱熹写信给自己在四明任官的弟子谢某,说有关救灾之办法,可以与袁和叔商量。(《絜斋集》卷 8《题晦翁帖》)

以年龄资历,先生本可以去做教官,但听从了同乡前辈史浩之建议。史浩建议先生暂为一县尉,以求建功立业有更大发展。同乡前辈楼钥,特地赠诗一首,题为《送袁和叔尉江阴》,以资勉励。(《攻媿集》卷 1)

十月,吕祖谦卒。真西山为先生作行状云:"东莱吕成公接中原文献之正传,公从之游,所得益富。"(《西山文集》卷 47)

十二月,朱熹提举浙东常平,与浙东学者多有交往。

年底,史浩向朝廷推荐十五人,先生也在其列。朝廷派员下来考察,先生以任职未久,不应该在待召之列。先生在此任上一待就是多年。县尉的俸禄微薄,先生不得不"授生徒以供菽水"。

淳熙九年壬寅(1182),先生三十九岁

吕祖谦之弟吕祖俭任明州仓官。《宋元学案·东莱学案》曰:"时明州诸先生多里居。慈湖开讲于碧沚,沈端宪讲于竹洲,絜斋则讲于城南之楼氏精舍。惟舒文靖以宦游出。先生(吕祖俭)以明招山中父兄中原文献之传,其于诸讲院无日不会也。甬上学者遂以先生代文靖,亦称为四先生。而滕德粹为鄞尉,朱文公语之曰:'彼中杨、袁、沈、吕,可与语也。'"

李茂钦来访吕祖俭,先生与其相识。李茂钦(1053—1121),吕祖谦弟子,后为国捐躯,先生为其撰墓志铭。(《絜斋集》卷18)

朱熹弟子滕璘淳熙八年取第,授鄞县县尉,朱熹写信勉其与四明诸贤交往:"幸四明多贤士,可以从游,不惟可以咨决所疑,至于为学、修身,皆可取益。熹所识者杨敬仲、吕子约,所闻者沈国正、袁和叔,到彼皆可从游也。"(《晦庵集》卷49)

九月,朱熹离开提举浙东常平之任。

淳熙十年癸卯(1183),先生四十岁

登第前后,先生久处城南杨氏书塾授徒,后自有书塾,家居教授子弟以及四方学子。

真西山《行状》称:"讲道于家,以诸经、《论》、《孟》大义警策学者,于《书》、《礼记》论说尤详。其所成就后学甚众。"

《蒙斋集》卷11《絜斋家塾书钞后序》曰:"余为童子时,见学徒负笈从先君子游,常百数。……甫自幼洎长,侍先君子侧。平旦集诸生及诸子,危坐说《书》。夜再讲,率至二鼓无倦容。谓学问大旨,在明本心。"

《清容居士集》卷47《书进修堂往还尺牍》云:"于是诸生从正献公凡数百人,公教不及诸子,母夫人戴氏手模颜鲁公大家,以教诸孙。"

淳熙十四年丁未(1187),先生四十四岁

浙西大饥,常平使罗点让先生负责江阴的赈恤工作,先生命每保画一图,凡名数、治业都标注其上,合保为都,合都为乡,合乡为县,征发、争讼、追胥,打开图就可以看得清楚明白,"由是民被实惠而欺伪者无所容"。

罗点向朝廷推荐先生,朝廷有旨要提拔先生。不久又因为资格问题而搁浅。当时丞相周必大说一定要调先生到朝廷,但要稍微等三个月。先生说:"迟迟以待内徐,非吾志也。且亲老得便养足矣。"于是到沿海制做一名属官。

是年,吕祖俭离开监仓州任。

淳熙十五年戊申(1188),先生四十五岁

季冬,江阴尉司大营建成。先生作《江阴尉司新建营记》。

淳熙十六年己酉（1189），先生四十六岁

先生作《朝请大夫赠宣奉大夫赵公墓志铭》。赵公讳善待，字时举，太宗皇帝七世孙，为官造福一方。（《絜斋集》卷17）

宋光宗绍熙元年庚戌（1190），先生四十七岁

"众正在廷，而公连遭内外艰，未及用。"（《西山文集》卷47）

先生父亲袁文八月八日卒，享年七十二岁。（《絜斋集》卷17）

先生兄袁觉，本有病，"闻父殁，不胜悲痛，质明而殂"。（《絜斋集》卷16）

绍熙二年辛亥（1191），先生四十八岁

先生作《沈叔晦言行编》。沈焕（1139—1191），字叔晦，同为"四明四先生"。先生称沈叔晦"以正心修身、爱亲敬长为本，步趋中规矩，言论有典则"。（《全宋文》卷6384）

绍熙三年壬子（1192），先生四十九岁

先生母亲戴氏正月朔旦卒，享年七十二岁。（《絜斋集》卷17）

先生作《太夫人戴氏圹志》。（《絜斋集》卷21）

绍熙四年癸丑（1193），先生五十岁

陆象山（1139—1193）卒，先生写《祭象山先生文》，称象山先生"此于斯世，允矣有功"。（《象山先生全集》卷36）

绍熙五年甲寅（1194），先生五十一岁

宋宁宗嗣位，以太学正召先生。

先生作《边友诚墓碣》。（《絜斋集》卷20）

宋宁宗庆元元年乙卯（1195），先生五十二岁

舒元质有《与袁学正和叔》，此时朱元晦等人离开朝廷，杨慈湖、袁絜斋在太学。（《舒文靖集》卷上）

先生支持太学生上书论罢赵汝愚事，被论罢，被列入"伪学"名单。先生贫甚，但退处泰然。

先生作《签书枢密院事王节愍公庙碑》。王伦字正道，出使金，被扣留六年，绍兴十四年以身殉职。宋光宗赐谥节愍，宋宁宗诏书庙祀。（《絜斋集》卷22）

庆元二年丙辰（1196），先生五十三岁

先生姑母嫁与鄞县林勉为妻，庆元元年十一月卒，庆元二年九月葬。先生为其作《林太淑人袁氏墓志铭》。（《絜斋集》卷21）

路康字子龄，奉化人，卒于庆元二年五月，葬于同年十二月。先生为其

作《路子龄墓志铭》。(《絜斋集》卷 20)

庆元五年己未(1199),先生五十六岁

舒元质逝世,先生作《祭通判舒公元质文》,其语道:"某与吾兄金兰之契余三十年,义均兄弟。"(《絜斋集》卷 22)

先生次子袁肃,号晋斋,"从广平于新安,其后知名于世",是年中进士,官至少卿,尝知江州。(《宋元学案·絜斋学案》)

十二月二日,先生叔父袁章卒,享年八十岁。先生作《叔父承议郎通判常德府行状》。(《絜斋集》卷 16)

嘉泰元年辛酉(1201),先生五十八岁

先生作《边用和墓志铭》,《文渊阁四库全书》在题下有四库馆臣案语,说篇首脱去讳字郡邑数行,篇中"公讳用和"之"公",应为"父"之伪,标题因此而附会。用和为先生夫人边氏之祖,此墓志铭之主为用和之子友益、友诚之弟,其名则不可考。故《全宋文》改题为《边公墓志铭》。

嘉泰二年壬戌(1202),先生五十九岁

先生为浙东帅属。

嘉泰三年癸亥(1203),先生六十岁

春,先生任福建常平属官。曾说:"职分无大小,皆当自竭,非求人知。"到任后,看到堆积如山的诉状,日夜审阅,凡所作出的判决,没有再起诉者。

先生赴任福建常平属官时,夫人边氏"方属疾"。十二月,边氏辞世,赠淑人。

嘉泰四年甲子(1204),先生六十一岁

三月壬申日,葬夫人于鄞县之阳堂乡穆零先墓旁,先生撰《夫人边氏圹志》,情真意切。(《絜斋集》卷 21)

慈溪人章焕,字昭卿,治家务当于理,行善名著乡里。其子为先生学生,先生为作《章府君墓志铭》。(《絜斋集》卷 20)

开禧元年乙丑(1205),先生六十二岁

先生改秩通判赣州(为今江西省赣州市),未到任,正碰到韩侂胄北伐,两淮之间受大震荡骚扰。先生认为山东应该加强警备,而内地盗贼不可不防。赵尚坚主持沿海防务,聘请先生为沿海参议官。

先生建小楼于宅子东面以自娱,名以"是亦楼",有记。(《絜斋集》卷 10)

开禧二年丙寅(1206),先生六十三岁

先生作《便民策三》,讨论对敌易胜之策,既要对敌做充足准备,也要等待时机。《全宋文》中收录,题下注曰:"宁宗时"三字,应于韩侂胄(1152—

1207)准备北伐之时,故厘定于此。

开禧三年丁卯(1207),先生六十四岁

先生受外兄次子林密所托,为其外舅应洙作《应从议墓志铭》。(《絜斋集》卷20)

鄞人陈邦臣,字季良,其子陈从曾师从杨慈湖,与先生有姻家之谊,为其作《陈承奉墓志铭》。(《絜斋集》卷19)

先生为江西常平提举,作《便民疏一》,建议政府收楮币。(《全宋文》卷6369)

嘉定元年戊辰(1208),先生六十五岁

真西山言:"嘉定初元,天子既诛权臣,尽起当世鸿硕。"(《西山文集》卷47)

先生被召为都郎官,迁司封。时虽称"更化",但南宋政治、经济未明显起色。先生《轮对陈人君宜勤于好问札子》《轮对陈人君宜纳谏札子》等,对宋宁宗陈为君之道,宁宗"首肯再三",但并无改变。

嘉定二年己巳(1209),先生六十六岁

先生数次上言,宋宁宗均"嘉纳之",然终不见用,于是极力请求外任,后来任江州(今江西九江)知州。江州"属岁不登,公请于朝,贷椿管钱九万缗为籴本,告籴旁郡,计口以粜,循环相因,市直顿平"(《西山文集》卷47)。

先生刚到江州,检阅士兵,发现士兵战斗力差。于是按时考校,以银赏那些优等者,自此士兵射箭技术增强。

流寇据有山洞,十分嚣张。朝廷命令副都统刘元鼎带兵征讨。先生提议按兵而困之,后流寇果然不战而降。

先生作《便民疏二》,论楮币之用。《全宋文》收录,题下注曰:"知江州时",故附于此。

先生作《便民札子》,主张为上者要节俭以宽民力。《全宋文》收录,题下注曰:"嘉定中知江州时",故附于此。

嘉定三年庚午(1210),先生六十七岁

朝廷担心楮币多而铜钱少,下令淞江八郡全部用铁钱。命令已下达到九江,先生认为此令一出,铜钱将更加被人惜藏,容易引起货币混乱,建议暂缓发布通告,他将要向上谏言。金陵因为两个铁钱只兑换一个铜钱,民间均认为不便,朝廷果然也废止了这个命令。大家都钦佩先生有先见之明。

先生向朝廷推荐陆象山之子陆持之,说陆持之议论不为空言,缓急有可倚仗。结果没有回音。(《宋史》卷424《陆持之传》)

嘉定四年辛未(1211)，先生六十八岁

先生提举江西常平，权隆兴府事，上书深为国忧。

先生作《侍御史赠通议大夫汪公墓志铭》。汪公义和，字谦之，安徽黟县人。(《絜斋集》卷18)

嘉定五年壬申(1212)，先生六十九岁

陆象山之子陆持之，编成《象山先生全集》，先生将之付梓刊行。九月戊申日，作《象山先生文集序》，称象山先生"为学之北辰泰岳"。(《絜斋集》卷8)

先生作《扶春亭记》，强调行政就是要扶助天下百姓。(《全宋文》卷6377)

先生作《建宁府重修学记》。(《絜斋集》卷10)

嘉定六年癸酉(1213)，先生七十岁

先生被召为都郎官，劝勉宋宁宗发挥"心之精神"。宋宁宗首肯再三。先生被迁为司封郎官，再进言，启沃宁宗要勤于访问。先生后兼国史编修、实录检讨官。

先生作《己见札子》，反对一味地坚守，也反对一味地进取，主张先固守而后取之。(《全宋文》卷6368)

楼钥卒。楼钥(1137—1213)，字大防，自号攻媿主人，鄞县人，精于经史，兼通百家，南宋著名的藏书家。先生为作《祭参政大资楼公文》，其云："某实蠢愚，荷公诱掖，兹还班缀。值公寝疾，日俟其愈，得复亲炙。"(《絜斋集》卷22)

九月丙午，先生之弟袁櫄(1151—1213)卒。

先生之叔袁任之妻赵氏卒。赵氏生长皇族，16岁归于袁任，"姿性婉淑，笃志为善，无骄暴侈泰之心"，享年五十岁。先生为作《安人赵氏圹志》。(《絜斋集》卷21)

嘉定七年甲戌(1214)，先生七十一岁

春，先生迁国子司业、秘书少监。在外台，未尝轻劾官僚，说："有不善姑教之，奚以按劾为立朝大节？"(杨简：《故龙图阁学士袁公墓志铭》，《全宋文》卷6243)

先生作《亡弟木叔墓志铭》，木叔即先生之弟袁櫄。(《絜斋集》20)

先生原在富沙的同事沈世显，善于治兵，为其作《武翼大夫沈君墓志铭》(《絜斋集》卷19)

秋，先生晋升为国子祭酒。冬，除秘书监仍兼祭酒，"延见诸生，必迪以反躬切己，忠信笃实，是为道本。闻者悚然有得，士气益振。"(《宋史》卷400)

皇宫银器失盗,宋宁宗不忍追究,命以锡易之。先生借机再进为君之道当扩充其不忍之心;时蒙古攻金,南宋往派金之使者均中途而返,先生乘机论要加强守备。

先生第三个儿子袁甫进士第一。杨慈湖说先生:"诸子登科,甫冠多士,亦无甚喜色。"(《全宋文》卷 6243)袁甫,生卒年月不详,字广微,号蒙斋,有《蒙斋集》存世。

嘉定八年乙亥(1215),先生七十二岁

先生太学同学石范,字宗卿,崇尚吕东莱之学,为官有才且廉,先生为之作《通判泉州石君墓志铭》。(《絜斋集》卷 18)

作《迁建嵊县儒学记》。(《全宋文》卷 6377)

嘉定九年丙子(1216),先生七十三岁

正月,先生兼崇政殿说书,向帝王条陈四事:一是要自强不息,奋发有为;二是要赏罚公平,以救时弊;三是要关心百姓疾苦;四是要广泛听取各方意见。

二月,先生撰《安人赵氏圹志》,赵氏生长于皇族,十六岁嫁与先生之叔父袁任,"有古贤妇风"。(《絜斋集》卷 21)

五月,先生作《范忠宣公祠堂记》,赞范仲淹之子范纯仁之事迹。(《全宋文》卷 6377)

先生作《濂溪先生祠堂记》,称濂溪先生为宋学之源头。(《絜斋集》卷 9)

先生作《台州仙居县主簿戴君墓志铭》,鄞人戴日宣,字德甫,曾师从于先生叔父袁章。(《絜斋集》卷 19)

先生作《朝请大夫赵公墓志铭》,赵公公升,字叔明,为赵宋皇室后裔,领闽仓时,先生为其下属,向上推荐先生,先生称:"某受知于公最深。"(《絜斋集》卷 17)

十一月,先生权礼部侍郎,升同修国史,实录院修撰,进侍讲,犹兼祭酒。乘给宋宁宗讲《诗经》之机,"敷演先王正始之本,后妃辅佐之道"。

先生作《请增置宰属疏》。(《全宋文》卷 6368)

嘉定十年丁丑(1217),先生七十四岁

先生作《论备边札子》两篇,其中提到"自陛下更化以来,今十年矣",故知作于是年。两文强调将帅之重要,不能与敌岁币,要早做准备。

先生作《再乞归田里状》(《絜斋集》卷 5),此时袁甫也在朝为官,故说:"某区区微臣,父子同朝"。

夏四月,霖雨不已,先生乘机进言,劝国君振作,要加强国防,要整顿吏治。

先生曾检查军队,以银悬赏善射者,竟无一人,于是夺兵官之俸,教卒伍射艺,三月后,人多善射(《全宋文》卷6369之《便民策》)。

先生妹夫吴若嘉定七年(1214)卒,三年后葬,先生为作《吴君若圹志》。(《絜斋集》卷20)

八月,先生作《武学登科题名记》,强调武学之重要,要求武将既要精艺,还要知礼仪,懂诗书,古为今用。

李雄飞,奉化人,乃杨慈湖、袁和叔、沈叔晦学生。嘉定八年卒,嘉定十年葬,先生为作《李雄飞墓志铭》。(《絜斋集》卷20)

嘉定十一年戊寅(1218),先生七十五岁

正月,天大雷电,继以飞雪,先生进言:这是有外国侵侮中国之象,不可一味对敌求和,应早做应敌准备。

直除礼部侍郎兼侍读,先生进读《高宗宝训》,推演详细,与宁宗互有问答。"启沃之助,于是为多。"

先生作《辞免正除礼部再申尚书省状》、《又乞归田里第一奏》、《又乞归田里第二奏》。(《絜斋集》卷5)

先生作《便民策二》,强调军队管理,增加宋军战斗力。(《全宋文》卷6369)

先生为作《蒋安人潘氏墓志铭》。(《絜斋集》卷21)

好友孙宗孟女婿胡玘,慈溪人,居家贸易,以道义终其身。先生为作《胡府君墓志铭》。(《絜斋集》卷19)

余姚人王中行,字知复,曾与先生在国子监同事,楼钥之妻弟,先生为作《朝奉郎王君墓志铭》。(《絜斋集》卷19)

奉化人汪伋,字及甫,与舒元质亲厚,又曾向沈叔晦请益,与杨慈湖讲立身之要,先生为作《从侍郎汪君墓志铭》。(《絜斋集》卷19)

赵充夫,字可夫,宋王室子孙,以伊洛之学为本,发之于政事,是先生在富沙做官时的上级,先生为作《运判龙图赵公墓志铭》。(《絜斋集》卷18)

是年,先生三子袁甫任湖州通判,迁秘书郎,改著作佐郎,出知徽州、衢州,有政绩。(《宋史》卷405)

嘉定十二年己卯(1219),先生七十六岁

"时史弥远主和,燮争益力,台论劾燮,罢之。"(《宋史》卷400)

六月,三百余名太学生设筵送行,先生赋诗以别,说:"以致仕为名,以去位为高,岂余心哉!乾道变化,各正性命,保合太和。雷雨作解,而百果草木

皆甲坼,吾道固如是,吾心亦如是。"(杨简《故龙图阁学士袁公墓志铭》,《全宋文》卷6243)

先生为舒衍作《舒君仲与墓志铭》。舒衍(1163—1213),原名沂,字仲与,鄞县人。先从先生学,后亲炙杨慈湖、沈叔晦、吕子约,有德有才,但屡试不第,《宋元学案·絜斋学案》有传。舒衍卒于嘉定六年(1213),葬于嘉定八年(1215),其妻袁氏卒于嘉定十一年(1218),葬于嘉定十二年(1219)。

余姚人李必达,字伯温,始勤于读书,科举不成,转而经商,富而有信义,先生为其作《李府君墓志铭》。(《絜斋集》卷20)

先生作《李太淑人郑氏行状》。郑氏之子李珏,曾为先生同寮。

嘉定十三年庚辰(1220),先生七十七岁

先生除焕章阁学士,以宝文阁待制,提举南京鸿庆宫,起知温州。作《辞免除焕章阁学士状》。(《絜斋集》卷5)

二月,先生作《刑部郎中薛公墓志铭》。薛公名扬祖,字元振,为绍兴年间明州"五老"之一。(《絜斋集》卷18)

受吕子约长子吕乔年引荐,先生为武义人阮元向写《居士阮君墓志铭》。(《絜斋集》卷19)

慈溪人胡革,字从之,曾求学于先生及慈湖先生,拙于辞华,以武发身,先生为作《统领胡君墓志铭》。(《絜斋集》卷19)

嘉定十四年辛巳(1221),先生七十八岁

先生作《何夫人宣氏墓志铭》。(《絜斋集》卷21)

先生受友人胡正之之委托,为其从兄胡详之(也是叔父袁章的学生),作《胡君墓志铭》。(《絜斋集》卷20)

嘉定十五年壬午(1222),先生七十九岁

六世祖姑甚贤,嫁与奉川蒋氏,三十一岁而终。是年,其孙蒋恽带来祖姑《岁月记》,先生为其作跋。(《絜斋集》卷8)

婶婶范氏(叔父袁方之妻)卒,先生为之作《太孺人范氏墓志铭》。(《絜斋集》卷21)

从兄袁涛嘉定十二年(1219)卒,是年葬。先生作《从兄学录墓志铭》,说从兄"潜心义理之学,久而益明",有大量著作,"虽清贫至骨,终不肯低首下气,有求于人"。(见《絜斋集》卷20)

鄞之乐湖人顾义先,字忠卿,为先生家世交,他"居家、效官、处乡党,皆行善道,有补于世",先生为作《训武郎荆湖路兵马监顾君义先墓志铭》。(见《絜斋集》卷19)

鄞人李文鉴,字季明,折狱精明,根于仁恕,先生为作《滁州司理李君墓志铭》。(见《絜斋集》卷 19)

嘉定十六年癸未(1223),先生八十岁

先生起知温州,辞,进直学士,仍为南京鸿都庆祠官。

先生小儿子袁商中进士,后官阁学①。

嘉定十七年甲申(1224),先生八十一岁

春,先生大病一场,容貌虽瘠,而神明不衰。病中有朋友未报之书,必一一作答。仍著述不辍,作《府学记》《上虞县桥记》。有人劝告应该适当注意休息,先生说:"吾以此为笙镛管磬,不知其劳也。"

二月,先生作《蕲州太守李公墓志铭》。李茂钦,吕东莱之高弟,吕祖俭为明州仓官,李来访明州,与先生相识,后又同朝为官,最后死于国难。(见《絜斋集》卷 20)

八月庚寅日,先生腿脚行走不便,卧床不起。但每次医生来,都必定要整理衣冠,然后与人相见。

癸巳日(八月二十八),先生"伏枕才一日,便倏然而往,子女在前,弗顾也,处存没之变,怡然不乱如此。"享年八十一岁。

遗表闻,特赠龙图阁学士、光禄大夫、官其后如格,赙银绢皆二百。

三天后,宋宁宗薨。

太学生设位于西湖边的昭庆寺,四方人士前来祭奠先生。

十二月丙午日,先生葬于鄞县阳堂乡穆公岭,与夫人边氏合墓,与通议公袁文的坟很近。

宝庆三年(1227),上有事南郊,以二子登朝,赠先生金紫光实禄大夫。

绍定三年(1230),明堂恩,赠先生开府仪同三司。

绍定六年(1233),谥先生正献。

---

① 〔清〕徐兆昺:《四明谈助》卷 12,宁波出版社 2000 年版,上册,第 352 页。

参考文献

一、古代文献

[1] 〔汉〕司马迁. 史记. 北京：中华书局，1959.

[2] 〔汉〕班固. 汉书. 北京：中华书局，1962.

[3] 〔汉〕董仲舒. 春秋繁露.《四部丛刊》本.

[4] 〔宋〕范仲淹. 范仲淹全集. 成都：四川大学出版社，2007.

[5] 〔宋〕王安石. 临川文集.《文渊阁四库全书》本.

[6] 〔宋〕司马光. 资治通鉴.《四部备要》本.

[7] 〔宋〕朱熹. 晦庵集.《文渊阁四库全书》本.

[8] 〔宋〕朱熹. 四书集注.《新编诸子集成》本. 北京：中华书局，1983.

[9] 〔宋〕楼大防. 攻媿集.《文渊阁四库全书》本.

[10] 〔宋〕黎靖德. 朱子语类. 北京：中华书局，1986.

[11] 〔宋〕陆九渊. 陆九渊集. 北京：中华书局，1980.

[12] 〔宋〕叶适. 水心集.《文渊阁四库全书》本.

[13] 〔宋〕程珌. 洺水集.《文渊阁四库全书》本.

[14] 〔宋〕袁燮. 絜斋集.《文渊阁四库全书》本.

[15] 〔宋〕袁燮. 絜斋家塾书钞.《文渊阁四库全书》本.

[16] 〔宋〕袁燮. 絜斋毛诗经筵讲义.《文渊阁四库全书》本.

[17] 〔宋〕袁燮. 袁正献公遗文钞.《四明丛书》本.

[18] 〔宋〕袁甫. 蒙斋集.《文渊阁四库全书》本.

[19] 〔宋〕杨简. 慈湖遗书.《文渊阁四库全书》本.

[20]〔宋〕真德秀.西山文集.《文渊阁四库全书》本.

[21]〔宋〕罗濬.宝庆四明志.《宋元方志丛刊》本.

[22]〔宋〕王应麟.困学纪闻.上海:上海古籍出版社,2008.

[23]〔宋〕罗大经.鹤林玉露.《文渊阁四库全书》本.

[24]全宋文.上海:上海辞书出版社,2006.

[25]〔元〕脱脱.宋史.北京:中华书局,1977.

[26]〔元〕马端临.文献通考.《文渊阁四库全书》本.

[27]〔元〕戴表元.剡源文集.《文渊阁四库全书》本.

[28]〔明〕王守仁.王阳明全集.上海:上海古籍出版社,1992.

[29]〔清〕徐兆昺.四明谈助(上下册).宁波:宁波出版社,2000.

[30]四库全书总目.北京:中华书局,1997.

[31]〔清〕黄宗羲.黄宗羲全集.杭州:浙江古籍出版社,2005.

[32]〔清〕焦循.孟子正义.《诸子集成》本.

[33]〔清〕全祖望.全祖望集汇校集注.上海:上海古籍出版社,2000.

[34]〔清〕郭庆藩.庄子集解.《诸子集成》本.

[35]〔清〕徐松.宋会要辑稿.北京:中华书局,1957.

[36]〔清〕皮锡瑞.经学通论.北京:中华书局,1954.

二、今人文献

[37]熊十力.十力语要.北京:中华书局,1996.

[38]方东美.中国哲学精神及其发展.北京:中华书局,2012.

[39]余英时.士与中国文化.上海:上海人民出版社,2003.

[40]余英时.宋明理学与政治文化.长春:吉林出版集团有限责任公司,2008.

[41]贺麟.文化与人生.北京:商务印书馆,1988.

[42]何炳松.浙东学派溯源.桂林:广西师范大学出版社,2004.

[43]梁启超.先秦政治思想史.杭州:浙江人民出版社,1998.

[44]束景南.朱子大传.北京:商务印书馆,2003.

[45]陈忻.南宋心学学派的文学研究.北京:中国社会科学出版社,2006.

[46]萧公权.中国政治思想史.北京:商务印书馆,1948.

[47]崔大华.南宋陆学.北京:中国社会科学出版社,1984.

[48]陈来.有无之境:王阳明哲学的精神.北京:北京大学出版社,2012.

[49]周桂钿.董学探微.北京:北京师范大学出版社,1989.

[50] 张如安.鄞县望族.杭州:浙江古籍出版社,2009.

[51] 潘起造.甬上宋明心学史.宁波:宁波出版社,2010.

[52] 郑传杰,郑昕.南宋的鄞人时代.杭州:浙江古籍出版社,2011.

[53] 陈莉萍,陈小亮.宋元时期四明袁氏宗族研究.杭州:浙江大学出版
社,2012.

[54] 陈晓兰.南宋四明地区教育和学术研究.南京:凤凰出版社,2008.

[55] 陈战峰.宋代《诗经》学与理学.西安:陕西人民出版社,2006.

[56] 潘文熙.中国物价史.武汉:湖北人民出版社,1994.

[57] 朱活.古钱新典.西安:三秦出版社,1991.

[58] 叶世昌.中国货币理论史.厦门:厦门大学出版社,2001.

三、西方文献

[59] [美]爱德华·希乐斯.论传统.上海:世纪出版集团,上海人民出版
社,2009.

[60] [英]吉尔伯特·赖尔.心的概念.北京:商务印书馆,2010.

[61] [美]乔治·H·米德.心灵、自我和社会.上海:上海译文出版社,1992.

[62] [美]弗洛姆.弗洛姆文集.北京:团结出版社,1997.

[63] [美]兰德尔·柯林斯.互动仪式链.北京:商务印书馆,2012.

[64] [美]查尔斯·霍顿.人类本性与社会秩序.北京:华夏出版社,1999.

[65] [美]赫伯特·芬格莱特.即凡而圣.南京:江苏人民出版社,2002.

四、相关论文

[66] 张如安.浅论南宋学者袁燮的社会和谐思想.中共宁波市委党校学报,
2009(5).

[67] 谢艳飞.南宋学者袁燮的哲学与政治伦理思想.郑州轻工业学院学报,
2010(3).

[68] 程小亮.论甬上四先生之一——袁燮的学术思想.宁波工程学院学报,
2011(1).

[69] 程小亮.浅论表燮诗的心学特色.宁波工程学院学报,2013(4).

[70] 程小亮.袁燮《毛诗经筵讲义》心学思想浅析.西安电子科技大学学报,
2013(6).

[71] 张建民.袁燮《絜斋家塾书钞》初探.华夏文化,2010-09-25.

[72] 陈良中.袁燮《絜斋家塾书钞》学术价值探析.重庆工商大学学报,2013(4).

[73] 郝桂敏.袁燮《絜斋毛诗经筵讲义》的特点及成因.辽宁教育行政学院学报,2007(7).

[74] 娄璐琦.论袁燮《絜斋毛诗经筵讲义》的阐释特点.中共宁波市委党校学报,2012(4).

[75] 於剑山.南宋"甬上四先生"研究.暨南大学硕士学位论文,2007.

[76] 邢舒绪.陆九渊研究.浙江大学博士学位论文,2003.

[77] 张建民.宋代《尚书》学研究.西北大学博士学位论文,2009.

[78] 孙华.本心与善政——陆九渊政治思想研究.吉林大学博士学位论文,2010.

索　引

后　　记

　　后记照例是要用来感谢的。

　　首先,要感谢宁波市政府的"文化研究工程项目"。列入了这个项目的研究,便有一定的经费资助,而且研究成果还可以正式出版。这样的事说出来,让其他城市的研究者羡慕忌妒恨。

　　其次,要感谢宁波市社科联和浙江大学出版社编辑部的老师们,他们在各方面给予本书的出版以大力支持。市社科联匿名评审专家,对书稿提出了很好的修改意见。正是在他的建议下,我才对一些古文材料作了接近口语的翻译。我明白他的用意,他是希望这本书能够方便更多的人来阅读。

　　再次,要感谢我的妻子曹莲女士。她在家一人操持家务,使我能够专心于研究。她是一名大学图书馆管理员,对学生很用心,经常有毕业多年的大学生特地到学校来看望她。从她身上,我似乎看到了"本心"的呈现。

　　最后,也要对自己鼓励一下。写作过程很是辛苦,收获也是令人欣慰。虽然本书有这样那样的毛病,但还是应该敝帚自珍。

作　　者

于 2014 年冬

图书在版编目(CIP)数据

心学与政治:袁燮研究 / 张实龙著. —杭州:浙江
大学出版社,2015.6
ISBN 978-7-308-14578-7

Ⅰ.①心… Ⅱ.①张… Ⅲ.①袁燮(1144～1224)—
心学—研究 Ⅳ.①B244.995

中国版本图书馆 CIP 数据核字(2015)第 070116 号

心学与政治:袁燮研究

张实龙 著

责任编辑	田 华
封面设计	木 夕
出版发行	浙江大学出版社
	(杭州市天目山路 148 号 邮政编码 310007)
	(网址:http://www.zjupress.com)
排 版	浙江时代出版服务有限公司
印 刷	杭州日报报业集团盛元印务有限公司
开 本	710mm×1000mm 1/16
印 张	17.75
字 数	310 千
版 印 次	2015 年 6 月第 1 版 2015 年 6 月第 1 次印刷
书 号	ISBN 978-7-308-14578-7
定 价	50.00 元